21 世纪高等学校
经济管理类规划教材
名家精品系列

公司理财

Corporate Finance

◆ 王满 编著

人民邮电出版社

北京

前 言 FOREWORD

美国著名经济学家路易斯·加潘斯基在谈及财务管理时，曾这样说过："良好的财务管理对一个工商企业、一个国家乃至整个世界经济状况都至关重要。财务管理是一件较为复杂多变的事情，因此，颇具刺激性，使人为之着迷和兴奋，同时也给人以挑战，令人困惑。"面对高速发展的信息技术，瞬息万变的市场环境，财务管理的魅力越发显现。如何使公司的财务管理顺应时代发展的潮流，对公司的各种资源进行优化配置和综合性管理以提高公司价值，已成为理论界和实务界共同关注的热点话题。

本书吸收了国内外有关公司理财方面的研究成果与实践经验，结合财经院校的本科教学计划，以培养学生专业理念、提高学生理论联系实际能力为出发点，对公司理财的教材内容去粗取精，以简洁的语言阐明公司理财的基本概念、基本原理和基本方法，对公司理财的核心内容（融资、投资、运营、分配等主要财务活动）的阐述做到简洁、实用，并在每章前配有引导案例，在每章后配有课后练习与思考、案例分析等，努力使教材内容具有理论性、技术性、实践性，旨在培养学生发现问题、分析问题和解决问题的能力，为学生从容地应对实际工作中的各种可能情况奠定坚实的理论基础。

本书共设十四章。第一章至第六章为公司理财基础，主要阐述了公司理财的基本概念和基本方法，包括公司理财的目标、公司理财的价值观念、公司理财的环境、财务分析和财务预算，为企业科学进行公司理财决策奠定了专业理论基础和方法手段。第七章至第十一章为公司理财运作，是本书的核心，按照资金流向，对资金的筹集、运用和分配，以及相关的公司理财决策进行了重点阐述，包括公司筹资规模和方式、企业筹资决策、项目投资决策、证券投资管理、营运资本管理、股利政策与股利分配，为公司优化资源配置和优化资本结构提供了科学决策。第十二章至第十四章为公司理财专题，对公司理财的一些拓展内容进行了系统的阐述，包括企业资本运营、企业集团财务管理、国际财务管理，为了解公司理财的前沿问题提供借鉴和参考。

本书由王满任主编，负责制订本书的写作大纲，并对全书进行修改、总纂。各章分工如下：第一章由于浩洋编写；第三章由黄波编写；第五章由杨振编写；第七章由乔欣欢编写；第八章由何新宇编写；第十一章由徐晨阳编写；第十三章由张云迪编写，其余各章由王满编写。在本书的撰写过程中，我们参阅了国内外众多专家和学者的研究成果，得到了人民邮电出版社的大力支持和帮助，借本书出版之机，一并向他们表示衷心的感谢。

编著者

2015 年 11 月

目录 CONTENTS

第一章　公司理财概述

本章目标

通过本章的学习，了解企业分类及各种类型的特点；熟悉公司理财的目标和不同相关者之间的利益协调；了解公司理财的筹资管理、投资管理、营运资本管理和资金分配管理等四项内容以及公司理财的原则与职能。通过对公司理财基本内容的学习，对公司理财有一个整体的认识，并为以后各章的学习做好铺垫。

引导案例

无锡尚德太阳能电力有限公司（以下简称无锡尚德），是 2001 年成立的一家光伏产业高新技术企业。当时，全世界光伏产业蓬勃发展，无锡尚德主要创始人施正荣先生对技术开发非常重视，使其在短短的几年内就占据了市场竞争的有利位置，并将其产业推广到了世界各地。2005 年，经过股权重整，新成立的尚德电力于纽约证券交易所上市交易，使其成为中国第一个在纽约证券交易所上市的民营企业。

在经历了 2004 年至 2010 年多年的跨越式发展后，无锡尚德在 2011 年却遇到了巨大的发展阻力。有产业发展形势逆转、海外市场保护主义干预等外界因素，也有其自身原因。经过分析，我们不难发现其理财方面的失败之处，比如巨额贷款无法偿还、过度投资引发效率下降，甚至有涉及金融诈骗的融资行为。在经过一系列负面消息的裹挟下，无锡尚德于 2013 年 3 月被当地法院宣判破产重组，它的辉煌仅仅持续了 10 余年。

无锡尚德的例子引起我们的思考，公司理财应该树立何种目标？应该坚持怎样的原则？公司理财又应该承担何种职能？通过本章的学习，希望能对我们有所启发。

第一节　企业组织形式

我们将从企业组织形式开始公司理财的学习。本节详细分析个人独资企业、合伙企业以及公司制企业的组织特点及其优势和不足，通过比较加深我们对企业组织形式的了解。

一、企业按组织形式分类

企业可以按照不同的标准分类，按照组织形式的不同，企业分为个人独资企业、合伙企业以及公司制企业三种类型，它们的创建方式、组织特点、优势和不足以及适用情况均有不同。

（一）个人独资企业

个人独资企业是由一个自然人投资创立，其财产为投资人个人所有，投资人需要以其个人全部财产对独资企业债务承担无限责任的经营实体。

个人独资企业具有以下特点：

（1）个人独资企业只有一个投资人，即为独资企业主个人。

（2）企业主拥有企业全部财产，且以其个人全部财产对企业债务承担无限责任。也就是说，个人财产与企业财产融为一体。

（3）个人独资企业不具有法人资格，没有独立承担法律责任的能力，而是由企业主以其个人的名义从事各项生产经营活动。

（4）根据我国相关税收法律的规定，个人独资企业无须缴纳企业所得税，而是由企业主根据个人独资企业所得来缴纳个人所得税。

个人独资企业的优势主要包括：

（1）创立容易。企业主个人无须与其他人协商一致就可以创办个人独资企业，能够快速、便捷地创立企业。

（2）经营环境比较宽松。从外部来看，监管部门对其实施的监管比较有限。从内部来看，经营决策由企业主一个人做出，内部协调比较容易。

（3）税收负担较小。个人独资企业无须缴纳企业所得税，而是由企业主个人缴纳个人所得税。

与此对应地，个人独资企业的不足主要包括：

（1）企业主对企业债务承担无限责任。企业主的个人财产与企业财产融为一体，如果企业存在重大的债务风险，那么企业主将无法保全自身的财产。

（2）企业的存续受企业主个人影响较大。通常情况下，企业主既是个人独资企业的投资者又是经营者，因此，其个人的经营风格、经营理念甚至是个人生死安危，都会影响到企业的存续。

（3）经营规模受限。因为个人独资企业只有企业主一名投资者，融资渠道单一，因此扩大经营规模会有一定的难度。

个人独资企业通常会出现于小规模的商业行业中，既解决了个人的就业问题，也为社会的经济发展增添了必要的活力。随着个人独资企业的发展壮大，它也会向合伙企业或者股份制企业转变。

对于国有独资企业，我们将其视为公司制企业形式，而非个人独资企业。

（二）合伙企业

合伙企业是由两个或者两个以上的投资人订立合伙协议、共同出资、合伙经营、共享收益、共担风险、对合伙企业债务承担无限连带责任的一种企业组织。合伙企业的投资人可以是自然人，也可以是法人或者其他组织。

相比于个人独资企业，合伙企业的组织形式较为复杂，具有以下特点：

（1）有两个或两个以上的投资者。

（2）合伙企业的不同投资者通过订立协议来明确各自享有的权利和承担的义务。

（3）合伙企业的重大决策需要合伙人协商一致。

（4）合伙人要对企业债务承担无限连带责任。所谓连带责任，是指依照法律规定或者当事人约定，两个或者两个以上当事人对其共同债务全部承担或者部分承担，并能因此引起其内部债务关系的一种民事责任。在面对合伙企业债务时，债权人可以要求任何一名合伙人承担全部债务。该合伙人承担全部债务后，按照合伙人内部约定，再要求其他合伙人向其偿还多承担的债务。这种安排最大程度地保护了债权人的权利。

合伙企业的优势和不足与个人独资企业有着相似之处也有不同之处。相同之处，如合伙企业也无须缴纳企业所得税，而是由合伙人缴纳个人所得税；合伙人需要对企业债务承担无限连带责任；合伙人对合伙企业的存续有着重大的影响等。不同之处是，相较于个人独资企业，合伙企业的投资者更多，筹集的资金也更多，有利于生产规模的扩大。随着合伙人数量的增加，其内部的决策方式也会变得更加繁琐，不如个人独资企业在决策方面灵活。

合伙企业较适用于小型企业。目前，会计师事务所、税务师事务所以及律师事务所等，多为具有专业执业资格的人员出资成立的合伙企业。

（三）公司制企业

通常而言，任何一个按照《公司法》的要求登记设立的组织都被称为公司。公司制企业最大的特点是其具有独立的法人资格，拥有自己的财产，以公司的名义开展各种生产经营活动，以自己的财产为限对债务承担责任。公司独立于投资者，投资者只以投资额度为限对公司债务承担有限责任。公司也独立于经营者，经营者的更替不会对公司的存续造成影响。目前，公司主要分为有限责任公司和股份有限公司两种。

公司制企业的独立法人资格使其拥有以下优势：

（1）无限存续。公司独立于投资者，也独立于经营者，无论是投资者退出还是经营者的更替，都不会对公司的存续产生影响。

（2）有限责任。投资者的财产与公司的财产不再融为一体，而是相互独立。因此，公司的债务只能用公司自己的财产偿还，而投资者也只以投资额为限对其承担有限责任。

（3）股权转让便利。当一名投资者不想或不能继续对公司进行投资时，可通过法定或规定的程序将自己所拥有的股权转让收回投资。通常情况下，这种转让不会对公司产生影响。

（4）公司制企业拥有更多的投资者，可获取更多的股权投资。同时，由于公司制企业管理等方面更为完善，也会吸引更多的债权人对其投资，以此满足公司的投资需要。

公司制企业也同样面临着诸多不足，主要表现在如下几个方面：

（1）双重课税。公司作为独立法人，需要缴纳企业所得税。公司决定对股东进行股利分配时，股东也需要缴纳个人所得税。对于投资者个人而言，投资公司的税负水平要高于投资个人独资企业或合伙企业的税负水平。

（2）组建公司成本高。组建公司的过程需要有更多的投资人进行协商，同时还需要向行政管理部门提交一系列文件，这些程序都需要花费更大的成本。

（3）代理成本较大。在公司经营过程中，会在很多方面产生代理冲突。比如股东与经理人的代理冲突、大股东与小股东之间的代理冲突以及股东和债权人之间的代理冲突，这些冲突都会在公司内部产生代理成本，对相关者的利益造成损害。

上述三种企业组织形式中，个人独资企业占企业总数的比重很大，但是社会的绝大多数资源是由公司制企业掌握。与其他两种组织类型相比，公司制企业具有更为独立的经济主体地位、组织结构更为严密、决策程序更为规范等优势。因此，本书将以公司制企业为行为主体对其理财活动加以详尽分析。公司理财的目标、内容、原则、方法等，也能够在很大程度上指导个人独资企业和合伙企业的理财活动。

二、企业按其他标准分类

对任何事物，我们都可以从不同的角度加以分类。将企业按照组织形式分类是为了认清个人独资企业、合伙企业和公司制企业之间的不同以及各自的优势与不足，并为我们以公司制企业为行为主体对公司理财进行研究做出铺垫。但企业的分类方式不只这一种，当出于其他研究目的时，我们还可按照其他标准分类。

按照企业所处经济部门，可将其分为农业企业、工业企业和商业企业等。利用这种分类，可以更好地分析各经济部门发展水平，衡量每一经济部门对国家整体经济发展所做的贡献。

按照企业所有权关系，可将企业分为国有企业、集体企业、合资经营企业和私营企业等，各种企业的作用有所不同。国有企业是为了解决国计民生、保卫国家安全等；合资企业的外国出资方可能是为了利用我国较低的劳动力成本来获取更大利润，而我国出资方则可能是为了获取外国先进的生产技术或者管理经验；私营企业在增加经济活力、提高就业水平等方面发挥着越来越重要的作用。

按照企业规模，可将企业分为大型企业、中型企业和小型企业。在税收管理中，对于某些小型企业会有特定的税收优惠，以此来帮助其发展壮大。在制定税收优惠政策时，关键问题是如何对不同规模的企业进行划分。如果划分的标准过高，则会有更多的企业享受到税收优惠，对税收的充足和稳定造成一定影响；如果划分标准过低，享受税收优惠的企业就会减少，税收优惠政策可能就无法实现其制定的初衷。

第二节　公司理财目标与价值理论

本节将对各种流行的公司理财目标加以介绍和讨论，在此基础上，明确本书对公司理财目标的认识，然后对公司价值理论加以介绍，具体包括公司价值计量理论和公司价值评估理论，最后分析各个相关者围绕着公司理财目标的利益协调过程。

一、公司理财目标

目标是组织或个人在一定时期内通过努力而期望获得的结果。公司理财的目标是公司理财活动所希望实现的结果，是评价公司理财活动是否合理的基本标准。

关于公司理财的目标问题，一直存在很大争议。根据现有资料，有关公司理财目标的表述有十余种之多。本书将仅就利润最大化目标、股东财富最大化目标和公司价值最大化目标加以介绍。

（一）利润最大化

西方经济学家经常以利润最大化这一目标来分析和评价企业和个人的行为与业绩。利润是公司财富的象征，利润的扩大也代表着公司财富的增加，同时也越接近公司整体目标的实现。所谓利润最大化，就是指通过对企业财务活动的管理，不断增加企业利润，并使其利润达到最大。

以利润最大化作为公司理财目标，具有一定的合理性：

（1）人类从事生产活动的目的是为了创造更多的剩余产品，而剩余产品的多少可用利润这个价值指标来衡量。

（2）在自由竞争的市场中，资本使用权最终属于获利最多的企业，取得资本就意味着取得了对经济资源的支配权，所以，利润最大化有利于社会资源的优化配置。

（3）利润代表企业新创造的财富，财富越大，越接近企业目标。所有企业都尽可能的获取最大利润，社会财富就会越来越大，从而促进整个社会的进步和发展。

但是，利润最大化目标在现实经济环境里也有一定的局限性，主要表现在：

（1）利润是一个会计指标，而会计指标是以权责发生制为基础确定的，其没有考虑公司现金的变动。

（2）利润最大化没有反映利润与投入资本之间的关系，因而不利于不同资本规模的企业之间或同一企业不同期间的比较。

（3）利润最大化没有考虑利润实现的时间，没有考虑资金的时间价值。

（4）利润最大化没有考虑资金的风险因素，可能导致管理者不顾风险大小去追求高额利润。

（5）利润最大化容易导致企业的短期行为，即只顾实现眼前的最大利润，而不顾企业的长久发展，比如忽视产品开发、科研和社会责任等。

（二）股东财富最大化

根据委托代理理论，公司是契约关系的总和，在一系列的契约关系中，委托人即股东是公司的终极所有者，享有对公司剩余收益的分配权。谋求股东的利益，努力增加股东财富，实现股东资本的保值增值，被视为理所当然。因此，股东财富最大化这一理财目标受到很大关注，许多公司本着股权至上的原则，将此作为首要目标。股东财富最大化就是指通过对公司财务活动的合理规划，尽可能大地增加股东财富并使其市场价值达到最大。

公司理财以股东财富最大化为目标，反映股东创办公司的目的。对于股份有限公司而言，股东财富由其所拥有的股票数量和股票市场价格两方面来决定，当股票数量一定时，股票价格达到最大就意味着股东财富也达到最大，所以股东财富最大化目标就演变成了股票价格最大化，即股东财富用股票价格来表示。股价的高低体现投资大众对于公司价值的客观评价，它以每股的价格表示，反映资本与获利之间的关系。它受预期每股盈余的影响，又能反映盈余大小与取得的时间之间的关系。此外，它也受企业风险大小的影响，反映企业获利的风险性。因此，股东财富最大化在很大程度上弥补了利润最大化目标的不足。

但是，采取这一目标也面临一些问题。首先，它只适用于少数的上市公司，而对广大的非上市公司，由于其股票的流动性受到限制，很难衡量股权的价值，因此该目标的适用性会有所减弱。其次，股东财富最大化要以有效资本市场为前提，但是这一点在现实中很难满足。再次，股票价格受政治、经济等多种因素的影响，公司股价并不一定能客观反映公司的经营业绩，也难以准确体现股东财富的大小。最后，从公司总目标的角度来看，股东财富最大化目标过于狭隘，只重视股东的利益，忽视了如经营者、债权人、职工等利益相关者，容易导致股东与其他利益团体的利益冲突。

（三）公司价值最大化

现代公司被认为是包括利益相关者在内的一系列契约的集合，也就是说在契约关系中除了要满足股东的利益诉求外，也要兼顾到其他利益相关者的诉求。因此，公司理财目标应该是一个多元化的概念，必须与多个利益相关者有关，是这些相关利益者共同作用、相互妥协的结果。为了公司的长远发展，不能只强调某一利益团体的利益而忽视其他利益团体的利益。从这个意义上说，股东财富最大化不是公司理财的理想目标，取而代之的应该是以公司价值最大化为公司理财的目标。

以公司价值最大化作为公司理财的目标，反映了投资者、债权人、经营者、公司职工等相关利益集团和个人的意愿，使公司在处理内外环境产生的各种内、外变量中达到协调和均衡。另外，根据委托代理理论，不管监督和激励机制有多么完善，由于"逆向选择"和"道德风险"的存在，委托人仍然要付出昂贵的代理成本，监督的一方仍然要面临"剩余损失"。以公司价值最大化作为公司理财的目标，可降低公司的代理成本，把公司各方面利害关系人的目标紧紧地联结在一起，各个利益团体都可以通过此目标实现其自身的终极目的。

公司价值是指公司全部资产的市场价值（股票与负债的市场价值之和），在量上通常表现为公司未来现金流量按照资本成本或者投资机会成本贴现后的现值。可见，公司价值不仅包含公司当前新创造的价值，还包含了公司潜在的或者预期的获利能力。公司价值最大化目标充分考虑了资金的时间价值和风险价值因素，反映了公司资产的保值和增值要求，有利于克服公司经营管理的短期行为，也有利于社会经济资源的合理优化配置。

以上三种公司理财目标各有优劣，利润最大化的目标更容易度量，使考核者更为直观地进行判断，但是它所代表的利益相关者比较单一，也促使公司采取短视行为。公司价值最大化需要对未来现金流、利率水平等因素进行估算，在计算和考核方面带来了更大的不确定性，但是它能够代表最广泛利益相关者的利益诉求。股东财富最大化目标介于二者之中，因为股东是公司的投资者，也是剩余价值的享有者，在对所有利益相关者进行补偿之后的剩余财产归股东所有，因此，以股东财富最大化为公司理财目标也具有一定的说服力。

二、公司价值理论

当以公司价值最大化作为公司理财的目标时，一方面体现了公司制企业满足各相关利益团体的利益诉求，另一方面在信息不对称条件下，对经营者和管理层实施了有效监督和激励机制。那么，如何定量分析公司价值呢？下面将从公司价值计量理论和公司价值评估理论两个方面对公司价值的定量分析加以介绍。

（一）公司价值计量理论

公司价值最大化目标可理解为通过公司的合理经营，采取最优的经营策略和财务政策，充分考虑货币时间价值和风险与报酬的关系等因素，在保证企业长期稳定发展的基础上使公司总价值达到最大。根据这一理解，其理论计算公式如下。

$$V = \sum_{t=1}^{n} NCF_t \times (1+i)^{-t}$$

上式中，V 代表公司价值；t 代表公司取得报酬的时间，NCF_t 代表第 t 年的公司报酬，通常用现金流量来表示；i 代表与风险相适应的贴现率；n 代表取得报酬的持续时间。

在持续经营假设条件下，n 应为无穷大，且同时假设各年的现金流量相等，则上式可简化为：

$$V = NCF / i$$

从上式中可以看出，公司的总价值 V 与现金流量 NCF 成正比，与贴现率 i 成反比。由于 NCF 表示企业各年取得的报酬，i 反映企业的风险大小。即企业的总价值，与预期各年的报酬成正比，与预期的风险成反比。根据公司理财的风险报酬均衡原则，报酬越大，风险也越大，报酬的增加是以风险的加大为代价的。因此，在平衡公司的风险和报酬的基础上使公司的总价值达到最大就是公司理财的重要任务。

在上式中，如果 NCF 代表着股权现金流，而 i 对应着股东要求的报酬率时，NCF 可以衡量股东价值；当 NCF 代表债权现金流，而 i 对应着债权要求的报酬率时，V 则可以衡量债券价值；当 NCF 代表某项投资的现金流，而 i 代表投资要求报酬率时，V 则代表该项投资的价值。所以说，上式是公司理财中计量价值的核心公式，在后续学习中还会进行更为深入的介绍。

（二）公司价值评估理论

公司价值评估是公司理财的重要工具之一，具有广泛的用途，是公司理财的必要组成部分。公司价值评估简称价值评估，是一种经济评估方法，目的是分析和衡量公司的公开市场价值并提供有关信息，以帮助投资人和管理当局改善决策，公司价值评估可采用的评估方法主要包括自由现金流量法、经济增加值法、相对价值法等。

（1）自由现金流量法

自由现金流量法就是以自由现金流量为基础来评估公司价值的方法。所谓自由现金流量，是指公司经营活动产生的，在扣除了有价值的投资项目所需要的资金后可以派发给企业所有资本提供者（股东和债权人）的现金流量。在进行价值评估时，可选择股权自由现金流量和公司自由现金流量两种形式。股权自由现金流量是用作发放股利给股东的现金流量，主要用来评估公司股东权益的价值。而公司自由现金流量则是向公司所有权的要求者（普通股股东、优先股股东和债权人）分配的现金流量。公司自由现金流量主要是用来评估整个公司的价值，与"公司价值最大化"的公司理财目标相对应。通常是用整个公司的价值减去公司负债的价值，间接地计算出公司股东权益的价值。

（2）经济增加值法

经济增加值法就是以经济增加值为基础来评价公司价值的一种方法，它是近年来西方提倡价值基础管理的一种公司价值评估方法。经济增加值实质上是一种超额利润，代表了公司在经营中所创造的价值增加值，其计算公式为：

$$经济增加值=投资资本×（投资资本回报率-加权平均资本成本）$$

加权平均资本成本反映了投资者要求的必要报酬率，如果计算的经济增加值大于零，说明公司所产生的现金流量超过了投资者所要求的平均回报，即表明公司创造了新的价值。反之，当经济增加值小于零时，说明公司资产所产生的现金流量低于投资者所要求的回报，表明公司的价值减少了。

与公司自由现金流量相比，经济增加值的优点是它在公司自由现金流量的基础上考虑了投资者所要求的回报。另外，经济增加值具有可计量单一年份价值增加的优点，而自由现金流量法却做不到。

（3）相对价值法

这种方法是运用一些基本的财务比率评估一家公司相对于另一家公司的价值。相对价值法以市盈率模型为代表，计算公式如下：

$$每股价值=市盈率×目标公司每股盈利$$

这种方法的优点是计算公式中的数据容易获得，并且计算简单。而这种方法的主要缺陷在于，市盈率容易受到整个经济景气程度的影响，经济繁荣时市盈率上升，经济衰退时市盈率下降，从而在一定程度上歪曲了公司的价值。

三、不同利益主体财务目标的协调

在公司制企业中，股东、债权人和经营者是最重要的三个财务关系主体。三者的目标不尽相同，不可避免地会引起各方之间的利益冲突，也就产生了委托代理问题。具体而言，就是股东与经营者之间的委托代理问题、股东和债权人之间的委托代理问题。只有充分协调利益冲突，妥善解决委托代理问题，才有助于实现公司理财的目标。

（一）股东和经营者财务目标的协调

从某种意义上讲，公司就是股东（所有者）的公司，公司理财的目标应主要地体现为股东的目标。股东目标是使股东财富最大化，并要求受托人即经营者以最大努力来实现这个目标。而经营者目标是增加报酬和闲暇时间、避免风险。两者之间不完全一致，甚至会背道而驰。经营者通常通过以下两种方式背离股东的目标：

（1）道德风险。经营者为自己的利益不尽最大努力，也不做错事，因而不构成法律和行政责任问题，只是道德问题；

（2）逆向选择。经营者为实现自己目标，而背离股东目标。

为了防止经营者背离股东的目标，通常有两种协调机制：

（1）监督。建立有效的信息系统，使私有信息公开化，改善委托人与受托人之间的信息不对称的情况。但是，由于受成本-效益原则的制约，这一措施并不能彻底地、全面地解决代理问题；

（2）激励。采用激励报酬计划，使经营者分享股东财富，如采取股票选择权、绩效股等手段。股东对经营者进行监督或激励同样会产生相应的监督成本或激励成本，股东需要将其与经营者偏离股东目标造成的损失相比较，以做出最优决策。

（二）股东和债权人财务目标的协调

债权人向公司贷出资金后，同样成为企业财务资源的重要提供者。债权人的目标是按期收到利息收入，并在债权到期后收回本金，这与股东追求自身利益最大化的目标显然不同，因此二者之间也会产生委托代理问题。当资金由债权人转移至公司后，股东就可能为了寻求自身利益的增加而损害债权人的利益，具体表现为股东不经债权人同意便发行新债，使债权人承担更大风险，或者股东不经债权人同意便投资于高风险项目等。

在债权人与股东之间的利益制衡中，除了寻求立法保护外，通常采取如下措施和解决方法：

（1）在借款合同中加入限制条款。

（2）发现公司有剥夺其财产意图时，可终止合同，拒绝进一步合作，以保护债权人利益。

现代公司被认为是涉及各方利益相关者的一系列契约的合计，其自身理财目标的实现既受到利益相关者的约束又会对各方利益产生影响。因此，在追求公司价值最大化等公司理财目标的过程中，必须兼顾各方相关者的利益，比如依法缴纳税费、按时发放工资、按时偿还债务等。

第三节　公司理财的主要内容

公司理财主要包括筹资管理、投资管理、营运资本管理以及资金分配管理等四项内容。伴随着公司的生产过程，资金也进行着由货币状态到实物状态再到货币状态不断循环。为了实现公司理财的目标，公司首先需要在资本市场上筹集公司生产经营所需要的资金，此时资金表现为货币状态。在筹集到资金之后，公司将其投资于各项资产，开展各项生产经营活动，此时资金则表现为实物状态。为了维持公司的稳定发展，公司必须保有一定的流动资金，这就涉及营运资本的管理。公司产品在市场上销售，获得收入，此时资金又表现为货币状态。最后，公司需要对资金的提供方做出回报，将一部分资金以利息或者股利的形式返还给投资者。以上资金在公司内部的运动轨迹，就是公司理财所涉及的内容。

一、筹资管理

公司开展生产经营活动，需要有一定的资金基础，因此，筹资管理也被看作公司理财中首要的、基本的环节，公司理财的其他内容都要在筹资管理的基础上展开。从筹资的方式来看，筹资管理分为债权筹资管理和股权筹资管理；从筹集资本的使用期限来看，筹资管理分为短期筹资管理和长期筹资管理；从筹集资本的来源来看，筹资管理分为境内筹资管理和境外筹资管理。各类筹资活动所涉及的资金成本、使用期限、风险程度、筹资灵活性等都大不相同，对公司产生的影响也是不尽相同的。筹资管理就是通过对以上事项的具体分析，来决定公司何时筹资、筹集多少、怎样筹资、向谁筹资等一系列问题。

为了公司的持续经营，公司还会从获得的利润中留存一部分来解决自身的筹资需求。由于股东对公司经营成果有最终索取权，因此，将本应该属于股东利益的资金留在公司内部，从广义上来说也属于股权筹资的范围之内。

二、投资管理

投资管理是公司理财中的核心内容。公司筹资的目的就是为了将资金投放到生产经营之中，并以此来获得更多的资金回报。公司投资也是将资金由货币状态转变为实物状态的一个过程。与筹资期限相对应的，投资也有长短期限之分。公司会将一部分资金投资到长期股权投资、固定资产以及无形资产等非流动性资产中。与此同时，公司还会利用资金购买原材料、办公用品等生产经营必需资产，也会因为赊销等方式形成应收账款等流动性资产，除此之外，公司也会将一部分资金以现金或银行存款的形式持有，以保证公司的流动性。这类资产几乎不会为公司带来投资收益，但在维持公司日常生产经营中又必不可少。

投资管理是否有效，对一家公司的生存发展有着至关重要的影响。如果一项投资管理有效，公司会利用其获得更大的资金回报，不仅可以将盈利资金继续投资于有价值的项目，还可以将其以股利的形式返还给投资者，更好地实现公司理财中股东财富最大化的目标。但是，如果一项投资管理失效，则会给公司造成获利不足、资金紧张等困难局面，甚至会导致公司破产。

三、营运资本管理

营运资本是指流动资产和流动负债之间的差额。营运资本管理主要涉及以下两个方面。一是营运资本筹集，公司要决定向谁借入短期贷款，借入多少短期贷款，如何利用赊购等方式来进行短期融资等。二是营运资本投资，公司的营运资本投资项目主要有货币资金、存货、应收账款等，公司应该结合不同项目的风险、收益性等因素进行权衡考虑，以决定营运资本在其中的分配比例。

将营运资本的筹集和投资联系在一起看，如果营运资本为正，也就是流动资产大于流动负债，此时公司需要利用非流动负债来投资流动资产。但是，非流动负债的筹资成本通常较高，而流动资产的收益却较低，公司如果长期大比例地用非流动负债来投资流动资产，会对公司的盈利能力产生影响。与此相反，如果营运资本为负，也就是流动资产小于流动负债，此时公司进行非流动资产投资的资金一部分来自于流动负债筹资。由于流动负债需要在较短的时间内进行偿还，而非流动资产的变现能力却有限，如果制造业公司长期大比例地用流动负债来投资非流动资产，会对公司的偿债能力造成严重的影响，为公司的生产经营带来更大的风险。可以看出，对营运资本进行管理必须同时兼顾到流动资产和流动负债两个方面，舍弃其中任何一个，都会为企业的发展带来阻碍。

四、资金分配管理

公司从不同投资者那里获得资金，也需要将经营成果分配给股权投资者和债券投资者。投资者的类型不同，对他们进行资金分配管理的方式也不同。此外，一家公司为了能够生产经营，既需要从投资者那里获取资金投入，也需要社会、政府给予支持。因此，资金分配管理主要涉及向政府、债权人和股东分配经营成果等活动。向政府分配的形式是缴纳各项税款，由于税收的强制性等因素，公司在纳税过程中没有讨价还价的余地，可通过税收筹划使其自身利益最大化。向债权人分配的形式是还本付息，这些内容在签订借款合同时就已经确定，公司对此管理只能是按照合同的规定履行自身还本付息的义务。

向股东分配股利留给了公司很大的管理空间，因为公司没有必要定期向股东发放股利，也无须对其投资进行偿还。对于净利润，公司可以股利的形式发放给股东，也可作为留存收益继续投资于公司的生产经营。究竟公司会选择哪种形式，或者是以多大比例进行股利分配取决于多种因素，包括相关法律法规对股利分配的规定、未来公司的投资机会、各种资金来源及其成本、股东对未来收入的预期等。

公司理财的四项内容并非独立的，而是在企业的资金循环中交互进行的，它们构成一个有机的财务管理体系。公司理财活动的起始是进行资本的筹集，然后进行投资，在此过程中实现资本保值增值。公司既有长期的筹资和投资，也有短期的筹资和投资，将焦点聚焦于短期的筹资和投资活动时，就形成了营运资本管理，它是提高公司流动性和营运能力的一项重要保障。在一定的生产周期之后，公司需要将所获取的收益分配给资金或其他资源的提供者，主要是政府、债权人和股东。同时，公司也会根据对未来公司发展的预期和投资需求等因素，决定是利用净利润的留存来进一步筹资还是向外界筹资，以开始新的投资活动。这样，公司理财的四项内容就构成了一个周而复始的有机循环。

第四节　公司理财的原则与职能

本节主要介绍公司理财的原则与职能。公司理财的原则涉及合理配置原则、财务收支平衡原则、成本效益原则、风险与收益均衡原则以及利益关系协调原则等方面。这些原则是公司开展理财活动时必须遵守的准则。公司理财职能主要有财务分析、财务预测、财务决策、财务预算以及财务控制等。

一、公司理财的原则

（一）资金合理配置原则

资源总是有限的，公司开展各项活动所能动用的资源也是有限的。公司开展理财活动的主要对象是公司的资金，作为一种资源也是有限的。因此，在公司进行理财活动时，要遵守资金合理配置的原则。

对资金合理配置可以从资金的来源与用途两个方面理解。资金的来源主要有债权融资和股权融资。公司利用债权融资需要承担定期还本付息的压力，如果无法支付利息或者偿还本金，会给企业带来破产的风险。但是，债权融资却不会导致决策权的稀释。公司利用股权融资虽然不必定期支付利息，并且股权融资无需偿还，但是股权融资却会稀释现有股东的决策权，甚至导致现有股东的决策权旁落。资金的用途主要是指资金对于各类资产的投资，这些资产既包括变现能力较强的现金、交易性金融资产、存货等流动资产，也包括变现能力较弱的长期股权投资、固定资产、无形资产等非流动资产。通常流动性强的资产获利性会较弱，反之亦然。公司需要在对流动性与获利性权衡的基础上，合理安排资金的投向。从以上分析可以看出，无论是公司资本结构决策还是各类投资决策都应该遵守资金合理配置这条原则。

（二）财务收支平衡原则

公司对资金进行管理是一个动态的过程，财务收支平衡原则贯穿始终。财务收支平衡既有金额的平衡，又有时间的平衡。出于公司持续经营的假设，通常我们要求公司投资项目的收入要大于公司对其投资金额，这样才能从中获取利益。同时，公司保持的资金持有也应该高于预期范围内的现金支出，只有保持一定的财务柔性才能够维持公司的正常经营。从时间的角度来看，任何一项投资都无法在投资当时就产生充分的收入，通常需要等待一定时间才能够取得收益。站在公司整体的角度，财务收支平衡并不要求单项筹资手段或者单项投资项目的收支平衡，而是应该强调公司整体的财务收支的动态平衡。

（三）成本效益原则

公司在进行理财获取收益时，也必然要为此付出一定的成本。同理，公司承担一定的成本也是为了获取与之适应的收益。最理想的状态是花费最小的成本而取得最大的收益，因此，公司要在成本和效益之间找到一个平衡点，以此指导自己的生产经营活动。

坚持成本效益原则的前提是，能够合理度量某项经营活动的成本以及由该项活动所带来的收益。对于某些成本和收益，可通过财务数据等资料加以度量。但是更多的情况下，公司无法准确判断出某项经营活动能够引发何种成本，并带来何种收益。也有可能是，公司虽然知道某项活动所引发的成本和由此带来的收益，但是却没有办法用货币形式对其准确度量。在这种情况下，更需要公司的决策者利用自己的职业经验对具体情况加以判断，并做出最有利于实现公司理财目标的决定。

（四）风险与收益均衡原则

由于人们对自然环境和社会规律认识的有限，公司进行的任何一项投资活动都会面临风险，这也是公司进行投资所以必须要承担的成本。同时，公司之所以愿意承担这些风险，是因为承担风险会给公司带来收益，风险越大往往所带来的收益也越大，这也就是所谓的风险与效益均衡原则。

公司的很多理财活动都体现了风险与收益均衡的原则。从资金提供者的角度来看，债权需要按期偿本付息，其风险较小；而股权却不要求公司进行偿还，也不必按期支付股利，因此对于投资者而言风险较大，所以债权人获得的报酬率就要低于股东的报酬率。从公司的角度来看，债券融资成本就要低于股权融资成本。从资金投资的角度看，公司将资金投资于现金、存货等流动性强的资产，它们可以随时变现，因而风险较小，但是这些资产产生收益少。与此相反，公司将资金投资于长期股权投资、固定资产、无形资产等流动性较弱的资产，它们在市场中很难变现，风险较大，但是为企业带来较多的收益。

（五）利益关系协调原则

公司并不是孤立地存在着，其生产经营过程涉及投资者、债权人、管理者、员工、供应商、采购方、竞争者、社区成员甚至是整个国家等利益相关者。公司理财的目标可以被理解为股东权益最大化，但是，这并不代表者可以为实现股东的利益而去损害其他相关者的利益。与此相反，公司应该在实现股东权益最大化的同时，兼顾其他相关者的利益。

公司可通过按期偿还债权人的本息、向经营者和员工提供更好的工作环境和更广阔的晋升机会、在采购和销售的议价环节做到诚实守信、与竞争者在最大的范围内合作，以提高整个产业的形象，以向所在社区进行爱心捐赠以及按期足额地缴纳税金等形式，来实现其他利益相关者的利益诉求。在短时间内，以上这些活动可能会对股东价值有所减损，但是从长远来看，这些活动必将为股东带来更大的利益增长。

二、公司理财的职能

公司理财的职能是指公司进行理财活动时所体现出来的管理职责和功能。具体是指财务分析、财务预测、财务决策、财务计划以及财务控制等职能。这些职能可以组成一个完整的循环，只有其紧密联系、相互配合才能将公司理财的职能最大化地发挥出来。

（一）财务分析

财务分析是以财务报表数据和其他数据为基础，采用一系列的分析技术和方法，对过去一段时期公司的筹资活动、投资活动、营运活动等加以剖析、评价和总结的一项工作。财务分析的程序一般分为以下四个步骤。第一是收集资料。财务分析是建立在充分收集公司财务和非财务信息的基础上的，如果收集的资料不够充分，或者是不准确，那么最后的分析结果也一定会与真实情况存在偏差。第二是资料分析。通常我们用于分析资料的方法有比较分析法、比率分析法、趋势分析法以及因素分析法等。通过指标之间的差异或者变化趋势来反映公司财务运作的状况。第三是原因分析。无论是对财务指标的差异还是变动趋势，财务管理人员都要分析其产生的原因。对于存在的问题，要及时纠正；对于利好的趋势，要将其形成可持续的优势。第四是提供建议。财务分析的目的是为了公司更好地开展理财活动提供建议，因此，在财务分析的最后中，应该将其分析出的结果呈报给公司相关部门，以便其更好地实现公司理财的目标。

（二）财务预测

财务预测是根据过往财务活动的资料，通过分析现实的要求和环境，对公司未来的财务活动及结果做出科学的预计和测算的一项工作。如果说财务分析是"向后看"，那么财务预测就是"向前看"。财务管理人员需要利用过往进行财务活动所产生的信息，对未来公司的财务活动及其带来的结果加以预计和测算。

通过财务预测，公司可以测算其开展的各项筹资和投资活动的预期经济效益，为相关财务决策提供依据。同时，财务预测要对公司未来的财务收支情况加以预计，以保证公司资金使用的充足性和高效性。

财务预测可以按照不同的标准进行分类。从预测的对象角度来看，财务预测分为筹资预测、投资预测以及营运资本预测等；按照预测期限的长短，分为短期预测和长期预测。所谓短期预测是指预测期限不足一年的财务预测，长期预测则是指预测期超过一年的财务预测。在财务预测中，可供选择的预测方法主要有定性预测法、时间序列预测法、相关因素预测法以及概率分析法等。

（三）财务决策

财务决策是指财务管理人员在诸多备选财务方案中，从公司理财目标出发，结合宏观环境等因素，利用比较、分析等方法，选出最优财务方案的一项工作。美国著名管理学家西蒙（Herbert. Simon）曾说"管理就是决策"，可见决策在整个管理活动中的重要地位。在公司理财中，财务决策也同样有着重要的作用。如果公司做出了一项适应公司发展战略的财务决策，那么就很有可能带给公司一个长期、稳定的发展前途。相反，如果公司做出了一项不合时宜的财务决策，那么也很可能带给公司毁灭性的打击。

在公司开展财务决策工作时，通常须遵循一定的步骤。首先是明确财务决策目标。公司应该在公司愿景、公司战略等的指引下，结合宏观环境等因素来确定具体财务决策事项的目标，这一目标既应该是切实可行的，又要对相关人员起到督促作用。其次是提出备选方案。财务决策是在诸多备选方案中进行选择的一个过程，备选方案应该包括项目期限、现金流、不确定性、回报率等基本内容。最后是做出财务决策。每个备选方案都有自身的优势，同时也会有一定的局限性。决策者需要对各个备选方案进行通盘的考虑，在必要的情况下，也可以聘请内部或者外部的专家来协助其做出决策。决策者在做出决策时，应该更多地考虑公司整体的利益需求，而不是个人的一己私利。在涉及重大财务决策时，公司通常采用集体决策的方式，以防止财务决策偏离公司的战略目标。

（四）财务预算

财务预算是以货币形式协调安排未来一定期限内财务活动的一项工作。在公司做出财务决策后，财务管理人员需要在此基础上将决策的内容以货币的形式表现出来，以此来计划、协调公司未来一定期限内的财务活动。

按照财务预算涵盖的期限长短来分，财务预算分为短期预算和长期预算。所谓短期预算是指预算期限短于一年财务预算，长期预算则是指预算期限超过一年的财务预算，但是通常情况下，公司的长期财务预算期限不会超过五年。按照财务预算涉及的内容来看，财务预算包括现金流预算、收入预算、费用预算等单项预算，也包括资产负债表预算、利润表预算、现金流量表预算等综合预算。

在财务预算的编制过程中，财务管理人员可以采用的方法主要有增量预算、零基预算、固定预算、弹性预算、定期预算以及滚动预算等方法。

（五）财务控制

财务控制是指在公司生产经营活动中，以编制的财务预算为依据，对各项筹资活动、投资活由此，我们可以推导出普通年金现值的一般公式如下。

$$P_A = \frac{A}{1+i} + \frac{A}{(1+i)^2} + \frac{A}{(1+i)^3} + \cdots + \frac{A}{(1+i)^n}$$ （2-3）

等式两边同乘以$(1+i)$，则：

$$(1+i)P_A = A + \frac{A}{1+i} + \frac{A}{(1+i)^2} + \frac{A}{(1+i)^3} + \cdots + \frac{A}{(1+i)^{n-1}}$$ （2-4）

式（2-4）－式（2-3），得：

$$P_A(1+i) - P_A = A - \frac{A}{(1+i)^n}$$，整理后得：

$$P_A = \frac{A - \dfrac{A}{(1+i)^n}}{(1+i) - 1} = \frac{1 - (1+i)^{-n}}{i} A$$

式中，$\dfrac{1 - (1+i)^{-n}}{i}$ 称为普通年金现值系数，记为$\left(\dfrac{P_A}{A}, i, n\right)$，可以通过查"普通年金现值系数表"得到。

【例 2-6】在银行存款利率为 5%的情况下，某人打算连续 10 年每年末从银行取出 5 000 元，请问他现在应一次存入多少钱？

$$P_A = A \frac{1 - (1+i)^{-n}}{i} = 38\,608.5 \text{（元）}$$

或 $$P_A = A\left(\frac{P_A}{A}, i, n\right) = 5\,000 \times \left(\frac{P_A}{A}, 5\%, 10\right) = 5\,000 \times 7.7217 = 38\,608.5 \text{（元）}$$

4．资本回收值

根据现在的资本投入，来计算未来若干年内每年需要得以补偿的资金流，这是普通年金现值的一个应用。即已知现值 P，求出普通年金 A。

由于资本回收是已知年金现值，求年金。因此，计算资本回收值的公式可从年金现值公式导出如下。

$$P_A = A\left(\frac{P_A}{A}, i, n\right)$$

所以，$$A = \frac{P_A}{\left(\dfrac{P_A}{A}, i, n\right)}$$

【例 2-7】某公司拟于当期投资 2 000 000 万元购入一台机器设备。假设该设备的预期使用寿命为 15 年，利率为 8%。试问该设备每年应至少带来多少的资金流入才能收回投资。

$$A = \frac{P_A}{\left(\dfrac{P_A}{A}, i, n\right)} = \frac{2\,000\,000}{\left(\dfrac{P_A}{A}, 8\%, 15\right)} = \frac{2\,000\,000}{8.5595} = 233\,659.51 \text{（元）}$$

（三）预付年金的终值和现值

预付年金是每年期初发生的等额收付款项的一种年金形式，又称为即付年金或先付年金，记作 A'。从定义可知，预付年金与普通年金最大的不同就是二者资金流发生的时点不同，预付年金的资金流都发生于每一期的期初，而普通年金的资金流则发生于每一期的期末。

1．预付年金终值

预付年金支付形式如图 2-3 所示。

动、营运活动等进行监督和调节的一项工作。如果只有预算而没有控制，那么预算也只能是纸上谈兵，无法对公司的生产经营活动提供有效的帮助。因此，财务控制的目的就是监督财务预算的落实，实现公司理财的目标。

公司通常通过以下步骤来实现财务控制的目的。首先是分解预算、确定标准。财务预算为控制提供了良好的标准。在实务中，财务管理人员还需要将总体预算逐级分解为部门、班组甚至是个人的预算指标，以此对每个岗位、每项活动加以控制。其次是比较差异、分析原因。预算毕竟是在对未来情况某种判断的基础上做出来的，由于对未来情况的判断与实际情况会存在差异等原因，执行结果与预算之间必然会存在差异，财务管理人员需要发现这种差异，并深入分析这种差异是由于预算编制造成的还是预算执行造成的。最后是明确责任，奖优惩劣。在找到差异产生的原因之后，就很容易追究造成这种差异的责任，究竟是财务预算编制的过于粗糙还是预算执行流于形式造成了这种差异。在明确了不同方面应该承担的责任之后，公司还应该对表现优良的部门给予奖励，同时对表现不佳的部门给予惩罚，这样也会在公司内部形成更为良好的监督机制和激励机制。

公司理财中的各项职能并不是独立的，而是相互联系的。一方面，财务分析和财务预测为财务决策提供了必要的信息，财务预算又是对财务决策的货币化、具体化，财务控制则是对整个公司理财过程的监督和调节。另一方面，公司在持续经营的过程中，总是要不断地进行着各种理财活动，通过财务决策、财务预算和财务控制等环节而最终产生的财务结果，又为以后的财务分析和财务预测提供了数据基础。

知识拓展

公司理财目标一直是一个众说纷纭的话题。近年来，随着"企业公民"等观念的流行，理论界和实务界对公司是否应该承担社会责任，是否应该将利益相关者的利益诉求纳入理财目标之中等问题给予了大量的关注。

在理论界，学者将公司承担社会责任的动因分为内外两个方面。外部动因主要有合法性需求和利益相关者需求。合法性需求是说，公司通过承担社会责任可以塑造一个"守法者"的形象，以此为自己赢得更为宽松的监管环境。利益相关者需求是说，公司的生产经营不仅应为股东创造更大的价值，同时也应该满足不同利益主体的利益需求。从公司内部来看，学者发现公司通过承担社会责任可以显著地降低公司的融资成本，融资成本的降低也会进一步提高公司价值。此外，有些公司还将战略实施与承担社会责任联系起来，通过承担社会责任来促进公司战略的顺利实施，甚至是帮助公司实现转型升级。

在实务界，近年来爆发的一系列公司丑闻引起了公众对公司承担社会责任的关注。与此同时，也有很多的公司通过参与灾难救助、为希望工程捐款、回馈社区等方式来履行自己的社会责任。公司以此拉近与公众的距离，提高公司形象，从长远来看，这些行为将提升公司价值。

公司通过承担社会责任的方式，在理财目标中突出对利益相关者的保护，将会给股东、公司、利益相关者甚至整个社会带来何种影响，仍需要更为深入的理论研究和更为广泛的社会实践来检验。

课后思考与练习

一、单项选择题

1. 按照组织形式分类，具有独立法人资格的企业类型是（   ）。

    A. 合伙企业   B. 个人独资企业   C. 农业企业   D. 公司制企业

2. 从利益相关者的角度来看，公司理财的目标应该是（　　　）。

    A. 股东财富最大化 B. 利润最大化   C. 公司价值最大化   D. 现金流最大化

3. 公司理财活动中，被视为首要的、基本的，而且是其他活动基础的管理活动是（　　　）。

    A. 筹资管理   B. 投资管理   C. 营运资本管理   D. 资金分配管理

4. 下列不属于公司理财原则的是（　　　）。

    A. 财务收支平衡原则   B. 风险最大原则

    C. 成本效益原则   D. 利益相关者协调原则

5. 财务管理人员在诸多备选财务方案中，从公司理财目标出发，结合宏观环境等因素，利用比较、分析等方法，选出最优财务方案的工作是（　　　）。

    A. 财务分析   B. 财务预测   C. 财务决策   D. 财务控制

二、多项选择题

1. 企业按照组织形式进行分类可以分为（　　　）。

    A. 个人独资企业   B. 合伙企业   C. 工业企业   D. 公司制企业

2. 下列方法中，属于公司价值评估的方法有（　　　）。

    A. 自由现金流量法 B. 市场分析法   C. 经济增加值法   D. 相对价值法

3. 利用经济增加值法进行公司价值评估，需要考虑的因素有（　　　）。

    A. 现金流   B. 投资回报

    C. 投资资本回报率   D. 加权平均资本成本

4. 公司理财的各项内容包括（　　　）。

    A. 筹资管理   B. 投资管理   C. 营运资本管理   D. 资金分配管理

5. 按照财务预算涵盖的期限来分，财务预算可分为（　　　）。

    A. 现金流预算   B. 短期预算   C. 长期预算   D. 收入费用预算

三、简答题

1. 企业按组织形式如何分类，每一类型有何种优势与不足？

2. 如何平衡不同利益相关者之间的关系？

3. 公司理财的内容有哪些，它们之间是独立的吗？

案例分析

    本章引导案例对无锡尚德从创立到破产的过程进行了简要的介绍，在学习过本章的全部内容之后，我们将再次回到无锡尚德的案例中，对其理财的相关内容加以更详细的描述，并请运用本章所学知识进行深入分析。

    从 2013 年 3 月无锡尚德被无锡市中级人民法院宣告破产往前追述，可以发现该公司一系列的理财活动中有很多隐患。

    反映公司财务状况的一个重要指标是资产负债率，从它可以了解到公司的筹资情况。2007 年，无锡尚德的资产负债率就已经达到了 54.6%，此后该公司又进行了大规模的信贷融资。到了 2011 年，资产负债率达到了 79.1%。而 2012 年第一季度末更是达到了 81.8%，公司的流动负债也超过了流动资产，营运资本带来的风险也在不断攀升。同时，由于受到产业发展形势逆转、海外市场保护主义盛行以及人民币汇率提高等多重因素的影响，公司的市场销量连年地降低，这也对公司的流动性和偿债能力产生了极大的负面影响。

    在经历了艰难的初创期之后，无锡尚德利用筹集的资金进行了激进式的投资扩张。公司在短短的几年时间内，不仅在我国多个地区建立了自己的产业园，也投资于国外各地，其产能逐渐攀升至行业的领先地位。但是，过度的扩展在外界环境突变的压力下，很难保持较高的投资回报率。

2012 年左右，公司爆发了一系列财务管理丑闻，使原本就困难的局面更加雪上加霜。比如，公司的海外资产环球太阳能基金被审查出存在反担保欺诈，无锡尚德本想通过出售该基金来换取现金，但最终却卷入了数亿欧元的欺诈案中。同时，公司董事长施正荣等高管团队被指控通过关联交易来进行非法利益输送，而公司本身也存在着漏缴税款等问题。

导致无锡尚德破产的直接原因是，公司无法偿还 2013 年 3 月到期的一笔债务，经过债权人的申请，法院判决其破产重组。

利用本章介绍的公司理财的基本内容，回答下列问题：

1. 试分析公司在筹资过程中存在的主要问题。
2. 在投资管理中，公司应该如何遵循资源合理配置原则。
3. 简述无锡尚德的一系列财务丑闻对相关者利益的损害。
4. 请分析债权筹资与股权筹资的不同之处。

第二章 公司理财价值观念

通过本章学习，能够全面、深刻地理解公司理财的价值计算，掌握资金时间价值的含义，不同形式资金流终值和现值的计算以及在计算终值和现值时折现率的确定；掌握收益和风险的含义及计算方法，不同资产组合的收益与风险之间的关系以及资本市场线和资本资产定价模型等，并能够在公司理财工作中，熟练地运用资金时间价值和风险价值计算。

引导案例

假如你今天向银行存入 1 万元，期限为一年。如果银行一年的存款利率为 8%，那么，在一年后存款到期时，你取出的资金将会是 1.08 万元。相比于存入的 1 万元，你将多得到 0.08 万元。增值部分体现了你因放弃资金的使用权，而将其让渡给银行得到的回报，就是资金的时间价值。同时，你和银行之间约定的利率反映了你对预期风险的态度。当你认为未来风险较高时，可能会要求银行的利率高些，以弥补自己的损失，这也就体现了风险与报酬之间的关系，即风险价值。

无论是个人还是公司，进行理财活动的过程实际上就是一种权衡的过程。一方面，涉及成本和收益的权衡，利用资金时间价值计算比较不同时点上资金流的大小；另一方面，涉及风险与报酬之间的权衡，就是风险的价值。本章对资金时间价值和风险价值的介绍，将有助于我们增强在公司理财中的价值理念。

第一节 资金时间价值观念

资金时间价值是公司理财价值观念中的一项重要内容，本节将对资金时间价值进行详细的介绍。具体内容分为资金时间价值的含义、资金时间价值的计算、对利率（折现率）的考虑，以及资金时间价值的应用意义。

一、资金时间价值的含义

资金的时间价值（time value of money），是指随着时间的推移，利用资金投资和再投资所增加的价值，也称为货币的时间价值。

当有朋友向你借 10 万元钱，并约定一年后归还时，通常他不会只归还 10 万元钱，而是会增加一部分金额，来弥补你在这一年中损失的利息。可以看出，相同的金额在不同时点上并不具有相同的价值。从西方经济学的观点来看，则认为二者的经济效用不同。

可以从两方面理解那增加一部分金额的行为。如果你将 10 万元钱存入银行，银行会和你约定一年期的利率，比如为 10%，那么当你一年后取出资金时，你会得到 11 万元。你也可能不将这笔钱存入银行，而是在资本市场上选择金融产品而自己进行投资，比如投资股票或者债券等。如果幸运的话，你可能会得到更多的回报，比如你所投资的金融产品的年回报率为 15%，那么一年后你将会得到 11.5 万元。可以看出，无论是将该笔资金存入银行还是自己进行投资，在一年后，你都将得到超过 10 万元的资金，超过部分就是通过资金的投资或者是再投资创造出来的，也就是资金的时间价值。如果你在投资公司股票时准备对其长期持有，那么你在第一年可以得到 11.5 万元，第二年则可以得到 13.26 万元，第三年则可以得到 15.21 万元。当你的投资期限不断延长的时候，你所得到的资金增加值也会不断增加。

这种资金增值的现象是符合规律的客观现象。公司运行需要资金投入，而资金的来源则主要是资本市场。当公司从资本市场获得用于生产经营的资金并将其投入后，公司的资金循环则从此开始。公司利用这部分资金购买生产所需要的设备、物资、人力等生产要素，并生产出符合市场需求的产品，从产品销售中收回资金以此完成一次资金的循环。根据公司持续经营的假设，公司从产品销售中得到的资金会超过投入的资金，因此，在此次资金循环中实现了资金的增值。公司周而复始地进行着"投资—生产—销售"的循环，资金也会在此过程中呈现出几何级数的增长，进而实现了资金的时间价值。

结合上面的例子，我们可以用绝对值来表示资金的时间价值。如你将资金直接投资，一年后你多获得了 1.5 万元，即为一年的资金时间价值；两年后你多获得了 3.26 万元，即为两年的资金时间价值；三年后多获得了 5.21 万元，即为三年的资金时间价值。虽然绝对值的表现形式更为直观、易懂，但是由于原始投资额不同等因素的存在，造成不同投资项目之间资金时间价值用绝对值表示而不可比。为了使其可比，需要采用相对值，也就是用比率的形式来表示资金的时间价值。在上例中，15%就可以表示资金的时间价值，即使投资额不同，我们也仍可以用相对值进行不同项目之间的比较。

资金的时间价值在公司理财中有着重要的地位。公司在进行投资和筹资等活动时，都要考虑资金的时间价值对相关决策的影响，尤其在对不同时点上的资金流进行比较和分析时，资金的时间价值是必不可省的因素。

例如，已探明的一个油田，现在立即开发可以获得 500 亿元，如果等到五年后再行开发，则可以获得 700 亿元。那么，是不是越往后开发油田越会得到更多的经济利益呢？若不考虑资金的时间价值，700 亿元大于 500 亿元，则应该是延后开发。但是，考虑到资金的时间价值，如果利用当前的 500 亿元进行投资或者再投资，假定投资的报酬率为 10%，那么 5 年后的价值则为 805.26 亿元，大于 700 亿元。因此，应该在现在对油田进行开发。

二、资金时间价值的计算

由于资金在不同时点上不具有可比性，因此我们通常有两种方法对不同时点的资金流加以处理。一种方法是将资金流折算到现在的时点上，得到资金流的现值（present valve，PV），另一种方法则是将资金流折算到未来的某一个时点上，得到资金流的终值（future value，FV）。

前文已述，资金的时间价值表现为资金的增值，而增值额则是利用本金和利息的计算所得，也就是我们常说的利息。计算利息的方法通常有单利（simple interest）和复利（compound interest）两种形式。在单利方式下，本金能生利，而利息不能生利。在复利方式下，本金能生利，利息在下期则转为本金与原来的本金一起计算利息即通常所说的"利滚利"。

在实务中，我们可以将投资所获得的增值额进行再投资，表现为"利滚利"的形式，因此我们在计算资金的时间价值时，通常利用复利的形式。接下来就介绍几种常用的计算资金时间价值形式。

（一）单笔资金流的复利终值与现值

1. 单笔资金流的复利终值

单笔资金流的复利终值，是指一次性的收付款项经过若干期的使用后，所获得的包括本金和利息在内的未来价值。

假设现值为 P，利率为 i，n 期后的终值为 F_n，则 F_n 与 P 的关系可以通过下例加以说明。

【例 2-1】 假设某人将现有 500 元存入银行，存款年利率为 8%，1 年后的终值（即本利和）计算如下。

$$F_1 = P + P \times i = 500 + 500 \times 8\% = 540 \text{（元）}$$

按照复利计算，此人并不提走现金，而是将 540 元继续存在银行，则第 2 年本利和计算如下。

$$F_2 = [P \times (1+i)] \times (1+i) = P \times (1+i)^2 = 500 \times (1+8\%)^2 = 583.2 \text{（元）}$$

同理，第 3 年的期终金额计算如下。

$$F_3 = P \times (1+i)^3 = 500 \times (1+8\%)^3 = 629.86 \text{（元）}$$

依此类推第 n 年的期终金额计算如下。

$$F_n = P \times (1+i)^n$$

此式即为复利终值的一般公式，其中，$(1+i)^n$ 称作复利终值系数，用符号 $\left(F/P, i, n \right)$ 表示。如 $\left(F/P, 8\%, 3 \right)$，表示利率为 8% 的 3 年期复利终值系数。于是复利终值计算公式亦可写为如下形式。

$$F_n = P \times \left(F/P, i, n \right)$$

为简化计算手续，可以直接查阅 1 元的终值表，亦称"复利终值系数表"，查表可知 $\left(F/P, 8\%, 3 \right) = 1.259\ 71$。即在利率为 8% 的情况下，现在的 1 元和 3 年后的 1.259 71 元在经济上是等效的，按照这个系数可以把现值换算成终值。

"复利终值系数表"由年限 n、利率 i 和复利终值系数 $\left(F/P, i, n \right)$ 三者构成。我们不仅可通过年限和利率来查找复利终值系数，也可以通过利率和复利终值系数查找年限，或者是通过年限和复利终值系数来查找利率。

【例 2-2】 现在你将利用 2 000 元进行投资，欲在 10 年后使其达到原来资金的 5 倍，那么你在选择投资项目时可接受的最低报酬率计算如下。

$$F_{10} = 2\ 000 \times 5 = 10\ 000 \text{（元）}$$
$$F_{10} = 2\ 000 \times (1+i)^{10}$$
$$10\ 000 = 2\ 000 \times (1+i)^{10}$$
$$(1+i)^{10} = 5$$
$$\left(F/P, i, 10 \right) = 5$$

查"复利终值系数表"，在 $n=10$ 的行中寻找 5，最接近的值为 $\left(F/P, 18\%, 10 \right) = 5$

所以 $i = 18\%$，即投资机会的最低报酬率为 18%。

需要说明的是，我们可以利用后续介绍的"试错法"或叫"插值法"来求得更为准确的最低报酬率。

2. 单笔资金流的复利现值

将未来的资金流折算为现在时点的价值也称为折现，此时使用的利率 i 又称为折现率。公司进行经济决策时，通常是站在现在的时点上，因此，现值的计算对于公司进行投融资决策则更有意义。

如前所述，已知 $F = P \times (1+i)^n$

所以 $P = \dfrac{F}{(1+i)^n} = F \times (1+i)^{-n}$

上式中的 $(1+i)^n$ 是将终值折算为现值的系数，称复利现值系数，用符号 $\left(F\middle/P,\ i,\ n\right)$ 来表示。为简化计算手续，可以直接查阅 1 元的"复利现值系数表"。

【例 2-3】银行利率为 6%，某人要想在 4 年后得到 20 000 元，问现在应存入多少钱？

$$P = F \times \left(P\middle/F,\ i,\ n\right) = 20\,000 \times \left(P\middle/F,\ 6\%,\ 4\right) = 20\,000 \times 0.7921 = 15\,842 \quad（元）$$

（二）普通年金

单笔资金流的复利终值和现值只涉及一次性的资金收付行为，而年金（annuity）则是指在一定时期内，每隔相同的时间，发生的相同数额的系列收付款项。

从上述定义可知，年金具有三方面的特征：

（1）连续性。与单笔资金流不同，年金至少涉及两笔或两笔以上的资金流。

（2）等值性。每一笔的资金流量都相等。

（3）同向性。对于公司而言，年金或者都是收入或者都是支付，不会出现收入和支付交替出现的情况。

现实经济活动中，有很多的收支方式都具有年金的特点，比如各类偿债基金、固定资产折旧、租金、债券利息、优先股股利、等额分期付款、零存整取或者是整存零取等业务。这些业务活动的资金流，都具有上述连续性、等值性和同向性等特点。

根据年金资金流的特征，可以对其分类为普通年金、预付年金、递延年金和永续年金等形式。其中，普通年金是最常见、最基本的形式，其他形式都可以由其变化得到。所谓普通年金，即是指在各期期末收付固定金额的年金，也称为后付年金。

1．普通年金终值

普通年金终值是指系列等额收付款项在最后一次发生时间点上的终值，也可以理解为每笔资金流在最后一次发生时点上的终值之和。

假定每期期末等额收（或付）款项为 $A=100$，$i=8\%$，$n=3$，则普通年金终值的计算可用图 2-1 来加以说明。

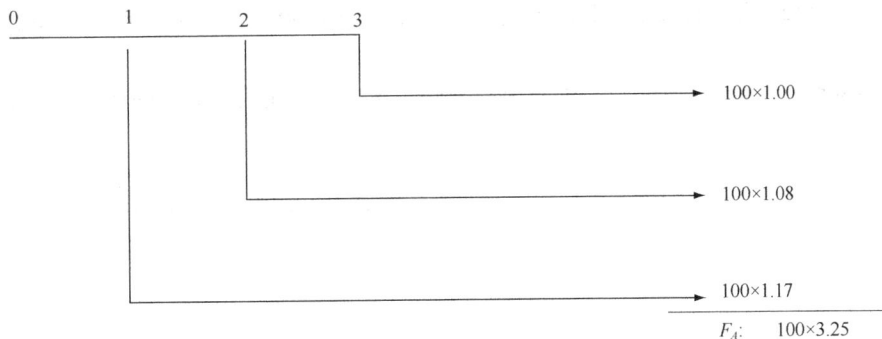

图 2-1　普通年金终值

上述方法在年金的期数较多时相当烦琐，简便的算法如下。

$$F_A = A + A(1+i) + A(1+i)^2 + \cdots + A(1+i)^{n-1} \tag{2-1}$$

等式两边同乘以 $(1+i)$：

$$(1+i)F_A = A(1+i) + A(1+i)^2 + A(1+i)^3 + \cdots + A(1+i)^n \tag{2-2}$$

式（2-1）－式（2-2）：

$$(1+i)F_A - F_A = A(1+i)^n - A$$

$$F_A = \frac{A(1+i)^n - A}{(1+i) - i} = \frac{(1+i)^n - 1}{i}A = \left(\frac{F_A}{A}, \ i, \ n\right)A$$

式中，$\frac{(1+i)^n - 1}{i}$ 称为普通年金终值系数，即 $\left(\frac{F_A}{A}, \ i, \ n\right)$，可以通过年金终值系数表查得具体利率在某一年限下的年金终值系数。

【例 2-4】在银行存款利率为 5% 情况下，某人连续 10 年每年末存入银行 3 000 元，请问他在第 10 年末，可一次取出本利和为多少？

$$F_A = A\frac{(1+i)^n - 1}{i} = 37\ 734 \ （元）$$

或者 $F_A = A\left(\frac{F_A}{A}, \ i, \ n\right) = 3\ 000 \times \left(\frac{F_A}{A}, \ 5\%, \ 10\right) = 3\ 000 \times 12.578 = 37\ 734 \ （元）$

2．偿债基金

偿债基金是指为达到某一年金终值金额，需要在每年年末支付的年金。也就是在预期的 F_A 下求得需要的 A，此为年金终值的一项具体应用。

由于，$F_A = \left(\frac{F_A}{A}, \ i, \ n\right)A$

所以，$A = \dfrac{F_A}{\left(\dfrac{F_A}{A}, \ i, \ n\right)} = \dfrac{i}{(1+i)^n - 1} \times F_A$

式中，$\dfrac{i}{(1+i)^n - 1}$ 为偿债基金系数，记为 $\left(\dfrac{A}{F_A}, \ i, \ n\right)$，它是年金终值系数的倒数。因此，可根据年金终值系数的倒数来确定。

【例 2-5】如果在 6 年后偿还 100 000 元债务，现在起每年存入银行一笔钱，年利率为 8%，那么每年应存入多少元？

$$A = 100\ 000 \times \frac{1}{\left(\dfrac{F_A}{A}, \ 8\%, \ 6\right)} = 100\ 000 \times \frac{1}{7.3359} = 13\ 631.59 \ （元）$$

3．普通年金现值

普通年金现值，是指将每期期末的年金折算到现在时点上的价值，也可以理解为每笔资金流的现值之和。

假定每期期末等额收（或付）款项 $A=100$，$i=8\%$，$n=3$，则普通年金现值的计算可用图 2-2 来加以说明。

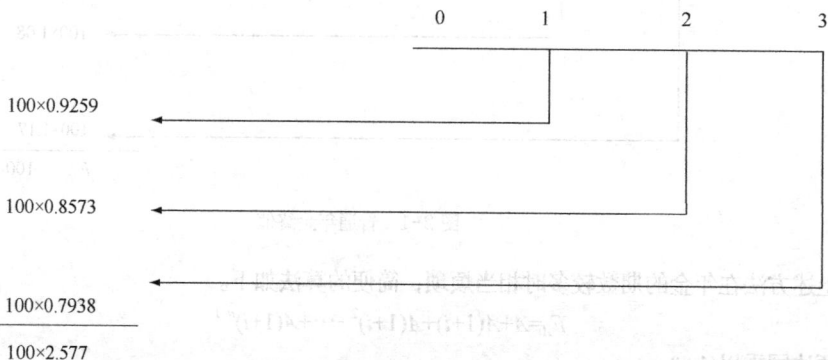

图 2-2 普通年金现值

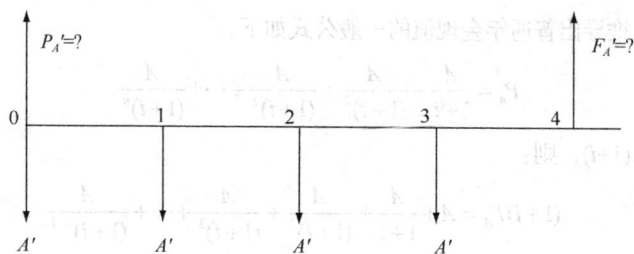

图 2-3　预付年金支付形式

预付年金终值的计算公式如下。

$$
\begin{aligned}
F_A' &= \sum_{k=1}^{n} A'(1+i)^k \\
&= A'(1+i) + A'(1+i)^2 + A'(1+i)^3 + \cdots + A'(1+i)^n \\
&= [A' + A'(1+i) + A'(1+i)^2 + A'(1+i)^3 + \cdots + A'(1+i)^n] - A' \\
&= \left[A'\left(\frac{F_A'}{A'}, \ i, \ n+1 \right) - A' \right] \\
&= A'\left[\left(\frac{F_A'}{A'}, \ i, \ n+1 \right) - 1 \right] \\
&= A'\left(\frac{F_A'}{A'}, \ i, \ n \right) \times (1+i)
\end{aligned}
$$

式中，$\left[\left(\dfrac{F_A'}{A'}, \ i, \ n+1 \right) - 1 \right]$ 称为预付年金终值系数，可利用"普通年金终值系数表"查得 $(n+1)$ 期的值，再求之。

【例 2-8】某人进行预付款分期购物，3 年每年初预交 10 000 元，在年利率为 6% 的情况下，第 3 年末可一次购买多少元的物品？

$$
F_A' = A' \times \left[\left(\frac{F_A'}{A'}, \ i, \ n+1 \right) - 1 \right] = 10\,000 \times \left[\left(\frac{F_A'}{A'}, \ i, \ n+1 \right) - 1 \right] = 10\,000 \times (4.374\,6 - 1) = 33\,746 \quad （元）
$$

2．预付年金现值

预付年金现值的计算公式如下。

$$
\begin{aligned}
P_A' &= A' + A'(1+i)^{-1} + A'(1+i)^{-2} + \cdots + A'(1+i)^{-(n-1)} \\
&= A' + [A'(1+i)^{-1} + A'(1+i)^{-2} + \cdots + A'(1+i)^{-(n-1)}] \\
&= A' + A' \times \left(\frac{P_A'}{A'}, \ i, \ n-1 \right) \\
&= A' \times \left[\left(\frac{P_A'}{A'}, \ i, \ n-1 \right) + 1 \right]
\end{aligned}
$$

式中，$\left[\left(\dfrac{P_A'}{A'}, \ i, \ n-1 \right) + 1 \right]$ 称为预付年金现值系数，可利用"普通年金现值系数表"查得 $(n-1)$ 期的值，再求之。

【例 2-9】某人欲购买某个商品，采用从现在开始连续三年付款 10 000 元的方式，假设利率为 6%，请问该商品的价值为多少？

$$
P_A' = A'\left[\left(\frac{P_A'}{A'}, \ i, \ n-1 \right) + 1 \right] = 10\,000 \times \left[\left(\frac{P_A'}{A'}, \ 6\%, \ 2 \right) + 1 \right] = 10\,000 \times (1.833\,4 + 1) = 28\,334 \quad （元）
$$

（四）递延年金

递延年金是指第一次发生收付行为在第二期或者是第二期以后的年金，记作 A''。根据定义，我们设前 m 期，没有发生资金的收付行为，称之为递延期。在 $m+1$ 期末，才开始发生 n 期的年金。

假定 $m=3$，在第四期期末，连续支付 4 次，折现率为 7%，即 $n=4$，递延年金的支付形式如图 2-4 所示。

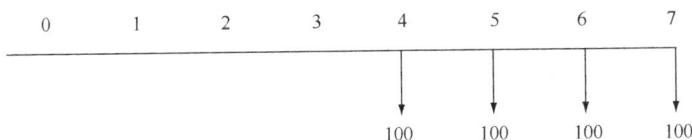

图 2-4　递延年金

1．递延年金的终值

从图 2-4 可以看出，只要其终止的时间点确定，其终值的大小与递延期的长短没有关系，故计算方法和普通年金终值相同。

$$F_A'' = A'' \times \left(\frac{F_A''}{A''},\ i,\ n \right) = 100 \times \left(\frac{F_A''}{A''},\ i,\ n \right) = 100 \times 4.439\,9 = 443.99 \quad （元）$$

2．递延年金的现值

递延年金的起始发生时间并非在现在，而是在未来的某个时点。为了将未来的资金流折算到现在的时点上，就有了以下两种方法。

方法 1：是把递延年金视为 n 期普通年金，求出递延期末的年金现值，然后再将此现值用复利调整到第一期期初，其计算公式如下。

$$P_A'' = A'' \times \left(\frac{P_A''}{A''},\ i,\ n \right) \times \left(\frac{P}{F},\ i,\ n \right)$$

【例 2-10】仍用上述资料，该项递延年金的计算如下。

$$P_A'' = 100 \times \left(\frac{P_A''}{A''},\ 7\%,\ 4 \right) \times \left(\frac{P}{F},\ 7\%,\ 3 \right) = 100 \times 3.387\,2 \times 0.816\,3 = 276.50 \quad （元）$$

方法 2：假设递延期中也有收付款项，先求出（$m+n$）期的年金现值，然后，扣除实际并未发生收付的递延期（m）的年金现值，即可得出递延年金的现值，公式如下。

$$P_A'' = A'' \times \left[\left(\frac{P_A''}{A''},\ i,\ m+n \right) - \left(\frac{P_A''}{A''},\ i,\ m \right) \right]。$$

【例 2-11】仍用上述资料，该项递延年金的计算如下。

$$P_A'' = 100 \times \left[\left(\frac{P_A''}{A''},\ 7\%,\ 3+4 \right) - \left(\frac{P_A''}{A''},\ 7\%,\ 3 \right) \right] = 100 \times (5.389\,3 - 2.624\,3) = 276.50 \quad （元）$$

（五）永续年金

永续年金是指无限期等额收（或付）款的年金。比如，存本取息可以视为一个永续年金。此外，优先股的股利具有稳定性和持续性等特征，因此，也可以视为一个永续年金。

顾名思义，永续年金假设会永远地存续下去，没有终止日期，因此其也就没有终值。我们只能依据普通年金计算现值的原理计算永续年金的现值。

$$P_A = A \times \left(\frac{P_A}{A},\ i,\ n \right) = A \times \frac{1 - (1+i)^{-n}}{i}$$

当 $n \to \infty$ 时，$(1+i)^{-n}$ 的极限为零，故 $P_A = A/i$。

【例 2-12】甲某取得某公司的优先股 1 000 股，规定优先股每股股利为每年 1 元，市场等风险利率为 8%。请问，利用该部分优先股带来的未来资金流量计算的现值为多少？

$$P_A = \frac{1\,000 \times 1}{8\%} = 12\,500 \quad (元)$$

（六）不等额资金流的资金时间价值

前述年金的形式具有持续性、等值性和同向性，此处我们放开等值性的要求，来计算在不同时点上，不等值的资金流的现值和终值。

仅以现值为例，不等额资金流的现值计算的基本原理是将这一系列的资金流看作独立的单笔资金流，然后计算出每一笔资金流的现值，再将其加总而得到不等额资金流的现值，其计算公式如下。

$$PV = \frac{A_1}{1+i} + \frac{A_2}{(1+i)^2} + \frac{A_3}{(1+i)^3} + \cdots + \frac{A_{n-1}}{(1+i)^{n-1}} + \frac{A_n}{(1+i)^n} = \sum_{t=0}^{n} A_t (1+i)^t$$

【例 2-13】某公司预计未来五年的每股现金股利如表 2-1 所示。

表 2-1　某企业年末付款额

单位：元

年	1	2	3	4	5
现金股利	1.1	1.2	1.3	1.4	1.3

若折现率为 8%，可得该项系列付款的现值如下。

$$PV = 1.1 \times 0.925\,9 + 1.2 \times 0.857\,3 + 1.3 \times 0.793\,8 + 1.4 \times 0.735\,0 + 1.3 \times 0.680\,6 = 4.99 \quad (元)$$

以上各复利现值系数，可查阅复利现值系数表。

三、利率（折现率）的考虑

以上计算资金流的现值和终值时，我们都已经假定了利率，且这些资金流都是以年度为期限间隔发生的。但是在现实生活中，我们会遇到各类名目的利率，或者需要根据资金流和目标价值来计算适用的利率，也有可能是资金流不以年度为期限间隔发生的情况，介绍如下。

（一）名义利率与实际利率

以上计算我们始终假定每一年计息一次，但是在现实经济活动中，有时我们会遇到短于一年，比如每半年、每一季度甚至是每一月份计息一次的现象。通常银行等金融机构会发布一个一年期的利率，我们称之为名义利率。与此同时，银行等金融机构也会宣布每一年的计息次数。由于复利的特点是"利滚利"，因此，当计息期缩短时，也就相当于可以有更多的本金来产生利息。在这种付息期短于一年的情况下，每年实际获得的利息与本金的比值就被称为实际利率。

1. 计息期利率

计息期利率是指在一个短于一年的计息期内的利率，可以根据名义利率和每一年的计息次数计算得到。设名义利率为 r，一年内复利 m 次，计息期利率为 r_1，则 $r_1 = r/m$。

【例 2-14】假设年利率为 8%，银行规定按季度付息，试问每一季度的利息为多少？

$$r_1 = r/m = 8\%/4 = 2\%$$

2. 有效年利率

短于一年的付息期，使每一期的利息在剩余时间内可以继续产生利息，因此该年度所得到的利息将超过按照名义利率计算的利息。为了计算投资者在这种条件下的年度收益，我们需要根据名义利率和年度的付息次数来确定投资者的实际利率。

设名义利率为 r，实际利率为 i，一年内复利 m 次，则计息期利率为 r/m，由于按实际利率一年计息一次计算的利息应与按次利率一年计算 m 次的利息相等，即 $(1+i)=(1+r/m)^m$，则实际利率 i 的计算公式如下。

$$i=(1+r/m)^m-1$$

【例 2-15】假定你购买了面值为 10 000 元的某公司债券，票面利率为 8%，半年付息一次，请问一年之后你得到的本利和为多少？

由于，$r=8\%$，$m=2$，$P=10\,000$，

所以，$i=(1+r/m)^m-1=(1+8\%/2)^2-1=8.16\%$。

$$F=P\times(1+i)=10\,000\times(1+8.16\%)=10\,816（元）$$

【例 2-16】仍用上述资料，假设债券的期限为 5 年，则其到期日的价值为多少？

$$F=P\times(1+i)^5=P\times(1+r/m)^{m\times n}=10\,000\times(1+8\%/2)^{2\times 5}$$

$$=10\,000\times\left(F\big/P,\ 4\%,\ 10\right)=14\,802.44\quad（元）$$

（二）利率（折现率）的确定

前面在计算各种资金流的终值和现值，或者是已知终值和现值反过来求资金流时，我们都假定所需要的利率（折现率）是已知的，我们根据利率和期限两个条件来查询相关系数，然后完成计算。但是，在现实经济活动中，我们往往需要根据已知的目标价值和预计的资金流来计算相应的利率（折现率），然后与自身的目标收益率等比较，来对投资、筹资等活动做出决策。

计算利率（折现率）是与计算终值和现值相反的两个过程，我们仍需要查找相关系数表完成计算。按照能否在系数表中直接查找到适用的系数，我们将计算过程分为以下两类。

1．直接查找法

【例 2-17】某人现在向银行存入 50 000 元，问年利率 i 是多少时，才能保证 5 年后得到的本息和为 80 525.5 元？

$$\left(F\big/P,\ i,\ n\right)=80\,525.5\div 50\,000=1.610\,51$$

从复利终值系数表中，可以看到，当期数为 5，系数为 1.610 51 时，对应的利率（折现率）为 10%。

直接法的特点是我们可以直接在相应的系数表中，按照年限和系数两个条件，查找到适用的利率（折现率）。但是现实经济活动中，却很少发生如此巧合的事。

2．试错法（插值法）

很多情况下我们无法从系数表中直接找到适用的系数。此时，我们只能在相邻的两个系数之间，利用试错法（插值法），来找到适用的利率（折现率）。

【例 2-18】某人决定现在投资 100 000 元，预计在未来 5 年每年的投资回报为 25 000 元，该项投资的年回报率为多少？

$$\left(P_A\big/A,\ i,\ n\right)=100\,000\div 25\,000=4$$

在年金现值系数表中，找不到 5 年期限，系数为 4 的利率。但是我们发现，在 5 年期限下，7% 利率对应的年金现值系数为 4.100 20，8% 利率对应的年金现值系数是 3.992 71。因此，系数为 4 的利率必然在 7% 和 8% 之间，可以利用试错法（插值法）求出适用的利率（折现率）。

假设所要求的折现率为 $x\%$，则利用试错法计算如下。

利息率			年金现值系数		
7%			4.100 20		
?	} x% } 1%		4	} 0.100 20 } 0.107 49	
8%			3.992 71		

$$\frac{x}{1} = \frac{0.100\ 20}{0.107\ 49}, \quad x = 0.932$$

所以，$i = 7\% + 0.932\% = 7.932\%$

需要说明的是，利用试错法（插值法）的前提是我们假设在利率变化的很小范围内，利率与系数间呈线性关系。利用该方法得到的利率只能是近似利率。

四、资金时间价值的应用意义

在公司理财活动中，一项核心活动就是财务估值，它几乎涉及了所有的财务决策。根据对相关资产的估值，我们既可以做出相关的投资或者是筹资决策，也可以对相关的责任人进行绩效考核。在公司理财中，我们所说的资产可能是金融资产，也可能是实物资产，还有可能是将公司整体看作一项资产。

（一）投融资决策的应用

投融资决策是公司在进行理财活动中的重要决策。如果在决策中忽略了资金的时间价值，则可能导致项目失败，严重的还会给公司带来毁灭性的灾难。在投资决策中，公司需要收回的不仅是与初始投资额相等的资金数额，更重要的是在未来收回的资金的价值要与初始投资资金的价值相同。这就要求在进行投资项目决策时，选择适当的利率（折现率），将未来的资金流折算为当前的价值，并以此为基础来决定是否进行投资。在融资决策中，无论公司向谁获取资金，都要付出一定的代价，那么公司就需要利用利率（折现率）在各方之间进行选择，利用最有利于公司发展的提供资金的方式来融资。通常，在其他条件一定的前提下，选择融资成本最低的融资方式进行融资。

（二）业绩考核中的应用

公司有义务通过自己的经营活动来实现投资者投入资本的保值增值。因为公司在持续经营的过程中，会在众多时点上为投资者带来资金流，为了考核公司实现投资者投入资本保值增值的义务，需要将这些资金流折算到统一时点上，通常选择考核时点作为折算的标准。在考核过程中，根据资金时间价值的观点，选择不同的利率进行折算，可能会得到不同的考核结果。当投资者要求的利率较高时，管理者也需要利用更高的利率对未来的资金流进行折现，此时得到的资金流现值就会较低；而当投资者要求的报酬率较低时，管理者就需要利用更低的利率对未来的资金流进行折现，此时得到的资金流现值就会较高，更容易实现保值增值的义务。在选择折现率时，我们可以选择个别投资者要求的必要报酬率，因为作为资金的提供者，有权对回报率提出要求；也可以选择行业平均报酬率，因为在同一行业内，公司的经营模式类似，获利能力也不会相差太大；还可以选择社会平均报酬率来折算。此时我们将眼界放的更宽，如果社会资本可以自由流动，那么所有的行业都不会长时间地获取超额报酬，因此社会平均报酬率就是一个很好地选择。

第二节　风险与收益权衡观念

当你把钱存入银行时，你可能获得的利率水平为 8%，也可能是 10%。通过上一节的学习，我们知道获得的利率反映了资金的时间价值，那么不同的利率水平又反映了什么经济现象呢？这就是本节我们要了解学习的风险与收益的权衡，也就是风险价值。

一、风险的概述

（一）风险的概念

风险在《现代汉语词典》（第6版）中的解释是"可能发生的危险"。通常我们将风险与危险联系在一起，认为风险总是代表着不好事情的发生，将会引起一定的损失。

但是，随着对风险研究的深入，人们逐渐认识到风险不仅仅有危险、损失的一面，也有机会、利得的一面。此时，人们又将风险与危机一词联系在一起，风险被定义为预期结果的不确定性。根据此定义，风险的一部分是危险，对此我们将采取手段来识别、衡量、防范和控制，通过对风险的管理使损失降到最低点。风险的另一部分则代表着机会，对此我们可以通过识别、衡量、选择和获取等途径来最有效地把握机会，使收益最大化。在公司理财中，我们对风险的理解就是基于危险和机会并存的思想。公司展开任何一项投资或者筹资活动，都会同时伴随着危险和机会，公司应该通过有效的管理手段来化解危险而把握机会，以此来实现资本的保值增值等公司理财目标。

需要与风险加以区分的另一个词是不确定性，二者都代表着未来某一事件的发生或者是不发生，但是二者的区别在于事件发生的可能性是否能够客观衡量。风险一词代表着未来发生的可能性可以衡量的那类事件。比如，我们在写着1到10的十张纸片中随意抽取一样，虽然每次抽到的纸片编号都不确定，但抽到每种编号纸片的可能性都是1/10，这就反映了风险的可衡量性。我们将那些发生可能性不可衡量的事件定义为不确定性事件。在理财活动中，应该区分事件是具有风险的还是具有不确定性的。对于风险事件，公司应该采取积极的态度和手段对其进行有效管理；而对于不确定事件，公司则只能在可预期的范围内，对各种事件做好预案，采取消极防御的态度。随着人类对自然规律、社会行为认识的加深，会有越来越多的不确定事件转换为风险性事件，成为公司可以积极管理的事件。

（二）风险的特征

通过上面对风险概念的定义和相关名词的比较，我们可以归纳出风险的如下几点特征。

（1）客观性。人类对自然规律、社会行为认识的有限性，决定了风险的客观存在性，也就是在事件发生以前，既有可能向好的一面发展，为我们带来收益，也有可能向坏的一面发展，为我们带来损失。

（2）相对性。虽然风险是客观存在的，但是，每一事件的风险却是不尽相同的。有些事件的风险性会很大，如投资股票；而有的事件风险性却很低，如用资金购买国库券。

（3）两面性。由风险的定义可知，风险既代表着危险，又代表着机会，且二者总是同时存在。如果摆脱了其中的任何一方，风险的概念也就不复存在了。

（4）收益性。风险也代表着机会的存在，我们把握住机会也同样会得到报酬。因此，风险总是与相应的报酬联系在一起的，这也就是我们所谓的风险与收益权衡，即风险价值观念。

（三）对风险的态度

风险是客观存在的，但是对于风险的态度，不同的理财主体却不尽相同。根据对风险的不同态度，将其分为风险厌恶者、风险偏好者以及风险中立者。某人向你提出方案，他可以直接给你1 000元，或者是在此基础上，你去投掷一枚硬币，如果是正面，你将再获得1 000元，如果是反面，他将收回送给你的1 000元。可以看出，两种方案你获得的钱数的预期值都是1 000元。当你更倾向于无风险的获得1 000元时，你就是一名风险厌恶者，即相对于风险事件，你更喜欢无风险事件，大多数公司进行理财行为时，都表现为风险厌恶者。当你更倾向于通过掷硬币可能使自己获得更多钱的时候，你就是一名风险偏好者。此时，虽然你有可能获得 2 000 元，但也有可能会 1 分钱也得不到，这种表现更符合在赌场中赌徒的行为。当你觉得两种方案没有什么差别的时候，你就是一名风险中立者。

结合风险的收益性，理财主体对风险的态度还表现在对报酬的要求上。当你面对风险时，要求相对更高的报酬率时，你就是一名风险厌恶者；当你要求较低的报酬率时，那就是一名风险偏好者；无论风险如何，你要求的报酬率没有变化，那你就是一名风险中立者。

需要说明的是，不是每个人都只有一个风险态度标签。人们对风险的态度与风险大小、事件的类型，与自己所拥有的资源甚至是自己的年龄等情况相关。当风险较小时，人们可能会更倾向于风险偏好，因为较小的风险不会让自己血本无归，但却可能会得到超额的收益。当事件更为自己所熟悉时，自己对事件更为了解时，人们可能处于事件尽在掌握的心态，而采取风险偏好的态度。当自己拥有的资源足够多时，投资于风险的资源占已有资源相对较小时，此时人们也可能会更倾向于风险偏好。通常随着我们年龄的增加、阅历的丰富，我们会逐渐趋于保守，冒险的态度逐渐褪去，进而采取风险厌恶的态度。

（四）风险与报酬

如果人们承担风险是无报酬的，那么人们就都会选择规避风险，而不是主动地管理风险、面对风险。因此，我们通常认为人们承担风险是有报酬的。

结合上一节我们所讨论的资金的时间价值，我们知道，无论是否存在风险，资金经过投资和再投资的过程都会实现增值，这部分报酬称为无风险报酬率。与此同时，投资会面临各种风险，体现对风险的报酬称为风险报酬率，也就是风险的价值。因此，我们可以将投资报酬率表示为如下关系。

$$投资报酬率＝无风险报酬率＋风险报酬率$$

风险与报酬率之间的关系可用图 2-5 表示。

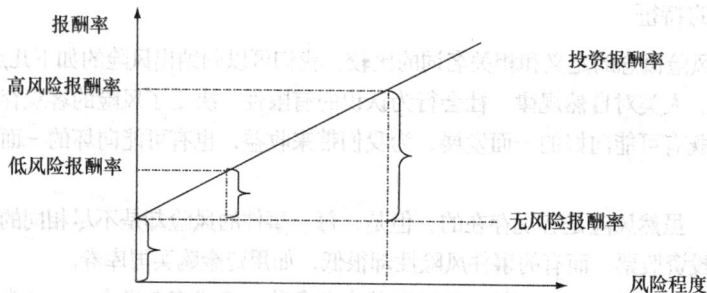

图 2-5　风险与报酬率之间的关系

从图 2-5 中我们可以看出，无论风险大小，任何一项投资都会因为资金具有的时间价值，至少获得一定的报酬率，即无风险报酬率。随着风险的不断增加，投资者在无风险报酬率的基础上，会要求越来越高的风险报酬率，以此来对自己承担的风险进行补偿。无风险报酬率和相应风险水平下的风险报酬率合计组成了投资者要求的投资报酬率。在公司理财活动中，理财主体的一项重要事项就是在风险与对应的报酬率之间进行权衡。

二、单项资产的风险与收益

通常我们用标准差来衡量单项资产的风险，在计算标准差的过程中，会涉及概率、期望值、方差、标准差、变异系数以及风险报酬率等相关概念。

（一）概率和概率分布

在经济活动中，当某一事件在相同的条件下可能发生也可能不发生时，我们就称之为随机事件。随机事件发生可能性的大小就称为概率。一个随机事件的概率最大为 1 时，此时该事件必然发生，也被称为必然事件；随机事件的概率最小为 0 时，此时事件必然不发生，也被称为不可能事件；大多数随机事件发生的概率介于 0 到 1 之间。

在日常生活中，我们经常会遇到随机事件。比如明天可能下雨，也可能不下雨。根据以前年度的经验分析，在这一时期下雨的概率可能为 30%，对应不下雨的概率则为 70%。在投资股票活动中，我们非常关心一只股票的涨跌情况，可以根据历史数据和公开信息判断，明日某只股票上涨的概率为 40%，下跌的概率为 60%。

如果某一随机事件的取值只限于有限的几个，如下雨或不下雨、上涨或下降等，且每种情况有对应的概率，我们就可以将该种随机事件对应为离散型随机变量。相反地，如果一个随机事件的可能值有无数多种连续的情况，且每种情况都有相应的概率，我们则可以将其对应为连续性随机变量。例如，明天的股票价格可能会在 10 元到 20 元中间的任何一个值上，且在每个值上的概率可以通过历史数据和公开信息求得，我们就称这一随机事件为连续性随机变量。

（二）期望值

随机事件的每一个取值与其对应发生的概率的乘积叫作该随机变量的期望值。期望值就是每一取值，以其发生概率为权数的加权平均数，其计算公式如下。

$$报酬率的期望值（E）= \sum_{i=1}^{N} P_i K_i$$

式中，P_i 为第 i 种结果出现的概率；K_i 为第 i 种结果出现后的预期报酬；N 为所有可能结果的数目。

（三）方差和标准差

我们通常用随机变量的方差和标准差来度量随机变量的离散程度。

当我们利用总体来求方差时，有如下公式。

$$方差（\sigma^2）= \frac{\sum_{1}^{N}（k_i - E）^2}{N}$$

当我们利用从总体中得到的样本来求方差时，其公式如下。

$$方差（\sigma^2）= \frac{\sum_{1}^{n}（k_i - E）^2}{n-1}$$

需要注意的是，当我们利用从总体中得到的样本来计算方差时，分母为 $n-1$。这是因为我们在利用样本计算均值 E 时，损失了一个自由度，所以只剩下 $n-1$ 个自由度。但是，我们在公司理财中所选取的样本通常为大样本，在此情况下，区分总体方差和样本方差意义不大。

在已知某一资产的报酬率及其对应的概率时，我们利用如下的公式计算其方差和标准差。

$$方差（\sigma^2）= \sum_{i=1}^{N}（K_i - E）^2 \cdot P_i$$

$$标准差（\sigma）= \sqrt{\sum_{i=1}^{N}（K_i - E）^2 \cdot P_i}$$

（四）变异系数

标准差是将每种可能的结果与均值比较后计算得到的。那么，均值的大小往往会影响标准差的大小，通常一个均值为 100 的随机事件 A 的标准差要大于均值为 0.01 的随机事件 B 的标准差。

那么，我们能说随机事件 A 的离散程度一定大于随机事件 B 的离散程度吗？这种直接用绝对值进行的比较显然缺乏合理性，因此我们需要将标准差与均值结合在一起，才能够对其利用相对值进行比较，这种结合的方法就称为变异系数，即标准差与均值的比值，其计算公式为：

$$变异系数(V)=\frac{\sigma}{E}$$

（五）风险报酬率

变异系数使得具有不同均值的资产项目可以比较其风险程度。风险报酬率则是在变异系数的基础上计算所得。其公式如下。

$$风险报酬率=风险报酬系数×变异系数$$

用符号可表示为：$R_R=bV$。

$$投资报酬率=无风险报酬率+风险报酬率$$

用符号可表示为：$K=R_f+R_R=R_f+bV$

通常我们将与资产期限相对应的国库券的收益率定义为无风险报酬率，即 R_f，而风险报酬系数则既可以根据历史数据计算而定，也可以通过与专家协商而定。

【例 2-19】A 和 B 公司投资报酬率及其相应的概率见表 2-2。

表 2-2 投资报酬率及其概率分布

经济情况	发生概率	预计年报酬率	
		A 公司	B 公司
繁荣	0.3	40%	50%
正常	0.3	20%	20%
衰退	0.4	10%	10%

（1）计算期望值

$$E_A=0.3×40\%+0.3×20\%+0.4×10\%=22\%$$
$$E_B=0.3×50\%+0.3×20\%+0.4×10\%=25\%$$

（2）计算方差

$$\sigma_A^2=(40\%-22\%)^2×0.3+(20\%-22\%)^2×0.3+(10\%-22\%)^2×0.4=0.015\,6$$
$$\sigma_B^2=(50\%-25\%)^2×0.3+(20\%-25\%)^2×0.3+(10\%-25\%)^2×0.4=0.028\,5$$

（3）计算标准差

$$\sigma_A=\sqrt{0.015\,6}=0.124\,9$$
$$\sigma_B=\sqrt{0.028\,5}=0.168\,8$$

上述两家公司，A 公司报酬率的均值为 22%，B 公司的报酬率为 25%，但从报酬率的角度来看，似乎 B 公司的投资更有价值。A 公司报酬率的标准差为 0.124 9，B 公司的标准差为 0.168 8，从绝对值的角度来看，B 公司的报酬率围绕其均值的离散程度更大。B 公司同时拥有更大的报酬率均值和标准差，那么二者的离散程度哪个更大呢？就需要计算变异系数来比较。

（4）计算变异系数

$$V_A=0.124\,9/22\%=0.567\,7$$
$$V_B=0.168\,8/25\%=0.675\,2$$

可以看出，B 公司的变异系数仍然大于 A 公司的。因此，B 公司的投资风险较 A 公司的大。

（5）计算风险报酬率

假设 A、B 两公司的风险报酬系数分别是 10% 和 12%，无风险报酬率为 5%，则公司的风险报酬率和投资报酬率分别为：

A 公司：$R_R=bV=10\%\times0.567\ 7=5.677\%$

B 公司：$R_R=bV=12\%\times0.675\ 2=8.102\%$

A 公司：$K=R_f+R_R=5\%+5.677\%=10.677\%$

B 公司：$K=R_f+R_R=5\%+8.102\%=13.102\%$

三、组合资产的风险与收益

人们常说"不要把鸡蛋放在一个篮子中"。公司进行理财活动时，也应该注重获取多种资产，利用组合的形式对资产进行管理。这种利用不同资产进行投资组合的形式，称为组合资产投资或简称为投资组合。

与单项资产类似，对于投资组合我们关心的仍然是组合的收益和风险等内容。二者的区别在于，在投资组合中，我们需要考虑每种资产在组合中的权重对于组合的收益和风险的影响。具体而言，将若干种资产进行组合投资，其报酬率为各种资产报酬率的加权平均数，其权数为每种资产占组合资产的比重；而组合投资的风险却小于各种资产风险的加权平均数，这也就是马科维茨提出的投资组合理论的主要内容。

（一）组合资产期望报酬率

组合资产的报酬率是组合资产中个别资产报酬率的加权平均数。具体到证券组合投资，组合的报酬率用公式表示如下。

$$r_p=\sum_{j=1}^{m} r_j A_j$$

式中，r_j 是第 j 种证券的预期报酬率，A_j 是第 j 种证券在全部投资额中的比重；m 是组合中证券种类总数。

【**例 2-20**】某企业投资于 A、B 两种证券，其中，A 的报酬率为 8%，投资比重为 70%；B 的报酬率为 12%，投资比重为 30%，则企业证券组合投资的平均报酬率为：

$$r_p=\sum r_j A_j =8\%\times70\%+12\%\times30\%=5.6\%+3.6\%=9.2\%$$

（二）组合资产投资的风险

1．组合资产报酬率的标准差

资产组合报酬率的标准差并不是每种资产报酬率的标准差简单的加权求和。在考虑各自风险的基础上，还需要考虑不同资产之间的相关关系。资产之间相关性的不同，可能会带来不同的资产组合风险。下面将举例说明两种资产在完全负相关时的资产组合的收益风险。

【**例 2-21**】某公司的投资由 W 和 M 组成 WM 投资组合，其所占的比重各为 50%，从 2010—2014 年 5 年的收益、平均收益、标准差及组合投资收益见表 2-3。

表 2-3 组合资产投资收益表

年度	W 收益	M 收益	WM 组合投资收益
2010	40%	-10%	15%
2011	-10%	40%	15%
2012	35%	-5%	15%
2013	-5%	35%	15%
2014	15%	15%	15%
平均收益	15%	15%	15%
标准差	22.6%	22.6%	0%

上述关系可用图 2-6 表示如下。

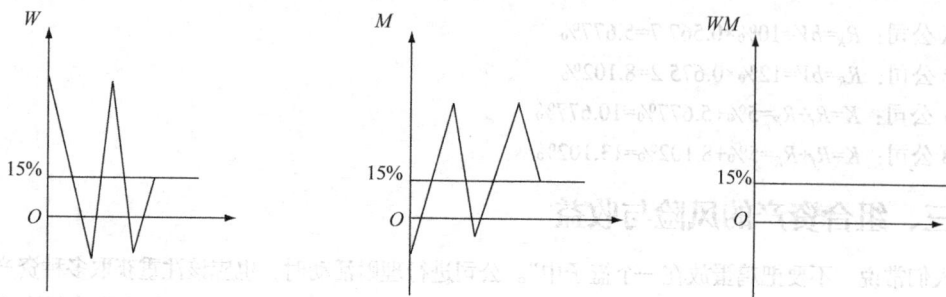

图 2-6　组合资产投资收益

如此可见，当公司同时投资于两个完全负相关的项目时，也就是二者的相关系数 $r=-1$ 时，虽然单独的某项资产都有较高的风险，但是组合会消除这种风险，使得公司的这项资产组合的报酬率固定在二者报酬率的加权平均数上。这是因为当一项投资获得收益时，另一项投资总会有同样的损失对其抵消，反之当一项投资损失时，另一项投资也总会以等额的收益对其弥补。在本例中，公司就是固定地获得了 15% 的报酬率。

当公司投资于两项完全正相关的项目时，也就是二者的相关系数 $r=1$，由于二者总是同时地获利或者同时地损失，因此也就无法起到消除风险的作用。这种情况下，投资于资产组合和投资单项资产则没有区别。

大多数证券收益率之间的相关系数介于-1 到 1 之间，对于这种证券的组合，我们用下面的公式计算证券组合报酬率的标准差：

$$\sigma_p = \sqrt{\sum_{j=1}^{m}\sum_{k=1}^{m} A_j A_k \sigma_{jk}}$$

式中，m 是组合内证券种类总数，A_j 是第 j 种证券在投资总额中的比例，A_k 是第 k 种证券在投资总额中的比例，σ_{jk} 是第 j 种证券与第 k 种证券报酬率的协方差。当 $j=k$ 时，其表示该种资产报酬率的方差。

由此可见，证券组合报酬率的标准差取决于三个因素：（1）各种证券在资产组合中所占的比重；（2）当 $j=k$ 时，第 j 种证券报酬率的方差；（3）当 $j≠k$ 时，第 j 种证券的报酬率与第 k 种证券的报酬率之间的协方差。

2．协方差的计算

证券报酬率的协方差，是用来衡量它们之间共同变动的程度。

$$\sigma_{jk} = r_{jk}\sigma_j\sigma_k$$

其中，r_{jk} 是证券 j 和证券 k 报酬率之间的预期相关系数，σ_j 是第 j 种证券报酬率的标准差，σ_k 是第 k 种证券报酬率的标准差。

在资产组合标准差的计算公式中，根号内双重的 $\sum$ 符号，表示对所有组合的方差或协方差，分别乘以两种证券的投资比例，然后求其总和。

例如，当投资于三种证券时，$m=3$ 时，方差-协方差矩阵如下所示。

$$\begin{pmatrix} \sigma_{1,1} & \sigma_{1,2} & \sigma_{1,3} \\ \sigma_{2,1} & \sigma_{2,2} & \sigma_{2,3} \\ \sigma_{3,1} & \sigma_{3,2} & \sigma_{3,3} \end{pmatrix}$$

在该矩阵中，主对角线上的三个数字表示每一种证券报酬率的方差，即代表该种证券的风险；除了主对角线上的三个数字外，其余则表示两种证券报酬率之间的协方差，即反映了二者之间的共同变动程度。

在方差-协方差矩阵中，主对角线两侧的数字具有对称性。如 $\sigma_{1,2}$ 代表证券 1 和证券 2 报酬率之间的协方差，组合 $\sigma_{2,1}$ 代表证券 2 和证券 1 报酬率之间的协方差，它们的数值是相同的。这也说明我们在计算资产组合的标准差时需要计算两次证券 1 和证券 2 之间的协方差，这也反映了双重求和符号的含义。在该例中，我们要对三个方差和六个协方差，一共九项（3×3）求和。

随着资产投资组合中的资产增加，需要求和的项目也在增加。当组合中有 m 种资产时，我们一共要对 $m \times m$ 项求和，其中包括 m 项的方差和 $m \times m - m$ 项的协方差求和。具体而言，当 $m=20$ 时，需要对 20 项方差和 380 项协方差求和；当 $m=50$ 时，需要对 50 项方差和 2 450 项协方差求和，可以看出，当资产种类增加时，协方差所占的比重将越来越大，其对资产组合报酬率的标准差的影响也会越来越大。因此，当资产组合足够充分时，只有资产之间的协方差对组合报酬率的标准差有影响，而每一种资产报酬率方差的影响将微乎其微。

【例 2-22】假设 A 证券的报酬率为 10%，标准差为 12%，B 证券的报酬率为 15%，标准差为 20%，对二者等比例投资，请分别计算在二者相关系数为 0.4 的情况下证券组合的报酬率和标准差。

$$r_p=10\% \times 50\% + 15\% \times 50\% = 12.5\%$$

$$\sigma_p=(0.5 \times 0.5 \times 1 \times 0.12^2 + 2 \times 0.5 \times 0.5 \times 0.4 \times 0.12 \times 0.2 + 0.5 \times 0.5 \times 1 \times 0.2^2)^{1/2} = 0.135\ 6$$

假设二者的相关系数为 1，此时的组合风险为二者各自报酬率标准差的平均值 16%，说明只要资产之间的相关系数不等于 1，也就是二者不完全正相关，就可以起到一定的分散风险的作用。

3．组合资产之间的相关系数

在计算资产组合报酬率的标准差时，资产之间的相关性是一个重要的变量。前面的例子都假定相关系数是已知的，但是当给出历史数据时，仍可以利用下面的公式的计算相关系数。

$$相关系数(r) = \frac{\sum_{i=1}^{n}\left[(x_i - \bar{X}) \times (y_i - \bar{Y})\right]}{\sqrt{\sum_{i=1}^{n}(x_i - \bar{X})^2} \times \sqrt{\sum_{i=1}^{n}(y_i - \bar{Y})^2}}$$

任何两个变量的相关系数都在-1 到 1 之间。相关系数 $r=1$，表示两个变量完全正相关；相关系数 $r=0$，表示两个变量不相关；相关系数 $r=-1$，表示两个变量完全负相关。对于公司在理财过程中投资的各项资产而言，以上三种情况都较为少见，更为常见的是他们之间的相关系数在-1 到 1 之间。

（三）投资比例与投资有效集

1．两种证券组合的投资比例与投资有效集

在影响资产组合报酬率标准差的三个因素中，我们已经对方差和协方差加以了讨论，下面我们将讨论随着投资比例的变化，资产组合的报酬率预期标准差之间会呈现出何种关系。

随着投资比例在不同资产之间的变化，图 2-7 描绘了资产组合的报酬率与其标准差之间的关系。

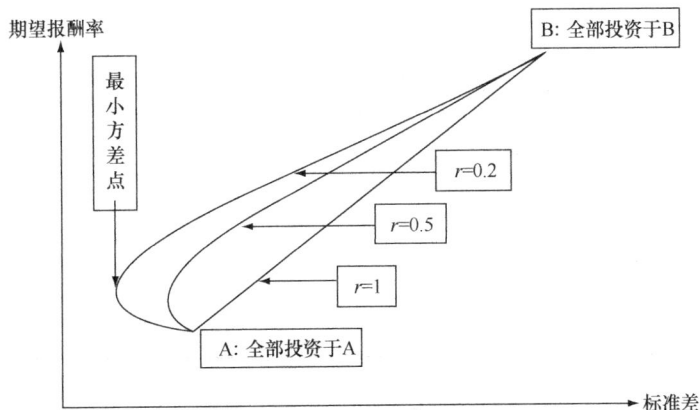

图 2-7　两种证券组合期望报酬率—标准差

从图 2-7 中，我们可以得出如下结论。

（1）将资源全部投于 A 的报酬率和标准差都小于将资源全部资源投资于 B 的报酬率和标准差。

（2）在 A、B 两种证券之间相关性一定的情况下，组合的报酬率和标准差随着二者比例的关系沿着某种曲线变化。当二者相关系数为 1 时，由于两种证券可以完全互相替代，因此报酬率和标准差沿着 A 和 B 之间的直线变化，随着投入 B 的资源比例增加，标准差也呈线性地增加。当二者之间的相关性小于 1 时，证券组合的报酬率与标准差之间将沿着 A 和 B 之间的某条曲线变动。无论是直线还是曲线，我们都将曲（直）线上的点称为证券组合的机会集，即对于 A 和 B 两种证券而言，我们只能获得曲（直）线上对应的报酬率和标准差关系。

（3）随着二者相关系数的降低，投资组合报酬率和标准差的关系也从直线变为了曲线，曲线与直线之间的距离体现了投资组合分散风险的程度。对于同样的报酬率水平，当两种证券不完全正相关时，也就是二者无法完全替代时，该组合的标准差（风险）就要小于具有完全替代关系的两种证券的标准差（风险）。

（4）当系数为 0.2 时，我们发现曲线弯曲先向左上方弯曲，然后再向右上方弯曲，这样就在曲线上形成了一个最左点，我们称之为最小方差点。可以看出在该点以下，随着报酬率的增加，标准差在减小；在该点之上，随着报酬率的增加，标准差也在增加。需要强调的是，并非所有的证券组合都会出现最小方差点，只有当二者的相关性小到一定程度时才会出现最小方差点。

（5）结合机会集与最小方差点，我们可以在曲（直）线上找到我们投资的有效集。对于不存在最小方差点的组合，整个机会集都是其有效集，因为其无法获得可行集之外的报酬率与标准差的对应关系。对于存在最小方差点的证券组合，只有最小方差点以上的机会集才是有效集。因为对于最小方差点以下的机会集，同样的标准差（风险）可以对应更高的报酬率。因此，理性的投资者会在同样风险的情况下，选择报酬率更高的投资组合。

2．多种证券投资的有效集

当可供投资的证券的数量增加时，所有投资组合方式的数量也将呈现出几何形式的增长。此时，上述分析证券组合的报酬率和标准差之间的原理仍然适用，只是机会集有了变化。如图 2-8 所示，与两种证券组合投资的机会集是一条曲线相比，多种证券组合投资的机会集是一个包含边界线的平面，即图中阴影部分。该阴影部分反映了投资者所有的投资组合的可能性，且每一种可能性与阴影中的一个点对应。

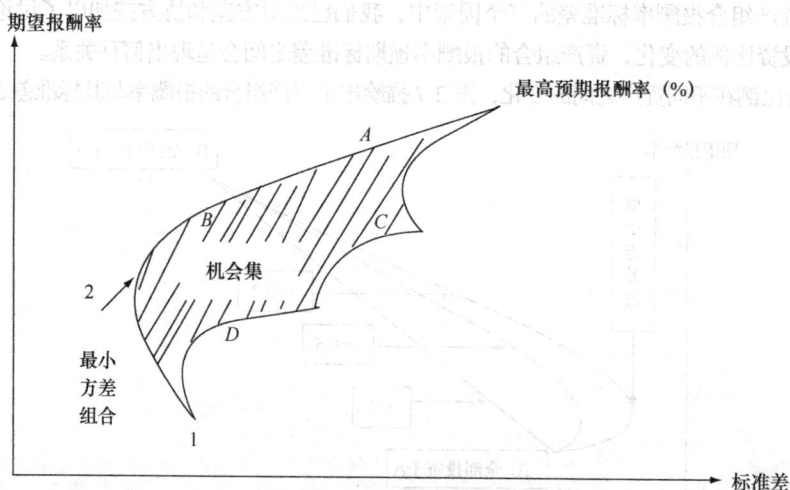

图 2-8　多种证券组合报酬率—标准差

与两种证券组合投资相同，多种证券组合投资也会在最左端出现了最小方差点，此点所代表证券投资组合具有最小的标准差，风险也最小。多种证券投资组合机会集的上边缘曲线向后弯曲也表示了不同证券风险相互抵消，产生了分散风险的效应。

在图 2-8 中，从最小方差点到最高预期报酬率点之间的机会集的上边缘曲线表示了多种证券投资的有效集。也就是说，虽然整个机会集都对应着投资者可能的投资组合，但是投资者却只会在有效集上进行投资。机会集中的其他点与有效集上的点比较会有三种结果：相同的标准差和较低的报酬率，如 A 点和 C 点；相同的报酬率和较高的标准差，如 B 点和 C 点以及较低的报酬率和较高的标准差，如 B 点和 D 点，这三种情况都不符合理性投资者的投资需求，因此其不会在这些点上进行投资。如果目前投资者的投资组合在 C 点处，其可以改变投资组合之间的比例，将投资组合转换到有效集上，已获得更好的投资效果，即在现有的报酬率水平基础上，减小标准差（风险），或者是在现有标准差（风险）的基础上，提高报酬率水平。

（四）资本市场线（CML）

通过上面的讨论，我们知道如果投资者在风险资产之间进行投资选择，其选择只能出现在有效集上，即图 2-9 中的 XN 曲线上。但是，在资本市场中还存在着一种无风险的资产，投资者既可以以无风险利率借到投资所需的资金，又可以将自己多余的资金以无风险利率贷出。那么，将无风险资产与风险资产组合在一起会怎么样呢？

如图 2-9 所示，从无风险资产的报酬率（Y 轴的 R_f）开始，作有效边界的切线，切点为 M，该直线被称为资本市场线（CML）。对于该条直线，我们需要了解一些问题。

（1）资本市场线从无风险资产的报酬率水平出发。由于其没有风险，因此对应的标准差也就为 0。此点也可以表示投资者将自己的资金全部以无风险利率贷出，所能获得的报酬率。

（2）在资本市场线上的其他点，表示投资者通过在资本市场上以无风险利率水平借款或者贷款，来对风险资产投资的报酬率与标准差（风险）之间的关系。在 M 点左侧，表示投资者将自有资金的一部分以无风险利率贷出，将剩余资金投资到风险资产组合中；在 M 点右侧，表示投资者将从资本市场上以无风险利率贷款来投资到风险资产组合中。

$$总期望报酬率=Q×风险资产组合报酬率+(1-Q)×无风险利率$$
$$总标准差=Q×风险资产组合标准差$$

式中，Q 表示投资者将资金投资到风险资产组合中的比例。当 Q=1 时，表示投资者在 M 点投资，将完全利用自有资金投资于风险资产组合中；当 Q<1 时，表示投资者将自有资金一部分以无风险利率贷出，剩余资金投资于风险资产组合，此时报酬率和标准差（风险）都会有所减小；Q>1 时，表示投资者将从资本市场上以无风险利率借款，并连同自有资金一起投资于风险资产组合；Q=0 时，表示投资者完全将自有资金以无风险利率水平贷出，不投资风险资产组合。

（3）切点 M 是所有风险资产以各自的市场价值为权数的加权平均组合，它代表唯一最有效的风险资产组合，我们将其定义为"市场组合"，也表示市场均衡点。将资本市场线上的点与有效集 XMN 上的点相比，当资本市场中存在无风险资产时，投资者通过将风险资产和无风险资产组合在一起，可以获得比有效集上的点更高的报酬率，但是标准差却没有改变。因此，理性的投资者都会在资本市场线上选择投资组合。

（4）投资者个人效用与最优市场组合的分离（分离定理）。当资本市场存在无风险资产时，资本市场的最优市场组合就已经确定在了 M 点处，此点与投资者个人的风险偏好没有关系。个人的决策只能是在最优市场组合点的基础上，选择无风险资产与该市场组合之间的资源分配比例，以此来反映个人的风险好恶。分离定理对于公司理财有着重要的意义，它表明公司在进行财务决策时，不必考虑投资这个人的风险偏好。

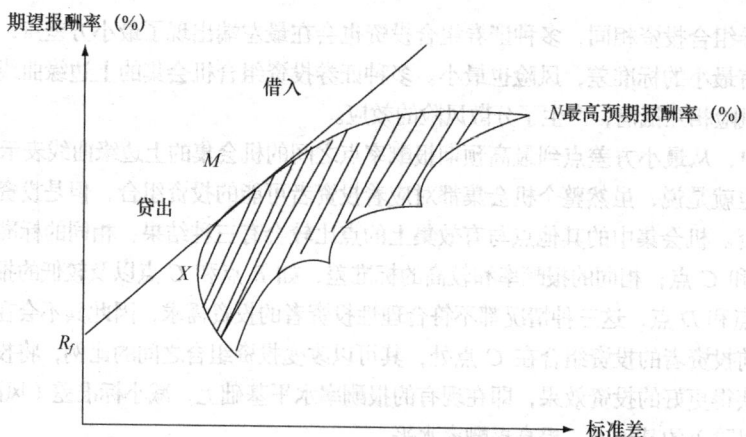

图 2-9　资本市场线

（五）可分散风险与不可分散风险

通过上述的投资组合理论，我们知道了当投资的资产趋于多元化时，风险会得到一定程度的分散。同时，我们又知道报酬率是对承担风险的回报，因此当我们获得无风险利率以上水平的报酬率时，也还是要承担着无法分散的风险。因此，我们可以根据风险是否可以被分散，将其分为可分散风险和不可分散风险。

（1）可分散风险，是指那些只对单一公司造成影响的风险，它又称为非系统风险或公司特有风险。这种风险可能是由于新产品研制失败、主要的供应商停止供货、公司产品销路受阻、法律诉讼失败等公司自身的因素造成的。这类风险只会对该公司的证券价格波动造成影响。投资者进行组合投资时，可以有效地分散这类风险，即一家公司证券价格的不利波动可能会被其他公司证券价格的有利波动而抵消。当投资者在资本市场上进行充分的资产组合投资时，个别资产的可分散风险将会被完全分散，此时资本市场将不会对这类风险给予补偿。

（2）不可分散风险又称系统风险或市场风险，与可分散风险相反，这类风险是指能够对市场中所有公司造成影响的风险。这种风险通常是由于市场整体因素造成的，如战争、政权的动荡、经济萧条、通货膨胀、科技进步等因素。这类因素不仅仅作用于单一的公司上，而是会对市场上所有的公司造成影响，尽管每个公司受到的影响会略有不同。对于不可分散风险，投资者无法通过更充分的投资组合来分散风险。

（3）可分散风险与不可分散风险的关系如图 2-10 所示。

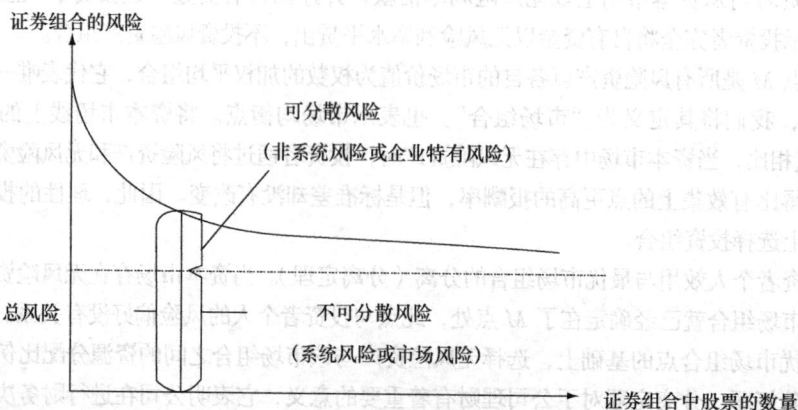

图 2-10　可分散风险与不可分散风险关系图

四、资本资产定价模型

（一）不可分散风险度量

前面已经将一种资产的风险分为可分散风险（非系统风险）和不可分散风险（系统风险）。可分散风险可以通过资产的充分组合得以分散，因此，市场不会对此做出额外的补偿。市场只会对资产的不可分散风险做出补偿。资本资产定价模型就是为了说明在高度分散化的资本市场中，如何衡量不可分散风险以及如何对其定价。

假设市场中已有一个由 m 种资产充分组合的投资，其风险为 Var_m，向此组合中另加入一种资产 j 后该组合的风险为 Var_{jm}，根据投资组合理论，

$$Var_{jm}=w^2 Var_j+2\times w\times(1-w)Cov(m,j)+(1-w)^2 Var_m$$

在上式中，w 表示在新的资产组合中 j 资产所占的比例，由于资产已经充分组合，j 种资产所占比重 w 很小，第一项可以忽略不计。第三项可以近似地等于原来市场组合中的风险，因此，新加入资产的系统风险就可以用第二项中的 $Cov(m,j)$ 来表示，即新加入资产的报酬率与市场报酬率之间的协方差，记为 σ_{jm}。

在此基础上，我们用贝塔系数（即希腊字母 β）来表示一项资产的不可分散风险，将其表示如下。

$$\beta_j=\frac{Cov(j,m)}{\sigma_m^2}=\frac{r_{jm}\sigma_j\sigma_m}{\sigma_m^2}=r_{jm}\left(\frac{\sigma_j}{\sigma_m}\right)$$

根据上式可以看出，一种资产的 β 值大小取决于：（1）该资产报酬率和整个资本资产市场报酬率的相关性；（2）该资产自身报酬率的标准差；（3）整个资本市场报酬率的标准差。

某一资产的 β 表示了其报酬率的变动相对于整个市场报酬率变动的程度。市场的 β 值为 1。若某项资产的 β 值也为 1，说明其报酬率的波动程度将与整个市场报酬率的波动程度相同，市场报酬率上升 1%，其报酬率也将上升 1%。若某项资产的 β 系数为 0.5，说明其报酬率的波动程度只及市场报酬率波动的一半，如果市场报酬率上升 2%，则该资产报酬率只会上升 1%。若某项资产的 β 值为 2，说明其报酬率的波动将会是市场报酬率波动的 2 倍，如果市场报酬率上升 0.5%，则该资产的报酬率将上升 1%。

（二）投资组合的贝塔系数

投资组合的 β 系数是投资组合中个别证券的 β 系数的加权平均数。其计算公式如下。

$$\beta_p=\sum x_i\beta_i$$

式中，β_p 代表组合投资的 β 系数，它表示个别组合投资报酬率相对于市场组合投资报酬率的变动程度；x_i 代表第 i 种股票的权数；β_i 代表第 i 种股票的 β 系数。

【例 2-23】公司将对 A、B、C 三种股票进行投资，投资的比例分别为 30%、30% 和 40%，假如三种股票的 β 值分别为 0.6、1.2 和 1.8，请问按该比例进行的投资组合的 β 值为多少？

$$\beta_p=30\%\times0.6+30\%\times1.2+40\%\times1.8=1.26$$

（三）资本资产定价模型与证券市场线

1．资本资产定价模型的假设

任何一个理论的提出都要基于一定的环境假设，资本资产定价模型建立在如下的假设上：

（1）投资者的理财目标为单期财富期望最大化，且其衡量标准是期望报酬率与标准差；

（2）投资者可以在资本市场上以无风险利率借入或贷出款项；

（3）投资者对于资产的报酬率和标准差都有同样的预期；

（4）投资者均为价格接受者，任何一名投资者的行为都不会对资产的报酬率等造成影响；

（5）所有资产的数量是给定的和固定不变的；

（6）资产可以无限细分，不存在交易成本等市场摩擦；

（7）没有税金的影响。

2. 资本资产定价模型的内容

当对资产进行充分的组合后，资本资产定价模型进一步分析了收益与风险之间的关系。其中最为重要的一个资本资产定价模型如下所示。

$$K_i = R_f + \beta_i(R_m - R_f)$$

在其表达式中，K_i 代表第 i 种股票的必要收益率；R_f 代表无风险收益率，一般以国库券的收益率为代表；β_i 代表第 i 种股票的 β 系数；R_m 代表将所有股票都包括在内的市场组合投资的必要收益率，它同时也是平均风险（$\beta=1$）股票的必要收益率，（$R_m - R_f$）是投资者承担超过无风险收益率的风险而要求的额外补偿，称为风险价格。

【例 2-24】假设现行国库券的收益率为 5%（无风险收益率），平均风险股票的必要收益率为 10%，某公司持有的 A 股票的 β 系数是 0.7，那么，A 股票的必要收益率为：

$$K_i = 5\% + 0.7 \times (10\% - 5\%) = 8.5\%$$

如果 A 股票的 β 系数是 1，那么，A 股票的必要收益率为：

$$K_i = 5\% + 1 \times (10\% - 5\%) = 10\%$$

如果 A 股票的 β 系数是 1.5，那么，A 股票的必要报酬率为：

$$K_i = 5\% + 1.5 \times (10\% - 5\%) = 12.5\%$$

可以看出，β 系数影响着资产的必要收益率。当资产的风险加大，也就是 β 系数在增加时，该资产的必要收益率也在增加。当其 β 系数为 1 时，说明该资产与市场有同样的风险，因此也只能得到市场平均报酬率。

3. 证券市场线

上述资本资产定价模型说明了资产的不可分散风险与必要收益率之间的关系，其也可由证券市场线表示，具体形式如图 2-11 所示。

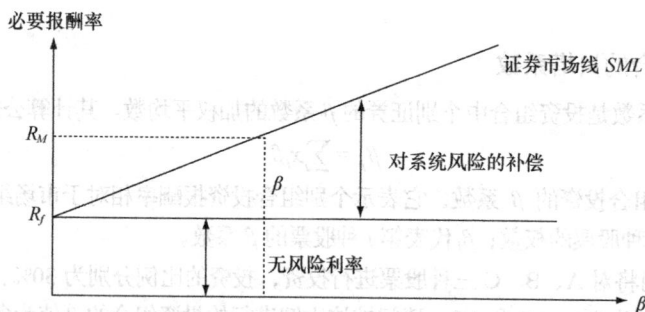

图 2-11 证券市场线

针对图 2-11 所示的证券市场线需要说明下列问题：

（1）横坐标表示以 β 衡量的资产不可分散风险水平；

（2）纵坐标表示必要报酬率，纵坐标的截距表示无风险报酬率水平，此时对应的 β 系数为 0；

（3）斜率为（$R_m - R_f$）表示市场对风险的厌恶程度，当市场整体表现出厌恶风险情绪时，市场对同样的风险会要求更大的报酬率，此时斜率变大，证券市场线也会变陡；

（4）当 β 值为 1 时，表示该资产报酬率的风险与市场报酬率风险相同，因此也只能获得市场平均报酬率。

知识拓展

资本资产模型（CAPM），是由威廉·夏普等在马科维茨提出的资产组合理论的基础上提出的。该模型很好地解释了在均衡市场中，收益与风险之间的关系。同时，应该明确，该理论也是建立在一系列的假设前提之下的，这也为理论的适用性设置了诸多限制。

在威廉·夏普等人之后，关于对资本资产的定价问题一直是学术界的热门话题之一，也有越来越多的学者通过突破前人理论的假设条件来发展自己的理论。比如，建立在资本资产定价模型基础上的套利定价模型和Fama-French三因素模型。

1. 套利定价模型（APT）

该模型是由斯蒂芬·罗斯于1976年提出来的。在威廉·夏普看来，资产的预期报酬率只与市场上不可分散风险相关，与其他因素无关。斯蒂芬·罗斯认为资产的预期报酬率与多种因素相关，资产的预期报酬率应该是多个因素的线性组合，其公式可以表示如下。

$$R_j = \overline{R}_j + \beta_{1j}I_1 + \beta_{2j}I_2 + \cdots + \beta_{nj}I_{nj} + \varepsilon_j, \quad j=1,2,3\cdots,n$$

其中，$I_k(k=1,2,\cdots,n)$表示第k个影响证券收益的因素，且各因素互不相关。ε_j为资产特有风险。β_{ij}则表示各因素对证券收益率的影响程度。

可以看出，套利定价模型与资本资产定价模型相比，其优点是考虑了更多的可以影响到资产预期报酬率的因素，可以使结果更为稳定。但是相应地，由于该模型并没有明确指出应该选择哪些因素，因此也在因素选择上增加了随意性，不同的分析主体可能会结合自己的偏好做出对自己有利的选择。

2. Fama-French三因素模型

夏普的定价模型只考虑了不可分散风险单一因素，而罗斯虽然指明资产的报酬率应该由多种因素决定，但是却没有明确指出这些因素应该有哪些。Fama和French在1992年通过实证检验的方法得出了Fama-French三因素模型。该模型认为股票的报酬率由市场风险、公司规模和市账比三个因素决定，具体表示如下。

$$r_i=r_f+\beta_1(r_m-r_f)+\beta_2(SMB)+\beta_3(HML)+\varepsilon$$

在模型中，（SMB）表示小股票组合和大股票组合收益率之差，（HML）表示低市账比与高市账比的股票组合收益率之差。

后继学者利用该三因素模型对很多经济体展开了研究，并得到了支持性的证据。

上述诸位学者，包括马科维茨、威廉·夏普、法码和弗兰奇都因其对资产收益与风险之间关系的研究获得过诺贝尔经济学奖。他们都是在继承了前人研究的精华，并努力打破其局限，而发展出了属于自己的经济理论。这也为我们的学习和工作提供了极大地借鉴。

课后思考与练习

一、单项选择题

1. 假设年利率为8%，一份年金为期5年，每期产生现金流500元，其现值是（　　）元。
   A. 2 253.06　　　　B. 1 944.83　　　　C. 1 996.36　　　　D. 2 933.3

2. 若名义利率为10%，每年计息两次，那么实际利率为（　　）。
   A. 10%　　　　B. 10.25%　　　　C. 5%　　　　D. 5.1%

3. 若一名投资者相对于风险事件，更喜欢无风险事件，那么他是一名（　　）。
   A. 风险中立者　　B. 风险偏好者　　C. 风险无关者　　D. 风险厌恶者

4. 甲投资的预期收益率为 15%，标准差为 0.02，乙投资的预期收益率为 12%，标注差为 0.015。利用变异系数衡量，风险更小的投资是（　　　）。

    A. 甲　　　　　　　　B. 乙　　　　　　　　C. 二者相同　　　　　　D. 无法比较

5. 在资本市场线上，若想获得比最优市场组合更高报酬率的投资策略是（　　　）。

    A. 利用已有资金，只在最优市场组合点处投资

    B. 利用无风险利率贷款，在最优市场组合点右上方处投资

    C. 将已有资金一部分投入无风险资产，在最优市场组合点左下方处投资

    D. 采取任意的投资策略

二、多项选择题

1. 计算年金现值时，需要给予考虑的因素包括（　　　）。

    A. 现金流　　　　　　B. 无风险利率　　　　C. 折现率　　　　　　D. 期间

2. 利率（折现率）的确定方法主要包括（　　　）。

    A. 直接查表法　　　　B. 插值法　　　　　　C. 预测法　　　　　　D. 试错法

3. 风险的特征包括（　　　）。

    A. 客观性　　　　　　B. 相对性　　　　　　C. 两面性　　　　　　D. 收益性

4. 在资本资产定价模型下，计算一项资产必要报酬率需要的因素有（　　　）。

    A. 无风险报酬率　　　B. 市场报酬率　　　　C. β 值　　　　　　D. 非系统风险

5. 在证券市场线中，从补偿对象角度来看，必要报酬率包括（　　　）。

    A. 对非系统风险补偿的报酬率　　　　　　B. 无风险报酬率

    C. 对系统风险补偿的报酬率　　　　　　　D. 对投资补偿的报酬率

三、简单题

1. 什么是资金的时间价值？你是如何理解这一概念的？

2. 年金根据资金流的特征可以如何分类？

3. β 系数的含义是什么？

案例分析

2016 年年初，作为公司财务经理的你要对公司的一项授权范围内的投资做出付款方式决策，可供你选择的付款方案有以下三种：

（1）2016 年年初立刻支付 400 万元；

（2）从今年年中开始，每半年支付 60 万，共支付 5 年；

（3）从今年年末开始，每年支付该公司利用此项投资获得的销售额的 10%，一共支付 5 年，公司预计当年销售额将达到 1 100 万元，且未来每年的销售额将以 10% 的增长率增加。

通过与相关生产、销售等人员的沟通，你认为公司此项投资能够达到行业平均报酬率水平，该水平为 12%。

要求：

1. 计算三种付款方案的现值。

2. 财务经理在计算各种付款方案现值时，除了行业平均报酬率外，还可以考虑何种折现率？请说明理由。

3. 在做出公司付款决策中，除了现值大小因素外，你还将考虑哪些因素？

第三章　公司理财环境

通过本章的学习，了解公司理财环境的含义、类别以及公司理财环境的意义；理解和掌握宏观理财环境，尤其是经济环境和金融环境对公司理财的影响；认识和理解微观理财环境及其对公司理财的影响。

本章目标

引导案例

福特汽车公司市场丢失之谜

福特汽车公司是世界上最大的汽车企业之一，由亨利·福特 1903 年创办于美国底特律市。20世纪初，福特汽车公司推出了大多数人买得起的 T 型车，为自己带来了巨大的财富和世界性的声誉。但是这种 T 型车只有一种款式，而且颜色也只有黑色这一种。到了 20 世纪 20 年代，美国人开始关注汽车的款式和式样，福特汽车公司仍然生产黑色的 T 型车，而通用汽车公司因为生产多种款式的汽车而受到消费者的欢迎，市场优胜者的位置被通用汽车公司夺去。美国汽车公司长期以来生产大型、豪华、舒适但耗油量很大的汽车，有些消费者买得起汽车，却用不起油。到了 20 世纪 50 年代，更省油的德国汽车和日本汽车趁机占领了市场，福特汽车公司销量急剧减少，出现亏损。

以上的案例告诉我们，公司理财不仅受公司内部环境的影响，还受外部环境的影响。公司理财的内部环境与外部环境相互作用、相互依存。如果不能适应内外部环境，或者不能准确地预测未来环境的变化趋势，公司将难以存续。因此，企业管理者需要不断地对公司所处的内外部环境进行审视和评估，并根据所处具体理财环境的特点及发展趋势，采取相应的手段和方法，以实现理财目标。通过本章的学习，将对理解公司理财环境等问题有所帮助。

第一节　公司理财环境概述

公司理财环境就是对公司的理财活动产生影响的企业内部、外部各种影响因素的组合。对公司理财有影响的一切系统的组合，都可称为理财环境。一国的政治经济形势、科技、教育、文化发展水平、经济法规的完善程度，企业自身的生产规模、经营管理水平、供产销状况等，都对企业的理财活动产生影响，都属于公司理财环境的范畴。根据划分标准的不同，公司理财环境分为不同的类别。充分认识理财环境有利于企业做出正确、及时的决策。

一、研究公司理财环境的意义

随着新经济时代的到来，世界经济一体化趋势日益加强，以及我国社会主义市场经济的发展，公司的理财环境日益复杂，变化迅速。企业的财务人员必须重视对理财环境的研究，充分认识理财环境的各项因素，分析和把握其变动趋势，以趋利避害、随机应变，合理地利用环境，发挥其对公司理财的积极能动作用，在提高理财工作对理财环境的适应能力、应变能力和利用能力的同时，更好地实现理财目标。具体来说，认识理财环境具有如下重要意义。

（一）充分认识理财环境，有助于企业做出正确的财务决策

通过对公司理财环境的研究，企业的财务人员可以把握国内外的政治、经济形势，充分了解国家的经济政策、法律法规、金融市场上的资金供求关系以及科学、技术、教育的发展状况等。这些因素都是财务决策的基础，了解这些因素，才能保证企业做出正确的财务决策。

从理财人员对经济周期的把握来看，在经济繁荣阶段，市场扩张，生产和销售两旺，这时企业可以举债经营，扩充厂房设备，增加存货，增加劳动力；在经济萧条阶段，市场需求不足，产品销量下降，公司资金紧张，这时企业应该停止扩张，出售多余的厂房设备，削减存货，减少冗员。当然企业的决策与公司理财人员对经济周期的判断紧密相关，只有在理财人员做出精准判断的情况下，企业才能做出正确的财务决策。

（二）充分认识理财环境，有助于企业做出及时的财务决策

理财环境是不断地发展变化的。只有持续关注理财环境，研究其发展变化，才能掌握其变动情况，才能及时采取对策，在充分利用理财环境中的有利条件、获取最大收益的同时，克服理财环境中不利因素对公司利益的消极影响，保证理财目标的实现。

从理财人员对市场利率的判断来看，如果公司理财人员预期未来银行资金收紧，市场利率将上升，这时公司应该及时调整其资本结构，增加长期借款的比例，避免将来由于利率上升付出更多的融资成本。当然企业做出及时的财务决策的前提是理财人员已经对市场利率的走势有了充分的把握，这就要求理财人员必须持续关注我国的宏观政策和资本市场的变动，并且有好的理解、分析和判断的能力。

二、公司理财环境的分类

公司理财环境十分复杂，各环境要素纵横交错、相互制约，从不同方面对公司理财活动产生影响。公司理财环境按照影响环境范围的大小、与企业的关系、相对稳定程度以及是否可控等不同的标准可以划分为不同的类别。

（一）按照理财环境影响范围的大小

按照理财环境影响范围的大小，可将理财环境划分为宏观理财环境和微观理财环境。

（1）宏观理财环境是对一个国家、一个地区、一个部门或行业的所有企业的理财活动都有影响的环境因素。如国家的政治、经济形势，法律法规、社会文化以及金融市场的发达程度等。

（2）微观理财环境则是仅仅对一个特定企业的理财活动有影响的环境因素，如供销环境、生产状况、企业的类型和管理体制、管理水平、员工的素质等。

（二）按照理财环境与企业的关系

按照理财环境与企业的关系，可将理财环境划分为外部理财环境和内部理财环境。

（1）外部理财环境是来自与企业外部、对公司的理财活动产生影响的各种因素。国家的经济体制、经济发展水平、经济周期、通货膨胀情况、法律法规的健全程度、金融市场的发展状况、教

育、科学、文化的发展水平和特点等，均属于外部理财环境。

（2）内部理财环境是来自企业内部、对公司的理财活动产生影响的各种因素。如企业的管理水平、经营规模、技术状况、资产构成、人员状况等。

（三）按照理财环境的相对稳定程度

按照理财环境的相对稳定程度，可将理财环境分为静态理财环境和动态理财环境。

（1）静态理财环境是指对公司理财活动产生影响、处于相对稳定状态的各种因素。一国的政治制度、企业所处的地理环境等都属于静态理财环境。

（2）动态理财环境是指在对公司理财活动产生影响的同时、本身又不断变动的各种环境因素，比如一国经济、科技、文化的发展水平、物价状况，资本市场上的资金供求关系，企业的管理水平、经营状况、技术水平、人员状况等。

（四）按照理财环境是否可控

按照理财环境是否可控，可将理财环境划分为可控理财环境和不可控理财环境。

（1）可控理财环境是指对公司的理财活动产生影响，又受公司管理当局的控制，可以被其调整或改变的环境因素。企业管理当局可以根据公司发展的需要，对公司的内部理财环境做出调整或改变，所以，内部理财环境属于可控理财环境。

（2）不可控理财环境是指对公司的理财活动产生影响，同时不受公司管理当局控制，不能被其调整或改变的环境因素。不能被公司管理当局操纵或控制的公司外部理财环境属于此类。

第二节　宏观理财环境

宏观理财环境主要包括国家的政治、经济形势，法律法规、社会文化、金融市场的发达程度等，它对公司理财的影响是根本性的、全局性和系统性的，决定了企业理财的基本格局。

一、经济环境

经济环境是指构成企业生存和发展的社会经济状况。在影响公司理财的各项环境中，经济环境对公司理财起着决定性的作用。影响公司理财的经济环境因素主要包括经济体制、经济周期、经济发展水平、经济政策、通货膨胀、利率波动等。

（一）经济体制

经济体制是指对有限的资源进行配置而制定并执行决策的各种机制，它是一国的基本经济制度。企业是以一定的经济体制为背景开展理财活动的，由于经济体制的不同，理财活动表现出一定的差异。

目前，世界上主要有计划经济体制和市场经济体制。但从国家的数量上来看，建立计划经济体制的只有少数几个，大多数国家是市场经济机制或正向市场经济体制转轨。市场经济体制已经成为当今社会经济体制的主流。市场经济体制是以市场为经济运作基础的经济体制，实行市场经济体制意味着企业成为真正的理财主体，拥有对资金来源、使用和分配的充分决策权，可以自主决定企业的筹资、投资、运营、收益分配等理财活动。企业的所有理财活动都围绕着市场展开，企业根据来自市场，尤其是资本市场的信息做出财务决策，并组织实施，以实现企业价值最大化或股东财富最大化的理财目标。

过去，我国在相当长的时期内实行的是高度集中的计划经济体制。1978 年我国开始进行经济体制改革，在此后的三十多年的时间里，我国的经济体制先后经历了由计划经济到有计划的商品经济、由有计划的商品经济到社会主义市场经济的两次转变，并初步建立了社会主义市场经济体制。在此经济体制下，价值观和优胜劣汰的市场竞争法则日益发挥作用；企业法人地位和理财主体地位在法律上得到确认，企业在面向市场做出财务决策、追求企业价值最大化的过程中，拥有越来越多的自主性和独立性。当然，我国的社会主义市场经济体制毕竟只是初步建立而不是很完善，企业管理当局尤其是财务人员必须充分认识我国现有的经济体制，做出正确的理财决策。

（二）经济周期

经济周期也称商业周期，经济周期一般是指经济活动沿着经济发展的总体趋势所经历的有规律的扩张和收缩。经济周期的波动性对公司的理财活动有重要影响。从融资的角度来看，在经济萧条时期，社会大众的消费水平下降，企业存货积压，生产萎缩，企业的利润下降甚至出现亏损，此时企业没有筹集资金扩大生产规模的需要。在经济繁荣时期，社会公众的需求旺盛，企业的购销活跃，企业会不断地筹集资金以扩大生产规模，实现更多的利润。

当今社会，不同国家和地区的联系日益密切，各国经济周期可能会出现一定程度的同步现象。所以公司理财人员不仅要对本国的经济周期有全面、深入的了解和把握，并对其做出科学的预测，而且要关注其他国家，尤其是发达国家的经济周期及其变动，以便针对经济周期各阶段的特点和本企业的实际情况合理安排资金，提高公司财务决策的正确性与适应性。

（三）经济发展水平

经济发展水平主要是指投入水平、产出水平、人均收入水平等。公司理财与经济发展水平密切相关，经济越发达，公司的理财水平也越高。

发达国家的经济发展水平处于世界顶级的位置，这些国家的公司理财水平比较高。这是因为：（1）高度发达的经济需要与之相配套的先进的理财方法；（2）发达国家的经济中有很多新的内容，更复杂的经济关系以及更完善的生产方式，这就决定了这些国家的公司理财活动处于不断创新中；（3）发达国家的计算机和通讯技术先进，为公司理财采用更加复杂的方法提供了条件。

发展中国家也在不断提高经济发展水平，这些国家总体上呈现的特征为：经济基础薄弱、发展速度快、经济政策变更频繁、国际交往日益增多。这些因素导致发展中国家的公司理财具有的特征为：（1）公司理财的总体水平在世界上处于中间地位，但发展速度快；（2）公司理财的相关法律政策频繁变更，给公司理财带来一定的困难。

（四）经济政策

经济政策是国家为了达到宏观经济目标，而制定的影响经济运行的一系列方针和策略。企业作为社会经济的基层组织，必然受到国家经济政策调整和变动的影响，进而使企业内部筹资、投资和收益分配等理财活动也受到影响。

宏观经济政策主要包括金融政策、财政政策、货币政策、外贸政策、价格政策、投资政策、收入分配政策、社会保障政策等。这些经济政策对大到我国的经济生活小到企业的发展及其理财活动都有重大影响。例如，金融政策中的货币发行量、信贷规模会影响企业的资本结构和投资项目的选择；价格政策会影响资本的投向、预期回收期和资本的预期收益。所以公司理财人员深刻领会并研究国家宏观经济政策，以更好地为公司的理财活动服务。

（五）通货膨胀

通货膨胀是指在一定的时期内，给定经济体中的物价水平普遍持续增长，从而构成货币购买力的持续下降。通货膨胀也会对公司理财活动产生一定的影响。轻度的通货膨胀不会影响国民经济的发展，但是，当物价持续上涨并超过一定限度（5%）时，就会对社会经济生活造成危害，并增加公司理财的难度。在高度通货膨胀时期，物价飞涨、企业的生产成本增加，债权资产膨胀、产品难以售出而获得现金，企业对资金的需求旺盛。同时，政府为了控制通货膨胀的幅度，往往会紧缩银根，银行等金融机构所能提供的资金量有限，企业所需资金的供给相对不足，信贷风险随之加大，企业的财务状况和经营成果面临着更多的不确定性。

我国通货膨胀的诱因可以分为四类。一是需求拉动，如经济增长、消费和投资等。二是成本推动，如职工平均工作指数等。三是输入推动，如汇率等。四是货币推动，如货币供求增长率等。为避免通货膨胀给公司理财带来的损失，公司应关注其由哪个或哪些因素引起，提前做好对策。

（六）利率波动

利率不是一成不变的，它会受整个经济环境的影响而有所波动。利率的波动会导致金融工具价格的波动，如股票、债券价格的波动，这对企业来说既是机会也是挑战。

当公司欲为闲置资金选择投资方案时，利用利率波动这种机会可以带来额外的收益。例如，在公司投资长期债券后，市场利率下降，按固定利率计息的债券价格上涨，这时企业将债券出售将获得比预期更多的收益。当然，如果情况刚好相反，利率上升，企业将遭受损失。当公司在做筹资决策时，情况与此类似。如果预期到利率将上升，以当前的利率发行长期债券，将有利于降低资本成本。当然，如果后来实际情况相反，利率下降，企业将承担比市场利率更高的资本成本。

二、法律环境

公司在理财过程中，不可避免地要与外部、内部有关单位、部门或人员发生各种经济关系。市场经济是一种法制经济，在市场经济下，企业必须遵照有关法律法规开展各项理财活动，依法筹集资金，进行投资和收益分配，以实现企业的理财目标；否则，不仅自身的合法权益得不到保障，还会受到法律的惩罚，阻碍公司理财目标的顺利实现。对公司理财产生重要影响的法律法规主要有公司组织法律法规、税务法律法规、财务会计法律法规以及投融资和收益分配相关的法律法规。

（一）公司组织法律法规

公司是市场经济的基本主体，必须依法成立，依照有关的法律规范组建。这些法律规范主要有《中华人民共和国公司法》（以下简称《公司法》）、《中华人民共和国全民所有制工业企业法》（以下简称《企业法》）、《中华人民共和国外资企业法》《中华人民共和国中外合资经营企业法》等。这些法律法规既是公司的组织法，又是公司的行为法，在规定公司成立时应具备各项条件的同时，规范着公司的行为。

例如，《公司法》就是为了规范公司的组织和行为，保护公司股东和债权人的合法权益、维护社会经济秩序，促进社会主义市场经济的发展而制定的。我国《公司法》对公司制企业的设立条件、设立程序、组织结构和组织的变更等都做了规定，公司制企业必须按照规定的条件和程序成立。我国《公司法》中还对公司生产经营中的一些具体行为做出了规定，如股票的发行的交易、债券的发行和转让、利润的分配等。公司一旦成立，其各项活动包括理财活动都必须依照《公司法》进行，而不能超出该法律的限制。

（二）税务法律法规

税收是国家为了实现其职能，基于政治权力和法律规定，强制地、无偿地征收货币或实物的一种经济活动。税收的强制性决定了公司必须依照税法的规定，及时足额缴纳各项税款。企业在纳税时往往会流出资金，从而引起资金存量的减少。所以，企业无不希望在合法的前提下减少税负。这就要求公司理财人员在纳税行为发生之前做好税务筹划。所以理财人员尤其是财务主管人员不仅要掌握各种税的计税范围、计税依据、课税税率等，还要熟知各种税的减免优惠及享受这些优惠政策应具备的条件，并灵活运用，以便在及时足额地缴纳各种税款的同时，依法合理地减少现金流出。

税收按照其性质和作用大致可分为流转税（包括增值税、消费税、营业税）；所得税（包括企业所得税、外商投资企业和外国企业所得税和个人所得税）；资源税（包括资源税和城镇土地使用税）；特定目的的税类（包括城市维护建设税、土地增值税、车辆购置税、耕地占用税）；财产和行为税类（包括房产税、城市房地产税、车船使用牌照税、印花税、契税、屠宰税）；农牧业税类（包括农业税和牧业税）和关税。

（三）财务会计法律法规

财务法规是直接约束公司理财行为的法律法规，主要包括《中华人民共和国会计法》《企业财务通则》《企业会计准则》《企业会计制度》、分行业财务制度、企业会计信息化相关法规、企业内部控制相关法规、审计相关法规。

这些法律法规是用来规范企业财务活动、协调企业财务关系的。公司理财人员必须熟知这些法律法规，并在理财的过程中自觉遵守，以顺利实现理财目标。

（四）投融资和收益分配相关的法律法规

投资活动是指企业长期资产的购建和不包括在现金等价物范围的投资及其处置活动。企业的投资活动也必须在特定的法律法规的约束下进行。企业投资活动主要受《企业法》《证券交易法》《公司法》《企业财务通则》《企业财务制度》等法律法规的影响。

融资活动是指企业根据其生产经营、对外投资和调整资本结构等需要，通过筹资渠道和金融市场，运用筹资方式，经济有效地筹措和集中资金的活动。企业的融资活动是在特定的法律法规的约束下进行的。影响企业融资活动的法律法规主要有《公司法》《证券法》《金融法》《证券交易法》《经济合同法》《企业财务通则》《企业财务制度》等。

收益分配是企业资本的提供者对收益总额进行的分割，它主要是以企业的息税前利润为对象在各利益主体间进行的分割。企业在进行收益分配时必须遵守相关的法律法规。对公司收益分配活动进行约束的法律法规主要有《税法》《公司法》《企业财务通则》《企业财务制度》等。

三、社会文化环境

公司理财作为人类的一种社会实践活动，必然受到社会文化环境的影响。社会文化环境是指人类在某种社会中生活，长期以来形成的某种特定的文化，主要由特定的价值观念、行为方式、伦理道德规范、审美观念、宗教信仰以及风俗习惯等构成。在诸多影响公司理财的环境中，社会文化环境较为特殊，它不像其他环境因素那样显而易见与易于理解，却无时不在影响着企业的理财活动。

（一）社会文化环境对理财观念的影响

理财观念是人们在长期的生产与实践中形成的财务行为的基本看法和认识，对理财行为起着指导作用。理财观念即企业经营管理思想与管理哲学，是一种相对稳定的群体意识，决定着他们在理财活动中的思维方式和行为方式。

企业的理财活动是在商品经济条件下，以资金运作为对象的经营管理活动。认识理财活动的范畴与树立正确的理财观念是企业做好生产、经营活动的基础。理财观念的形成受社会文化环境的影响。理财观念是一个很抽象的概念，具有广泛的外延，主要体现在对风险与收益的认知程度以及发现投资机会的能力。不同的社会文化环境决定了人们对风险和收益的认识和发现投资机会的能力，从而对公司的理财活动产生影响。

（二）社会文化环境对企业营销的影响

企业营销受到多种多样的因素影响，其中，社会文化环境是影响企业营销活动的最复杂、最深刻、最重要的宏观环境因素。它影响和制约着人们的消费观念、需求欲望及特点、购买行为和生活方式，对企业营销行为产生直接的影响。

人们是在一定的社会文化环境中生活的，存在于特定文化环境中的个体，其认识事物的方式、行为准则、价值观等都会不同于生活在其他社会文化环境中的人们。例如，由于价值观念的不同，使得人们对周围事物美丑、善恶、重要性的评价不同。同一种款式的商品，甲国人民认为很美，乙国人民可能认为很丑；同一种颜色的商品，甲民族十分喜爱，乙民族可能很少问津。同一种消费行为，其中一个地区的人们习以为常的，另一个地区的人们可能认为不可思议。因此，无论在国内还是在国外开展营销活动，企业都必须全面了解、认真分析其所处的社会文化环境，以便于准确把握消费者的需要，制定切实可行的营销方案。

四、金融市场

金融市场是资金融通的场所。狭义的金融市场一般指有价证券市场。广义的金融市场指一切资本流动的场所，包括实物资本和货币资本的流动。本节中讲的金融市场是广义的金融市场。

金融市场不仅影响公司资金的筹集和运用，还可以分散和防范公司风险，为公司理财传递信息。金融市场按照不同的依据划分为不同的类别。按照金融资产的要求权划分，分为债务市场和股权市场。按照金融市场的期限分为货币市场和资本市场。按照交易完成后是否立即交割，分为现货市场和期货市场。按照具体交易对象的不同，分为票据贴现市场、证券市场、衍生工具市场、外汇市场、黄金市场等。按照交易的地理区域不同，分为国内金融市场和国际金融市场。

（一）金融市场的构成要素

金融市场的构成要素主要包括交易对象、交易主体、交易工具、交易价格等。

1．交易对象

金融市场的交易对象是货币资金，即金融交易的客体。无论是银行的存贷款，还是证券市场上的证券买卖，实质上都是货币资金的转移。然而，这种转移与普通商品的买卖有所不同。前者大多只是转移货币资金的使用权，后者往往同时转移商品的使用权和所有权。

2．交易主体

金融市场的交易主体是金融市场上进行金融交易的双方，即货币资金的供给者和需求者，如企业、个人、政府、金融机构和中央银行等。

（1）企业。在金融市场中，企业作为金融市场的参与者首先表现为资金的需求方，企业为了筹集资金，除了向银行借款之外，还可以通过发行股票、债券等方式实现。与此同时，企业的闲置资金又成为金融市场资金的供应来源。从企业在金融市场中的作用来看，企业是资金需求大于资金供给的交易主体。

（2）个人。个人是金融市场中的重要资金供应方，即通过参加银行储蓄存款或投资于股票、债券等金融工具，将剩余资金提供给资金需求方。

（3）政府。政府作为金融市场的参与者主要体现在执行财政的职能，这种职能使政府具有资金需求者和资金供给者的双重身份。当政府财政资金出现赤字时，政府可以通过发行各种债券筹集资金。当政府存在闲置资金时，也会以买方身份参加金融交易活动，通过投资金融工具将资金投放到金融市场。

（4）金融机构。金融机构是专门从事金融活动的市场交易主体，在金融市场上起着十分重要的作用。人们通常将金融机构分为银行金融机构和非银行金融机构。

银行在金融市场上发挥着重要作用。在证券市场不发达的国家，银行的作用尤为明显。我国的银行机构主要包括商业银行和政策性银行。

根据各商业银行产权关系和组织方式的不同，我国商业银行分为国有商业银行、股份制商业银行两类。我国的四大国有商业银行中国工商银行、中国农业银行、中国建设银行和中国银行，他们由国家专业银行演变而来。股份制商业银行有交通银行、中信银行、华夏银行、中国光大银行、中国民生银行、招商银行、深圳发展银行、广东发展银行、福建兴业银行、上海浦东发展银行以及原城市合作银行等，这些银行经营方式灵活，发展很快。政策性银行是由国家建立，以贯彻国家产业政策、区域发展政策为目的，不以营利为目的的金融机构。我国政策性银行有国家开发银行、中国进出口银行和中国农业发展银行。

非银行金融机构是金融市场的重要参与者。非银行金融机构与银行金融机构不同之处在于不以吸收存款作为主要资金来源，而是以某种特殊方式运用资金，从中获取利润。这类金融机构主要包括保险公司、证券机构、信托投资公司、基金管理公司、财务公司、金融租赁公司、典当行、汽车金融公司等。

（5）中央银行。中国人民银行是我国的中央银行。它是一个特殊的金融机构，依法行使的职责有：制定和实施货币政策；发行人民币，管理人民币流通；监督货币市场、外汇市场、黄金市场；实施外汇管理，持有、管理、经营国家外汇储备和黄金储备；经理国库；维护支付、清算系统正常运行；负责金融业的综合统计制度的制定和汇总，宏观经济分析与预测；进行有关国际金融活动。

3．交易工具

金融市场的交易工具，是在信用活动中能够证明金融交易金额、期限、价格的书面文件，它对于交易双方所享有的权利和承担的义务均有法律约束力。随着金融市场的日益发达，金融工具的种类越来越复杂多样。初始意义的金融工具，如商业票据、可转让大额存单、债券、股票等已经不能满足金融交易的要求。在此基础上，又形成了多种衍生金融工具，如远期合约、掉期合约、期货合约、期权合约等。在金融市场上，资金供求双方就是通过这些金融工具实现资金融通的。

4．交易价格

金融市场的交易价格是资金使用权的价格，它一般表现为利率的高低。如商业银行的贷款利率，反映的是银行贷款资金使用权的价格，同业拆借利率反映的是金融机构之间短期借贷资金使用权的价格等。证券市场的交易价格虽然不是利率，而是证券价格，但它与利率紧密相关。利率上升往往会引起证券价格的下降；利率下降则会引起证券价格的上升。

（二）金融市场的利率

利息率简称利率，是在一定时期内利息额同借贷资金额的比率，即资金的增值额同投入资金价值之比率。利率是金融市场上资金所有权的交易价格，也是决定公司资本成本和投资收益高低的主要因素。公司在进行筹资、投资决策时必须考虑利率及其变动的影响。

1．利率的决定因素

和任何商品的价格一样，利率作为资金这种特殊商品的价格，它也由供给与需求决定。但除了这两个因素外，利率还受到经济周期、通货膨胀、国家货币政策和财政政策、国际经济政治关系、国家利率管制程度等因素的影响。因此，资金的利率通常由三个部分构成的，即纯利率、通货膨胀补偿率和风险报酬率。一般来说，利率构成如下。

$$利率=纯利率+通货膨胀补偿率+风险报酬率$$

纯利率又称为实际无风险利率，是指没有风险和没有通货膨胀情况下的均衡点利率。影响纯利率的基本因素是资金的供求关系。纯利率会随着资金供求的变化而不断变化。在存在通货膨胀的情况下，由于通货膨胀会使货币的实际购买力受损，因此，货币资金的供应者在通货膨胀条件下就必然要求提高利率水平，以补偿其货币购买力损失。因此，无风险证券的利率需在纯利率之外加上通货膨胀贴水。

在利率的确定过程中，除要考虑通货膨胀因素以外，同样需要考虑风险因素。风险越大，投资者要求的收益率越高。风险报酬率是投资者要求的除纯利率和通货膨胀补偿率之外的风险补偿。风险报酬率包含三个具体内容，即违约风险报酬率、期限风险报酬率和流动性风险报酬率。

将上述影响利率的因素综合起来，得到利率的一般表达如下。

利率=纯利率+通货膨胀补偿率+违约风险报酬率+期限风险报酬率+流动性风险报酬率

2. 利率的分类

（1）按利率之间的变动关系可以分为基准利率和套算利率。基准利率又称基本利率，它是指在多种利率并存的条件下起决定作用的利率。这种利率的变化对其他利率的变化产生直接的影响。基准利率在西方通常是中央银行的再贴现利率，在我国是中国人民银行对商业银行贷款的利率。套算利率是各金融机构根据基准利率和借贷款项的特点而换算出的利率。例如，某金融机构规定，贷款AAA级企业的利率应在基准利率的基础上加 0.5%，加总计算所得的利率就是套算利率。

（2）按投资者取得的报酬情况可分为实际利率和名义利率。实际利率是指在物价不变情况下的利率，或是在物价变化时扣除通货膨胀补偿后的利率。名义利率是指包括对通货膨胀贴水的利率。在一般情况下，名义利率都高于实际利率，两者之间的关系如下。

$$K=i+P$$

式中，K 为名义利率，i 为实际利率，P 为通货膨胀补偿率。在实际工作中，通常利用上述公式推算实际利率。

（3）根据利率是否随市场资金供求关系变化可分为固定利率和浮动利率。固定利率是指在借贷期内固定不变的利息率。这种利率对借贷双方来说，虽然可以较方便地确定成本和收益，但当存在通货膨胀时，会使债权人利益受到损失。浮动利率是指在借贷期间可以调整的利率。采用浮动利率可以减少债权人的损失，但计算手续繁杂，工作量较大。

（4）根据利率变动与市场的关系可分为市场利率和官方利率。市场利率是指根据资金市场的供求关系而自由变动的利率。官方利率是指由政府金融管理部门或中央银行确定的利率，又称法定利率，是国家进行宏观调控的一种手段。

3. 利率的期限结构

利率的期限结构理论研究的是利率与期限之间的关系。在具体分析时，又可以分成三种理论，即预期理论、市场分割理论和偏好利率结构理论。

（1）预期理论。预期理论是利率期限结构理论中最主要的理论，它认为任何证券的利率都同短期证券的预期利率有关。如果未来每年的短期利率一样，那么，现期长期利率就等于现期短期利率，收益线表现为一条水平线；如果未来的短期利率预期要上升，那么，现期长期利率将大于现期短期利率，收益线表现为一条向上倾斜的曲线；如果未来的短期利率预期要下降，那么，现期长期利率将小于现期短期利率，收益线表现为一条向下倾斜的曲线。

（2）市场分割理论。顾名思义，市场分割理论将不同期限的证券市场当作完全被独立分割开来的市场。这样，不同期限的证券理论上仅由该种证券的市场供求所决定，其他期限的证券预期收益率对之不造成影响。所以短期证券市场和长期证券市场是彼此分割的。从资金供给方来看，不同性质资金来源使不同的金融机构被限制在特定的期限内进行贷款，以致短期利率由短期资金市场决定，长期利率由长期资金市场决定。

（3）偏好利率结构理论。偏好理论不同于预期理论的地方是考虑了风险因素的避免。偏好理论认为预期和风险的避免对利率结构都有重要影响，应将二者结合起来。根据偏好理论，在存在风险的情况下，长期债券比短期债券的风险大，长期利率要比短期利率高。其一，短期债券比长期债券的流动性大，而且对于利率变动的预测较为可能和接近，资产价值损失的风险较小，所以流动性报酬低；其二，以短期资金转期筹措长期资金，除短期资金转期续借成本较大以外，还有转期续借时可能发生的不确定性风险，会使长期利率比短期利率高；其三，长期贷款往往要采用票据再贴现形式，也要一定的手续费。不难看出，偏好利率结构理论，实质上是将投资者对资本价值不确定性风险的回避因素导入预期利率结构理论。

（三）金融市场对公司理财的影响

（1）提供企业筹资和投资的场所。在现实经济生活中，有闲置资金的企业要进行投资时，需要兼顾资金的安全性、流动性和盈利性；而资金缺乏的企业在筹资时，也要求在尽量降低资本成本的同时，满足资金数量和时间上的要求。金融市场上有多种供资金所有者选择的金融工具和供资金需求者选择的融资方式，金融市场成为一个实现资金所有者和资金需求者满意结合的场所。通过金融市场，资金所有者能够灵活地调整其闲置资金，实现其投资目标；资金的需求者也能够在众多的筹资方式中选择最有利的，实现其筹资目的。

（2）促进企业资本灵活转换。通过在金融市场的融资活动可实现长、短期资本、不同区域间的资本和金额大小不同的资本的相互转换。例如，股票、债券的发行能将储蓄资本转换为生产资本，将流动的短期资本转换为固定的长期资本，将不同地区的资本转换为同一地区的资本；而远期票据的贴现能将将来的收入转换为现期收入。

（3）引导资金流向和流量，提高资本效率。金融市场通过利率和资本收益的变化来引导资金流向到最需要的地方，从利润低的部门流向利润高的部门，从而实现资本在各地区、各部门之间的调配，优化全社会资本的配置。

（4）为公司理财提供决策信息。金融市场提供的信息可以为企业筹资、投资决策提供参考。比如，利率的变动反映了资本的供求状况；股市的行情从宏观上反映了国家总体的经济状况，从微观上反映了企业的经营成果和发展能力，这些信息服务于企业理财人员的投融资决策。

第三节　微观理财环境

与宏观理财环境相比，微观理财环境的影响范围较小，通常仅对一个特定的企业的理财活动产生影响，一般指企业的内部因素，如供销环境、生产状况、企业的类型和管理体制、管理水平、员工的素质等。

一、供销环境

（一）销售环境

销售环境是对企业产品或劳务的销售产生影响的各种因素的组合，这些因素主要有：提供同一产品或劳务，以及相似产品或劳务的生产者数量；产品或劳务的差异程度；消费者数量等。在市场经济条件下，不同企业面临着不同的销售环境。这在一定程度上影响和制约着公司的理财行为。

当某类产品或劳务的市场上只存在一个生产者时，此生产者便垄断了该商品的供应，能够在一定程度上控制其销售价格。此时，企业的销售一般没问题，销售价格不会波动很大，企业的利润和现金流量较为稳定，风险也较小，这种情况下企业可以筹集和运用较多的负债资金。

当市场上存在许多的生产者和消费者，不同企业的产品相差不大时，每个生产者和消费者都只能在既定的市场价格下进行交易。市场竞争的存在使得产品的销售价格和销售数量出现波动，企业的利润和现金流量不稳定，风险也较大。此时，企业应谨慎理财，尤其是要注意审慎使用负债资金。

当市场上存在多个生产者，但不同企业的产品存在一定的差异时，消费者可以在购买时有所选择。企业要将产品或劳务销售出去，并获得较多的利润和现金流量，就需要在生产和销售过程中突出本企业产品的特色。这就要求企业加大对研究与开发的资金投入，以研制出富有特色、优质的产品，并加大广告宣传力度。公司理财要适应这一要求，加大对研究开发和广告宣传的资金投入。

（二）供应环境

供应环境又称采购环境，是企业到市场上采购材料物资时，由物资供应的稳定状况、供应者的数量、采购价格等因素构成的组合。

按照物资供应的来源是否稳定，采购环境分为稳定的采购环境和波动的采购环境。在稳定的采购环境下，企业所需物资有比较稳定的来源供应，能够及时采购到所需的物资。此时企业可以少储备存货，从而减少存货占用的资金；在波动的采购环境下，企业所需物资的供应不稳定，有时能采购到，有时则采购不到，为避免因缺货给企业带来的损失，企业应增加存货的保险储备，此时企业会有相当数量的资金被储备的存货占用。

在企业所需物资的供应者较多且实力相当时，每个供应者对价格的影响程度有限，此时企业可以以较低的价格采购物资；相反，当供应者只有少数几家甚至只有一家时，供应者会通过控制物资的供应量而对其价格施加重大影响，此时企业只能用较高的价格采购到所需物资，存货的采购成本随之上升。

二、生产环境

生产环境是由企业的生产经营规模、生产技术条件等因素构成的组合。

不同的生产经营规模会对公司理财提出不同的要求。一般来说，生产经营规模大的企业，资金实力雄厚，内部的分工协作程度较高。企业的投资项目往往是大型的，不仅需要大量资金，而且投资方向多元。这就要求公司在理财过程中不仅要制定严格的财务管理制度，在发动全体员工、进行全员管理的同时，处理好复杂的财务关系，而且需要筹集较多的资金，审慎、正确的做出各项理财决策。生产经营规模小的企业，经营活动较为单一，资本实力相对较弱。企业的投资项目不多而且规模不大。此时公司的理财工作相对简单，筹资规模减小，投资决策的难度降低，各种财务关系也比较容易处理。

生产技术条件是企业生产所拥有和使用的技术资源、机器设备等要素的实际状况。不同的生产技术条件要求不同的理财行为与之相适应。一般来说，在高科技公司中，产品的技术含量高，对研究开发、机器设备等的要求较高，对人工、材料物资等的消耗相对较少。这样，公司在理财过程中，应对研究开发、机器设备等有所侧重，注意长期资金的筹集和使用。相反的，在劳动密集型企业中，产品的技术含量低，对研究开发、机器设备等的要求较低，对人工、材料物资等的消耗则增多。此时企业应注重对短期资金的筹集和使用，注意加强对现金、存货、应收账款等流动资产的管理，保持其流动性。

三、公司的类型

要成立一个企业，首先面临的选择是这个企业该采取怎样的一种组织形式。目前世界上各个国家的企业组织形式大致可分为独资企业、合资企业和公司制企业。不同的组织形式对公司理财活动有重要影响。

独资企业的理财行为相对简单，主要利用业主自己的资金和供应商提供的商业信用。独资企业的信用有限，而且银行等金融机构也不太愿意给独资企业融资，所以借款筹资的能力非常有限。独资企业想撤回资金也比较容易，法律限制较少。与独资企业相比，合伙制企业的理财相对复杂一些。合伙制企业信用能力更强，而且资金来源更广，所以其筹资能力也更强，面临更多的筹资决策；由于其组织形式更复杂，所以分配活动也更复杂。公司制企业是这三种组织形式中理财环境最复杂的一种。公司制企业的财务问题多，不仅要追求利润的最大化，而且要追求企业价值最大化；公司制企业的资金来源多种多样，可以选择的筹资方式很多，这就要求理财人员认真分析与选择；公司制企业的收益分配活动远比独资企业和合伙制企业复杂，要考虑很多内外部因素。

四、企业管理体制

公司管理体制由于出资者的身份不同而有所差别。企业的股东主要有国有股、社会法人股和个人股，不同的主体决定不同的公司管理体制，不同的管理体制又决定着不同的理财方式，由此产生不同的理财结果。在传统的国有企业中，由于存在着所有者缺位的情况，公司管理人员的利益基本上不与公司的利益挂钩，经营业绩的好坏与个人收益不挂钩，因此管理人员在理财中存在道德风险，管理人员为了实现个人收益最大化，可能会让渡公司的利益，使公司的经营成本增加。在其他形式的公司中，如果管理人员的个人收益与公司的利益不挂钩，同样会出现管理人员利益和股东利益不一致，管理人员为了避免发生过失，往往采取过分谨慎的理财政策，使公司错失盈利机会；或另一个极端行为，管理人员将公司的资产作为赌博的资本，进行过度投资或高风险投机行为。

为改善公司微观理财环境，必须按照市场运行规则，完善公司的法人治理结构，建立个人收益与公司业绩挂钩的激励机制。在激励方面，我国一直在进行各种探索，如管理人员购买股份、赠送干股、股权及实施各种福利制度等方式。所有的激励措施的目的都是使管理人员与股东利益一致，追求股东权益最大化。

五、管理水平和决策者素质

企业整体管理水平的高低直接影响到公司理财功能的发挥。在管理机构设置合理、职能机构分工明确、各部门之间沟通顺畅、管理人员素质较高时，企业的各项财务决策能够得到迅速、高效的实施；反之，企业的理财工作就不会做得很好。企业应根据本身管理的实际水平做出各项财务决策，以保证理财目标和企业整体目标的实现。

决策者的素质，如文化水平、知识结构、经验、胆略、魄力等直接影响到财务决策的正确性与及时性。高素质的决策者不仅能够充分理解财务人员提供的财务资料，而且能够抓住有利时机，及时做出正确的、能够为企业带来丰厚收益的财务决策；素质不高的决策者则会使企业的各项理财工作难以展开。

知识拓展

当前，我国经济正进入新常态，这将深刻改变我国经济发展格局。经济增速正在从高速增长进入中高速增长；产业结构正在从工业主导转向服务业主导；增长动力正在从投资驱动转向消费驱动；资源环境的约束不断强化，绿色、可持续的发展正在成为新的增长导向。经济增长的新常态，客观上要求在结构上形成新常态，在转型改革上形成新常态。否则，旧结构、旧体制不仅难以支持新常态，反而会积累更多的矛盾和风险。在形成结构新常态和体制新常态过程中，作为现代经济核心的金融，尤其要加快改革，形成新的金融结构、新的金融体制。

经济增长的新常态，意味着两个"提高"。决策层对增速下降的容忍度在提高，"中速"增长成为常态；对经济增长质量的关注度在提高，"提质"成为常态。在"中速、提质"新常态的形成中，金融改革处于核心位置。其重点是如何在金融发展中处理好虚拟经济和实体经济之间的关系。次贷危机暴露了美国金融与实体经济严重脱节的缺陷，尽管此前美国的经济经历了一段繁荣期，然而过度依赖虚拟经济，造成金融脱离实体经济，形成严重的金融危机。我国金融改革正处于关键时期，不仅需要保证实体经济的整体稳定增长，为"中速"提供保障，更需要通过定向降准等创新推动产业结构调整和发展方式深刻转型，为"提质"提供保障。在这个双重任务下，不仅要关注金融改革对经济增长的促进作用，更要关注金融改革对实体经济的转型、调整作用，加快金融向实体经济回归，使"金融服务于实体经济"的原则成为金融业改革的基本导向和衡量标准。这不是说不要金融创新，恰恰相反，我国还需要大量的金融创新。但这些金融创新要服务于实体经济，要有助于解决我国当前中小企业融资难等相当突出的矛盾与问题。这样的创新，才是适应新常态的创新，而不是虚拟经济的"自娱自乐"。

课后思考与练习

一、单项选择题

1. 下列选项中，不属于宏观经济环境的是（　　）。
   A. 通货膨胀　　　　 B. 经济周期　　　　 C. 利率变动　　　　 D. 科学技术

2. 既是公司组织法又是公司行为法的是（　　）。
   A.《公司法》　　　 B.《证券法》　　　 C.《税法》　　　　 D.《金融法》

3. 影响企业融资最主要的外部环境是（　　）。
   A. 宏观经济环境　　 B. 金融环境　　　　 C. 法律环境　　　　 D. 社会文化环境

4. 由国家建立，以贯彻国家产业政策、区域发展政策为目的的，不以营利为目的的金融机构是（　　）。
   A. 国有商业银行　　 B. 政策性银行　　　 C. 股份制商业行业　 D. 非银行金融机构

5. 根据利率之间的变动关系，利息率可划分为（　　）。
   A. 固定利率和浮动利率　　　　　　　　 B. 名义利率和市场利率
   C. 基准利率和套算利率　　　　　　　　 D. 实际利率和名义利率

二、多项选择题

1. 关于经济周期，下列说法正确的有（　　）。
   A. 在企业经济复苏期企业应当增加厂房设备
   B. 在企业经济繁荣期企业应减少劳动力，以实现更多利润
   C. 在经济衰退期企业应减少存货
   D. 在经济萧条期企业应裁减雇员

2. 发展中国家公司理财的特征有（　　）。
   A. 公司理财总体水平在世界上处于中间地位
   B. 采用复杂的公司理财方法
   C. 公司理财水平提升速度快
   D. 公司理财相关法律政策频繁变更

3. 影响企业收益分配的法律有（　　）。
   A.《税法》　　　　　　　　　　　　　 B.《公司法》
   C.《企业财务通则》　　　　　　　　　 D.《企业财务制度》

4. 在金融市场交易中，影响利率的因素除了纯利率还有（　　）。

  A. 通货膨胀补偿率   B. 违约风险报酬率

  C. 期限风险报酬率   D. 流动性风险报酬率

5. 下列选项中，属于公司微观理财环境的有（　　）。

  A. 企业的生产状况   B. 企业的市场状况

  C. 企业的技术情况   D. 企业所处的社会文化

三、简答题

1. 什么是企业的宏观理财环境？什么是企业的微观理财环境？如何理解公司宏观和微观理财环境对公司理财的影响？

2. 如何认识我国加入 WTO 后公司理财环境的变化及其对公司理财的影响？公司应如何应对？

3. 金融市场对公司理财有何影响？

案例分析

  三一重工股份有限公司（以下简称三一重工），于 2003 年 7 月 3 日上市，是国内混凝土机械龙头企业，产品包括拖式混凝土输送泵、混凝土输送泵车、全液压振动压路机、摊铺机、挖掘机、平地机等。公司多年被评为中国工程机械行业综合竞争力第一位。最近 10 多年来三一重工取得了快速的发展，三一重工总股本从 2003 年 2.4 亿股发展到 2014 年的 76.2 亿股，增长了约 30倍；总市值从 51.12 亿元增长到 760.13 亿元，增长了约 14 倍。从 2002 年起，三一重工开始进军国际市场，通过海外投资、自建营销渠道、海外并购、战略合作等方式，逐步深化国际化战略。如今，三一重工业务覆盖达 150 个国家，产品批量出口 110 多个国家和地区。已在印度、美国、德国、巴西、印尼相继投资建设研究机构和组装厂。此外，三一重工依托自身的科研开发能力，其技术创新走在国内同行前列。截至 2014 年底，公司累计申请专利 6 370 项，授权 4 693 项，申请及授权数居国内行业第一。

  根据以上材料，思考：

1. 三一重工开展国际化经营后，公司理财环境有了哪些变化？

2. 三一重工该如何应对理财环境的变化？

第四章 财务分析

通过本章的学习，掌握企业财务报表的内容及其作用，了解财务分析的程序、作用、目的、内容、基本方法和局限性，能够熟练运用财务指标对企业进行偿债能力、营运能力、盈利能力、发展能力和市场测试等分析，运用杜邦财务分析体系和沃尔评分法对企业进行综合的财务分析，全面评价企业的财务状况和经营成果。

本章目标

引导案例

万福生科的警示①

上市公司财务造假案前仆后继，前有主板银广夏、中小板的绿大地，现有创业板"稻米精深加工第一股"的万福生科。

万福生科本是一家业内寂寂无名的稻米加工企业，坐落在湖南常德沅江边上。2011 年 9 月 27 日，万福生科以每股 25 元的发行价成功登陆创业板，共募集资金 4.25 亿元，号称"稻米精深加工第一股"。2012 年 7 月 31 日，万福生科董事长龚永福通过深交所互动交流平台信誓旦旦地说"作为一名扔掉铁饭碗自主创业的民营企业创始人，我可以自豪地告诉大家，公司的业绩都是真实的"。而在一个月之后，湖南证监局对不满一年的万福生科进行立案现场检查，竟然发现万福生科存在多套账本，万福生科造假案由此浮现。随后证监会进行全面调查，10 月万福生科发布更正公告"公司的业绩不是真实的"。以 2012 年半年报为例，公司虚增营业收入 1.88 亿元，虚增营业成本 1.46 亿元、虚增利润 4 023 万元，以及未披露公司上半年停产。万福生科成为首例创业板公司涉嫌欺诈发行股票的案件。

根据证监会的调查，万福生科在首发上市的过程中，存在虚增原材料、虚增销售收入、虚增利润等行为，涉嫌欺诈发行股票。同时，万福生科在 2011 年和 2012 年报涉嫌虚假记载；造假手法隐蔽，资金链条长，调查对象涉及数十个县、乡、镇。2013 年 5 月 10 日，证监会对万福生科造假案件做出史上最严处罚，对发行人万福生科、保荐机构平安证券、中磊会计事务所和湖南博鳌律师事务所各自给予处罚，相应的责任人也受到了处分。

万福生科财务造假又一次为我们敲响了警钟。为何财务造假案层出不穷？如何加大监管部门的监管力度？而作为投资者，如何通过上市公司的财务报表了解企业的偿债能力、盈利能力、营运能力和发展能力，在对企业进行综合分析评价的基础上做好决策呢？

通过本章的学习，希望对我们有所启发。

---

① 资料来源（http://blog.sina.com.cn/s/blog_626c8498010186pi.html）

第一节　财务报表与财务分析

　　财务报表是以日常核算资料为基础，以表格的形式反映企业一定期间的财务状况、经营成果和现金流量信息的书面报告。由于日常会计核算是在公认的企业会计准则的框架下进行的，因此，它以规范的会计语言沟通着企业内部和外部，提供了满足企业各方利益关系人需要的财务信息。

　　企业财务报表主要有资产负债表、利润表、现金流量表和所有者权益变动表，是进行财务分析的基础。

一、企业基本财务报表

（一）财务报表分类

　　财务报表可以按照不同的标准进行分类，比如按照经济内容、财务报表的使用者、编报时间和资金方式等进行分类。

1．按经济内容分类

　　按照企业财务报表所反映的经济内容来划分，分为资产负债表、利润表、现金流量表和所有者权益变动表。

　　资产负债表是反映企业在某一特定日期财务状况的财务报表，同时反映了资产、负债和权益以及它们之间的相互关系；利润表反映了企业在一定时期内经营成果的财务报表；现金流量表反映企业企业在一定时期内因经营、投资和筹资活动所引起的现金流量变化的报表；所有者权益变动表反映所有者权益各组成部分在一定期间内的增减变动情况的会计报表。

2．按服务对象分类

　　按照服务对象分类，分为对外财务报表和对内财务报表。

　　对外财务报表需要遵循会计政策和法规，符合会计准则的要求，要有统一的报表格式、指标体系和编制时间等，财务报表的外部使用者主要是投资者、债权人和政府等，他们利用财务报表分析得到自身需要的信息。

　　对内财务报表是指向内部管理部门提供的财务报表，根据内部经营管理的需要编制，不需要遵循相关的政策法规，管理层用来分析企业内部的经营状况，从而采取措施保证企业的正常发展运营。

3．按照编报时间分类

　　按照企业财务报表的编制时间，可将财务报表分为中期财务报表和年度财务报表。中期财务报表包括月份、季度和半年期财务报表。年度财务报表是全面反映企业整个会计年度的经营成果、现金流量情况及年末财务状况的财务报表，企业每年年底必须编制并报送年度财务报表。

4．按照反映企业资金的方式分类

　　按照企业财务报表反映资金的方式来划分，分为静态财务报表和动态财务报表。

　　资产负债表是静态财务报表，反映企业一个时点的财务状况；利润和现金流量表则属于动态的财务报表，反映企业报告期内资金的运动情况和结果。

（二）企业基本财务报表

　　资产负债表、利润表和现金流量表的作用各不相同，综合地反映了企业的财务状况，是进行财务分析的基础。

1．资产负债表

　　资产负债表，是反映企业某一特定日期财务状况的财务报表，它以"资产=负债+所有者权益"这一会计等式为依据列示。资产负债表根据资产、负债、所有者权益之间的关系，按照一定的分类

标准和一定的顺序，把企业在一定日期所掌握的资产、承担的负债，以及投资人对企业所拥有的权益各项目予以适当排列，并对日常工作形成的大量数据进行高度浓缩后编制而成。它静态地反映了企业财务状况的全貌，表明企业在某一特定日期所拥有或控制的经济资源、所承担的负债义务和所有者对净资产的要求权。表 4-1 所示为东方集团资产负债表。

表 4-1 东方集团 2015 年度资产负债表

单位：万元

项目	期末余额	期初余额	项目	期末余额	期初余额
流动资产：			流动负债：		
货币资金	37 403	23 300	短期借款	66 770	65 820
交易性金融资产	1 000	1 001	交易性金融负债	1 003	1 008
应收票据	1 230	3 020	应付票据	31 710	7 420
应收账款	38 020	26 680	应付账款	65 300	50 988
预付账款	19 860	21 920	预收账款	6 175	5 800
应收利息	0	0	应付职工薪酬	510	760
应收股利	0	0	应交税费	6 468	975
其他应收款	103 364	98 113	应付利息	0	0
存货	58 793	38 445	应付股利	460	500
一年内到期的非流动资产	0	0	其他应付款	17 330	14 370
其他流动资产合计	0	0	一年内到期的非流动负债	23 190	57 600
流动资产合计	259 670	212 429	其他流动负债	2 557	818
非流动资产：			流动负债合计	221 203	206 059
可供出售金融资产	0	0	非流动负债：		
持有至到期投资	580	868	长期借款	54 320	38 090
长期应收款	100	100	专项应付款	549	656
长期股票投资	26 000	26 000	预计负债	0	0
固定资产	53 850	61 604	递延所得税负债	872	4 650
在建工程	9 600	5 836	其他非流动负债	0	0
工程物资	0	0	非流动负债合计	55 741	43 396
固定资产清理	0	0	负债合计	276 944	249 455
无形资产	4 860	4 970	所有者权益：		
开发支出	1 950	1 000	股本	28 970	28 970
商誉	0	0	资本公积	40 015	3 001
长期待摊费用	1 100	1 310	减：库存股	0	0
递延所得税资产	1 100	1 342	盈余公积	5 421	827
其他非流动资产	0	0	未分配利润	7 460	5 830
非流动资产合计	99 140	102 438	所有者权益合计	81 866	65 642
资产总计	358 810	314 917	负债和所有者权益合计	358 810	314 917

从表 4-1 可以看出资产负债表的结构，分为资产、负债和所有者权益三大类项目。资产项目中流动性强的排列在前，流动性弱的排列在后；负债项目中到期日近的排列在前，到期日远的排列在

后；所有者权益项目中永久性程度高的排列在前，永久性程度低的排列在后。

资产负债表提供了企业各方面的财务信息，综合反映企业拥有或控制的资产及其分布情况，以便对企业的财务实力和弹性做出评价。它反映了企业资金来源的构成情况，用来评价企业的盈利能力和偿债能力等财务能力。通过比较期初、期末数，可以看出企业资产、负债和所有者权益增减变化和发展趋势，为财务决策提供参考信息。

2．利润表

利润表总括反映了企业在一定时期内经营成果的财务报表。根据基本会计等式"收入−费用=利润"编制而成，是企业资金运动结果的报表。利润表把企业一定期间的各项收入与相应的成本费用进行配比，计算出企业一定时期的净利润，说明企业在某一时期的净收益数额及其形成情况，反映企业经营管理的绩效及盈利能力。表 4-2 为东方集团 2015 年度利润表。

表 4-2　东方集团 2015 年度利润表　　　　　　　　　　单位：万元

项目	本年金额	上年金额
一、营业收入	218 020	169 260
减：营业成本	175 130	137 686
营业税金及附加	920	880
营业费用	8 250	7 256
管理费用	18 930	14 030
财务费用	5 870	8 218
资产减值损失	3 342	0
加：公允价值变动损益	0	0
投资收益	−213	1 759
二、营业利润	5 365	2 949
加：营业外收入	10 720	212
减：营业外支出	316	132
其中：非流动资产处置净损失	0	0
三、利润总额	15 769	3 029
减：所得税	4 740	−140
四、净利润	11 029	3 169
五、每股收益		
（一）基本每股收益	0.38	0.11
（二）稀释每股收益		

从表 4-2 可以看出，利润表按照净利润的实现程度依次排列，主要由营业收入、营业利润、利润总额、净利润、每股收益构成。

利润表反映了企业一定时期的经营成果，为评价和预测企业的盈利能力提供了重要的依据，进而帮助报表的使用者做出合理的经济决策。

3．现金流量表

现金流量表是反映企业一定期间的经营活动、投资活动和筹资活动对现金及现金等价物所产生的影响的财务报表。使报表的使用者能够了解和掌握企业获取现金和现金等价物的能力，并以此为依据预测企业未来的现金流量。表 4-3 为东方集团 2015 年度现金流量表。

表4-3　东方集团2015年度现金流量表　　　　　　　　　　单位：万元

项目	本年金额	上年金额
一、经营活动产生的现金流量：		
销售商品、提供劳务收到的现金	207 210	186 780
收到的税费返还	1 260	310
收到其他与经营活动有关的现金	18 204	11 561
经营活动现金流入小计	226 674	198 651
购买商品、接受劳务支付的现金	151 570	135 980
支付给职工以及为职工支付的现金	17 930	15 020
支付的各项税费	13 490	11 535
支付其他与经营活动有关的现金	16 372	17 004
经营活动现金流出小计	199 362	179 539
经营活动产生的现金流量净额	27 312	19 112
二、投资活动产生的现金流量：		
收回投资收到的现金	270	0
取得投资收益收到的现金	4	9
处置固定资产、无形资产和其他长期资产收回的现金净额	2 000	0
处置子公司及其他营业单位收到的现金净额	0	0
收到其他与投资活动有关的现金	650	0
投资活动现金流入小计	2 924	9
购建固定资产、无形资产和其他长期资产支付的现金	7 610	1 690
投资支付的现金	5 896	86
取得子公司及其他营业单位支付的现金净额	0	0
支付其他与投资活动有关的现金	0	2 310
投资活动现金流出小计	13 506	4 084
投资活动产生的现金流量净额	-10 582	-4 075
三、筹资活动产生的现金流量：		
吸收投资收到的现金	724	229
取得借款收到的现金	18 000	17 000
收到其他与筹资活动有关的现金	0	4 119
筹资活动现金流入小计	18 724	21 348
偿还债务支付的现金	15 476	12 295
分配股利、利润或偿付利息支付的现金	5 876	9 596
支付其他与筹资活动有关的现金	0	806
筹资活动现金流入小计	21 352	22 697
筹资活动产生的现金流量净额	-2 628	-1 349
四、汇率变动对现金及现金等价物的影响	0	0
五、现金及现金等价物净增加额	14 102	13 688

现金流量表分为三个基本部分及相关附注,三部分为经营活动产生的现金流量、投资活动产生的现金流量和筹资活动产生的现金流量。经营活动是指直接进行产品生产、商品销售或劳务提供的活动;投资活动包括两部分,一是购买劳动资料的活动,二是为了获取高额利息或股利收入的投资活动;筹资活动是指企业在经营过程中发生的与筹集资金有关的活动。

现金流量表的作用主要是提供企业的现金流量的信息,从而对企业整体财务状况作出客观的评价,预测企业未来的发展趋势,直接揭示当前的偿债能力和支付能力,弥补资产负债表和利润表的不足。

二、财务分析概述

(一)财务分析的作用

财务分析是运用特定的分析方法和技巧,以财务报表和其他资料为基础,通过对企业过去、现在和未来的系统分析与评价,揭示财务报表指标之间的相互关系、变动情况及形成原因,客观地反映企业的财务状况、经营成果和现金流量,向报表使用者提供更相关、更可靠和更全面的财务信息,从而满足企业内部经营管理者和外界关系人的需要。

财务报表作为一种历史性的数据文件,只是概括地反映企业的财务状况、经营成果和现金流量的情况。在企业的财务报表中,只有极少数的绝对数字本身具有比较明确的意义。在许多情况下,如果孤立地去看报表上所列示的各项目金额,可能对报表使用者没有太大的实际意义。因此,报表使用者要想了解企业的财务状况、经营管理水平以及企业的发展前景,就需要通过对企业财务报表进行相关数据的计算、对比和分析,并得出相应的结论,从而为其决策提供依据。财务分析的作用主要表现在:

(1)财务分析可以评价企业过去。评价过去,是说明现在和推测未来的基础。财务分析通过财务报表中相关数据的分析,可以准确地说明企业过去的业绩情况,指出其成绩,找出其存在的问题及形成的原因,并对主客观原因分别进行分析,这不仅有利于评价企业过去的经营业绩,而且,也为投资者、债权人的目前决策行为提供了相关信息。

(2)财务分析可以反映企业现在。财务报表等资料是企业各项生产经营活动的综合反映。财务分析可以根据不同分析主体的分析目的,采用不同的分析手段和方法,得出反映企业在某一方面现状的指标,如反映企业偿债能力的指标、反映企业营运状况的指标、反映企业获利能力的指标等,从而为科学地把握企业的现状提供相关信息。

(3)财务分析可以预测企业未来。预测企业未来不仅需要以现在和过去的资料为基础,还要对企业的发展潜力进行正确评估。企业的发展潜力是指在现有技术水平和资源投资的条件下,企业所能实现的最大产出。通过财务分析,可以发现和开发企业各方面的潜力,如通过趋势分析的方法可以评价企业的总体发展潜力,通过因素分析和对比分析可以找出企业经营管理某一环节的潜力。运用财务分析方法,正确揭示企业的潜力,不仅可以满足企业经营者的需要,而且也是投资者、债权人进行决策时所需要关心的重要问题之一。

(二)财务分析目的

会计信息的使用者主要包括债权人、股东投资者、企业管理层、政府部门等,不同财务信息的使用者所注重的财务分析结论是不同的,下面将分别介绍各方面信息使用者的财务分析目的。

1. 债权人财务分析的目的

债权人进行财务分析的目的主要是为了保证其债权的安全,能够及时的收回他们的借款。因此,他们非常关注债务人的现有资源以及未来现金流量的可靠性、安全性和稳定性。另外,债权人十分关注企业控制现金流量的能力和财务的稳健性。

企业的短期债权人更多关注企业各项短期偿债能力指标、企业当前的财务状况等，而作为长期债权人则更多的关注考虑企业的经营方针、投资方向等所包含的企业潜在财务风险和偿债能力。

2．股权投资者财务分析目的

股权投资者他们主要关注企业的盈利状况，即企业的投资回报率，以此来评价企业价值，从而进行有效的投资决策。企业价值的评价主要方法是根据企业的未来现金流量进行折现，未来现金流量即企业的未来收益，企业的未来收益主要是取决于企业的盈利能力。

股权投资者拥有的是企业的剩余收益，因此股权投资者要承担更大的风险，他们关注的会计信息更多，对企业财务分析要求也更全面，包括企业的盈利能力、偿债能力和发展能力等。

3．管理层财务分析的目的

企业管理层主要是指企业的经营管理者，他们为了保证企业的正常运营发展，需要全面了解企业各个方面的信息。需要对企业现实的财务状况、盈利能力和未来发展能力十分关注，通过对企业各方面的财务信息进行分析，及时发现存在的问题，并及时提出措施改进。同时管理层不能孤立地看问题，要系统全面的分析公司的财务信息，以便于提高企业内部经营管理的水平，制定有效的内外部决策。

4．政府部门财务分析的目的

政府部门进行财务分析的目的主要是为了更好地了解宏观经济运行情况及企业的经济活动是否遵循法律法规，从而为其制定经济决策提供依据。国家利用财务分析资料监督和检查企业在整个经营过程中是否严格地遵循国家规定的各项经济政策、法规和有关制度。

（三）财务分析内容

财务分析的基本内容包括偿债能力分析、营运能力分析、盈利能力分析和发展能力分析。

1．偿债能力分析

偿债能力是企业赖以生存和发展的前提，主要是指企业偿还到期债务的能力，包括短期偿债能力和长期偿债能力分析。短期偿债能力主要取决于流动资产和流动负债的对比关系，长期偿债能力主要取决于企业资本结构。通过偿债能力的分析，可以了解企业的财务状况和财务风险，为管理者、投资者和债权人提供企业偿债能力的信息。

2．营运能力分析

营运能力取决于企业的经营管理水平，反映了企业对资产的利用和管理能力。营运能力的分析主要通过存货、应收账款和固定资产周转率等来反映。企业具有较好的经营管理水平，可以有效提高资产的周转率。通过对营运能力的分析，可以评价企业经营管理水平。

3．盈利能力分析

企业最重要的目标就是获取利润，盈利能力的大小是衡量企业经营是否成功的重要标志。企业要想在市场竞争中占据一席之地，必须获得利润，良好的获利能力是企业具有活力和发展前途的重要保证。企业的利益相关者都十分关注企业的盈利能力，通过企业盈利能力的分析，可以评价企业是否具有良好的发展前景。

4．发展能力分析

发展能力的分析主要是通过各项指标的增长率来体现，通过发展能力分析可以判断企业发展的潜力，预测企业经营发展的前景，从而为企业管理者和投资者进行经营决策和投资决策提供依据。

（四）财务分析程序

财务分析是以会计核算资料为基础，对企业财务活动的过程和结果进行评价和剖析的一项工作。无论是企业的投资者、债权人，还是企业的管理者，在做出评价和经济决策时，都必须进行充分的财务分析。在进行财务分析时，为保证财务分析的科学有效，必须遵循相关的程序。财务分析一般程序如下。

1. 确定范围，搜集资料

开展财务分析，必须首先明确财务分析的目的，它可以是企业经营活动的一方面，也可以是企业经营活动的全过程。不同财务分析的使用者关注的重点不同，财务分析的范围决定了搜集资料的多少。财务分析所用的资料通常包括财务报告、财务预算、历史资料和市场调查资料等。

2. 选择方法，确定指标

财务分析常用的方法主要有比率分析法和比较分析法，每一种方法都有各自的优点，在进行财务分析时可以根据需要单独使用或者综合使用。选择好方法后则需要根据财务分析目的确定分析指标。

3. 因素分析，明确责任

进行指标分析，可以找出差距，但是为了说明产生问题的原因，则需要进行因素分析。影响企业财务活动的因素有很多，既有经营活动因素也有财务状况的因素，既有内部也有外部因素。进行因素分析，就是要查明影响财务指标完成的各项因素，并从各种因素中找出影响财务指标的主要因素，以便明确责任，及时修正。

4. 提出措施，改进工作

财务分析的最终目的是为经济决策提供依据，在掌握资料的基础上，进行对比分析，明确责任之后，就可以提出各种方案，权衡利弊得失之后，选出最佳方案，从而提出改进措施，做出合理的经济决策。

（五）财务分析基本方法

财务分析的方法很多，有定性分析法和定量分析法，有基础分析方法和技术分析方法等。常用的财务分析方法主要有比率分析法和比较分析法。

1. 比率分析法

比率分析法是利用财务报表中一个指标对另一个指标的比例关系，将影响企业财务状况的两个相关因素联系起来，借以评价企业财务状况、经营成果和现金流量的一种分析方法。由于分析目的、角度不同等，比率分析中的比率有着许多表现形式。有的从财务报表的种类来划分比率，有的从分析主体来划分比率，有的从财务状况角度来划分等等。比率分析在具体运用中，常用的对比方式有两种：①将同一张财务报表的数据进行对比，如将资产负债上的流动资产与流动负债相比，计算出流动比率借以说明企业的短期偿债能力；将资产负债上的负债总额与资产总额相比，计算出资产负债率借以说明企业的长期偿债能力；把利润表上的税后利润与产品销售收入相比，求得销售净利率借以说明企业的盈利能力等。②将不同财务报表的数据进行对比，如将利润表上的税后利润与资产负债表上的资产总额相比，计算资产利润率借以说明企业的经营效率等。

比率本身只是一种指标信息，只有通过前后期比率的比较，或以本企业的比率与同行业的经验比率或标准比率对比，才能观察到企业财务状况及其变动趋势，确认企业在某一方面在同行业中所处的地位，并能够对该企业做出客观公正的评价。

2. 比较分析法

比较分析法是将同一企业不同时期的财务状况或不同企业之间的财务状况进行比较，揭示企业财务状况中所存在的差异的分析方法。比较分析法可以分为纵向比较分析法和横向比较分析法两种。

（1）纵向比较分析法又称趋势分析法，是将同一企业连续若干期的财务状况进行比较，确定其增减变动的方向、数额和幅度，把握财务活动变化规律和发展方向，进而能够预测企业未来的发展趋势。如比较财务报表法、比较财务比率法等。

（2）横向比较分析法，是将本企业的财务状况与其他企业的同期财务状况进行比较，确定其存在的差异及其程度，以此来揭示企业财务状况中所存在问题的分析方法。

（六）财务分析的局限性

1．财务报表本身的局限性

财务报表是公司会计系统的产物。财务报表存在五个方面的局限性：①财务报表资料不能全面反映企业一些对企业产生重大影响的非货币信息；②财务报表披露的信息不足，得到披露的信息只是管理层已有信息的一部分；③由于会计估计误差的存在，不一定是对真实情况的准确计量，会存在误差；④财务报表会扭曲公司的实际情况；⑤财务报表的可靠性问题需要引起财务分析人员的警惕。

2．财务分析的比较基础问题

分析人员在进行财务分析时，要选择适当的标准作为分析的依据，如本公司的历史数据、同业数据和计划预算数据等。进行横向比较时，分析人员需要使用同业标准；进行趋势分析时，分析人员要以本公司历史数据作为比较基础；计划的差异分析时，分析人员要以计划预算作为比较基础。

3．财务分析方法提供了诸多的人为修饰便利

财务分析方法为企业的会计人员掩饰企业真实情况提供了便利。比如为提高流动比率，可提前偿还一笔银行借款，这样就可能虚增企业的流动比率。

第二节　财务指标分析

企业基本的财务分析一般包括偿债能力分析、获利能力分析、营运能力分析、发展能力分析四个方面。对于上市公司来说，往往还要分析其市场测试比率，即分析股票在市场的表现。其中偿债能力分析反映公司财务风险的大小，获利能力分析反映了公司的收益能力，营运能力反映了公司营运水平的高低，发展能力反映了公司的发展潜力，上市公司的市场测试比率反映了公司股票在市场的认可度。

一、偿债能力分析

偿债能力是指企业偿还各种债务的能力。偿债能力分析可以揭示企业的财务风险，既是企业各方利益关系人进行财务分析的重点，也是资产负债表比率分析的主要内容。企业的偿债能力分析是从短期偿债能力和长期偿债能力两个方面进行的。

（一）短期偿债能力分析

短期偿债能力是指企业偿还一年内到期债务的能力。短期偿债能力的高低对企业的生产经营和财务状况有重要的影响，一个企业虽然拥有良好的营运能力和盈利能力，如果短期偿债能力不足，可能就要被迫出售长期资产以偿还债务，这将直接影响到企业的正常生产经营活动，甚至会出现资不抵债的情况，从而导致企业破产。

企业的短期债务需要用流动资产来偿还，因为，流动资产在短期可以产生现金用于偿还流动负债，而且，其产生的现金数额一般与企业获利能力无直接联系。因此，对企业短期偿债能力的分析，主要是着重研究企业的流动资产和流动负债的关系及有关项目的变动情况。评价企业短期偿债能力的指标主要有流动比率、速动比率、现金比率、现金流量比率等。

1．流动比率

流动比率是企业流动资产与流动负债的比率。它是衡量企业短期偿债能力的重要指标，反映了

企业货币资金和可以转化为货币资金的其他流动资产可偿还短期债务的能力。其计算公式是：

$$流动比率=\frac{流动资产}{流动负债}\times100\%$$

该公式表明企业每一元的流动负债有多少流动资产作为偿还保证，揭示了短期债务偿还的安全性。一般情况下，流动比率越高，企业的短期偿债能力越强，企业的财务风险越小。从理论上讲，企业的流动比率应保持在一个合理的数值。因为，企业的流动资产在清偿流动负债后应有余力应付其日常生产经营活动；同时，流动资产中的存货变现能力有限，各项应收账款的变现也存在一定的难度，待摊费用更是难以用来偿债，因此，企业的流动比率必须大于 1。另外，企业要实现资金的最佳使用效果，其流动资产和长期资产中的固定资产要有一个合理的配比，而且变现能力强的资产其盈利水平低，所以，流动资产所占比率也不能过高。根据实践经验，一般要求企业的流动比率保持在 2：1 左右，但具体分析还要结合行业特点和企业的经营情况。

从表 4-1 中东方集团流动资产和流动负债的数据计算得到：

$$2015\,年初的流动比率=\frac{212\,479}{206\,059}\times100\%=103\%$$

$$2015\,年末流动比率=\frac{259\,670}{221\,203}\times100\%=117\%$$

如果按照公认的标准判断，企业期初和期末的流动比率都没有达到 2：1 的水平，但期末的流动比率比期初提高 0.14 倍，如果仅根据该指标的结果来判断企业的短期偿债能力，表明企业偿债能力较差，但是还要结合行业标准和历史数据进行详细的分析。

流动比率在不同的行业有不同的标准，有的行业流动比率高，有的行业流动比率低，不可一概而论。一般来说，经营周期越短，资金周转越快的行业，流动比率就越小；反之则需要维持较大的流动比率。除此之外，财务报表分析者在对流动比率进行评价时，还应注意各项流动资产的结构。当流动比率过大时，也可能是应收账款或存货所占比重过大。根据我国现状，企业的应收账款实际上有一部分是难以收回的，存货中也有一部分是积压或滞销产品，甚至流动资产中有大量的待处理财产损失。这些因素严重影响企业的偿债能力。当流动比率较小时，也许企业只有少量的债权和存货，流动资产大部分是货币或有价证券，这些资产的偿债能力极强。因此，分析企业的流动比率时，不仅要考虑行业的特点，还要注意企业流动资产的构成情况，才能全面充分地把握对这一指标的评价。

2. 速动比率

速动比率又称酸性测试比率，是企业速动资产与流动负债的比率。它用来衡量企业流动资产中可以立即偿付流动负债的能力。该指标是从流动比率演化而来的，所以常常和流动比率一起使用，用来判断和评价企业的短期偿债能力。该指标的计算公式是：

$$速动比率=\frac{速动资产}{流动负债}\times100\%$$

速动资产是将流动资产中变现较弱的资产剔除，以便更好地放映企业的短期偿债能力。

其中速动资产的计算有两种方法：

速动资产=流动资产-存货

速动资产=货币资金+交易性金融资产+应收票据+应收账款+其他应收预付款

一般认为，在企业的全部流动资产中，存货大约占 50%左右，所以，速动比率一般标准为 1：1，也就是说，每一元的流动负债都有一元几乎可以立即变现的资产来偿付。但不同的行业对速动比率的要求不同。例如，美国的各主要行业的速动比率大多在 1 左右，而零售业只有 0.77。因此，在进行财务分析时，应将速动比率指标与行业的平均水平进行比较，以便正确做出评价。

根据表 4-1 东方集团公司中的相关数据，可得：

$$期末速动比率=\frac{259\,670-58\,793}{221\,203}\times100\%=91\%$$

$$期初速动比率=\frac{212\,479-38\,445}{206\,059}\times100\%=84\%$$

计算结果表明，期末速动比率比期初速动比率有所提高，说明企业偿债能力增强了。这是因为公司的期末流动资产中，速动资产的规模降低，存货周转加快的原因。

需要说明的是，利用流动资产扣除存货计算速动资产，只是一种粗略的计算。严格来讲，不仅要扣除存货，还要扣除预付账款、一年内到期的非流动资产等变现能力较差的项目。

3．现金比率

现金比率是指现金类资产对流动负债的比率。现金类资产包括企业所拥有的货币资金和所持有的易于变现的有价证券。由于速动资产中的应收账款存在着发生收不回的可能性，某些到期的账款也可能不能及时收回，这些因素都将影响到偿债能力的准确评定。因此，当存货和应收账款变现困难时，用现金比率可以直接说明问题。现金比率的计算公式是：

$$现金比率=\frac{现金+可变现有价证券}{流动负债}\times100\%$$

该公式表明企业每一元的流动负债有多少现金和可变现的有价证券作为偿还保证。现金比率表明企业即时的偿债能力，当企业面临支付工资日或大宗进货日等需要大量现金时，这一指标更能显示其重要作用。该比率越高，对已经到期债务偿还的保证就越充足。但是，由于企业现金类资产的盈利水平较低，企业不可能，也没必要保留过多的现金类资产。

根据表 4-1 中东方集团相关数据，对东方集团公司的现金比率进行如下分析：

$$期末现金比率=\frac{37\,403+1\,000}{221\,203}\times100\%=18\%$$

$$期初现金比率=\frac{23\,301+1\,000}{206\,059}\times100\%=12\%$$

现金比率可以直接反映公司公司的偿付能力。计算结果表明，东方集团公司的年末现金比率比年初有所提升，但总体上看，现金比率还是较低的，单从这一指标说明企业短期偿债能较差，但是如果这一比率过高，则可能意味着企业拥有过多的盈利能力较低的现金资产，企业的资产未能得到充分运用。

4．现金流量比率

现金流量比率是企业经营活动产生的现金流量净额与流动负债的比值。其计算公式为：

$$现金流量比率=\frac{经营活动产生的现金流量净额}{流动负债}$$

前面介绍的流动比率、速动比率、现金比率都是从静态的角度揭示企业现存资源对偿还到期债务的保障程度。现金流量比率则从动态的角度反映。

根据表 4-1 和表 4-3 中相关数据，计算可得：

$$现金流量比率=\frac{27\,312}{221\,203}=0.12$$

需要注意的是，经营活动现金流量净额是过去一个会计年度的经营成果，而流动负债则是未来一个会计年度需要偿还的债务，两者会计期间不一致。因此，这个指标是建立在以过去一年的现金流量来估计未来一年的现金流量的假设基础之上。

（二）长期偿债能力分析

长期偿债能力是指偿还 年以上长期债务的能力。由于企业的长期债务大多用于企业长期资产投资，形成企业的固定生产能力，在企业正常生产经营的情况下，企业不可能靠出售固定资产作为偿债的资金来源，而是靠企业生产经营所得。从企业负债经营的目的来看，企业使用成本较低的债务资金是为了获取财务杠杆利益，增加企业收益，其利息支出自然要从所融通资金创造的收益中予以偿付，因此，企业长期偿债能力的高低与企业获利能力的大小密不可分。一般来说，企业盈利能力越强，长期偿债能力越强，反之则偿债能力越弱。如果企业长期亏损，则企业就必须通过变卖企业资产才能清偿债务，企业的正常生产经营活动就不能进行，最终要影响到投资者和债权人的利益。由此可见，企业的盈利能力是影响长期偿债能力的最重要因素。当然，长期资金的投资效果、权益资金的增长和稳定程度及权益资金的实际价值也对长期偿债能力产生影响。

反映企业财务状况和长期偿债能力的指标有资产负债率、利息保障倍数、产权比率、固定费用保障倍数等。

1．资产负债率

资产负债率是企业负债总额与资产总额的比率，也称为负债比率。它是综合反映且长期偿债能力的指标，该指标反映出在企业的全部资金来源中，有多少是通过负债方式取得的，用以衡量债权的保证程度。其计算公式是：

$$资产负债率 = \frac{负债总额}{资产总额} \times 100\%$$

该指标越大，说明企业的债务负担越重，反之，说明企业的债务负担越轻。

从债权人的角度来说，该比率越低越好。因为在企业清算时，资产变现所得可能低于账面价值，该比率越低，债权人所得到的保障就越高。债权人最关心的是贷给企业款项的安全性，即能否按期收回本金和利息。如果所有者提供的资本占企业资本总额的比率较小，则企业的风险主要由债权人承担，这时对债权人来说是极为不利的。因此，该比率越低，偿还债务的物质保证程度就越高，债务偿还的稳定性和安全性就越大。

从所有者和经营者的角度来说，则希望该指标大些，以利用负债经营的财务杠杆效应扩大企业的盈利能力。因为企业的债务资金与所有者所提供的资金在企业经营中发挥着同样的作用，所以，所有者所关心是全部资本利润率是否超过借入资本的利率。当企业资本利润率大于负债的利息率时，所有者将利用财务杠杆利益使自身的利润增加；反之，运用全部资本所得的利润率低于负债的利息率时，则会发生财务杠杆风险，所有者需要用其所得的利润弥补债务的利息。因此，只要企业的资本利润率高于债务利率，所有者总是希望该指标越大越好。

至于资产负债率为多少才是合理的，并没有一个确定的标准。不同行业、不同类型的企业的资产负债率会存在较大的差异。

根据表4-1中的相关数据，东方集团2015年年初和年末的资产负债率为：

$$年初资产负债率 = \frac{249\,455}{314\,917} \times 100\% = 79.12\%$$

$$年末资产负债率 = \frac{276\,944}{358\,810} \times 100\% = 77.18\%$$

计算结果表明，公司的资产负债率已经很高，虽然年末比年初有适当降低，但是降低幅度有限。从经验上看，无论是企业本身，还是债权人或是投资者都应该提高财务预警意识，以防止出现财务风险。

2．股东权益比率与权益乘数

（1）股东权益

股东权益比率是股东权益总额与资产总额的比率，该比率反映资产总额中有多大比例是所有者投入的。其计算公式：

$$股东权益比率=\frac{股东权益总额}{资产总额}\times100\%$$

可以看出资产负债率和股东权益比率之和为 1。这两个比率从不同的侧面来反映企业长期财务状况，股东权益比率越大，负债比率越小，企业的财务风险越小，偿还长期债务的能力越强。

根据表 4-1 中的相关数据，东方集团公司 2014 年期初和期末的所有者权益比率为：

$$期初股东权益比率=\frac{65\,642}{314\,917}\times100\%=20.85\%$$

$$期末股东权益比率=\frac{81\,866}{358\,810}\times100\%=22.82\%$$

从公司的数据中看出，股东权益所占的比率相对较少，说明公司的资产负债率较大，企业财务风险还是比较大的。

（2）权益乘数

股东权益比率的倒数称为权益乘数，即资产总额是股东权益总额的多少倍。权益乘数反映了企业财务杠杆的大小。权益乘数越大，说明股东投入的资本在资产中所占比重越小，财务杠杆越大。

$$权益乘数=\frac{资产总额}{股东权益总额}$$

根据表 4-1 中的数据计算，2015 年东方集团公司年末的权益乘数为：

$$权益乘数=\frac{358\,810}{81\,866}=4.38$$

$$2015\,年平均权益乘数=\frac{3\,368\,635}{73\,754}=4.57$$

3．产权比率

产权比率是指企业负债总额对所有者权益的比率。该指标可以用来衡量企业清算时对债权人的保护程度。其计算公式是：

$$产权比率=\frac{负债总额}{所有者权益总额}\times100\%$$

产权比率揭示了企业主权资本对债权人资本的保障程度，实际上是负债比率的另一种表现形式，该比率的变动情况也是债权人最为关注的指标之一。从债权人角度看，该指标越低越好，这样债权人的保障程度有保障。但从所有者角度来看，他们希望利用负债的财务杠杆利益，为了扩大生产经营规模和取得财务杠杆利益，适当的负债经营是有益的。

产权比率和资产负债率是互补的两个指标，前者侧重于揭示财务结构的稳健程度及主权资本对偿债风险的承受能力；后者侧重于分析债务偿付安全性的物质保证程度。在进行财务报表分析时，可将两个指标联系起来考虑。

根据表 4-1 中的相关数据，东方集团 2015 年年初和年末的数据为：

$$期初产权比率=\frac{249\,455}{65\,642}\times100\%=337.44\%$$

$$期末产权比率=\frac{276\,944}{81\,866}\times100\%=338.29\%$$

计算结果表明，企业年初和年末的产权比率明显高于正常标准，这必然会引起债权人关注；企业的长期偿债能力有较大的风险，企业应当对债务予以规划与重整，调整企业的资产结构，降低企业的风险。

4．利息保障倍数

利息保障倍数是企业息税前利润与债务利息费用的比率，反映了企业的收益能力对偿付债务利息的保障程度。其计算公式是：

$$利息保障倍数=\frac{息税前利润}{利息费用}$$

式中分子"息税前利润"是企业利润表中的"利润总额"与"财务费用"中的利息费用之和。式中分母"利息费用"是指本期发生的全部应付利息，即它不仅包括计入"财务费用"中的利息费用，还包括计入固定资产价值中的资本化利息。

利息保障倍数从企业收益水平的能力出发，反映偿还利息的保障程度，也是企业负债经营的前提条件。一般来说，该比率越高，企业偿付利息的能力就越强。为使企业具有正常的利息支付能力，该比率至少应大于 1。该指标究竟应达到什么水平，还应根据历史经验结合行业特点来判定，也可以结合同行业标准评价。

根据表 4-2 中的相关数据，东方集团 2015 年年初和年末的利息保障倍数为：

$$年初利息保障倍数=\frac{3\ 029+8\ 218}{8\ 218}=1.37$$

$$年末利息保障倍数=\frac{15\ 769+5\ 876}{5\ 876}=3.68$$

计算结果表明，年初生产经营所得利润是利息开支的 1.37 倍，本年所得利润是利息开支的 3.68 倍，公司的偿息能力和偿债能力有明显提高，原因在于利润大幅度增长。如果企业利润继续增长，那么公司的偿债能力是有保障的。

（三）影响企业偿债能力的其他因素

在分析企业偿债能力时，除了使用上述指标之外，还应考虑以下因素对企业偿债能力的影响，这些因素既可影响企业的短期偿债能力，也可影响企业的长期偿债能力。

（1）或有负债。或有负债是企业过去的交易或者事项形成的潜在义务，其存在需通过未来不确定事项的发生或不发生予以证实。例如，已贴现未到期的商业承兑汇票、销售的产品可能会发生的质量事故赔偿和经济纠纷可能败诉导致需赔偿的金额等。这些或有负债可能会转化为企业的债务，也可能不会转化为企业的债务，其结果具有不确定性。但是，或有负债在将来一旦转化为企业现实的负债，就会对企业的财务状况产生影响，尤其是金额巨大的或有负债项目会增加企业的财务风险，影响到企业的偿债能力。因此，在进行偿债能力分析时，不能不考虑这一影响因素。

（2）准备很快变现的非流动资产。企业可能有一些长期资产可以随时出售变现，而不出现在"一年内到期的非流动资产"项目中。例如，储备的土地、为开采的开矿权、目前出租的房产等，在企业发生周转困难时，将其出售并不影响企业的持续经营经营，但通常能帮助企业支付到期的短期负债，渡过危机。

（3）担保责任。在经济活动中，企业可能会发生以本企业的资产为其他企业的债务提供法律担保的情况，如为其他企业的银行借款担保、为其他企业履行有关经济合同提供法律担保等。如果被担保人不履行合同，这种担保责任就有可能会成为企业的负债，增加企业的财务风险。但是，这种担保责任在财务报表中并未得到反映，因此，在进行财务分析时，必须考虑企业是否有巨额的法律担保责任。

（4）偿债能力的声誉。如果企业的信用很好，在短期偿债方面出现暂时的困难是比较容易解决的；信用不好的企业，在资金周转困难时往往很难得到支持。

（5）可用的银行授信额度。可用的银行授信额度是指银行授予企业的贷款指标，该项信用额度已经得到银行的批准，但企业尚未办理贷款手续。对于这种授信额度企业可以随时使用，从而能够方便、快捷地取得银行借款，可以提高企业的偿付能力，缓解财务困难。

二、营运能力比率分析

营运能力也称为资产管理能力，是指在资产管理方面所表现的效率。通过对营运能力的分析，可以了解企业的营业状况和经营管理水平。如果营运能力比率高，说明资金周转效率高，企业的经营管理水平较高。

企业营运能力分析的内容是计算和分析各项资产的周转率指标，主要包括应收账款周转率、存货周转率、流动资产周转率、固定资产周转率和总资产周转率。

（一）应收账款周转率

应收账款周转率是企业赊销收入净额与应收账款平均余额的比率。它从产品销售到货款收回周期的角度反映了应收账款的管理水平，是评价企业经营管理效率的重要指标。其计算公式是：

$$应收账款周转率 = \frac{赊销收入净额}{应收账款平均余额}$$

$$应收账款周转期 = \frac{360}{应收账款周转率}$$

$$赊销收入净额 = 营业收入 - 现销收入 - 销售退回 - 销售折让 - 销售折扣$$

$$应收账款平均余额 = \frac{期初应收账款 + 期末应收账款}{2}$$

应收账款周转率说明年度内应收账款转换为现金的平均次数，体现应收账款的变现速度和收账效率。一般认为应收账款周转率越快越好。因为，收款迅速不仅表明企业信用状况良好，不易发生坏账损失，可减少企业的收账费用，而且表明资产的流动性较高、财务风险较小。但是，如果应收账款周转率过高，则可能是因为企业奉行了比较严格的信用政策，制定的信用标准和信用条件过于苛刻。这样可能会限制企业销售量的扩大，影响企业的盈利水平。

在利润表中，营业收入就是销售收入，我们假定东方集团公司的营业收入全部都是赊销收入净额，根据表4-1和表4-2中的相关数据，东方集团公司应收账款周转率和周转期如下。

$$2015\ 年应收账款平均余额 = \frac{26\ 680 + 38\ 020}{2} = 32\ 350（元）$$

$$2015\ 年应收账款周转率 = \frac{218\ 020}{32\ 350} = 6.74\ 次$$

$$2015\ 年应收账款周转期 = \frac{360}{6.74} = 53.4\ 天$$

计算结果表明，东方集团公司在2015年应收账款周转率为每年周转6.74次，周转天数为53.4天。这样的周转情况是否正常单独这一指标是不能够评估的，需要参考历史数据或者行业标准。

（二）存货周转率

存货周转率是产品营业成本与存货平均余额的比率。通过材料购买、加工生产到产成品销售的这一周期的长短，反映企业存货管理水平的高低。其计算公式是：

$$存货周转率 = \frac{营业成本}{存货平均余额}$$

$$存货周转期 = \frac{360}{存货周转率}$$

$$存货平均余额 = \frac{期初存货 + 期末存货}{2}$$

存货周转率反映了企业存货的周转速度。在正常情况下，存货周转率越高越好，当企业保持既定存货水平的条件下，存货周转率越快，企业的销售流转能力越强。因为，存货占企业流动资产的比重较大，当存货由一种形态转换为另一种形态的速度较快时，存货的周转速度快，表明企业供、产、销等经营过程顺畅，生产经营各个环节的工作效率和存货管理水平较高。但是如果存货周转率过高，也可能说明企业存货管理方面存在一些问题，存货水平太低、经常缺货，或者采购次数过于频繁、批量太小等。

根据表 4-1 和表 4-2 中的相关数据，东方集团公司存货账款周转率和周转期如下。

$$2015\text{ 年存货周转率}=\frac{175\,130}{48\,169}=3.6\text{ 次}$$

$$2015\text{ 年存货周转期}=\frac{360}{3.6}=100\text{ 天}$$

计算结果表明，东方集团公司存货周转率 3.6 次，存货周转天数为 100 天，存货周转率的考查同样需要结合历史经验和行业标准。

（三）流动资产周转率

流动资产周转率是营业收入净额与流动资产平均余额的比率。它是经营过程中投入流动资金组织生产到取得产品销售收入的速度，反映企业流动资产管理水平的高低。其计算公式是：

$$流动资产周转率=\frac{营业收入净额}{流动资产平均余额}$$

$$流动资产周转期=\frac{360}{流动资产周转率}$$

$$流动资产平均余额=\frac{期初流动资产+期末流动资产}{2}$$

流动资产周转率反映了流动资产的周转速度。一般情况下，流动资产周转率越高，流动资产的利用效果越好。因为，流动资产周转率高，表明在一定时期内，以相同的流动资产完成较多的销售额，从而提高了资金的使用效率，也增强了企业的盈利能力。但是，究竟流动资产周转率为多少才算好，没有一个确定的标准。

根据表 4-1 和表 4-2 中的相关数据，东方集团公司流动资产周转率和周转期如下。

$$流动资产周转率=\frac{218\,020}{236\,169.5}=0.92\text{ 次}$$

$$流动资产周转期=\frac{360}{0.92}=391\text{ 天}$$

计算结果表明，东方集团公司的流动资产平均周转一次超过一年，若同行业的其他企业资产周转率更高，则表明公司应该深入分析流动资产管理上存在的问题，减少积压、呆滞，在保障生产、销售正常供应的情况下，尽量减少各项流动资产的占用资金。

（四）固定资产周转率

固定资产周转率是营业收入净额与固定资产平均余额的比率。它是分析企业固定资产营运能力的主要指标，其计算公式是：

$$固定资产周转率=\frac{营业收入净额}{固定资产平均余额}$$

$$固定资产周转期=\frac{360}{固定资产周转率}$$

$$固定资产平均余额=\frac{期初固定资产+期末固定资产}{2}$$

固定资产周转率高，表明固定资产利用充分，同时，也说明固定资产投资得当，结构合理，能够发挥其应有效率；反之，则说明固定资产运用效率低，企业营运能力弱，经营业绩不理想。

根据表 4-1 和表 4-2 中的相关数据，东方集团公司固定资产周转率和周转期如下。

$$固定资产周转率=\frac{218\,020}{57\,432}=3.8\,次$$

$$固定资产周转期=\frac{360}{3.8}=94.7\,天$$

同理固定资产周转率和周转天数，都需要与行业标准和历史标准相比较，才能得出正确的结论。

（五）总资产周转率

总资产周转率是营业收入净额与全部资产平均余额的比率。它反映投入总资金形成生产能力和营销能力，到取得产品销售收入的快慢，反映企业总资产管理水平的高低。它是揭示企业总资产利用效率的一项经营比率。其计算公式是：

$$总资产周转率=\frac{营业收入净额}{总资产平均余额}$$

$$总资产周转期=\frac{360}{总资产周转率}$$

$$总资产平均余额=\frac{期初总资产+期末总资产}{2}$$

总资产周转率综合地反映了企业整体资产的营运能力，通常该指标越高，总资产的营运能力越强，企业的获利能力也越强。

根据表 4-1 和表 4-2 中的相关数据，东方集团公司总资产周转率和周转期如下。

$$总资产周转率=\frac{218\,020}{336\,863.5}=0.65\,次$$

$$总资产周转期=\frac{360}{0.65}=564\,天$$

三、盈利能力比率分析

盈利能力是指企业在一定条件下获取利润的能力。盈利是企业的重要经营目标，是企业生存和发展的物质基础，它不仅关系到企业所有者的投资报酬，也是企业偿还债务的一个重要保障。企业从事生产经营的盈利水平的高低反映着企业经营业绩的好坏，投资者、债权人、企业管理人员都非常关心企业的盈利能力，并以此对利润水平及发展趋势进行分析与预测。

评价企业盈利能力的指标主要有销售净利率、总资产利润率、净资产利润率等。

（一）销售利润率

销售利润率是净利润与营业收入的比率。它是评价企业本身的获利能力和竞争能力的指标。其计算公式是：

$$销售净利率=\frac{净利润}{营业收入净额}\times100\%$$

根据表 4-2 中的相关数据，东方集团公司 2015 年年末的销售净利率计算如下。

$$销售净利率=\frac{11\,029}{218\,020}\times100\%=5.05\%$$

计算结果表明，2015 公司的销售净利率为 5.05%，说明每 100 元的营业收入可以为企业创造 5.05 元的净利润。销售净利润受到行业特点影响较大，在评价公司销售净利润时还要结合公司的历史数据来进行分析。

（二）总资产净利润率

总资产利润率是指净利润与平均总资产的比率。它即是反映企业全部资产获利能力的指标，也是反映公司资产综合利用效果的指标。其计算公式是：

$$总资产利润率=\frac{净利润}{平均总资产}\times100\%$$

资产净利率通常用于评价企业对股权投资的回报能力，股东分析企业资产报酬率时通常采用资产净利率。

根据表 4-1 和表 4-2 中的相关数据，东方集团公司 2015 年总资产利润率计算如下。

$$2015\ 年总资产净利润率=\frac{11\ 029}{336\ 863.5}\times100\%=3.27\%$$

东方集团的总资产利润率为 3.27%，说明公司每 100 元可以给股东赚取 3.27 元的净利润。总资产净利润率没有一个绝对的评级标准，需要结合公司的行业标准和历史数据来判断。

（三）净资产利润率

净资产利润率也称为股东权益报酬率，它是指企业净利润与平均净资产之间的比率。其计算公式是：

$$净资产利润率=\frac{净利润}{平均净资产}\times100\%$$

式中，净资产是指企业全部资产减去全部负债后的余额，包括实收资本、资本公积、盈余公积和未分配利润等，即资产负债表中的所有者权益部分。

净资产利润率是评价企业自有资本及其积累获取报酬水平的最具综合性与代表性指标。它不仅要受到总资产利润率的影响，而且要受到资本构成或权益结构的影响。同时，它又对企业的筹资能力起着决定性的影响，一般来说，净资产利润率越高，企业越容易在金融市场上筹到资金，若企业净资产利润率低于金融市场的利率，则难以筹到资金。

根据表 4-1 和表 4-2 中的相关数据，东方集团公司 2015 年净资产利润率计算如下。

$$2015\ 年净资产收益率=\frac{11\ 029}{73\ 754}\times100\%=14.95\%$$

四、发展能力比率分析

发展能力是在企业生存的基础上，扩大规模、壮大实力的潜在能力。反映企业发展能力的指标主要财务比率有销售增长率、总资产增长率、营业利润增长率等。

（一）销售增长率

销售增长率是企业本年营业收入增长额与上年营业收入增长总额的比率。其计算公式是：

$$销售增长率=\frac{本年营业收入增长额}{上年营业收入总额}\times100\%$$

式中，本年营业收入增长额是指本年营业收入总额与上年营业收入总额的差额。销售增长率反映了企业营业收入的变化情况，是评价企业成长性和市场竞争力的重要指标。该比率大于零表示企业本年营业收入增加；反之，表示营业收入减少。该比率越高，说明企业营业收入的成长性越好，企业的发展能力越强。

根据表 4-2 中的相关数据，东方集团公司 2015 年销售增长率计算如下。

$$销售增长率=\frac{218\ 020-169\ 260}{169\ 260}\times100\%=28.8\%$$

通过数据可以看出，东方集团本年度销售额有较大幅度增大，有利于公司的发展。

（二）总资产增长率

总资产增长率是企业本年总资产增长额同年初资产总额的比率，它反映企业本期资产规模的增长情况。其计算公式是：

$$总资产增长率 = \frac{本年总资产增长额}{年初资产总额} \times 100\%$$

总资产增长率是从企业资产总量扩张方面衡量企业的发展能力，表明企业规模增长水平对企业发展后劲的影响。总资产增长率越高，表明企业一定时期内资产经营规模扩张的速度越快。但在实际操作中，财务分析人员应注意考虑资产规模扩张的质和量的关系，以及企业的后续发展能力，避免盲目扩张。

根据表4-1中的相关数据，东方集团公司2015年总资产增长率计算如下。

$$总资产增长率 = \frac{358\,810 - 314\,917}{314\,917} \times 100\% = 13.94\%$$

（三）利润增长率

利润增长率是指企业本年营业利润总额增长额与上年营业利润总额的比率。它反映企业营业利润的增减变动情况。其计算公式为：

$$营业利润增长率 = \frac{本年营业利润增长额}{上年营业利润总额} \times 100\%$$

营业利润增长率反映了企业盈利能力的变化，该比率越高，说明企业的成长性越好，盈利能力越强。

$$营业利润增长率 = \frac{5\,365 - 2\,949}{2\,949} \times 100\% = 81.93\%$$

公司 2014 年度营业利润增长率达到 81.93%，说明公司营业收入有较大幅度增长，公司发展良好。

上述三项财务比率分别从不同的角度反映了企业的发展能力。需要说明的是，在分析企业发展能力时，仅用一年的财务比率是不能正确评价企业发展能力的，而应当计算连续若干年的财务比率，这样才能正确评价企业发展能力的持续性。

五、市场测试分析

对于上市公司来说，要用市场测试比率对公司股票在市场的表现进行分析。市场测试比率是指与股票市场价格有关的一系列比率，可用于测量企业股票价格的变动趋势和幅度。

（一）每股收益

每股收益又称每股利润，是指在某个会计期间的净利润扣除应发放的优先股股息后的余额与发行在外的普通股平均股数之比，它是股份公司税后利润分析的一个重要指标。其计算公式是：

$$每股收益 = \frac{净利润 - 优先股股利}{发行在外普通股加权平均数}$$

每股收益可以很直观的反映股份公司的获利能力及股东的报酬。如果某一股份公司采用股本扩张的政策，大量配股或以股票股利的形式分配股利，这样会摊薄每股利润，使每股股利减少。

公式中分母采用加权平均数，是因为一个会计期间内发行在外的普通股股数可能有变化，企业增资配股、股票回购等都会引起某一会计期间股票数额的变化，为正确匹配该会计期间的普通股收益，应对该年度发行在外的普通股股数加权平均。

每股收益指标用于衡量普通股股票投资者可获得投资报酬的程度，该比率越高，公司向股东发放的报酬水平越高，或者用于扩大再生产的潜力越大，投资于该公司股票所冒的风险就越小。

（二）每股股利

每股股利是指公司支付的股利总额与发行在外的普通股股数之比。其计算公式是：

$$每股股利 = \frac{普通股股利}{发行在外普通股股数}$$

每股股利代表着普通股持有者每股股份所获得的股利收益，同时，又是衡量股票质量的一项重要指标。每股股利高低，一方面取决于公司每股收益的大小，同时，还受股利政策的影响。如果公司的利润较多，每股收益会较高，但是，股东获得每股股利不一定高，因为公司可能将收益投资于新的项目，而未分配给股东。

（三）市盈率

市盈率也称为本益比，是指普通股每股的市场价格与每股盈余之间的比率。其计算公式是：

$$市盈率 = \frac{每股市价}{每股收益}$$

市盈率指标反映上市公司股票的盈利状况，它是投资者用以衡量某种股票投资价值和投资风险的常用指标，也是公司管理者了解公司股票在证券市场上影响程度的主要依据。一般情况下，在同时流通的各种股票中，某股票的市盈率越低，其投资价值越大，但是也有可能说明该公司发展前景欠佳，缺乏对投资者的吸引力；反之，市盈率越高，说明该公司发展前景优良，投资者普遍持乐观态度，愿意承受较大的风险。但是市盈率越高，并不能代表其质量越好，当股票市场不健全、交易失常或有操纵市场现象时，股票市场价格可能与公司盈利水平脱节，从而造成假象。

（四）市净率

市净率又称市价与净资产的比率，是指普通股每股市价与每股净资产的比率，其计算公式如下：

$$市净率 = \frac{每股市价}{每股净资产}$$

上式中，净资产的多少是由股份公司的经营状况决定的，股份公司的经营业绩越好，其资产的增值越快，股票的净值越高。一般来说，该指标越大，说明投资者对公司发展前景越有信心，市场对其有好的评价，但也隐含着较大的在投资风险。在判断投资价值时还要考虑当时的市场环境以及公司经营情况、盈利能力等因素。

（五）股利支付率

股利支付率是指普通股每股股利与每股收益之比。其计算公式是：

$$股利支付率 = \frac{每股股利}{每股盈余} \times 100\%$$

与股利支付率相关的反映利润留存的指标主要是留存比率，其计算公式是：

$$留存比率 = \frac{每股利润 - 每股股利}{每股利润} \times 100\%$$

股利支付率用于衡量当期，每股收益中有多大比例以股利的形式支付给普通股股东。股利支付率主要取决于公司的股利政策，没有一个具体的标准来判断股利支付率是大好还是小好。一般而言，如果一个公司的现金流量比较充裕，并且目前没有更好的投资项目，则可能会倾向于发放现金股利；如果公司由较好的投资项目，则可能会少发股利。

以上任何财务指标，都不能简单的根据数据的高低得出结论，需要结合行业特点和公司的历史数据进行详细的分析。

第三节 综合财务分析

企业的经营状况和财务成果受多种因素制约，上述财务分析方法只能揭示企业财务状况和经营成果的某一个侧面，难以表达对企业整体财务状况的影响。因此，需要一些专门的方法将各类财务指标综合起来，利用指标之间的关联性进行综合分析，以便对企业整体的财务状况和经营成果进行评价。

目前，综合分析的方法主要有杜邦分析体系和财务比率综合评分法。

一、杜邦分析体系

（一）杜邦分析原理

杜邦财务分析体系（the Du pont analysis system），或称杜邦分析法，最先是由美国杜邦公司采用的财务分析方法。杜邦财务分析体系是以权益资本收益率为中心，利用主要财务比率之间的内在联系，建立财务比率分析的综合模型，来综合地分析和评价企业财务状况的一种财务分析方法。

杜邦分析体系本身的原理比较简单，这种思维方法告诉了我们基本的综合财务分析原理和指标之间的相互关系，通过杜邦分析法可以将以往的简单分析逐步引入到财务综合分析领域。

杜邦分析图可以直观地反映各项指标之间的关系，如图 4-1 所示。

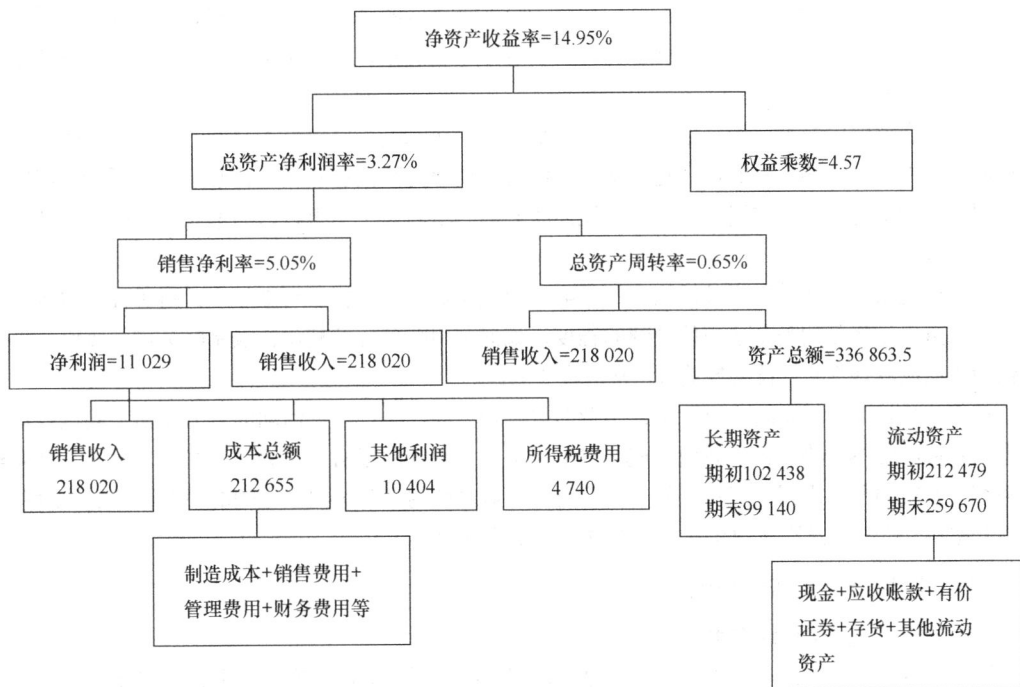

图 4-1 东方集团 2015 年度杜邦分析体系图

在杜邦分析图中，提示了以下几种主要财务指标之间的相互关系。

净资产收益率＝销售净利润率×总资产周转率×权益乘数

$$净资产收益率 = \frac{净利润}{所有者权益} = \frac{净利润}{资产总额} \times \frac{资产总额}{所有者权益}$$

$$净资产收益率 = 总资产净利润率 \times 权益乘数$$

$$总资产净利润率 = \frac{净利润}{资产总额} = \frac{净利润}{销售收入} \times \frac{销售收入}{资产总额}$$

$$总资产净利润率 = 销售净利润率 \times 总资产周转率$$

杜邦分析体系通过几种主要财务指标之间的关系，全面系统地反映出企业的财务状况，揭示了资产、权益、收入、费用以及利润之间的相互关系。杜邦分析体系的最显著的特点就是其系统性，通过指标体系图这个工具，把各项基础财务指标组织起来，对企业的财务状况和经营成果进行综合评价，并分析原因，其分析具有鲜明的层次性。

（二）杜邦分析的意义

杜邦分析图为我们提供了相关的财务信息，其主要意义表现在以下几个方面。

（1）净资产收益率是综合性最强、最具有代表性的一个指标，也是杜邦分析体系的核心。决定净资产收益率率高低的因素有销售净利润率、资产周转率和权益乘数。这样分解之后，可以通过综合性指标（权益利润率）变化的原因具体化，使管理者更加清晰地看到权益利润率的决定因素，以及销售净利润率、总资产周转率与权益乘数之间的关系，为企业管理者提供一张考察企业生产经营效率和企业财务运作效果的线路图，并为二者协调发展提供分析路径。

（2）总资产净利润率也是一项综合性较强的指标，总资产净利润率的高低要受销售获利能力和总资产营运效率的影响。当企业的销售净利润率和总资产周转率同时上升时，总资产净利润也上升；当这两个指标一升一降，且上升的幅度大于下降的幅度时，总资产净利润率也上升，如果上升的幅度小于下降的幅度，则总资产净利润率也下降；当企业的销售净利润率和总资产周转率同时下降时，总资产净利润率也下降。因此，为提高总资产净利润率，企业应努力生产适销对路的产品，同时，提高资产的营运效率。

（3）从企业的销售方面看，销售净利率反映了企业净利润与销售收入之间的关系。一般来说，销售收入增加，企业的净利润也会随之增加。但是，要想提高销售净利率，必须一方面提高销售收入，另一方面降低各种成本费用，这样才能使净利润的增长高于销售收入的增长，从而使得销售净利率得到提高。

（4）权益乘数主要受资产负债比率的影响，负债比例越大，权益乘数越大，财务杠杆的效应也越大。权益乘数揭示的是企业负债经营的程度，如何利用财务杠杆利益，限制财务杠杆风险。寻求较低的负债成本是判断权益乘数是否正常的重要依据。

总之，从杜邦分析系统可以看出，企业的盈利能力涉及生产经营活动的方方面面。股东权益报酬率与企业的资本结构、销售规模、成本水平、资产管理等因素密切相关，这些因素构成一个完整的系统，系统内部各因素之间相互作用，只有协调好系统内部各个因素之间的关系，才能使股东权益报酬率得到提高，从而实现企业股东财富最大化的目标。

（三）杜邦分析方法的缺陷

杜邦分析方法虽然广泛应用，但是存在以下缺陷。

（1）总资产与净利润不匹配。总资产是全部资产提供者享有的权利，净利润是属于股东的，因此不能反映实际的回报率。可以计算要求分享收益的股东、有息负债的债权人投入的资本，以及这些资本产生的收益。

（2）没有区分经营活动损益和金融活动损益。企业金融资产是投资活动的剩余，并没有投入实际经营活动，应当从经营资产中扣除，同时也应该将金融费用扣除，这样才能使经营资产和经营收益相匹配。

（3）没有区分有息负债和无息负债。无息负债没有成本，因此没有杠杆作用，不应放入杠杆中。

二、财务比率综合评分法

财务比率综合评分法又称沃尔评分法，是由财务综合分析的先驱者之一美国财务学家亚历山大·沃尔（Alexander Wall）提出的。他在 20 世纪初出版的《信用晴雨表研究》和《财务报表比率分析》中提出了信用能力指数的概念，把若干个财务比率用线性关系结合起来，以此评价企业的信用水平。他选择了流动比率、净资产/负债、资产/固定资产、存货周转率、应收账款周转率、固定资产周转率和自有资金周转率 7 种财务比率，分别给定了其在总体评价中所占的比重，总和为 100 分，然后，确定标准比率，并与实际比率相比较，评出每项指标的得分，最后求出总评分，从而对企业业绩进行评价。

采用财务比率综合评分法，一般要遵循如下具体的分析程序。

（1）选定财务比率指标。选定的指标一定要综合全面，一般包括企业的偿债能力、盈利能力、营运能力三个方面，并且选定的指标要具有代表性，选择能够说明问题重要性的比率。

（2）确定各项财务比率的标准评分值。各项财务比率的标准评分值之和应等于 100 分。各项财务比率评分值的确定是财务比率综合评分法的一个重要问题，它直接影响到对企业财务状况的评分。对各项财务比率的重要程度，不同的财务分析者会有截然不同的态度，但一般来说，应根据企业的经营活动的性质、企业的生产经营规模、市场形象和分析者的分析目的等因素来确定。

（3）确定财务比率评分值的上下限。规定各项财务比率评分值的上限和下限，即最高评分值和最低评分值。这主要是为了避免个别财务比率的异常给总分造成不合理的影响。

（4）确定财务比率的标准值。财务比率的标准值是指各项财务比率在本企业现实条件下最理想的数值，亦即最优值。财务比率的标准值，通常可以参照同行业的平均水平，并经过调整后确定。

（5）计算企业一定时期内财务比率的实际值。

（6）计算出财务比率实际值与标准值的比率，即关系比率。关系比率反映了企业某一财务比率的实际值偏离标准值的程度。

（7）计算出个性财务比率的实际得分。各项财务比率的实际得分是关系比率和标准比率分值的乘积，每项财务比率的得分都不得超过上限或者下限，各项财务比率实际得分的合计数就是企业财务状况的得分。企业财务状况的综合得分反映了企业综合财务状况是否良好。如果综合得分等于或接近 100 分，说明企业的财务状况是良好的，达到了预先确定的标准；如果综合得分远远低于 100 分，就说明企业的财务状况较差，应当采取适当的措施加以改善；如果综合得分超过 100 分，就说明企业的财务状况很好。

我们用财务比率综合评分法对东方集团公司 2015 年的财务状况进行综合评价，评分结果如表4-4 所示。

表 4-4　东方集团公司 2015 年财务比率综合评分表

财务比率	评分（1）	标准值（2）	实际值（3）	上/下限（4）	关系比率 5=(3/2)	实际评分 6=(15)
流动比率	10	2	1.17	20/5	0.59	5.9
速动比率	2	1.2	0.91	20/5	0.76	7.6
资产负债率	12	2.1	1.3	20/5	0.62	7.44

续表

财务比率	评分（1）	标准值（2）	实际值（3）	上/下限（4）	关系比率 5=(3/2)	实际评分 6=(15)
存货周转率	10	6.5	3.6	20/5	0.55	5.5
应收账款周转率	8	10	6.74	20/4	0.67	5.36
总资产周转率	10	2.1	0.65	20/5	0.31	3.1
净资产收益率	15	15	14.95	30/7	1	15
销售净利率	10	15	5.06	20/5	0.34	3.4
总资产利润率	15	8	3.27	30/7	0.41	6.13
合计	100					59.43

根据表 4-4 可以看出，公司财务状况综合得分仅为 59.43，说明公司的财务状况非常差，公司应该及时采取措施扭转不利局面。

沃尔评分法的最主要的贡献是将各互不关联的财务指标按照权重予以综合，使得综合评价成为可能。但沃尔评分法从理论上讲有一个弱点，就是未能证明为什么要选择这 7 个指标，而不是更多或更少些，或者选择别的财务比率，以及未能证明每个指标所占比重的合理性。

沃尔的评分法存在一个技术上的问题：当某一个指标产生严重异常时，会对总评分产生不合逻辑的重大影响。这是由相对比率与比重相乘引起的，财务比率提高一倍，其评分增加 100%；而缩小一倍其评分只减少 50%。

尽管沃尔的方法在理论上还有待证明，在技术上也不完善，但在实践中它还是被应用了。耐人寻味的是，许多理论上相当完善的经济计量模型在实践中往往很难应用，但实际使用并行之有效的模型却在理论上无法证明。这可能是人类对经济变量之间数量关系的认识还相对较少造成的。但是，这并不重要，重要的是亚历山大·沃尔提出的财务状况综合评价方法提供了一种综合技术分析的新方法，并有着广泛的应用前景。

知识拓展

财务分析的发展方向

未来财务分析应朝着更加完善的方向发展，应根据经济环境的发展变化增加扩充内容。财务分析将主要有以下几个方面的发展。

（1）财务分析的内容将有所增加和扩充。财务分析与财务报表之间的关系非常紧密，财务报表上的信息含量将越来越多，这同时也增加了财务分析的工作量。我们不应仅仅关注原先固有的分析，还应增加一些适应当时金融环境的分析，如人力资源因素分析、社会责任资讯分析、公允价值资讯分析、衍生金融工具资讯分析等。

（2）财务分析技术手段更注重现代化。当今科学技术迅猛发展，财务分析所用到的一些资料数据可以从网络或数据库上直接获得，财务分析的技术手段应适应现代科技的发展，从收集数据到分析数据都应借助于高科技。这样不仅可以提高财务分析的效率和质量，而且还解决了现行分析成本高、时效性不强、复杂问题无法解决的缺陷。

（3）财务分析更注重实用性。随着全球经济的一体化，现在的市场环境越来越复杂，不同信息使用者进行财务分析的内容不同，对同一经济活动分析的层面也不同，这就要求财务分析更具有针对性，更加注重实用性，以使问题更加清晰。

（4）财务分析报告更加简明适用。现在各式各样的财务信息有很多，人们对信息的需求也多种多样，财务分析报告的内容不可能也不需要包涵所有方面。财务分析报告根据不同知识层次的信息使用者有不同的呈现方式。呈报给财务专业人员的分析报告，可以详细列示财务分析的原理及过程，并对各项财务指标进行专业的分析说明；而呈报给非财务专业人员的分析报告，则应尽可能的省略繁琐的推理，结论也应通俗易懂。

财务分析作为财务管理的重要内容之一，投资者和企业管理者对它的依赖程度越来越大。企业相关人员应充分了解财务分析的发展方向，研究财务分析的变化趋势，确保财务分析不断健全和发展。

课后思考与练习

一、单项选择题

1. 利润表反映企业的（　　）。

    A. 财务状况　　　　B. 经营成果　　　　C. 财务状况变动　　　　D. 现金流动

2. 企业长期偿债能力主要取决于（　　）。

    A. 资产的短期流动性　　　　　　　　　B. 获利能力

    C. 资产的多少　　　　　　　　　　　　D. 债务的多少

3. 华信公司 2015 年主营业务收入 60 111 万元，其年初资产总额 6 810 万元，年末资产总额 8 600 万元，该公司总资产周转率及周转天数分别为（　　）。

    A. 8.83 次，40.77 天　　　　　　　　　B. 6.99 次，51.5 天

    C. 8.83 次，51.5 天　　　　　　　　　　D. 7.8 次，46.15 天

4. 若流动比率大于 1，下列说法正确的是（　　）。

    A. 营运资金大于零　　　　　　　　　　B. 短期偿债能力绝对有保证

    C. 现金比率大于 1　　　　　　　　　　D. 速动比率大于 1

5. 假设其他条件不变，所得税率发生变化，下列指标中也会发生变化的是（　　）。

    A. 流动比率　　　B. 应收账款周转率　　　C. 净资产收益率　　　D. 流动资产周转率

二、多项选择题

1. 财务比率分析中，常用的标准有（　　）。

    A. 行业标准　　　B. 历史标准　　　　C. 预算标准　　　　D. 年度标准

2. 下列比率中，属于营运能力的指标有（　　）。

    A. 应收账款周转率　　B. 存货周转率　　C. 固定资产周转率　　D. 资产负债率

3. 根据利润表上的数据，可以计算的指标有（　　）。

    A. 销售利润率　　B. 利息保障倍数　　C. 资产周转率　　D. 成本费用利润率

4. 影响公司速动比率的指标有（　　）。

    A. 应收账款　　　B. 库存商品　　　　C. 原材料　　　　D. 应付票据

5. 由杜邦分析体系可知，提高公司净资产收益率的途径有（　　）。

    A. 提高总资产周转率　　　　　　　　　B. 提高销售净利率

    C. 提高资产负债率　　　　　　　　　　D. 加大权益乘数

三、简答题

1. 企业财务分析的主要内容？

2. 反映企业偿债能力、盈利能力、营运能力、发展能力的主要指标有哪些，如何计算分析？

3. 如何运用杜邦分析体系进行企业综合财务分析？

案例分析

华鲁公司是一家汽车零配件生产商。该公司十分重视新产品和新工艺的开发，引进国外现金技术，拥有国内一流的生产线。但是，随着国内宏观经济形势趋缓，实体经济疲软，华鲁公司也面临严峻的挑战。该公司2014年度公司的资产负债表和利润表如表4-5和表4-6所示。

表4-5 华鲁公司资产负债表
2014 年 12 月 31 日   单位：万元

资产	年初数	年末数	负债及所有者权益	年初数	年末数
货币资金	1 760	3 100	短期借款	640	600
交易性金融资产	264	120	应付账款	1 200	800
应收账款	2 160	2 400	应付职工薪酬	360	600
预付账款	400	500	应付股利	1 000	1 600
存货	1 616	1 760	长期借款	400	600
长期股权投资	600	1 000	应付债券	200	400
固定资产	3 500	3 840	负债合计	3 800	4 600
无形资产	100	80	股本	3 000	3 600
			资本公积	1 000	1 400
			盈余公积	1 600	2 000
			未分配利润	1 000	1 200
			股东权益合计	6 600	8 200
资产总额	10 400	12 800	负债及所有者权益合计	10 400	12 800

表4-6 华鲁公司利润表
2014 年   单位：万元

项目	本年累计数	上年累计数
一、营业收入	17 000	13 000
减：营业成本	8 500	6 900
营业税金及附加	750	575
营业费用	500	450
管理费用	840	750
财务费用	60	50
加：投资收益	70	50
二、营业利润	6 420	4 325
加：营业外收入	50	60
减：营业外支出	30	50
三、利润总额	6 440	4 335
减：所得税	2 576	1 732
四、净利润	3 864	2 603

问题：

1. 根据报表资料，计算 2014 年度年初、年末的偿债能力指标：流动比率、速动比率、现金比率等财务指标。

2. 根据报表资料，计算公司盈利能力指标：销售净利率、资产净利率和净资产收益率。

3. 根据报表资料，计算公司的营运能力指标：应收账款周转率、存货周转率和总资产周转率等。

4. 运用上述结果，找出公司发展经营中存在的问题，并提出改进对策。

第五章　财务预算

本章目标

通过本章学习，了解财务预算的基本框架，掌握财务预算的概念及分类、财务预算组织和体系、作用和功能、编制原则及程序，了解固定预算与弹性预算、调整式预算与零基预算、定期预算和滚动预算的编制方法，掌握财务预算的构成及其编制。

引导案例

杭州钢铁集团预算管理①

杭州钢铁集团目前拥有全资及控股企业 30 家，总资产接近 100 亿，以钢铁为主营业务，并涉足机械制造、建筑安装、房地产、教育等产业，是浙江省最大的工业企业之一。公司长期以来始终坚持"企业管理以财务管理为中心，财务管理以资金管理为中心"的指导思想，紧紧抓住资金、成本两个管理中心环节，追求综合效益最优化。近年来，通过对财务预算管理的不断探索和实践，保证了企业资金的有序控制，为企业持续发展提供了保证。

杭州钢铁集团为保证预算管理的有效实施，建立起了完善的预算管理组织体系，成立了预算管理委员会负责预算的编制、执行和考核。公司的预算管理采取授权审批和不相容职务分离原则，对生产经营活动进行有效的控制。

杭州钢铁集团的财务预算，按编制时间不同，可分为年度预算和月度预算，年度预算的编制一般在第四季度进行。公司预算编制的要点：

① 预算编制原则：先急后缓、统筹兼顾、量入为出。

② 预算编制程序：自上而下、自下而上、上下结合。

③ 预算编制基础：集团年度预测目标。

④ 预算编制重点：销售预算。

⑤ 预算前提：企业方针、目标、利润。

⑥ 预算指标的确定：年度预算股东大会审议批准，月度预算董事会审议批准。

杭州钢铁集团财务预算以收支两条线为原则，公司财务预算的内容主要包括销售预算、生产预算、物资采购预算、人工费用预算、制造及期间费用预算及其他项目预算。财务预算以销售预算为起点，按公司确定的利润目标倒挤出产品销售成本，然后以经济责制形式分解落实，达到对生产经营活动全过程控制，以保证公司总目标的实现。

通过本章的学习，将有助于对财务预算管理的理解与运用。

---

① 资料来源 http://www.easyfinance.com.cn/Finance/Html/Article/10407.htm

第一节　财务预算基本框架

　　财务预算是一系列专门反映企业未来一定预算期内预计财务状况、经营成果和现金收支等价值指标的各种预算的总称。财务预算是以货币形式表示的财务方面的经营规划，展示未来某一特定期间企业财务及其他资源及运用的详细计划。为了实现公司的经营目标，保证公司最优决策方案的贯彻、执行，公司需要从其战略的角度，统筹安排各种财务资源。财务预算既是公司决策的具体化，又是对生产经营活动进行控制和考核的依据。发挥财务预算在公司理财中的作用已是现代公司管理的大势所趋。

一、财务预算的含义及预算分类

　　财务预算以企业事先编制的资本计划和运营计划为依据，并对其进行进一步的分解，使之具体化为企业内部各管理部门、生产部门及各分支机构的目标，以此作为其他日常工作的参照标准和事后进行业绩评价的依据，通常表现为货币形式的计划。但是，预算和计划又是有区别的，可以说预算是计划的具体化。它提供了一个衡量企业实际业绩的基准点，是阶段性、分类别的经营及财务计划，是一整套详尽的经营日程和财务报表。

　　按照不同的分类标准，企业预算可以分为不同的种类。

1. 根据预算的内容分类

　　根据预算的内容不同，企业预算分为业务预算、专门决策预算、财务预算。业务预算是指与企业日常经营活动直接相关的经营业务的各种预算。专门决策预算是指企业不经常发生的、一次性的重要决策预算。财务预算是指反映企业在计划期内有关预计现金收支、财务状况和经营成果的预算。

　　财务预算作为全面预算体系的最后环节，是从价值方面总括地反映企业的业务预算与专门预算的结果，因此也称为总预算，其他预算则相应称为辅助预算或分预算。

2. 根据预算指标覆盖时间长短分类

　　根据预算指标覆盖时间长短的不同，企业的预算分为长期预算和短期预算。预算期在一年以内的预算称为短期预算，预算期在一年以上的预算称为长期预算。

二、财务预算的组织

　　企业法定代表人应对企业的财务预算管理工作负领导责任。企业董事会或者经理办公会根据情况设立财务预算委员会负责财务预算管理事宜，并对企业法定代表人负责。

　　财务预算委员会主要负责拟定财务预算的目标、政策，制定财务预算管理的具体措施和办法，审议、平衡财务预算方案，组织下达财务预算，协调解决财务预算编制和执行中的问题，组织审计、考核财务预算的执行情况，督促企业完成财务预算目标。

　　企业财务管理部门在财务预算委员会的领导下，具体负责预算的编制、审查、控制和考核等具体工作，分析财务预算与实际执行的差异及原因，并提出改进管理的措施和建议。

　　企业内部各职能部门如投资、研发、采购、生产、市场营销等部门具体负责本部门的财务预算编制、执行、分析控制等工作，并配合财务部门做好企业总预算的平衡，并且对本部门预算的执行工作负主要责任。

　　财务预算的执行单位是企业所属各基层单位，在财务管理部门的指导下，负责本单位现金流量、经营成果和各项成本费用的编制、控制、分析等工作，接受企业的检查和考核。其主要负责人对本单位财务预算的执行结果承担责任。

三、财务预算体系

从财务预算涉及的领域来看，财务预算体系（budgeting systems）是由一系列预算按其经济内容及相互关系有序排列组成的有机体，主要包括经营预算、财务预算和专门决策预算三部分。

1．经营预算

经营预算（operational budgets）是指与公司日常业务直接相关的基本活动的预算，通常与公司损益表的计算有关。经营预算主要包括销售预算、生产预算、直接材料消耗及采购预算、直接人工预算、制造费用预算、产品成本预算、期末存货预算、销售与管理费用预算等。这些预算以实物量指标和价值量指标分别反映公司收入与费用的构成情况。

2．财务预算

财务预算（financial budgets）是指与公司现金收支、经营成果和财务状况有关的各项预算，主要包括现金预算、预计损益表、预计资产负债表、预计财务状况变动表。这些预算以价值量指标总括反映经营预算和资本支出预算的结果。

3．专门决策预算

专门决策预算（special budgets）主要涉及长期投资，故又称资本支出预算（capital budget），是指公司不经常发生的、针对某项专门决策进行的预算，它最能直接体现决策的结果。例如，公司固定资产的购置、扩建、改建、更新等都必须在投资项目可行性研究的基础上编制预算，具体反映投资的时间、规模、收益以及资金的筹措方式等。

财务预算体系中的各项预算前后衔接，互相勾稽，形成了一个完整的有机整体，它们之间的关系如图 5-1 所示。

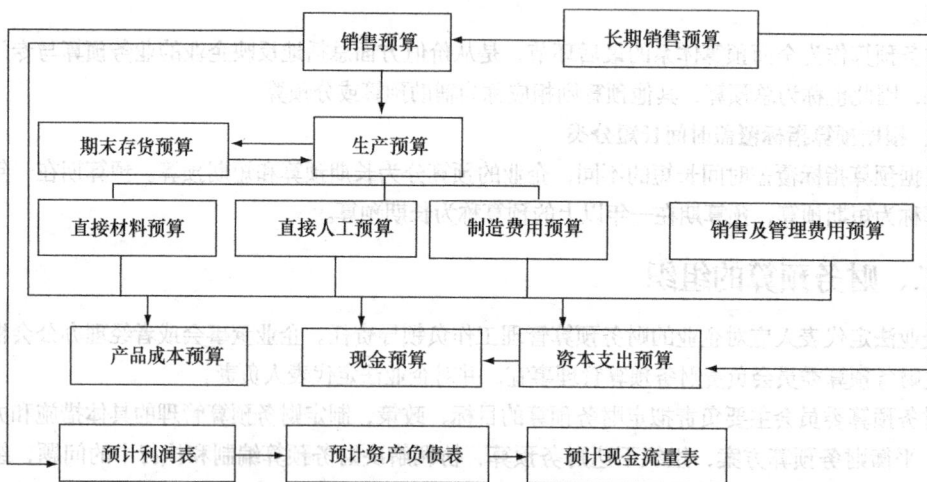

图 5-1　财务预算体系

从图 5-1 可知，财务预算体系以市场需求的预测为基础，以销售预算为主导，进而包括生产、成本和现金收支等各个方面，涉及生产经营活动对公司财务状况和经营成果的全部影响因素，因此，财务预算成为整个预算体系的综合结果。

公司的经营活动和投资活动都影响着资金的流量和流向，因此，可以把反映公司经营状况的销售预算、成本费用预算、资本支出预算看作反映企业某一方面财务活动的预算，而把反映财务活动总体情况的预算，如预计资产负债表、预计利润表、预计现金流量表看作综合财务预算。财务预算对公司资金的需要量及其来源、筹资方式、资金投资投向、资金耗费水平以及资金的收回都做了全面的安排和计划。

对于财务预算体系来说，各项分预算构成了一个完整的互相支撑的体系。在这个体系中，各项分预算之间存在着密切的联系和特定的顺序。所谓联系，是指各项分预算之间应相互关联、相互支撑，总的利润目标经过层层分解成为各项分预算的目标，各项分预算又是实现总预算的有力保障。在编制预算时，各责任部门应在预算编制方针的指引下树立全局观念，加强各责任部门之间的沟通，将其他部门反馈的信息作为本部门编制预算的重要参考，以避免本部门的预算编制出来以后，对自身最佳但对企业整体来说并不是最合理的现象发生。所谓顺序，是指各项分预算之间都应该环环紧扣、有先有后，根据以销定产原则，企业的销售预算必须先于生产预算编制，才可以保证企业整体预算的顺利完成。

四、财务预算作用和功能

（一）财务预算作用

企业财务预算是各级各部门奋斗的目标、协调的工具、控制的标准和考核的依据，在经营管理中发挥着重要的作用。编制财务预算的作用主要表现在以下四个方面。

1．明确工作目标

预算作为一种计划，是财务目标的具体化，规定了公司一定时期的总目标以及各部门的具体目标。企业目标是多重的，财务预算表达的目标主要是指资金、收入、成本费用和利润目标。其中，利润目标是公司主要的奋斗目标，为实现这个目标，各个部门应了解本单位的经济活动与整个公司经营目标之间的关系，明确其职责及其努力方向，从各自的角度去完成公司总的战略目标。

2．协调各部门工作

财务预算把公司各方面的工作纳入了统一计划之中，促使公司内部各部门的预算相互协调，环环紧扣，达到平衡。在保证公司总体目标最优的前提下，组织各自的生产经营活动。例如，企业的销售部门采用一定的预测方法，预测目标销售量，再通过市场销售预测，努力增加销售，提高产品质量并降低产品成本，以保证目标销售量和目标利润的实现；生产部门根据销售部门确定的预计销售量，结合产品的期初、期末存量，计算出计划期的预计产量；财务部门要根据以上各业务部门在计划期间的经济活动安排好资金，保证各业务部门在计划期间的经济活动能安排好资金，保证有足够的货币资金支付到期的债务，以及料、工、费和固定资产等方面的开支。因此，通过财务预算，可以将企业的各种资源有机地结合起来，把企业所有的经济活动协调起来，按预算体系进行经营管理，从而保证企业战略目标的实现。

3．控制日常经济活动

编制预算的目的是为了加强对企业各项经济活动的控制，财务预算一经制定，就进入了实施阶段。在实施过程中，企业各部门应对经济活动的状态进行计量，将实际状态和标准进行比较，确定两者差异，找出差异的原因。及时采取措施调整经济活动，保证顺利完成预定的目标。可见，财务预算既是企业和各部门的奋斗目标，也是控制日常经济活动的主要依据。

4．考核业绩标准

公司财务预算确定的各项指标，也是考核各部门工作成绩的基本尺度。在评定各部门工作业绩时，要根据财务预算的完成情况，分析偏离预算的程度和原因，划清责任，奖罚分明，促使各部门为完成预算规定的目标努力工作。

（二）财务预算功能

财务预算有其特定的功能，因此，编制财务预算是企业财务管理的一项重要工作。财务预算的功能主要体现在以下几个方面。

1．规划的功能

预算是目标的具体化，它使各部门各管理层能够清楚地了解本部门的职责，从而能够指导和控制日常工作。

2．沟通和协调的功能

预算中纳入了企业内部协作单位的配合关系，使整个企业各方面的工作严密组织，从而实现协调、平衡。

3．资源分配功能

由于企业资源有限，按照经济原则，通过财务预算可将有限的资源分配给获利能力相对较高的部门或产品，实现资源的最有效利用。

4．绩效评估功能

通过预算建立绩效评估体系，将预算的执行情况与预算进行对比，可帮助管理者分析比较，评价业绩，做好绩效评估工作。

财务预算的编制需要以财务预测的结果为根据，并受财务预测质量的制约，财务预算必须服从决策目标的要求，是决策目标具体化、系统化、定量化。

五、财务预算编制原则和程序

（一）财务预算的基本原则

企业编制财务预算时要按照内部经济活动的责任权限进行，并遵循以下基本原则和要求。第一，坚持效益优先原则，实行总量平衡，进行全面预算管理；第二，坚持积极稳健原则，确保收支平衡，加强财务风险控制；第三，坚持权责对等原则，确保切实可行，围绕经营战略实施。

（二）财务预算的基本程序

财务预算的编制，一般应按照"上下结合、分级编制、逐级汇总"的程序进行，财务预算编制的一般程序为：

（1）下达目标。在预测与决策的基础上，由预算委员会拟定公司预算总方针，包括经营方针、各项政策以及公司总目标和分目标，如利润目标、销售目标、成本目标等，并下发到各有关部门；

（2）编制上报。组织各生产业务部门按具体目标要求编制本部门预算草案；

（3）审查平衡。由预算委员会平衡与协商调整各部门的预算草案，并进行预算的汇总与分析；

（4）审议批准。审议预算并上报董事会最后通过公司的综合预算和部门预算；

（5）下达执行。将批准后的预算，下达给各级各部门执行。

第二节　财务预算的编制方法

财务预算已经成为企业的重要控制手段之一，选择合适的财务预算编制方法也成为企业预算管理的重要一环。财务预算的编制方法多种多样，主要包括固定预算方法和弹性预算方法、定期预算和滚动预算方法、增量预算方法和零基预算方法。

一、固定预算与弹性预算

财务预算的编制方法按其业务量基础的数量特征不同，可分为固定预算和弹性预算两大类。

（一）固定预算

1．固定预算概念及编制

固定预算（static budget）又称静态预算，是指根据预算期内正常的、可实现的某一固定业务量（如生产量、销售量）水平为基础编制预算的方法。它不考虑预算期内生产经营活动可能发生的变动而编制的预算，是一种传统的预算编制方法。固定预算有两个特点：第一，它的编制只以某一特定业务量水平为基础；第二，实际经营成果只能与该预计业务量水平的预算进行比较。

现举例说明固定预算的编制过程。

【例 5-1】A 公司甲产品预计产量 1 000 件，采用完全成本法计算产品成本，编制的固定预算见表 5-1。

表 5-1　A 公司产品成本预算表（按固定预算法编制）　　　单位：元

成本项目	总成本	单位成本
直接材料	5 000	5
直接人工	1 000	1
制造费用	2 000	2
合计	8 000	8

如果该产品实际完成 1 400 件，实际总成本为 11 000 元，其中直接材料 7 500 元，直接人工 1 200 元，制造费用 2 300 元，单位成本为 7.86 元。实际费用与固定预算相比较，则超支很大；如果与按产品调整后的固定预算相比，又节约很多。两种方法比较的结果，见表 5-2。

表 5-2　A 公司固定预算业绩报告　　　单位：元

成本项目	固定预算	实际费用	差异	按产量调整的固定预算	实际费用	差异
直接材料	5 000	7 500	2 500	7 000	7 500	500
直接人工	1 000	1 200	200	1 400	1 200	-200
制造费用	2 000	2 300	300	2 800	2 300	-500
合计	8 000	11 000	3 000	11 200	11 000	-200

在上述比较表中，前者产量增加了，费用没有按产量进行调整，这样计算出的差异毫无实际意义；后者按实际产量对全部费用进行调整，而事实上，制造费用中的固定制造费用是不随产量变动的，即使按产量调整了固定预算，也不能说明公司预算的执行情况。

2．固定预算的缺陷和使用范围

固定预算方法最大的局限性在于，当实际业务量与编制预算的预计业务量不一致时，无法实现预算对实际工作的控制、考核和评价的作用，丧失了预算所应有的基本功能。如果未来业务水平经常变动的公司采用固定预算的方法，可能会对公司预算的业绩评价和考核产生误导作用。

由于固定预算只是机械地以事先预计的某一个业务量为基础编制预算，当市场形势发生变化，致使实际的业务量与编制预算所根据的业务量会发生较大差异时，有关预算指标的实际数与预算数就会因业务量基础不同而失去可比性，从而大大限制了这种预算编制方法的应用。

固定预算适用于经营业务稳定，生产产品产销量稳定，能准确预测产品需求及产品成本的企业。一般情况下，对不随业务量变化的固定成本与费用多采用固定预算法进行编制，而随着业务量发生变化的变动成本项目不宜用此法编制预算，在业务量脱离预定水平时，将难以发挥预算的控制和考核作用。

（二）弹性预算的方法

1．弹性预算概念

弹性预算（flexible budget）又称变动预算，是在预算期内企业生产经营活动业务量可能发生的基础上，首先预计各种不同的业务量，编制能够适应一系列业务量水平而编制预算的方法。其数据能够适应业务量水平的变化而进行调整，因此，弹性预算能够克服固定预算的缺点，更便于区分和落实责任。特别是在企业会计电算化日益普及的今天，极大地方便了弹性预算的编制，为企业发挥预算功能奠定了基础。

编制弹性预算所依据的业务量可以是产量、销售量、直接人工工时、机器工时、材料消耗量和直接人工工资等。

2．弹性成本预算的编制步骤和方法

弹性预算的编制一般遵循如下步骤。

（1）选择和确定适当的业务量计量单位。编制弹性成本预算首先要选择适当的业务量，选择业务量包括包括选择业务量计量单位和业务量范围两部分内容。业务量计量单位应根据公司的具体情况进行选择。一般来说，生产单一产品的部门，可以选用产品实物量；生产多品种产品的部门，可以选用人工工时、机器工时等；修理部门可以选用修理工时等。以手工操作为主的公司应选用人工工时；机械化程度较高的公司选用机器工时更为适宜。业务量范围是指弹性预算所适用的业务量区间。

（2）根据预测确定可能达到的各种业务量水平。业务量范围的选择应根据公司的具体情况而定。一般来说，可定在正常生产能力的 70%～110%之间，或以历史上最高业务量或最低业务量为其上下限。

（3）根据成本性态将成本费用划分为变动和固定成本两个类别，对于混合性成本费用可以利用高低点法、直线回归法等方法予以分解。根据费用总额与业务量的依存关系，分别确定各种预计业务量水平下的变动成本费用总额和固定成本费用总额，最终确定成本费用预算总额，利润预算也以此为基础。

（4）确定好各种业务量水平下的预算数额。不同的费用项目有不同的标准性态，需要根据各项目的特点具体分析，一般将其分解为固定性制造费用和变动制造费用两个组成部分。

弹性成本预算的具体编制主要包括公式法、列表法和图示法。

（1）公式法，是指假设成本和业务量之间存在线性关系，通过确定成本公式 $y=a+bx$ 中的 a 和 b 来编制弹性预算的方法。

总成本、固定成本、业务量和变动成本之间的关系可以表示为：

$$y=a+bx$$

式中，y 为总成本，a 为固定成本，b 为单位变动成本，x 可以为多种业务量指标（如产销量、直接人工时等）。在公式法下，如果事先确定了有关业务量的变动范围，只要根据有关成本项目的 a 和 b 参数，就可以很方便地推算出业务量在允许范围内任何水平上的各项预算成本。

【例 5-2】A 公司制造费用在 60 000～90 000 工时范围内，按公式法编制的制造费用弹性预算见表 5-3。根据公司的相关资料，其中较大的混合成本项目被分解。

表 5-3　A 公司预算期制造费用弹性预算（公式法）　　单位：元

项目	a	b
固定费用		
管理费用	30 000	
折旧费用	20 000	
维护费用	10 000	

项目	*a*	*b*
其他费用	10 000	
固定费用合计	80 000	
变动费用		
辅助材料		1
辅助人工		0.3
水电费		0.2
其他费用		0.1
变动费用合计		1.6
总合计	80 000	1.6

工时范围：60 000～90 000 小时

根据此预算表，可根据 $y=80\,000+1.6x$，算得在 60 000～90 000 人工小时范围内，当 $x=80\,000$ 时，$y=80\,000+1.6×80\,000=208\,000$

公式法的优点是，在一定范围内不受业务量波动影响，可以随业务量的变动而变动；编制预算的工作量较小；缺点是在进行预算控制和考核时，不能直接查出特定业务量下的总成本预算额，而且按细目分解成本比较麻烦，工作量较大，同时又有一定误差。

（2）列表法，是指通过列表的方式，在相关范围内每隔一定业务量范围计算相关数值预算，来编制弹性成本预算。此法在一定程度上弥补上述公式法编制弹性成本预算时，无法找到不同业务量下总成本预算的不足。

【例 5-3】公司的相关资料依据同表 5-3，预算期内企业可能的人工工时分别为 60 000、70 000、80 000、88 000 工时。A 公司按列表法编制的制造费用弹性预算见表 5-4。

表 5-4 预算期制造费用弹性预算（列表法）　　　　单位：元

费用项目	单位变动成本	业务量			
		60 000	70 000	80 000	88 000
变动费用					
辅助材料	1	60 000	70 000	80 000	88 000
辅助人工	0.3	18 000	21 000	24 000	26 400
水电费	0.2	12 000	14 000	16 000	17 600
其他费用	0.1	6 000	7 000	8 000	8 800
变动费用合计	1.6	96 000	112 000	128 000	148 000
固定费用					
管理费用		30 000	30 000	30 000	30 000
折旧费用		20 000	20 000	20 000	20 000
维护费用		10 000	10 000	10 000	10 000
其他费用		10 000	10 000	10 000	10 000
固定费用合计		80 000	80 000	80 000	80 000
费用总计		176 000	192 000	208 000	228 000

在实际工作中，业务量可以根据需要可自行设定。显然，业务量的间距越小，实际业务量水平出现在预算表中的可能性就越大，但工作量也大。因此，列表法的主要优点是可以直接从表中查得各种业务量下的成本预算，便于预算的控制和考核，但这种方法工作量较大，且不能包括所有业务条件下的费用预算，故适用面较窄。

（3）图示法

图示法是指在平面直角坐标系上，把各种业务量的预算成本用图像的形式表示出来，以反映弹性预算水平的方法。此法不仅反映变动成本和固定成本项目，而且能在一定程度上反映混合成本，能够在坐标图上直观地反映不同业务量水平上的预算成本，但精确度相对低一些。

3. 弹性预算的优缺点及适用范围

与固定预算相比，弹性预算具有如下两个显著的优点。

（1）预算范围宽。弹性预算能够反映预算期内与一定相关范围内的，可预见的多种业务量水平相对应的不同预算额，从而扩大了预算的适用范围，便于预算指标的调整。因为弹性预算不再是只适应一个业务量水平的一个预算，而是能够随业务量水平的变动作机动调整的一组预算。

（2）可比性强。在预算期实际业务量与计划业务量不一致的情况下，可以将实际指标与实际业务量相应的预算额进行对比，从而能够使预算执行情况的评价与考核建立在更加客观和可比的基础上，便于更好地发挥预算的控制作用。

但弹性预算具有可控性差、编制相对较为复杂的缺点。

弹性预算扩大了预算的适用范围，并且使预算执行情况的考核和评价更加可行。弹性预算多用于各种生产成本和间接费用的预算，并且使用于企业利润预算的编制。

二、定期预算与滚动预算

编制预算的方法按其预算期的时间特征不同，分为定期预算的方法和滚动预算的方法两大类。

（一）定期预算

定期预算（time budget），是指在编制预算时以不变的会计期间（如日历年度）作为预算期的一种编制预算的方法。

定期预算的优点是能够使预算期间与会计年度相配合，便于考核和评价预算的执行结果。但这种预算受预算期间的限制，灵活性和连续性较差，导致企业管理者的决策视野仅局限于本期规划的经营活动，通常不考虑下期的经营活动，从而形成了人为的预算间断，因此，这种预算不能适应企业连续不断的生产经营过程，不利于企业的长远发展。此外，这种预算无法随情况的变化及时调整，当预算中所规划的各种经营活动在预算期内发生重大变化时，预算就会滞后过时，从而成为虚假预算。

（二）滚动预算

滚动预算，又称连续预算或永续预算（continuous budget），是指在编制预算时，将预算期与会计年度脱离，随着预算的执行不断延伸补充预算，逐期向后滚动，使预算期永远保持为一个固定期间的一种预算编制方法。其具体做法是：每过一个预算期，立即根据其预算执行情况，对以后各期预算进行调整和修订，并增加一个预算期的预算。这样如此逐期向后滚动，使预算始终保持一定的时间幅度，从而以连续不断地预算形式规划公司未来的经营活动。

滚动预算按其预算编制和滚动的时间单位不同可分为逐月滚动、逐季滚动和混合滚动三种方式。

1. 逐月滚动方式

逐月滚动方式是指在预算编制过程中，以月份为预算的编制和滚动单位，每个月调整一次预算的方法。如在2015年1月至12月的预算执行过程中，需要在1月末根据当月预算的执行情况，修订 2 月至 12 月的预算，同时补充下一年 2016 年 1 月的预算；2 月末根据当月预算的执行情况，修订 3 月至 2016 年 1 月的预算，同时补充 2016 年 2 月的预算；以此类推。逐月滚动编制的预算比较精确，但工作量太大。

按月滚动可以参照图 5-2 所示编制。

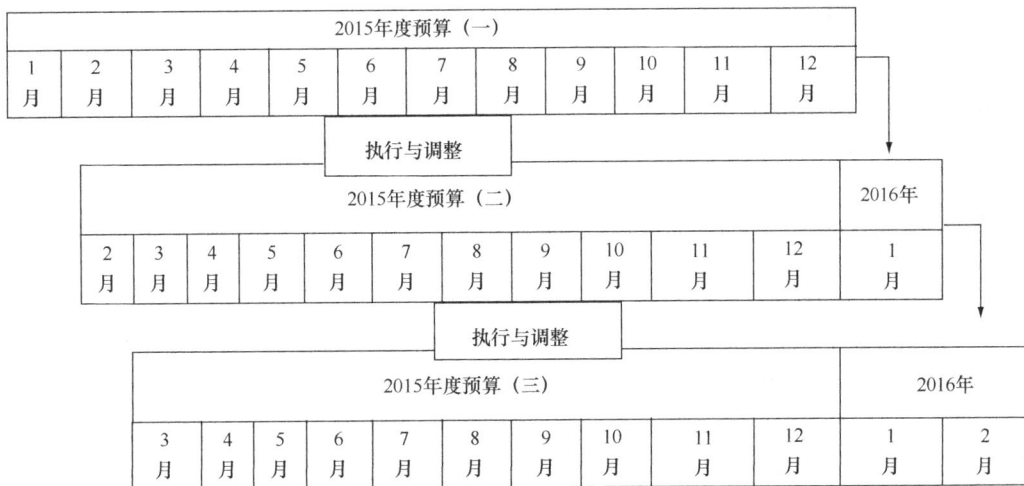

图 5-2　滚动预算示意图

2．逐季滚动方式

逐季滚动方式是指在预算编制过程中，以季度为预算的编制和滚动单位，每个季度调整一次预算的方法。如在 2015 年第 1 季度至第 4 季度的预算执行过程中，需要在第 1 季末根据当季预算的执行情况，修订第 2 季度至第 4 季度的预算；同时补充 2016 年第 1 季度的预算；第 2 季度末根据当季预算的执行情况，修订第 3 季度至 2016 年第 1 季度的预算，同时补充 2016 年第 2 季度的预算；以此类推。逐季滚动编制的预算比逐月滚动的工作量小，但预算精确度较差。

3．混合滚动方式

混合滚动方式是指在预算编制过程中，同时使用月份和季度作为预算的编制和滚动方法单位的方法。它是滚动预算的一种变通方式。

这种预算方法的理论依据是：人们对未来的了解程度具有对近期把握较大、对远期的预计把握较小的特征。为了做到长计划短安排，远略近详，在预算编制过程中，可以对近期预算提出较高的精度要求，使预算的内容相对详细；对远期预算提出较低的精度要求，使预算的内容相对简单，这样可以减少预算工作量。如对 2015 年 1 月至 3 月的头三个月逐月编制详细预算，其余 4 月至 12 月分别按季度编制粗略预算；3 月末根据第 1 季度预算的执行情况，编制 4 月至第 6 月的详细预算，并修订第 3 至第 4 季度的预算，同时补充 2016 年第 1 季度的预算；以此类推。

在实际工作中，采用哪一种滚动预算方式应视公司的实际需要而定。

与传统的定期预算相比，按滚动预算方法编制的预算具有以下优点：首先，可以保持预算的连续性、完整性，在动态预算中把握企业未来发展趋势；其次，由于编制预算不再是预算年度开始之前几个月的事情，而是实现了与日常管理的紧密衔接，可以使管理人员始终能够从动态的角度把握公司近期的规划目标和远期的战略布局，使预算具有较高的透明度；最后，由于滚动预算能根据前期预算的执行情况，结合各种因素的变动影响，及时调整和修订近期预算，从而使预算更加切合实际，能够充分发挥预算的指导和控制作用。

采用滚动预算的方法编制预算的主要缺点是，编制的工作量较大，这是采用滚动预算较为突出的不足。

三、增量预算与零基预算

编制成本费用预算的方法按其出发点的特征不同，可分为增量方法和零基预算的方法两大类。

（一）增量预算

1．增量预算概念及编制

增量预算又称调整预算，是指以基期成本费用水平为基础，结合预算期业务量水平及有关成本的变动因素，通过调整有关原有费用项目而编制预算的方法。增量预算比较简便，其计算公式如下：

$$某项费用预算数=该费用基期数额×（1±变动率）$$

【例5-4】A公司2015年制造费用为80 000元，预计2016年增长10%，则2016年预计制造费用为80 000×（1+10%）=88 000（元）

2．增量预算的优缺点及使用范围

增量预算编制简单而且易懂，但是，由于它受原有费用水平的影响，可能导致保护落后的效果，不能调动各部门的积极性，不利于公司的发展。

增量预算比较简便，但它只有在假定条件下才能适用：现有的业务活动是公司必需的。在预算期内，只有保留公司现有的每项业务活动，才能使公司的经营过程得到正常发展。

（二）零基预算

1．零基预算的概念和编制

零基预算，是指在编制成本费用预算时，不考虑以往会计期间所发生的费用项目或费用数额，而是将所有的预算支出均以零为出发点，一切从实际需要与可能出发，逐项审议预算期内各项费用的内容及开支标准是否合理，在综合平衡的基础上编制费用预算的一种方法。零基预算是为克服增量预算的不足而设计的。它是由美国德州仪器公司彼得·派尔在20世纪70年代提出来的，现已被西方国家广泛采用作为管理间接费用的一种新的有效方法。

零基预算的编制步骤如下。

（1）企业提出总体目标，各职能部门根据总目标和责任目标，确定各部门的生产经营目标。

（2）对预算期各项成本费用的支出方案进行成本效益分析，成立由企业经营管理领导班子和有关职能部门人员参加的预算审核委员会，按成本效益的原则逐项审核各项业务开支的必要性，然后用对比的方法，权衡每项工作的轻重缓急，结合资金的多少分成等级，排列顺序。

（3）根据企业预算期可获得的收入和筹资能力，按已排出的等级和顺序，依据项目的轻重缓急次序，分配资金、落实预算。

【例5-5】A公司对部分间接费用编制零基预算，该公司选出历年来超支严重的业务招待费、租金、办公费、广告费、保险费等项目，经讨论研究后，预计这些费用在2016年度开支水平见表5-5。

表5-5　预计费用项目及开支金额　　　　　　　　　　　　　　单位：元

费用项目	开支金额
业务招待费	180 000
租金	120 000
办公费	100 000
广告费	300 000
保险费	150 000
合计	850 000

经过讨论，一致认为除业务招待费和广告费以外都不能再压缩了，必须得到全额保证。按历史经验，对业务招待费和广告费进行成本效益分析，其有关数据见表5-6。

表5-6 成本效益分析表

成本项目	成本金额	收益金额	成本效益率
业务招待费	1	3	1：3
广告费	1	7	1：7

然后，权衡上述各项费用开支的轻重缓急排出层次和顺序：租金、办公费、保险费在预算期必不可少，需要全额得到保证，属于约束性固定成本，故列为第一层次；业务招待费和广告费可根据预算期间公司财力情况酌情增减，因广告费成本收益较大，可列为第二层次；业务招待费成本收益相对较小，可列为第三层次。

假定该公司预算年度对上述各项费用可动用的财力资源只有65万元，根据以上排列的层次和顺序，分配资源，落实预算如下：

（1）确定必保费用项目的预算金额：150 000+100 000+120 000=370 000元

（2）确定可分配的资金数额：650 000-370 000=280 000元

（3）按成本效益比重将可分配的资金数额在业务招待费和广告费之间进行分配：

$$业务招待费可分配资金=280\,000×\frac{3}{3+7}=84\,000（元）$$

$$广告费可分配资金=280\,000×\frac{7}{3+7}=196\,000（元）$$

当然，在实际工作中确定某些成本效益的比重存在一定的困难，各公司各部门不能机械地计算，而应该根据公司实际情况，有重点、有选择地保证几个项目的资金需要。

2．零基预算的优缺点

使用零基预算法可以有效地进行资源分配，将有限的资源用在刀刃上；这种方法可以充分发挥各级管理人员的积极性、主动性和创造性，促进各预算部门精打细算，量力而行，合理使用资金，提高资金的利用效果；零基预算根据重要性原则，将各种收支分为若干等级，重要的项目优先安排，不必要的项目不做安排，这为企业充分利用资金提供了良好的基础。

零基预算的不足在于，这种方法一切从零出发，需要对公司现状和市场进行大量的调查研究，对现有资金使用分析和投入产出分析进行定量分析等等，这势必耗费大量的人力、物力和财力，带来浩繁的工作量。

零基预算法适用于产出较难辨认的服务性部门费用预算的编制。

第三节 财务预算的编制

财务预算的编制主要包括业务预算、现金预算及预计资产负债表和预计利润表的编制。

一、财务预算的编制程序

（一）业务预算的编制

业务预算是反映企业在计划期内日常发生的各种具有实质性的基本活动的预算。业务预算是企业在经营预测和短期经营决策的基础上，对在预算期内投入资金的取得、成本费用的发生和利润的实现等进行的合理调节和全面安排，是控制企业未来一定时期内生产经营活动的有效手段，是强化企业内部经营管理的必要环节。业务预算主要包括销售预算、生产预算、直接材料预算、直接人工预算、制造费用预算、产品成本预算、销售及管理费用预算等。

1. 销售预算的编制

销售预算是业务预算的基础，也是全面预算的起点，其他预算均以销售预算为基础。通常销售预算是在销售预测的基础上，根据公司年度目标利润确定的销售量和销售价格来计算编制的。

销售预算的主要内容是销售量、单价、和销售收入。销售量是根据市场预测或销售合同并结合公司生产能力确定的；单价是根据市场供求关系并通过价格决策决定的；销售收入是两者的乘积，在销售预算中计算得出。其计算公式为：

$$预计销售收入=预计销售量×预计销售单价$$

2. 生产预算的编制

生产预算是在销售预算的基础上编制的，编制的主要目的是预计生产量。其主要内容有销售量、生产量。销售量是影响生产量最大的因素，这一数据可以从销售预算中取得。期初期末存货是保证企业生产经营的必要条件，但其占用过多又会影响资金周转，因此必须科学而合理地确定。存货数量通常按照销售量的一定百分比确定。预计生产量的公式可以按照下列公式计算：

$$预计生产量=预计销售量+预计期末存货-预计期初存货$$

3. 直接材料预算

直接材料预算是以生产预算为基础编制的，同时要考虑原材料和备品备件的存货水平。其主要内容有预计的生产需用量、期初和期末应计的直接材料库存量、预计采购量。预计生产需用量是由预计生产量和单位产品的材料用量来确定的，单位产品材料用量的数据来自标准成本资料或消耗定额资料。年初和年末的材料存货量根据当前情况和长期销售预测估计。各季度期末材料存量根据下季度生产量的一定百分比确定。预计采购量可根据下列计算公式确定：

$$预计材料采购量=预计生产需用量+预计期末存料量-预计期初存量$$

4. 直接人工预算

它是根据生产预算中的预计生产量、标准单位或定额所确定的直接人工工时、小时工资率进行编制的。直接人工预算的编制，应按不同工种分别计算，然后予以合计。直接人工计算公式如下：

$$直接人工预算=预计生产量×\sum（单位工时工资率×单位产品工时定额）$$

5. 制造费用预算

制造费用预算是以生产预算为基础编制的，按照除直接材料、直接人工外应计入产品成本的全部费用编制而成。根据成本习性可以将制造费用分为固定制造费用和变动制造费用。其中，变动制造费用的编制，可按照有无标准成本分别进行：如果有完善的标准成本资料，则用单位产品的标准成本与预计生产量相乘，即可得到相应的预算金额；如果没有标准成本资料，则需要逐项预计计划生产量所需的各项制造费用。固定制造费用通常与预算期产量无关，可以用零基预算或者增量预算的方法逐项预计。

制造费用的公式可以按照下列公式计算：

$$预计制造费用=预计直接人工工时×变动性费用预定分配率+预计固定性制造费用-折旧$$

6. 产品成本的预算

产品成本预算是上述各项费用的汇总，包括生产预算、直接材料预算、直接人工预算、制造费用预算。其主要内容包括产品的单位成本、总成本、销售成本以及期初和期末产成品存货成本等内容。

单位产品成本的有关数据来自前述相关成本的预算，生产量、库存量从生产预算中取得，销售量可以从销售预算中取得。

产品成本预算是前述各项预算的继续，也是编制预计损益表、预计资产负债表的根据。

7. 销售及管理费用预算

销售费用是指为了实现销售所需支付的费用。以销售预算为基础，根据销售收入、销售利润和销售费用之间的关系编制销售费用预算，实现销售费用的有效使用。

管理费用是企业日常生产经营中为进行一般管理业务所发生的费用。随着企业规模的扩大，一般管理职能日益重要，因而其费用也相应增加。在编制管理费用时要分析企业的业务成绩和一般经济状况，务必做到合理化。

8. 其他现金支出预算

公司除了上述业务之外，还会发生其他现金支出预算，如年度资本支出预算、所得税费用、支付利息股利等。

（二）现金预算

现金预算是以日常业务预算和资本预算为基础编制的，它反映各预算期的收入款项和支出款项，并做对比说明。其目的在于，资金不足时筹措资金，资金多余时及时处理现金余额，并提供现金收支的控制限额，可以发挥现金管理的作用。

现金预算由四部分组成。

（1）现金收入。包括期初的现金结存数和预算期内发生的现金收入。如现销收入、收回的应收账款、应收票据到期兑现和票据贴现收入等。

（2）现金支出。指预算期内预计发生的现金支出。如采购材料支付货款、支付工资、支付部分制造费用、支付销售费用、管理费用、财务费用、偿还应付款项、交纳税金、支付利润以及资本性支出的有关费用（设备购置费）等。

（3）现金收支差额。列示现金收入合计与现金支出合计的差额。如果其差额为正，说明收大于支，现金有多余；如果其差额为负，说明支大于收，现金不足。

（4）资金的筹集与运用。根据预算期现金收支的差额和公司有关资金管理的各项政策，确定筹集或运用资金的数额。

如果现金不足，可向银行取得借款，或发放短期商业票据以筹集资金，并预计还本付息的期限和数额。如果现金多余，除了可用于偿还借款外，还可用于购买作为短期投资的有价证券。

可根据现金预算中的利息支出情况来编制财务费用预算。

（三）预计利润表和预计资产负债表

根据上述预算，企业可以整理概括，编制反映企业预计综合财务状况和经营成果的资产负债表和利润表。

在编制预计财务报表时，要先编制预计利润表，然后才能编制预计资产负债表。因为需要计算出预计利润表的利润数，然后才能使其进入资产负债表相关项目。

利润表用于综合反映企业在预算期间的收入、成本费用及经营成果的情况。由于财务预算是以销售收入为起点的，因此，利润表中只有在确定了销售收入后，才能进一步对于销售收入配比的成本费用进行规划和测算。

资产负债表反映企业在预算期末的财务状况，包括资产、负债和所有者权益。编制资产负债表预算以资产负债表期初数为基础，充分考虑利润表的预算、现金流量表预算的相关数据对资产、负债、所有者权益期初数的影响。

二、财务预算编制示例

下面以大华公司的相关资料数据为例，结合大华公司甲产品各季度的销量，介绍 2016 年以销售预算为起点的财务预算的编制。

（一）业务预算编制

【例 5-6】假定大华公司对甲产品采取赊销政策：每季度可以收回当期销售收入的 60%和上季销售收入的 40%；企业的采购货款有 40%在当季支付，同时付清上季度 60%余款。

1．销售预算的编制

企业在编制销售预算时，应该通过本量利分析，确定最有利可图的销售量和销售单价。在编制销售预算时，通常还包括预计现金收入的计算，为后期编制现金预算提供基础资料。可参见表 5-7 大华公司 2016 年度销售预算的编制，假定期初应收账款 500 000 元。

表5-7　大华公司 2016 年度销售预算表　　　单位：元

项目		一季度	二季度	三季度	四季度
预计销售量（件）		20 000	30 000	40 000	30 000
预计单价		100	100	100	100
预计销售额		2 000 000	3 000 000	4 000 000	300 000
预计现金收入	期初应收账款	500 000			
	一季度销售收入	1 200 000	800 000		
	二季度销售收入		1 800 000	1 200 000	
	三季度销售收入			2 400 000	1 600 000
	四季度销售收入				1 800 000
	现金收入合计	1 700 000	2 600 000	3 600 000	3 400 000

2．生产预算的编制

大华公司生产预算的编制是以销售量为基础来确定，如表 5-8 大华公司 2016 年度生产预算编制表，根据表 5-7 中的资料，预计期末存货为下季度销售量的 10%。根据会计资料，假定期初存货数量为 2 000 件，预计最后一季度期末存货数量 2 200 件。

表5-8　大华公司 2016 年度生产预算表　　　单位：件

项目	一季度	二季度	三季度	四季度	全年
预计销售量	20 000	30 000	40 000	30 000	120 000
加：预计期末存货量	3 000	4 000	3 000	2 200	2 200
预计需要量	23 000	34 000	43 000	32 200	122 200
减：预计期初存货量	2 000	3 000	4 000	3 000	2 000
预计生产量	21 000	31 000	39 000	29 200	120 200

3．直接材料预算的编制

直接材料预算的编制是以生产预算为基础，同时需要考虑原材料和备品备件的存货水平。这是因为材料的耗费量和采购量的大小直接相关，还与材料市场的供求关系和价格水平密切相关。

直接材料采购预算来自预计生产量，其他数据可以用下列公式计算。

预计期末库存=下期生产需用量×材料留存的百分比

预计期初库存=上期期末库存

预计材料采购量=预计生产需用量+预计期末存料量-预计期初存量

假定大华公司各季度材料期末库存按照下一季度材料耗用量的 20%确定，年初预计库存 8 400 千克，年末预计库存 9 200 千克，根据生产预算和上述假定，大华公司直接材料预算编制表如表 5-9 所示，同时还包括预计现金支出的计算，为后期编制现金预算提供基础资料，假定期初应付账款 120 000 元。

表 5-9　大华公司直接材料预算表

项目		一季度	二季度	三季度	四季度	全年
预计生产量（件）		21 000	31 000	39 000	29 200	120 200
单耗（千克）		2	2	2	2	2
材料耗用量（千克）		42 000	62 000	78 000	58 400	240 400
加：期末库存（千克）		12 400	15 600	11 680	9 200	9 200
减：期初库存（千克）		8 400	12 400	15 600	11 680	8 400
预计材料采购量（千克）		46 000	65 200	74 080	55 920	241 200
采购单价（元）		5	5	5	5	5
采购金额（元）		230 000	326 000	370 400	279 600	1 206 000
预计现金支出	期初应付账款（元）	120 000				
	一季度购料支出（元）	92 000	138 000			
	二季度购料支出（元）		130 400	195 600		
	三季度购料支出（元）			148 160	222 240	
	四季度购料支出（元）				111 840	
	现金支出合计（元）	212 000	268 400	343 760	334 080	1 158 240

4．直接人工预算

直接人工预算也是以生产预算为基础。根据生产预算中提出的预计生产量及企业标准成本资料总的定额工时、小时工资率，就可以预计直接工资支出。当企业采用计时工资制时，人工成本为预算产量与标准工时单耗和标准工资率的乘积。假定大华公司人工成本全部当期支付，大华公司人工成本预算如表 5-10 所示。

表 5-10　大华公司直接人工预算表

项目	一季度	二季度	三季度	四季度	全年
产量（件）	21 000	31 000	39 000	29 200	120 200
标准工时	5	5	5	5	5
预计总工时	105 000	155 000	195 000	146 000	601 000
标准工资率（元/小时）	5	5	5	5	5
直接人工成本（元）	525 000	775 000	975 000	730 000	3 005 000

5．制造费用预算

制造费用预算也是以生产预算为基础，但是比直接人工、材料预算要复杂。在编制制造费用预算时，要分变动费用和固定费用、付现成本和固定成本来编制。大华公司制造费用预算的编制如表 5-11 所示。

表5-11 大华公司制造费用预算表

项目	一季度	二季度	三季度	四季度	全年
变动费用：					
预算工时	105 000	155 000	195 000	146 000	601 000
标准分配率（元/小时）	2	2	2	2	2
小计（元）	210 000	310 000	390 000	292 000	1 202 000
固定费用（元）	400 000	400 000	400 000	400 000	1 600 000
合计（元）	610 000	710 000	790 000	692 000	2 802 000
减：折旧（元）	75 000	75 000	75 000	75 000	300 000
付现费用（元）	535 000	635 000	715 000	617 000	2 502 000

6. 产品成本预算的编制

产品成本预算是上述预算编制的汇总。它依据直接材料、直接人工、制造费用预算表的编制。为了更好地规划利润和成本，控制企业的现金流，企业编制预算时，采用变动成本法计算利润。即产品成本中只包括变动成本，而固定成本作为期间费用处理。大华公司产品成本预算如表5-12所示。

表5-12 大华公司单位产品成本预算表

成本项目	单耗	单价	单位成本（元）
直接材料	2 千克	5（元/千克）	10
直接人工	5 小时	5（元/小时）	25
变动制造费用	5 小时	2（元/小时）	10
合计			45

7. 销售及管理费用预算的编制

销售及管理费用的编制依据生产和销售预算，这两项费用按成本性态可以划分为变动费用和固定费用。假定大华公司销售费用和管理费用都以现金支付。大华公司销售及管理费用预算的编制如表5-13所示。

表5-13 大华公司销售及管理费用预算 单位：元

项目	一季度	二季度	三季度	四季度	全年
销售量	20 000	30 000	40 000	30 000	120 000
单位变动费用	5	5	5	5	5
预计变动销售费用	100 000	150 000	200 000	150 000	600 000
预计固定费用	210 000	210 000	210 000	210 000	840 000
合计	310 000	360 000	410 000	360 000	1 440 000

8. 其他现金支出预算

大华公司除了发生上述业务之外，还有一些其他现金支出，如购置设备、支付税费、利息等等。具体如表5-14所示。

表 5-14 大华公司其他现金支出预算 单位：元

项目	一季度	二季度	三季度	四季度	全年
购买设备	400 000				400 000
支付利息		380 000			380 000
偿还借款		38 000			38 000
支付股利	40 000	40 000	40 000	40 000	160 000
支付所得税		100 000	200 000	100 000	400 000
合计	440 000	558 000	240 000	140 000	1 378 000

（二）现金预算

现金预算的编制以上述各预算的编制为依据，我们根据现金收支法对大华公司现金预算表进行编制。假定公司期初现金余额为 240 000 元，公司最低现金存量为 400 000 元，大华公司现金预算如表 5-15 所示。

表 5-15 大华公司现金预算表 单位：元

项目	一季度	二季度	三季度	四季度	全年
现金收入					
销售现金收入（表5-7）	1 700 000	2 600 000	3 600 000	3 400 000	11 300 000
其他现金收入（估计）	380 000				380 000
现金收入总额	2 080 000	2 600 000	3 600 000	3 400 000	11 680 000
减：现金支出					
直接材料支出（表5-9）	212 000	268 400	343 760	334 080	1 158 240
直接人工支出（表5-10）	525 000	775 000	975 000	730 000	3 005 000
制造费用支出（表5-11）	535 000	635 000	715 000	617 000	2 502 000
销售费用支出（表5-13）	310 000	360 000	410 000	360 000	1 440 000
其他现金支出（表5-14）	440 000	558 000	240 000	140 000	1 378 000
现金支出总额	2 022 000	2 596 400	2 683 760	2 181 080	9 483 240
现金净收入	58 000	3 600	916 240	1 218 920	2 196 760
加期初现金余额	240 000	298 000	301 600	1 217 840	240 000
本期现金余额	298 000	301 600	1 217 840	2 436 760	2 436 760
减最低现金存量	400 000	400 000	400 000	400 000	400 000
现金余缺数	-102 000	-98 400	817 840	2 036 760	2 036 760

（三）预计利润表和预计资产负债表

1. 预计利润表

预计利润表的编制以前述的各项预算为依据，下面编制大华公司 2016 年预计利润表，如表 5-16 所示。

表 5-16　2016 年预计利润表　　　　　　　　　　　　　　　单位：元

项目	金额
销售收入（表 5-7）	12 000 000
销售成本（表 5-8，表 5-12）	7 000 000
毛利	5 000 000
销售及管理费用（表 5-13）	1 440 000
财务费用（表 5-14）	38 000
利润总额	3 522 000
所得税（表 5-14）	400 000
税后净利润	3 122 000

2．预计资产负债表

预计资产负债表是反映公司预算期末财务状况的总括性预算，表中除上年期末数为已知外，其余项目均应在前述各项预算指标的基础上分析填列。

假定大华公司 2016 年实收资本为 1 600 000，固定资产年初数为 2 000 000，累计折旧年初数 800 000，大华公司 2016 年度预计资产负债表如表 5-17 所示。

表 5-17　2016 年度预计资产负债表　　　　　　　　　　　　单位：元

资产		负债及所有者权益	
项目	金额	项目	金额
库存现金	2 436 760	应付账款	167 760
应收账款	1 200 000	负债小计	167 760
存货	145 000	实收资本	1 600 000
固定资产	2 400 000	留存收益	3 314 000
减：累计折旧	1 100 000	所有者权益小计	4 914 000
固定资产净值	1 300 000		
资产总计	5 081 760	负债及所有者权益合计	5 081 760

上述 A 公司财务预算编制是以销售预算为起点，编制生产预算、直接材料预算、直接人工预算、制造费用预算、其他现金支出预算；最后编制现金预算，预计利润表和预计资产负债表是详细的公司财务预算编制的流程。

需要注意的是，财务预算是建立在一系列假设及估计的基础之上的，因此，预算存在一定的局限性。在推行预算的过程中如果出现较大差异，就应对财务预算作适当的修正，以提高财务预算的合理性、客观性和正确性，发挥财务预算在企业经营管理中的作用。

知识拓展

企业财务预算管理的有效实施

随着市场经济的发展，我国的经济运行机制与企业体制都发生了深刻的变化，企业的财务活动已成为连接市场和企业的桥梁。财务预算管理是会计管理的主要内容，用数字编制未来某一时期的计划，即用财务数字来计量预期的结果。企业的财务预算管理体制包括财务预算的编制、实施和考核三部分。

财务预算的编制应根据企业的经营目标，以财务报告的形式科学、合理地预计未来的经营成果、现金流量增减变动及财务状况。编制财务预算，应以预算的销售收入为起点，以现金流量的平衡为条件，最终通过预计利润表和预计资产负债表综合反映企业的经营成果及财务状况。财务预算的一系列报表及数据环环相扣、相互关联、相互补充，形成了一个完整的体系。

财务预算管理体制的第二个环节是预算的控制、实施阶段。企业的生产过程是一个动态变化的过程，为保证预算目标的实现，必须对预算执行全过程的控制。在执行过程中，根据预算指标对产品的销售、原料的采购、费用的支出、资金的收付等方面跟踪控制，根据出现的差异变动，确定差异程度、性质及造成差异的原因。凡是符合预算控制指标的，应予以支持并给予机动权限；凡是不符合预算控制指标的，则加以限制并及时处理，以消除差异，实现预算目标。

对业绩考核的评价应以先进的预算为标准，将实际发生数与预算数进行比较，对于实际发生额与预算数之间的各种差异，不论其对实现目标利润有利还是不利都必须进行认真的分析，找出原因，以便于改进。如果差异是由于预算的准确性不足造成的，则应该努力提高预算的编制能力；如果差异是由于预算执行方面引起的，则应该寻求改进的途径。在确定考核奖惩时，为了避免编制先进预算的单位完不成预算受惩罚而编制保守预算的单位完成预算受奖励的现象发生，可以在考虑实际与预算的差异方向及大小的同时，根据各部门预算的先进性决定奖励方案的系数。对于预算难度大的部门奖励系数应大一些，对于预算难度小的部门奖励系数应小一些，以此鼓励员工尽可能编制科学准确的预算方案。

总之，企业实行全面预算管理，就要建立健全财务预算管理组织体系，保证财务预算管理的有效组织和实施，加强对财务预算的执行与考核，建立财务预算差异监控制度，严格财务预算的约束机制，规范完善企业财务预算管理工作并将预算管理与激励机制相结合，加强企业各部门间的协作，努力降低企业的经营风险与财务风险，不断提高企业的运营能力、获利能力、发展能力。现代企业都应有一套合理完善的财务预算管理体系来支持企业的日常经济活动，以保证企业预算目标得以实现，并促进企业不断发展。

课后思考与练习

一、单项选择题

1. 下列各项中，综合性较强的预算是（　　　）。
    A. 销售预算　　　　 B. 材料采购预算　　　 C. 现金预算　　　　 D. 资本支出预算

2. （　　　）是指公司不经常发生的、针对某项专门决策进行的预算，它最能直接体现决策的结果。
    A. 经营预算　　　　 B. 财务预算　　　　 C. 专门决策预算　　 D. 全面预算

3. 固定预算编制方法的缺点是（　　　）。
    A. 过于灵活　　　　　　　　　　　 B. 可比性差
    C. 计算量　　　　　　　　　　　　 D. 可能导致保护落后

4. 相对于固定预算，弹性预算的主要优点是（　　　）。
    A. 机动性强　　　　 B. 稳定性强　　　　 C. 连续性强　　　　 D. 远期指导性强

5. 下列项目不可能从销售预算中获得的是（　　　）。
    A. 销售收入总额　　　　　　　　　 B. 现金收入总额
    C. 应收账款总额　　　　　　　　　 D. 各种产品的销售总量

二、多项选择题

1. 现金预算由（　　）组成。

 A. 现金收入　　　　　　　　　　　　B. 现金支出

 C. 现金收支差额　　　　　　　　　　D. 资金的筹集与运用

2. 下列各项预算中属于日常业务预算的有（　　）。

 A. 销售预算　　　B. 现金预算　　　C. 生产预算　　　D. 销售费用预算

3. 现金预算的编制基础包括（　　）。

 A. 销售预算　　　　　　B. 投资决策预算　　　C. 销售费用预算　　　D. 预计利润表

4. 直接人工预算列示了全年和分季度预计需用的（　　）。

 A. 直接人工工时　　　　　　　　　　B. 预计平均量

 C. 直接人工成本　　　　　　　　　　D. 预期的现金支出

5. 财务预算的编制基础是（　　）。

 A. 财务决策　　　B. 财务预测　　　C. 财务分析　　　D. 财务控制

三、简答题

1. 财务预算编制的具体内容和体系？

2. 什么是弹性预算、滚动预算、零基预算？

3. 为什么说销售预算是企业编制全面预算的基础和关键？怎样编制销售预算？

案例分析

　　某企业为了扩大生产规模，提高企业利润。2016 年度计划继续加大生产 A、B 两种产品，公司的相关资料如表 5-18～表 5-21 所示：

（1）2015 年末的资产负债表

表 5-18　2015 年末资产负债表　　　　　　　　　　单位：元

货币资金	10 000	应付账款	8 200
应收账款	25 000	应交税金	5 600
存货	189 200	实收资本	355 000
固定资产	430 000	资本公积	155 200
累计折旧	75 000	未分配利润	55 200
合计	579 200	合计	579 200

（2）2015 年存货结余情况

表 5-19　2015 年产成品结余　　　　　　　　　　单位：件

	A 产成品	B 产成品
期初结余	200	300
本期生产	6 000	4 800
本期销售	5 000	5 000
本期结余	1 200	100

A 产品每件售价 100 元，B 产品每件售价 170 元

表 5-20 2015 年材料结余

单位：元

	甲材料	乙材料
期初结存	5 000	5 000
本期采购	4 000	1 000
本期消耗	3 000	5 000
本期结余	6 000	1 000

甲材料每千克单价 7.4 元，乙材料每千克单价 7.8 元，每生产一件产品需要耗费甲乙材料合计 10 千克。

（3）该企业成本费用情况

直接人工 2.05 元/小时，变动制造费用标准分配率 2.1 元/小时，每生产一件产品需要耗费标准工时 7 小时，其他制造费用 153 000，期间费用 130 000 元。

（4）其他现金收支情况

表 5-21 2015 年其他现金收支

单位：元

	第一季度	第二季度	第三季度	第四季度
销售收入	125 000	150 000	160 000	221 000
购入材料	20 000	35 000	35 000	54 200
其他费用	25 000	20 000	20 000	17 000
工资支出	90 000	95 000	95 000	109 200
所得税	50 000			
购机器				20 000
偿还借款			9 000（9 个月）	

该企业要求最低现金余额 15 000 元，不足可以向外借款，最低借款额度为 50 000 元，库存现金不能超过 50 000 元，假设借款利息按照年利率 8%计算，在发生现金短缺的下一季度借款，年末按时还款付息。现金有余则不需要借款。

假定公司每季度可以收回当期销售收入的 60%和上季销售收入的 40%，在材料采购时则是采购货款的 40%当季支付，同时付清上季度 60%余款；预计期末产品存货为下季度销售量的 10%，期末第四季度产品存货量 500 件；企业期末材料存库按下季度耗用量的 20%确定；预计第四季度材料存库 8 000 千克；假定企业固定制造费用每季度为 40 000 元，每季度折旧 18 750 元。材料采购单价为两种产品单价平均，期初库存材料是两种材料之和；预计单位变动销售费用 10 元/件；预计在第四季度发生其他现金收入 100 000 元。

预计一季度销售量 2 000 件，二季度销售量 2 500 件，三季度销售量 2 500 件，四季度销售量 3 000 件，销售单价为两种产品单价之和的平均。

要求：编制 2016 年度的全面预算。

（1）编制日常业务预算；

（2）编制现金预算；

（3）预计利润表。

第六章　企业筹资规模和方式

本章目标

本章主要讲述了企业长期资金的筹集。通过学习本章，了解企业筹集长期资金的渠道及方式、动机与应遵循的原则等，理解企业外部筹资额与企业增长之间的关系，掌握企业股票筹资、债券筹资、长期借款等的筹资方式，了解可转换债券以及认股权证两种筹资方式，理解掌握各种筹资方式的优缺点，并了解各种筹资方式的基本操作流程及相关法律规定。

引导案例

中国移动（香港）公司的筹资之路[①]

中国移动（香港）公司是中国移动通讯集团下属的全资子公司，1997年于香港成立，10月在香港和纽约上市，融资42.2亿美元；1999年11月，增发新股融资20亿美元。

2000年10月，中国移动（香港）公司通过其全资子公司中国移动（深圳）有限公司，与8家国内外银行签署125亿元人民币的银团贷款协议，为控股母公司（中国移动通信集团公司）收购内地7个省份移动通信资产提供资金。这既是迄今国内最大规模的人民币银团贷款，也是该公司首次尝试国内融资。一方面，降低资金综合成本，优化资本结构；另一方面，有效规避了外汇风险，加强与国内金融机构的合作。

2001年，中国移动（香港）公司通过其全资子公司中国移动（广东）公司发行50亿元人民币的10年期的浮动利率公司债券，创下当时企业债券发行规模新纪录。此次发行使该公司拓宽了融资渠道及投资者基础，有助于优化融资结构，减低资金成本，规避风险。

2002年，又通过中国移动（广东）公司发行80亿元人民币的5年、15年期的公司债券，不到3个月时间，就顺利完成债券的发行与上市，并受到投资者追捧。这是国内最大规模的一次发债行动，它具有双重担保，中国移动（香港）公司担保发行人广东移动，中国移动集团公司再担保中国移动（香港）公司。

中国移动（香港）公司的成功筹资告诉我们，灵活选择和运用筹资方式对企业的生存和发展至关重要。那么如何有效应用各种筹资方式筹措资金，满足企业的扩张需求呢？通过本章的学习，将有助于我们掌握企业筹资方式的相关知识。

第一节　企业筹资原则和筹资规模的确定

企业筹资，是指企业作为筹资主体根据其生产经营、对外投资和调整资本结构等需要，通过筹资渠道和金融市场，运用筹资方式，经济有效地筹措资本的活动。

---

① 资料来源：http://www.doc88.com/p-7187350892305.html

一、企业筹资渠道及方式

资金是企业的血液，是企业设立、生存和发展的物质基础，是企业开展生产经营业务活动的基本前提。任何一个企业，为了形成生产经营能力，保证生产经营正常运行，必须持有一定数量的资金。

企业筹资渠道是指企业取得资金来源的方向和通道，体现资金的源泉和流量。根据我国当前的市场环境和现实情况，企业的筹资渠道主要有国家财政资金、银行信贷资金、非银行金融机构资金、其他企业资金、企业内部资金、职工和社会个人资金、国外资金等，具体有如下分类。

（一）按筹集资金的来源分类

从筹集资金的来源的角度看，分为内部渠道筹集和外部渠道筹集。

（1）内部筹资渠道，是指从企业内部开辟资金来源，主要有企业自由资金、企业应付税利和利息、企业未使用或未分配的专项基金。一般在企业并购中，都会尽可能选择这一渠道，因为这种方式保密性好，企业不必向外支付借款成本，因而风险较小。

（2）外部筹资渠道，是指企业从外部所开辟的资金来源，主要包括专业银行信贷资金、非金融机构资金、其他企业资金、民间资金和外资。从企业外部筹资，具有速度快、弹性大、资金量大的优点，在并购过程中，一般是筹集资金的主要来源。但其缺点是保密性差，企业需要负担高额成本，因此产生较高的风险，在使用过程中应当注意。

（二）按筹集资金的性质分类

从筹集资金的性质来看，分为权益性资本筹集和债务性资本筹集。

（1）权益性资本，是投资者投入的资本金，体现出资者权益，其资本的取得主要通过接受投资、发行股票或内部融资形成。利用权益性资本筹资，具有无到期日，没有固定的股利负担，能够增强公司偿债能力的优点，但是这种筹资方式的资本成本较高，容易稀释企业的控制权。

（2）债务性资本，也称借入资本，是企业依法筹集、按期偿还本金和利息的资本来源，主要包括企业发行债券、各种长短期借款和日常经营活动中自动形成的商业信用等临时债务。利用债务筹资，负担较低的资本成本，也可以享受利息税盾带来的好处，并且不会分散企业的控制权，缺点是有时间性，需要到期偿还，而且需要固定支付利息，会给企业带来财务风险。

筹资渠道和筹资方式的正确选择，有利于企业合理确定资本结构，降低筹资成本和风险。

（三）筹资渠道和筹资方式之间的对应关系

筹集方式需要通过特定的渠道来实现，二者密不可分，其关系如表6-1所示。

表 6-1　筹资渠道与筹资方式的关系

筹资方式 ＼ 筹资渠道	国家财政资金	银行信贷资金	非银行金融机构资金	其他企业资金	企业内部资金	民间资金	外商资金
吸收直接投资	▲		▲	▲	▲	▲	▲
发行股票	▲		▲		▲	▲	▲
利用留存收益					▲		
银行借款		▲	▲				
发行债券			▲	▲			
商业信用			▲				
融资租赁			▲	▲			▲

二、企业筹资动机及原则

（一）企业筹资动机

筹资活动是获得资金的重要手段，是企业资金运动的起点。企业筹资最基本的目的，是为企业的经营活动提供资金保障，归纳起来包括以下四类筹资动机。

（1）新建性筹资动机。在企业新建时，按照企业战略所确定的生产经营规模核定长期资本需要量和流动资金需要量，以及为满足正常生产经营活动，维持经营活动的正常波动的需要所需铺底资金而产生的筹资动机。

（2）扩张性筹资动机。企业在成长时期，往往因扩大生产经营规模或对外投资需要大量资金，进而会产生大额的资金需求。

（3）调整性筹资动机。指企业因调整资本结构而产生的筹资动机，具体原因大致有二：一是优化资本结构，合理利用财务杠杆效应；二是偿还到期债务，债务结构内部调整。

（4）混合性筹资动机。指企业既需扩大经营的长期资金，又需要偿还债务的现金而形成的筹资动机。

（二）企业筹资原则

影响企业筹资渠道和筹资方式选择因素众多，为了有效地筹集企业所需资金，通常应根据企业生产经营的特点，遵循以下基本原则。

（1）规模适当原则。不同时期企业的资金需求量并不是一个常数，企业财务人员要认真分析企业的研发、采购、生产经营和市场营销状况，采用一定的方法，预测资金的需要数量，合理确定筹资规模。

一般来说，大型企业需要大量的资金用于扩大生产规模以及开发新产品、技术改造等方面，因而在选择筹资方式时应选择能够提供大量资金且期限较长的长期筹资方式；对于中小企业来讲，由于其资金需要量相对较少，并且其资金主要投放于短线产品或满足短期资金周转的需要，因而可以选择机动灵活的筹资方式。

（2）筹资及时原则。企业财务人员在筹集资金时，必须熟知资金时间价值的原理和计算方法，以便根据资金需求的具体情况合理安排资金的筹集时间，适时获取所需资金，使得筹资与投资在时间上相协调，减少资本闲置或筹资滞后而贻误投资的风险。

（3）来源合理原则。资金的来源渠道和资金市场为企业提供了资金的源泉和筹资场所，它反映资金的分布状况和供求关系，决定着筹资的难易程度。不同来源的资金，具有不同的风险，对企业的收益和成本也有不同影响。因此，企业应认真研究资金来源渠道和资金市场，合理选择资金来源。

（4）方式经济原则。在确定筹资数量、筹资时间、资金来源的基础上，企业在筹资时还必须认真研究各种筹资方式。企业筹集资金必然要付出一定的代价，不同筹资方式条件下的资金成本有高有低。为此，就需要对各种筹资方式进行分析、对比，选择经济可行的筹资方式以确定合理的资本结构，以便降低成本，减少风险。

三、增长率与筹资规模的确定

几乎所有的企业都会制定一个明确的增长率作为一定时期的目标，但是，不容忽视的一个问题是，快速增长的企业经常会面临资金短缺方面的问题，由此可能会陷入财务困境。因此，科学预测企业增长的资金需要量显得至关重要。这里我们将介绍资金需求预测的基本方法销售百分比法，以及在此基础上延伸的企业增长率与资金需求规模的确定方法。

（一）销售百分比法

销售百分比法，是假设资产、负债和留存收益与销售收入存在稳定的百分比关系，根据预计销售收入和相应的百分比预计资产、负债，然后确定资金需求量的一种财务预测方法。预测的步骤如下。

（1）确定资产、负债和留存收益项目的销售百分比。可以根据通用的财务报表数据预计，根据基期的数据确定，也可以根据以前若干年度的平均数确定。

（2）预测销售额。由于报表中众多的项目与销售预测相关，所以尽可能准确地估计销售额至关重要。销售额的预测一般运用定性、定量的分析方法得出。

（3）预测各项资产和负债。一般来说，资产负债表中的资产类项目，如货币资金、正常的应收账款和存货等项目，都会随销售额的增长而相应地增长；固定资产的利用率如果已经达到饱和状态，则要随销售额的增长而增添设备，固定资产项目也会随销售额的增长而相应地增长。负债类项目，如应付账款、其他应付款等项目，一般会随销售额的增长而增长；而应付票据、长期负债等项目，则不随销售额的增长而增长。所有者权益类项目，如股本，一般不随销售额的变化而变化。若利润率保持不变，留存收益项目一般会随销售额的增长而增长。

（4）采用其他方法分别测定财务报表中与销售额不直接相关，但已肯定变动的项目数额。

（5）编制预计利润表。预测企业留用利润这种内部资金的增加额。

（6）编制预计资产负债。预测企业资金需要总额和外部筹资额。

【例 6-1】A 公司 2014 年的资产负债表和利润表如表 6-2 和表 6-3 所示。

表 6-2　A 公司资产负债表

A 公司		2014 年 12 月	单位：万元
资产		负债和所有者权益	
流动资产：		流动负债	
货币资金	220	应付票据	210
应收账款	1 730	应付账款	830
存货	2 020	应付职工薪酬	480
流动资产合计	3 970	流动负债合计	1 520
固定资产净额	2 980	长期负债	1 440
		负债合计	2 960
		所有者权益：	
		股本	3 000
		利润留存	990
		所有者权益合计	3 990
资产总计	6 950	负债及所有者权益总计	6 950

表 6-3　A 公司利润表

A 公司	2014 年 12 月	单位：万元
项目		金额
一、营业收入		10 080
减：营业成本		6 020
营业税金及附加		55
销售费用		1 020
管理费用		960
财务费用		550
资产减值损失		0
加：公允价值变动损益		0
投资收益		0

A 公司	2014 年 12 月	单位：万元
二、营业利润		1 475
加：营业外收入		0
减：营业外支出		0
三、利润总额		1 475
减：所得税费用（25%）		368.8
四、净利润		1 106
减：红利（净利的 30%）		331.9
五、利润留存增加		774.4

为了分析方便，假设 A 公司 2015 年的销售额可望达到 18 000 万元；公司没有剩余生产能力，公司提取折旧形成的现金流量全部用于当年固定资产更新改造；公司的股利政策保持不变，股利支付率为 30%。

下面按销售百分比法预测该公司 2015 年的财务报表。

① 在表 6-3、表 6-4 中，第二栏是以 2014 年为基数，用百分比标出各项目与销售额之间的比例关系，表中 N 代表"二者相关性不大"。

② A 公司预测 2015 年销售额将增长至 13 180 万元，用该值乘上表中第二栏的百分比，得到 2015 年财务报表的各项预测数据。

③ 对于与销售额不相关项目，采用适当的分析方法加以调整。

④ 根据预计利润表确定当期留用利润额。

⑤ 根据预计的资产负债表计算得到的资产与负债权益之差，就是公司对外筹资需求额。

按照以上程序，A 公司 2015 的预计利润表见表 6-4，预计资产负债表见表 6-5。

表 6-4　A 公司预计利润表

项目	2014 年销售百分比	2015 年预计值（万元）
一、营业收入	100	13 180
减：营业成本	58	7 644.4
营业税金及附加	N	60
销售费用	N	1 030
管理费用	N	970
财务费用	N	560
资产减值损失	N	0
加：公允价值变动损益	N	0
投资收益	N	0
二、营业利润	N	2 915.6
加：营业外收入	N	0
减：营业外支出	N	0

项目	2014 年销售百分比	2015 年预计值（万元）
三、利润总额	N	2 915.6
减：所得税费用（25%）	N	728.9
四、净利润	N	2 186.7
减：红利（净利的 30%）	N	656.01
五、利润留存增加	N	1 530.69

表 6-5　A 公司预计资产负债表

项目	2014 年销售百分比（%）	2015 年预计值（万元）
流动资产：		
货币资金	2.18	287.66
应收账款	17.16	2 262.04
存货	20.04	2 641.23
流动资产合计	39.38	5 190.93
固定资产净额	29.56	3 896.47
资产合计	68.95	9 087.40
流动负债：		
应付票据	N	110
应付账款	8.23	1 085.26
应付职工薪酬	N	580.00
流动负债合计	N	1 775.26
长期负债	N	1 440.00
所有者权益		
股本	N	3 000
利润留存	N	2 520.69（990+1 530.69）
负债与权益合计	N	8 735.95
外部资本需求额		351.45（9 087.4-8 735.95）

从预计的资产负债表看到，资产预计比上年增长 2 137.4 万元，负债和权益较上年增长 1 785.95 万元，如果没有外部筹资，将会造成 351.45 万元的短缺，通常把这个数叫做外部筹资（external financing needed，EFN）。

（二）销售增长率与外部筹资的关系

1. 外部筹资额的计算

销售增长会带来资金需求的增加，那么销售增长和筹资需求之间就存在某种函数关系，根据这种关系，就可以直接计算特定销售增长下的筹资需求。一般来说，企业增长需要的资金应首先由生产经营中产生的资金满足，当内部资金不能满足企业资产预期增长所需要的数量时，其差额即为企业所需筹措的外部资本。可用公式表示：

所需的外部筹资（EFN）=资产增加-负债增加-内部筹资增加-折旧

$$=\frac{相关资产总额}{基期销售额}\times\Delta销售额-\frac{相关负债总额}{基期销售额}\times\Delta销售额-预计税后利润\times(1-股利支付率)-折旧$$

根据表 6-1 的资料，A 公司与销售额变动有关的资产额为 6 950 万元（220+1 730+2 020+2 980），负债额为 830 万元，股利支付率为 30%，公司当年折旧全部用于当年固定资产更新改造，则公司外部筹资需求量可按公式计算如下。

$$外部资本需求总额=\frac{6\,950}{10\,080}\times3\,100-\frac{830}{10\,080}\times3\,100-2\,186.7\times(1-30\%)$$
$$=2\,137.40-255.26-1\,530.69$$
$$=351.45（万元）$$

上述计算结果表明，A 公司需要追加 2 137.40 万元的资本来支持其销售增长，随着销售收入增长的自然性筹资（应付账款），提供 255.26 万元的资本，2 186.7 万元的税后利润支付了 656.01 万元的股利后，公司留存收益将提供 1 530.69 万元的资本，资本缺口为 351.45 万元，需要公司从外部筹集。

2. 外部筹资 EFN 与增长的关系

为了说明外部筹资需求与增长之间的关系，引入 B 公司简化的资产负债表和利润表（见表 6-6、表 6-7）。在资产负债表中，我们假设流动负债没有随销售收入的变动而同步变动的项目，流动负债与长期负债合并为债务总额。在利润表中，为了简化，我们将折旧、利息与成本合并在一起。

表 6-6　B 公司资产负债表 单位：万元

资产		负债和所有者权益	
流动资产	308	债务总额	400
固定资产净额	502	所有者权益	410
资产总计	810	负债及所有者权益	810

表 6-7　B 公司利润表 单位：万元

项目	金额
主营业务收入	810
减：成本	640
利润总额	170
所得税（税率 25%）	42.5
净利润	127.5
股利（收益的 30%）	38.25
留存收益增加	89.25

假设 B 公司下一年度的销售收入增长率为 20%，无剩余生产能力，折旧全部用于固定资产更新改造，股利政策不变，股利支付率保持为 30%。则运用销售百分比法预计该公司的利润表和资产负债表见表 6-8、表 6-9。

表 6-8　B 公司预计利润表 单位：万元

项目	金额
主营业务收入	972
减：成本	768
利润总额	204
所得税（税率 25%）	51

项目	金额
净利润	153
股利（收益的 30%）	45.9
留存收益增加	107.1

表 6-9　B 公司预计资产负债表　　　　　　　　　　　　　　　　　　单位：万元

资产	占销售收入的百分比（%）	预计值	负债和所有者权益	占销售收入的百分比	预计值
流动资产	38.02	369.6	债务总额	—	400
固定资产净额	61.98	602.4	所有者权益	—	517.1
资产总计	100.00	972	负债及所有者权益	—	917.1
			所需的外部筹资		972−917.1=54.9

如表 6-9 所示，按照 20% 的增长率，B 公司需要 162 万元的新资产，预计留存收益增减额为 107.1 万元，因此所需的 EFN 为 162−107.1=54.9 万元。假设 B 公司不希望利用股权筹资，那么 54.9 万元的外部筹资只能外借，则新的债务总额为 400+54.9=454.9 万元，产权比率为 454.9/517.1=0.88。

表 6-10 反映了几个不同的增长率下的 EFN，并计算了每种增长率下的预计留存收益增加额和预计的产权比率。在计算产权比率时，假设全部资金都是借入的，如果有剩余资金都用来偿还债务。例如，在零增长率的情况下，资金剩余 80 万元用于偿债，则债务降低了 80 万元，从 400 万元降到 320 万元，产权比率下降为 320÷490=0.65。

表 6-10　B 公司的增长与预计 EFN　　　　　　　　　　　　　　　　单位：万元

预计销售收入增长率（%）	所需的资产增减额	留存收益增减额	所需的外部筹资（EFN）	预计的产权比率
0	0	80	−80	0.65
5	40.5	93.71	−53.21	0.69
10	81	98.18	−17.18	0.75
15	121.5	102.64	18.86	0.82
20	162	107.1	54.9	0.88
25	202.5	111.56	90.94	0.94
30	243	116.03	126.97	1
35	283.5	120.49	163.01	1.06
40	324	124.95	199.05	1.12

从表 6-10 可以看出，随着销售收入增长率的提高，对外筹资的需求增大，在较低的增长率下，B 公司的资金有剩余，可用于偿还债务，产权比率下降。当增长率上升到 15% 左右时，剩余变成了赤字，当增长率上升到 30% 时，产权比率达到 1。我们用图 6-1 反映表 6-9 中增长率对应的资产需求和留存收益的增加，更加形象地说明 EFN 与增长的关系。

如图 6-1 所示，销售收入预计增长率的提高，对新资产需求的增长速度要比留存收益增加快得多，留存收益的增加所提供的内部筹资很快就被掩盖了，因此企业的资金到底有剩余还是赤字，则取决于销售增长率，且当资金剩余变成赤字后，预计的增长率越高，EFN 越大。

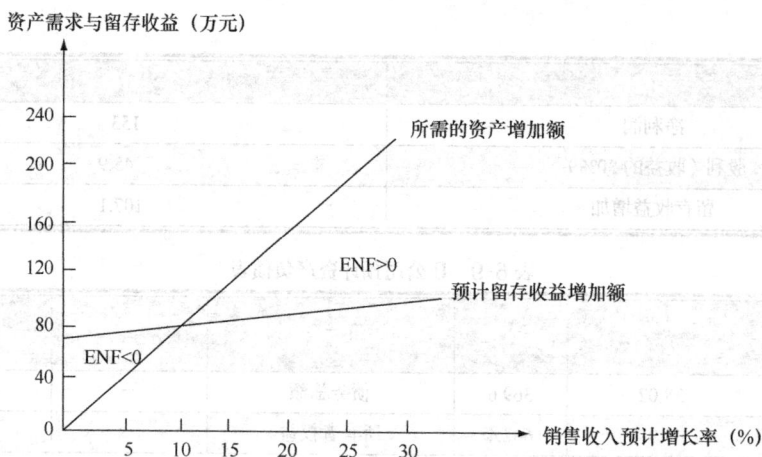

图 6-1　B 公司的增长与所需的相关筹资

（三）内含增长率

内涵增长率（internal growth rate）是指如果不追加外部资本，仅仅依靠新增的留存收益和自然筹资形成的资金来源（假设折旧全部用于当年的更新改造）所能达到的最大增长率。在图 6-1 中，两条线的交点所对应的就是内涵增长率。在这一点上，所需的资产增加额刚好等于留存收益的增加额，因而 EFN 为 0。其计算公式为：

$$内涵增长率 = \frac{ROA \times b}{1 - ROA \times b}$$

其中，ROA 为资产报酬率，b 为再投资率（留存收益率）

从表 6-10 中我们知道，B 公司的 EFN=0 是发生在增长率略大于 10% 的时候，按照上述公式，我们可以更为精确地确定这个增长率。对于 B 公司而言，净利润为 127.5 万元，资产总额为 810 万元。因此，ROA 为 127.5/810=15.74%，b=1-30%=70%，则

$$内涵增长率 = \frac{ROA \times b}{1 - ROA \times b} = \frac{15.74\% \times 70\%}{1 - 15.74\% \times 70\%} = 12.38\%$$

这一比率表明 B 公司在没有外部筹资的情况下，每年能够扩张的最大幅度是 12.38%。

（四）可持续增长率

可持续增长率（sustainable growth rate）是指企业在保持固定的债务权益比率、没有任何外部权益筹资的情况下所能达到的最大增长率。如果一个企业完全依靠内部筹资，受财务资源的限制，企业则无法充分利用扩大其财富的机会；如果依靠外部筹资，包括增加债务和股东投资，虽然可以提高增长率，但难以持久。因为增加负债会使企业的财务风险增加，筹资能力下降；增加股东投入资本，不仅会分散控制权，而且会稀释每股收益，因此，要使企业保持持续增长，则应在维持原有的财务结构和与此有关的财务风险的基础上，按股东权益的增长比例增加借款，以此来支持销售增长。这种增长率，一般不会消耗企业的财务资源，是一种可持续的增长速度。其计算公式为：

$$可持续增长率 = \frac{ROE \times b}{1 - ROE \times b}$$

式中，ROE 为权益报酬率，b 为再投资率（留存收益率）

观察可持续增长率的计算公式，我们发现，决定可持续增长率大小的一个重要因素就是权益报酬率（ROE），运用杜邦财务分析可将 ROE 分解成三个因素的乘积，即：

$$ROE=销售净利率 \times 总资产周转率 \times 权益乘数$$

由于 ROE 对确定可持续增长率起着重要作用，那么，决定 ROE 的因素同样也是增长率的重要

决定因素。归纳起来，企业的可持续增长能力取决于以下四个因素。

（1）销售净利率。销售净利率的提高将增强企业内部产生现金的能力，该比率越大，企业的可持续增长率就会越高。

（2）总资产周转率。总资产周转率的提高，意味着总资产的利用效率提高，即每 1 元资产产生的销售收入增加，这样就会减少企业在销售增长时对新资产的需求，从而提高可持续增长率。

（3）股利政策。如果企业确定的股利支付率较低，则再投资率就会提高，内部的留存收益增加，从而提高可持续增长率。

（4）筹资政策。如果企业改变财务结构，增加债务筹资，加大财务杠杆，则会提高可持续增长率。

从表 6-10 可知，B 公司的可持续增长率大约是 30%，在这个增长率下的债务权益比率是 1.0 左右。按可持续增长率的计算公式可以得出准确的数值。对于 B 公司而言，净利润是 127.5 万元，权益总额为 410 万元，因此 ROE 为 127.5/410=31.09%，再投资率 b 仍是 70%，则

$$可持续增长率 = \frac{ROE \times b}{1 - ROE \times b} = \frac{31.09\% \times 70\%}{1 - 31.09\% \times 70\%} = 27.8\%$$

因此，B 公司在没有外部权益筹资的情况下，能够扩张的最大幅度是每年增长 27.8%。

第二节　权益性资本筹集

企业的权益性资本由投入资本和留存收益构成。权益资本的出资人是企业的所有者，拥有对企业净资产的所有权。企业权益性资本的筹集方式主要有吸收直接投资、发行股票、利用留存收益等。

一、吸收直接投资筹资

吸收直接投资是指企业按照"共同投资，共同经营，共担风险，共享利润"的原则吸收国家、法人、个人、外商投入资金的一种投资方式。采用吸收直接投资的企业，资本不分为等额股份，无需公开发行股票。投资者的实际出资额中，注册资本部分形成实收资本，超过注册资本的部分属于资本溢价，形成资本公积。吸收直接投资是非股份制企业筹集权益资本的基本方式。

（一）吸收直接投资的种类

1．吸收国家投资

国家投资是指有权代表国家投资的政府部门或机构，以国有资产投入公司，这种情况下形成的资本叫国有资本。吸收国家投资一般具有的特点是产权归属国家，资金的运用和处置受国家约束较大，在国有公司中采用比较广泛。

2．吸收法人投资

法人投资是指法人单位以其依法可支配的资产投入公司，这种情况下形成的资本称为法人资本。吸收法人资本发生在法人单位之间，以参与公司利润分配或控制为目的，出资方式灵活多样。

3．吸收外商直接投资

企业可以通过合资经营或合作经营的方式吸收外商直接投资，即与其他国家的投资者共同投资，创办中外合资经营企业或者中外合作经营企业，共同经营，共担风险，共负盈亏，共享利益。

4．吸收社会公众投资

社会公众投资是指社会个人或本公司职工以个人合法财产投入公司形成的资本。吸收社会公众投资一般参加投资的人员较多，每人投资的数额相对较少，以参与公司利润分配为基本目的。

（二）吸收直接投资的出资方式

1. 以货币资金出资

这是企业最乐于接受的一种出资方式。货币资金的流动性强，在使用上具有较强的灵活性，既可以用于购置物资资源等资产，又可以用于支付各种费用，从而满足企业各项开支和日常周转需要。我国《公司法》规定："全体股东的货币出资金额不得低于有限责任公司注册资本的百分之三十"。因此，企业应尽可能的吸引以货币资金方式出资的投资者。

2. 以实物资产出资

实物资产出资是指投资者直接将拥有的土地、建筑物、机器设备以及人力资本等实物资产作为资本对企业投资。一般来说，企业吸收的实物投资应符合三个标准：第一，该实物资产是企业生产、经营、科研活动所需的；第二，技术性能良好；第三，作价公平合理。实物资产出资所涉及的实物作价方法应按照国家的有关规定执行。

3. 以无形资产出资

无形资产出资是指投资者以专利权、特许权、商标权、土地使用权、非专利技术等无形资产作为对价对企业进行的投资。企业吸收的无形资产投资应符合的条件：第一，能帮助研究和开发出新的高科技产品；第二，能帮助生产出适销对路的高科技产品；第三，能帮助改进产品质量，提高生产效率；第四，能帮助大幅度降低各种耗费；第五，作价公平合理。无形资产出资所涉及的作价方法应按照国家的有关规定执行。

（三）吸收直接投资的程序

企业吸收直接投资，一般要遵循如下程序。

1. 确定吸收直接投资所需的资金数量

企业新建或扩大经营规模时，应先确定资金的总需要量及理想的资本结构，然后据以确定吸收直接投资所需的资金数量。

2. 确定吸收直接投资的具体形式

吸收直接投资中的双方是双向选择的结果。受资单位要选择相宜的投资者，投资单位要选择收益理想或对自身发展有利的受资者。为此，双方要做好信息的交流与沟通，企业既要广泛了解有关投资者的财力和意向，又要主动传递自身的经营状况和盈利能力，以利于在较多的投资者中寻求好的合作者。投资单位确定后，双方便可进行具体的协商，确定投资数额和出资方式。落实现金出资计划及实物、无形资产的评估作价。

3. 签署投资协议

企业与投资者商定投资意向和具体条件后，便可签署投资协议，明确双方的权利和责任。

4. 执行投资协议

企业与投资者按协议约定，做好投资交接及有关手续，并在以后确保投资者参与经营管理的权利及盈利分配权利。

（四）吸收直接投资的优缺点

1. 吸收直接投资的优点

（1）筹资方式简便、筹资速度快。吸收直接投资的双方直接接触磋商，没有中间环节，只要双方协商一致，筹资即可成功。

（2）有利于增强企业信誉。吸收直接投资所筹集的资金属于自有资金，与借入资金比较，能提高企业的信誉和借款能力。

（3）有利于尽快形成生产能力。吸收直接投资可直接获得现金、先进设备和先进技术，与通过有价证券间接筹资比较，能尽快地形成生产能力，尽快开拓市场。

（4）有利于降低财务风险。吸收直接投资可以根据企业的经营状况向投资者支付报酬，没有固定的财务负担，比较灵活，所以财务风险较小。

2．吸收直接投资的缺点

（1）资本成本高。企业向投资者支付的报酬是根据企业实现的净利润和投资者的出资额计算的，不能减免企业所得税，当企业盈利丰厚时，企业向投资者支付的报酬很大。

（2）容易分散企业的控制权。吸收直接投资的新投资者享有企业经营管理权，这会造成原有投资者控制权的分散与减弱。

二、普通股票筹资

股票是股份公司为筹集权益资本而发行的可转让有价证券，是股东按照其所持股份享有权利和承担义务的凭证，它代表持股人在公司中拥有的所有权。按照股东享受权利和承担义务的不同，股票可分为普通股股票和优先股股票。

普通股（common stock）是指在公司的经营管理和财产的分配上享有普通权利的股份，代表满足所有债权偿付要求及优先股东的收益权与求偿权要求后对企业盈利和剩余财产的索取权，它构成公司资本的基础，是股票的一种基本形式，也是发行量最大，最为重要的股票。由于我国尚未发行优先股，目前在上海和深圳证券交易所交易的股票都是普通股。

（一）普通股的发行与上市

中国证券监督管理委员会于 2006 年 5 月 17 日公布并实施《首次公开发行股票并上市管理办法》，于 2014 年 2 月 11 日公布并实施《首次公开发行股票并在创业板上市管理办法》，对公司首次公开发行股票并上市应当符合的条件、上市公司增发股票的一般条件、上市公司向原股东配售股份的条件、上市公司向不特定对象公开募集股份（增发）的条件等做出了详细的规定；对股份有限公司设立时发行股票、增资发行新股的程序做出了详细的规定。

股票上市是指股份有限公司公开发行的股票经批准在证券交易所进行挂牌交易。经批准在交易所上市交易的股票称为上市股票。根据国际惯例，非公开募集发行的股票或未向证券交易所申请上市的非上市股票，应在证券交易所外的店头市场（over the counter market，OTC）上流通转让，即场外交易。只有公开募集发行并经批准上市的股票才能进入证券交易所流通转让。我国《公司法》规定，股东转让其持有的股份必须在依法设立的证券交易所进行。

国家鼓励符合产业政策并符合上市条件的公司股票上市交易。具备上市条件的股份有限公司经过申请，由国务院或国务院授权的证券管理部门批准，其股票方能上市。股票上市公司必须公告其上市报告，并将其申请文件存放在指定的地点供公众查阅。股票上市公司还必须定期公布其财务状况和经营情况，每个会计年度内每半年公布一次财务会计报告。

股份公司申请股票上市，其目的在于：

（1）分散风险。股票上市之后，资本社会化，可以在更大的范围内分散风险。

（2）提高股票的变现力。股票上市之后，如同一般商品一样，可以在公开市场上交易，自然提高了股票的变现力。

（3）便于筹集新的资金。股票上市必须经过有关机构的审查批准并接受相应的管理，执行各种信息披露和股票上市的规定，因此增强了社会公众对公司的信赖，使投资者更乐意购买公司的股票。

（4）提高公司的知名度。股票上市后，公司的有关信息就会引起各种媒体和社会公众的关注，由此造成了上市公司的社会影响，提高了公司的知名度，为吸引投资者创造了条件。

（5）便于确定公司的价值。股票上市之后，公司的股价市场化，便于确定公司的价值。

（二）股票发行的方式

股票发行可分为有偿增资发行和无偿增资发行两种。

有偿增资发行是指发行时投资者必须按认购的股数及面额或市价缴纳现金或实物的增资。主要包括：

（1）股东配股的股票发行方式。即企业在发行新股时，赋予股东以某一价格优先认购新股的权利，且认购的股数要按原持有的股数比例进行分配。

（2）第三者配股的股票发行方式。即指公司在新股票发行时，给予和公司有特定关系的第三者（如公司的职工、大股东、顾客、往来银行等）以新股认购权。

（3）公开招股发行方式。即公募发行，是以不特定的多数投资者为发行对象。它可以是直接公募发行，也可以是间接公募发行。

无偿增资发行是指股票发行时投资者不需缴纳现金和实物即无代价取得新股的增资，这种方式发行股票往往不是以筹集资金为主要目的，主要包括：

（1）无偿交付方式。即指企业用资本公积金转增股本，按股东现有持股比例无偿地交付新股票。

（2）股票分红方式。即上市公司以股票形式给股东进行股利分配。

（3）股份分割方式。即将原来大面额股票分割为若干股小面额股票。股份分割只增加股份的份额，而公司的资本数额并不发生变化。

（三）股票发行的价格

股票发行价格是指股份公司发行股票时，将股票出售给投资者所采用的价格，也是投资者认购股票时所必须支付的价格。股票发行价格通常是股票发行者根据股票市场价格水平和其他因素综合确定。

目前股票发行市场上常见的发行价格有如下几种。

（1）面额发行，也称等价发行（issuance of stock at par）或平价发行。它是指以股票面额为发行价格发行股票，即股票的发行价格等于股票面额。由于股票市价往往高于股票面额，因此可使认购者获得差价收入，比较容易推销。这种方式一般适用于新成立公司发行股票，或公司向原股东有偿配股，它可以保证公司及时募足全部资本，但也使公司失去了获得溢价收入的机会。

（2）时价发行，也称市价发行（issuance of stock at market price）。它是指公司发行新股时，以已发行的流通在外的股票或同类股票的现行价格为基准来确定股票发行价格的一种发行方式。采用时价发行时，股票面额与发行价格之间的差异归发行者所有，并转入公司资本公积金。这种方式通常在股票公开招股和第三者配股发行时采用。

（3）中间价发行。中间价发行（issuance of stock at mean price）是以股票面额和股票市价的中间值作为股票发行价格的一种发行方式。这种方式通常在股东配股发行股票时采用。

如果股票的发行价格高于其市价，则称为溢价发行（issuance of stock at premium）；反之，则为折价发行（issuance of stock at discount）。按照国际惯例，股票通常采取溢价发行或等价发行，很少折价发行，即使在特殊情况下折价发行，也要规定严格的折价幅度和时间等限制条件。我国《公司法》规定，股票发行价格可以按票面金额，也可以超过票面金额，但不得低于票面金额。

（四）普通股筹资的动因

企业利用发行普通股股票筹措资金，其目的如下。

（1）为创建股份公司而发行股票。股份公司的基本特征之一就是其全部资本要分为等额股份，股份采取股票的形式。在设立方式上可以采取发起设立和募集设立两种方式，发起设立是由发起人认购全部股票，不存在股票的对外发行问题；募集设立是发起人只认购发行股份的一部分，其余部分向社会公开募集。

（2）已设立的股份公司为增加资本而发行股票。已设立的股份公司为了扩大经营规模或投资新项目，有时会利用发行普通股来筹集资金。公司新发行的股票由原有股东按其持股比例优先认购，其余在市场出售。

另外，企业还存在其他目的的股票发行，这类发行通常与筹资无关，如发放股票股利时的股票发行、把可转换债券转化为普通股时的股票发行、股票分割时的股票发行等。

（五）普通股筹资的评价

1．普通股筹资的优点

（1）普通股筹资没有固定的到期日，不需偿还。利用普通股筹集的资金是永久性的资金，在公司持续经营期间可长期使用，能够保证企业最低的资金需求。

（2）普通股筹资没有固定的利息负担。公司发行普通股进行筹资，每年应支付给股东多少股利，取决于公司的盈利水平和股利政策，而不像债券筹资那样，无论是否盈利都要支付固定的利息。

（3）能增强公司的举债能力。利用普通股筹集的主权资本是公司借入资金的基础，公司的主权资本越多，对债务偿还的保证能力就越强。因此，普通股筹资可以提高企业的信誉，同时，也为使用更多的债务资本提供了强有力的支持。

（4）股票筹资比债券筹资更容易。由于普通股的预期收益大于债券收益，而且在通货膨胀时期，由于公司不动产的增值会使股票的价值也随之提高，所以普通股比债券得到的保障大。

2．普通股筹资的缺点

（1）普通股筹资的资本成本较高。一方面普通股的股利要在税后利润中支付，即股利不能抵扣所得税。另一方面，从股东的角度来看，由于股票投资风险大，所以股东要求较高的报酬率作为补偿。因此，普通股的筹资成本大于债券的筹资成本。

（2）容易分散控制权。公司发行新股将引进新股东，导致公司控制权的分散。

（3）稀释每股收益，降低股票价格。公司增加股票发行，新股东对公司已积累的盈余具有分配权，这就会降低普通股的每股收益，从而可能引起普通股市价下跌。

三、优先股筹资

优先股是一种兼具普通股股票和债券特点的混合性有价证券，它属于权益性资金，但却兼具债券的性质。它的主要特征是股利率一般在事先确定，但公司对这种股利的支付却带有随意性，并非必须支付。优先股是西方企业常用的一种筹资方式，我国的股份公司尚未公开发行过优先股。

（一）优先股的种类

公司为了保障优先股股东的利益，通常对优先股规定某些附属条件。根据附属条件的不同，优先股通常有以下几种类型。

1．累积优先股

累积优先股（cumulative preferred stock）是指任何一年度未支付的股利都可以递延到以后年度一起发放。也就是说，当公司的税后利润不足以支付优先股股利时，未支付的股利可以累积到下年度支付。在累积分派的优先股股利未补足之前，不得分派普通股股利。

2．参与优先股

参与优先股（participating preferred stock）是指优先股股东在获得定额股息后，还有权与普通股股东一起参与公司剩余利润的分配，即优先股股东可以获得双重分红权。这种优先股又进一步分为全部参与优先股和部分参与优先股，其中，全部参与优先股可与普通股股东等额地参与剩余利润的分配；部分参与优先股则只能按规定在一定限额内参与剩余利润的分配。

3．可转换优先股

可转换优先股（convertible preferred stock）是指股票持有者有权根据优先股发行时的规定，在将来某一时期内按预先规定的转换率或转换价格将优先股转换为普通股。优先股股东拥有转换的权利，但没有转换的责任。只有当普通股价格上升，通过转换优先股股东可以从中获利时，才行使这一权利。

4．可赎回优先股

可赎回优先股（callable preferred stock）是指在优先股的发行条款中设有赎回条款，当赎回的条件出现时，公司有权按预定的价格和方式赎回已发行的优先股。

（二）发行优先股的动因

优先股与普通股都是企业筹集权益性资本的方式，企业选择发行优先股而不是普通股，其原因在于：

（1）防止企业股权稀释。由于优先股股东没有参与企业经营管理的权利，发行优先股不会影响现有股东对公司的控制权，所以当负债筹资风险较大，利率较高，且发行普通股又会产生控制权稀释的情况下，优先股便是一种最理想的筹资方式。

（2）利用财务杠杆效应。由于优先股的股利率一般为固定比率或固定额，如果企业利润增长的幅度大于支付给优先股股东的约定股利，则利用优先股筹资就会提高普通股的每股收益，起到财务杠杆的效应。

（3）资金使用具有较大弹性。优先股同普通股一样没有到期日，不用偿还本金，但大多数优先股都有附属条款，企业可以灵活地利用这些条款，通过优先股的发行、收回和转换等手段调节企业的现金流量余缺，改善企业的资本结构。

（三）优先股筹资的评价

1．优先股筹资的优点

（1）优先股筹资没有到期日，不需要偿还本金，可以视为一种永久性的资金。只有在对企业有利时，企业才会提前收回优先股，这就增强了企业利用资金的灵活性。

（2）股利的支付既固定，又有一定的弹性。一般来说，优先股都采用固定股利，但对固定股利的支付并不构成公司的法定义务。当企业的经营状况良好，利润较多时，支付给优先股的股利是固定不变的；当企业的经营状况不佳，利润较少时，企业又可以暂时不支付优先股股利，这极大地保护了普通股股东的权益。

（3）增强企业的举债能力。优先股与普通股一样，属于权益性资本，发行优先股，有利于企业巩固资本的基础，增加企业的信誉，加强企业的举债能力。

2．优先股筹资的缺点

（1）优先股筹资的资本成本较高。优先股的股利要从企业的税后利润中支付，因此不能得到税收优惠。尽管优先股的资本成本低于普通股，但是还是高于债券。

（2）由于优先股在股利分配和财产清偿等方面拥有优先权，所以在公司收益不多时，普通股股东的收益就会受到影响。

（3）优先股筹资对企业具有一定的限制。例如，企业不能连续三年拖欠优先股的股利，企业有盈利必须首先给优先股股东分配股利，企业举债额度较大时，要征求优先股的股东意见等。

四、可转换债券筹资

（一）可转换债券的特征

可转换债券，简称可转债，又作可换股债券，是债券的一种，它可以转换为债券发行公司的股票，其转换比率一般会在发行时确定。

可转换债券通常具有如下特征。

1．债权性

与其他债券一样，可转换债券也有规定的利率和期限，投资者可以选择持有债券到期，收取本息。

2．股权性

可转换债券在转换成股票之前是纯粹的债券，但在转换成股票之后，原债券持有人就由债权人变成了公司的股东，可参与企业的经营决策和红利分配，这也在一定程度上会影响公司的股本结构。

3．可转换性

可转换性是可转换债券的重要标志，债券持有人可以按约定的条件将债券转换成股票。转股权是投资者享有的、一般债券所没有的选择权。可转换债券在发行时就明确约定，债券持有人可按照发行时约定的价格将债券转换成公司的普通股票。如果债券持有人不想转换，则可以继续持有债券，直到偿还期满时收取本金和利息，或者在流通市场出售变现。

（二）可转换债券的价值

可转换债券的价值由作为债务证券的价值（或称纯粹债券价值）、转换价值和期权价值三个部分组成。

1．纯债券价值

纯债券价值是指可转换债券在持有者不行使转换权，而将其当作债券持有的情况下的市场出售价格。这个价值可以通过其他企业发行的类似报酬和风险的纯债券的价值而得到。纯债券价值通常是可转换债券交易的底价或最低价，它等于债券的利息和归还的本金按企业支付给纯债券利率折现的现值总和。

2．转换价值

可转换债券的转换价值是以当前可转换成的普通股的市场价格计量的。转换价值取决于转换率与普通股市场价格，其计算公式为：

$$转换价值=转换率×普通股市场价值$$

转换价值与转换价格的区别在于：转换价格是根据预先确定的转换率与可转换债券面值计算确定的，只要转换率不变，转换价格就是固定的；转换价值取决于转换率和普通股市场价格两个因素，由于股票的市场价格处于不断的波动之中，转换价值也随着股票市场价格的变化而不断变化。当转换价值高于转换价格时，将可转换债券转换为普通股才是合算的。

3．期权价值

由于可转换债券具有纯债券价值和转换价值，债券持有人可以在债权的转换选择权存续期间，通过等待并在将来利用纯债券价值和转换价值中较高者来选择对其有力的策略，即决定是将可转换债券视为一般债券还是转换成公司普通股股票。债券持有者的这个选择权具有期权的特点，具有相应的期权价值。

（三）可转换债券的基本要素

可转换债券的基本要素包括以下内容。

1．转换率

转换率（conversion ratio）是指每份可转换债券转换成普通股的股数，它等于可转换债券面值除以转换价格。如某公司流通在外的 30 年期可转换债券的面值为 1 000 元，按协议规定该种债券可按每股 50 元转换成普通股，那么，转换率为 20 股（1 000÷50）。

2．转换期

转换期（conversion period）是指可转换债券持有者行使转换权的有效期间。通常有两种规定，一种是发行公司规定一个特定的转换期间，债券则只能在该期限内转换；另一种方式是不限制转换的具体期限，在债券到期之前的任何时候都可以转换。

3．转换价值

转换价值（conversion value）是指以可转换成的普通股市场价格计量的可转换债券的价值。如某公司流通在外的面值为 1 000 元债券，可以按每股 12.50 元转换成普通股，其转换率为 80 股（1 000÷12.50）。假设该普通股的现行市场价格为每股 20 元，则转换价值为 1 600 元（80×20）。由于转换价值高于债券价值（1 000 元），因此，对于可转换债券持有者而言，转换是一种明智的选择。

4．转换价格

转换价格（conversion price）是指债券转换为普通股时每股实际支付的价格，它等于可转换债券的面值（不是市场价值）除以转换率。如某公司流通在外的面值为 1 000 元的债券，按协议规定，可以转换成25股普通股，则债券的转换价格为40元（1 000／25）。

（四）可转换债券筹资与纯债券和普通股的区别

1．可转换债券与纯债券比较分析

如果公司发行可转换债券，在其发行后的时期里公司股票表现很差，价格没有上涨，这时可转换债券融资要比纯债券融资更有利，因为可转换债券的持有者不会将其转换为普通股，而是继续当作债券持有，由于可转换债券的利率低于纯债券，因此可以降低公司的利息成本。但是如果公司发行可转换债券以后，公司股票表现极好，价格大幅上涨，这时纯债券融资要比可转换债券融资成本更低、更有利。

2．可转换债券与普通股的比较分析

如果公司发行可转换债券以后，公司股票价格大幅上涨，在这种情况下，可转换债券融资要比普通股融资更有利，因为股票价格上涨，可转换债券的持有者倾向将债券转换为普通股，由于转换溢价的存在，这时公司相当于以较高的价格发行了普通股。如果可转换债券发行后，公司股价下跌或者上涨幅度不够大，则公司发行普通股比可转换债券更有利，因为，发行价高于发行后的市场价格，也就是说，公司能收到比其随后股票价值要多的现金。

（五）可转换债券筹资的评价

1．可转换债券筹资的优点

（1）筹资成本低。可转换债券的票面利率要比一般债券低，对于公司来说，在满足筹资的情况下，可以从低利率中节约筹资成本。

（2）灵活性大。可转换债券的可提前赎回的特征使公司有权按特定价格在到期日之前收回债券。当可转换债券的转换价值超过购回价格时，公司可行使购回权利，强迫可转换债券的持有者将可转换债券转换成股票。强迫转换将使公司的负债转换成股东权益，改善企业的资本结构，增强公司的再筹资能力。

（3）降低股权的稀释性。可转换债券的持有者都期望在将来某一时点将这种债券转换成普通股，以使自己获得更大的利益，因此可转换债券也被认为是延迟的普通股。与发行普通股筹资相比，由于可转换债券的转换价格要高于新发行普通股的发行价格，所以其在将来对每股收益的稀释较低。

2．可转换债券筹资的缺点

（1）转换率和转换价格较难确定。由于股票未来价格的变化难以准确预测，所以很难合理地确定可转换债券的转换率和转换价格。如果转换价格定得过高，就会引起转换失败，无法达到发行转换债券的预期目标；如果转换价格定得过低，持有者将可转换债券转换为股票时，与公司按转换日的股票价格发行新股票相比，公司所获得的资金将大大减少，并严重损害现有股东的利益。

（2）低成本筹资的时限性。当可转换债券转换为普通股时，其低成本的优势就将丧失。

五、认股权证筹资

认股权证（warrant）是由股份公司发行的，允许其持有者在指定的时间内以设定的价格购买一定数量该公司股票的选择权凭证。认股权证可以与它伴随的证券一起发行，也可以单独发行。

（一）认股权证的一般特征

（1）认股权证是一种购买普通股的选择权，在行使选择权之前，持有人既不是公司的股东，也不是公司的债权人。

（2）认股权证的持有人只享受认购的权利，不承担认购的责任。也就是说，他可以行使认购权利，也可以放弃这种权利。只有认购价格低于股票的市场价格时，认股权证的持有人才会行使其认购权利。

（3）认股权证具有一定的价值，它可以在证券市场上作为一种独立的证券流通。认股权证的价值取决于股票的市场价格和认购价格。

（4）认股权证行使转换权时，持有者支出现金，使公司的现金流量增加，同时增加公司的股权资本。

（5）认股权证一般是不可购回的，并以定向募集形式发行。

（二）认股权证的基本要素

认股权证只是一种权利的凭证，其基本要素包括认购数量、认购价格、认购期限和赎回条款。这些要素均在认股权证发行时明确规定。

（1）认购数量。可以用两种方式约定，一是确定每一单位认股权证可以认购普通股的数量；二是确定每一单位认股权证可以认购普通股的面值金额。

（2）认购价格。也成为执行价格，一般以认股权证发行时发行公司的股价为基础确定认购价格。认购价格通常比股票发行时的市场价格低 10%~20%。只有当股票市场价格超过认购价格时，转换有利可图，认股权证持有者才会履约。

（3）认购期限。是指认股权证的有效期限，在期限内，持有者可以随时购买公司股份，一旦超过认购期限，认股权证自行失效。也有长期有效的认股权证，即没有截止日期。

（4）赎回条款。发行认股权证的公司，一般都制定有在特定情况下的赎回条款，发行公司有权在赎回条件满足时赎回在外发行的认股权证。

（三）认股权证筹资的动因

（1）认股权证可以改善企业的筹资条件，当企业发行大量债券时，附有认股权证可以增强债券发行的销路，降低债券利率。尤其是新建和处于发展阶段的企业，由于它们的前景不确定，投资者不愿购买这些企业发行的债券，但企业如果以认股权证作为"诱饵"或附加利益与债券一起发行，则会改善债券的发行状况。

（2）适时地满足企业对资金的需求。利用认股权证筹资，有助于实现只有在企业需要资金时，才向企业提供资金的理想模式。例如，当企业处于成长阶段时，一般都需要筹措新的资金，而与此同时，企业的成长势必导致普通股股价上涨，促使认股权证持有者用现金换购普通股，使企业获得额外的权益资金；相反，如果公司经营不善，发展缓慢，则所需的资金自然就会减少，这样公司的股价就不会涨到足以诱使认股权证持有者去行使换购普通股的权利。

（3）增加企业筹资的灵活性。由于认股权证具有可分割的特性，当投资者买下附有认股权证的债券后，如果没有认购能力或不打算认购新股，则可以将认股权证和债券分开，单独交易。这样，一方面使得认购率提高，使企业的股票顺利发行；另一方面使原有投资者在转让认股权证中取得收益，促进股票价格提高，从而有效地保护了股东的权益。

（四）认股权证的价值

一般来说，认股权证有两种价值，即市场价值和理论价值。市场价值与理论价值之间的差额被称为认股权证溢价（warrant premium），溢价的大小在很大程度上取决于投资者的期望以及投资者是否能从认股权证中得到比一般股票更大的杠杆效应。

（1）认股权证的理论价值。认股权证的理论价值是认股权证在证券市场上出售的最低极限价格，其计算公式为：

$$V=（P-E）\times N$$

式中，V 代表认股权证的理论价值，P 代表普通股每股现行市场价格，E 代表认股权证的认购价格，N 代表每张认股权证所能购买的普通股数量。

由于认股权证的持有者只有认购的权利而没有认购的责任，所以当认购价格大于市场价值时，认购股票无利可图，这时认股权证的持有者将放弃认购权利，认股权证的理论价格为零。由于套利机制，认股权证的理论价值构成了出售认股权证的最低极限价格。

（2）认股权证的市场价值。认股权证的市场价值是指在市场上买卖的成交价格，由于认股权证具有较高的投机价值，所以其市场价值通常高于理论价值。认股权证的市场价值与理论价值及股票市价三者的关系如图6-2所示。

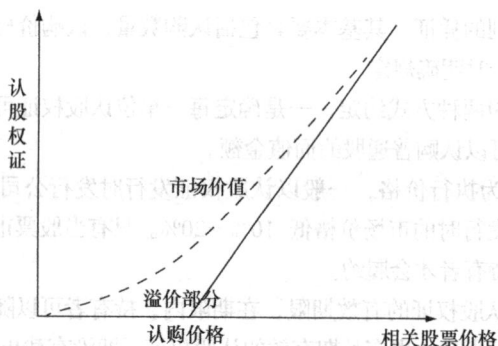

图6-2 认股权证理论价值与市场价值之间的关系

从图 6-2 可以看到，随着股票价格的上升，认股权证的市场价值也在上升，但其上升的幅度小于理论价值的上升幅度，所以随着股票价格的升高，市场价值与理论价值逐渐接近。另外，随着认股权证期限的临近，认股权证的市场价值越来越高，其投机性及杠杆作用将减弱，风险增大，溢价减少，市场价值接近理论价值。

（五）认股权证筹资的评价

1．认股权证筹资的优点

（1）筹资成本低。由于认股权证的吸收作用，债券利率较低，从而降低筹资成本。

（2）有利于改善公司的治理结构。在认股权证有效期间，公司管理层及其大股东任何有损公司价值的行为，都可能降低公司的股价，从而降低投资者执行认股权证的可能性。因此，认股权证将有效约束公司的道德行为，改善公司的治理结构。

（3）有利于推进公司的股权激励机制。通过给予管理者和重要员工一定的认股权证，可以将管理者和员工的利益与企业价值成长紧密联系在一起，使管理者和员工在实现自身财富增值的同时，提升企业价值。

2．认股权证筹资的缺点

认股权证行权后，会对公司每股收益产生稀释效应，控制权也被分散，稀释到一定程度后，股价会调整并引发下跌，影响公司的业绩表现。

第三节　长期负债筹集

企业利用长期负债筹集资本，主要有长期借款、长期债券、租赁三种筹资方式。

一、长期借款筹资

长期借款是指企业向银行等金融机构借入的偿还期在一年以上的各种款项，主要用于固定资产的购建以及长期流动资金的需要。

（一）长期借款的种类

（1）按照付息方式与本金的偿还方式可分为分期付息到期还本长期借款、到期一次还本付息长期借款和分期偿还本息长期借款三种类型。

（2）按所借币种可分为人民币长期借款和外币长期借款。

（3）按照用途可分为固定资产投资借款、更新改造借款、科技开发和新产品试制借款。

（4）按照提供贷款的机构可分为政策性银行贷款、商业银行贷款和非银行金融机构贷款。

政策性贷款一般指执行国家政策性贷款业务的银行向企业发放的贷款。如国家开发银行主要为满足企业承建国家重点建设项目的资金需要提供贷款，进出口信贷银行则为大型设备的进出口提供买方或卖方信贷。

商业银行贷款是指由各商业银行向工商企业提供的贷款。这类贷款主要用于企业建设竞争性项目的资金需要，企业对贷款自主决策、自担风险、自负盈亏。

非银行金融机构贷款是指从信托投资公司取得的实物或货币形式的信托投资贷款，以及从财务公司取得的各种中长期贷款等。非银行金融机构对企业的贷款一般较商业银行的贷款期限长，相应的利率也较高，对借款企业的信用要求和担保的选择也较为严格。

（5）按照有无担保可分为信用贷款和抵押贷款。

信用贷款指不需企业提供抵押品，仅凭其信用或担保人信誉而发放的贷款。

抵押贷款是指要求企业以抵押品作为担保的贷款。长期贷款的抵押品常常是房屋、建筑物、机器设备、股票、债券等。

（二）长期借款筹资的条件

我国金融部门对企业发放贷款的原则是按计划发放、择优扶植、有物资保证、按期归还。企业申请贷款一般应具备的条件如下。

（1）借款企业应该实行独立核算、自负盈亏、具有法人资格；

（2）借款企业的经营方向和业务范围符合国家产业政策，借款用途属于银行贷款办法所规定的范围；

（3）借款企业具有一定的物资和财产保证，担保单位具有相应的经济实力；

（4）借款企业具有偿还贷款的能力；

（5）借款企业财务管理和经济核算制度健全，资金使用效益及企业经济效益良好；

（6）借款企业在有关银行开立有账户办理结算。

具备上述条件的企业欲取得贷款，先要向银行提出申请，陈述借款原因与金额、用款时间与计划、还款期限与计划。银行应该根据企业的借款申请，对企业的财务状况、信用情况、盈利的稳定性、发展前景、借款投资项目的可行性等进行审查。银行审查同意贷款后，再与借款企业进一步协商贷款的具体条件，明确贷款的种类、用途、金额、利率、期限、还款的资金来源及方式、保护性条件、违约责任等等，并以借款合同的形式使其合法化。借款合同生效后，企业便可取得借款。

（三）长期借款筹资的保护性条款

由于长期借款的期限长、风险大，按照国际惯例，贷款机构通常对借款企业提出一些有助于保证贷款按时足额偿还的条款，这些条款写进借款合同中，形成了借款合同的保护性条款。归纳起来，可分为三类。

1．一般保护性条款

应用于大多数借款合同，但根据具体情况会有不同的内容，一般包括流动资金保有量的规定、支付现金股利和购入股票的限制、资本支出规模的限制、限制其他长期债务、定期向银行提交财务报表、不准在正常情况下出售较多资产、如期缴纳税款和偿还到期债务、不得抵押或者担保、不得出现或有负债、限制租赁固定资产的规模。

2．特殊保护性条款

这是针对某些特殊情况专门的保护性提款，出现在较少数的借款合同中。例如贷款专款专用、不准企业投资于短期内不能收回的资金项目、限制企业高级职员的薪金和奖金总额、要求企业主要领导人在合同有效期内担任领导职务、要求企业主要领导人购买人身保险等。

3．例行性保护条款

作为例行常规，在大多数借款合同中都会出现，主要包括借款企业必须定期向银行提交财务报表、不准在正常情况下出售较多资产，以保持企业正常的生产经营、不得为其他单位或个人提供担保、及时偿还到期债务、禁止应收账款转让等。

（四）长期借款的利率

长期借款利率大小取决于金融市场的供求状况、借款期限、抵押品的流动性及企业的信誉等因素。长期借款利率通常分为固定利率和变动利率。

（1）固定利率。固定利率是指借贷双方找出一家风险类似于借款企业的其他企业，再以这家企业发行期限与长期借款期限相同的债券的利率作为参考，确定长期借款利率，利率一经确定，不得随意改变。只有当借款企业预测将来的市场利率会不断攀升时，才应与银行签订固定利率合同，否则就应签订变动利率合同。

（2）变动利率。变动利率是指长期借款在借款期限内，利率可以根据具体情况进行调整，一般根据金融市场的行情每半年或一年调整一次，或者在贷款协议中规定根据金融市场的变动情况随时调整，借款企业尚未偿还的本金则按调整后的利率计算利息。在一个自由的资本市场中，无论固定利率还是变动利率都存在风险。

（五）长期借款的偿还

企业借入长期借款，应与银行协商确定具体的偿还方式。不同的偿还方式，在债务偿还期内的现金流量分布不同。企业应依据自身的现金支付状况和投资收益水平，确定适合本企业的偿还方式。下面举例讨论不同的偿还方式对企业现金流量的影响。

1．到期一次还本付息

按这种偿还方式偿还债务，借款企业平时不需还债，本息一并在债务到期时支付。因此，到期时的偿债压力较大。

【例 6-2】ABC 有限公司是一家大型的制造业集团，向某商业银行贷款 1 500 万元，该笔贷款的利率为 8%，期限为 6 年。

按到期一次还本付息，到期时企业应偿付的总金额为：

$$1\ 500×（1+8\%）^6=2\ 380.31（万元）$$

2．定期付息、到期一次还本

这种偿还方式要求企业每年支付利息，到期时只偿付本金，与到期一次还本付息相比，到期时的偿债压力有所减轻。仍按上例，则企业整个债务期间每年应支付利息 120 万元，到期应偿还本金 1 500 万元，应偿付的总金额为：

$$1\ 500×（1+8\%×6）=2\ 220（万元）$$

3．定期等额偿还本利和

定期等额偿还本利和是指在贷款期间连本带息按相等金额分期偿还。这种方式将债务本息均匀地分摊到各期，使到期支付压力最小。仍按上例，如果企业与银行协商确定按年度定期等额偿还贷款本息，那么每年应偿还的贷款本息数额为：

$$A_i=1\ 500÷（P/A，8\%，6）=324.47（万元）$$

企业编制的贷款偿还计划如表 6-11 所示。

表 6-11　ABC 公司定期等额偿还贷款本息计划表

定期等额偿还贷款本息计划表			
贷款银行：X 银行	贷款金额 1 500（6 年期）		单位：万元
年份 （t）	年偿还额 （A_t）	利息支付额 （$B_t=D_t×i$）	本金偿还额 （$C_t=A_t-B_t$）	本金剩余 （$D_t=D_{t-1}-C_t$）
0	—	—	—	1 500
1	324.47	120.00	204.47	1 295.53
2	324.47	103.64	220.83	1 074.70
3	324.47	85.98	238.50	836.20
4	324.47	66.90	257.58	578.63
5	324.47	46.29	278.18	300.45
6	324.47	24.04	300.45	0
合计	1 946.83	446.84	1 500	

在实践中，为了与企业现金流量相匹配，企业可以采用多种偿还方式，也可以将几种偿还方式结合起来灵活运用，不必拘泥于以上几种方式。

（六）长期借款筹资的评价

1．长期借款筹资的优点

（1）筹资速度快。与发行股票、债券相比，长期借款的程序相对简单，不需要像发行证券那样经历申报、审批、印刷、发行等环节，因而花费的时间较短，企业可以较快地获得所需要的资金。

（2）筹资成本较低。长期借款的利息在税前支付，减少了企业实际负担的利息费用，从而筹资成本比股票筹资要低得多。与债券筹资相比，长期借款的利率通常低于债券利率，而且取得长期借款没有大量的发行费用，筹资的取得成本较低。

（3）借款弹性较大。在借款之前，企业与银行直接接触，协商确定借款的数额、期限、利率、偿还方式等事项。在借款期间，如果企业财务状况发生某些变化，也可以与银行再次协商，变更借款数额、期限等条件。借款到期后，如果企业有正当理由，还可以延期归还借款。因此，长期借款对企业来说有较大的灵活性。

（4）可以发挥财务杠杆作用。企业借入长期借款后，当企业的资金利润率高于借款利率时，可以产生财务杠杆作用，增加普通股股东的收益。

2．长期借款筹资的缺点

（1）财务风险较高。长期借款通常有固定的利息费用和固定的偿付期限。在企业经营不利、财务困难的时候，固定的利息支出无疑加重了企业的负担，甚至可能使企业无法偿付到期债务，引起破产。

（2）限制条件较多。银行为了保护自身的利益，在与企业签订的借款合同中通常附加了许多限制性的条款。这些条款限制了企业对借入资金的灵活运用，并在一定程度上影响了企业的再筹资能力。

（3）筹资数量有限。由于长期借款只是向某家或某几家金融机构筹资而不是向社会筹资，所以很难像发行股票或债券那样筹集到大量的资金。

二、长期债券筹资

债券是债务人为筹集资金发行的，约定在一定期限内还本付息并反映债权债务关系的一种有价证券。对债券可以从各种不同的角度进行分类，下面主要讨论有关企业债券筹资的相关问题。如果没有特别说明，以下所称债券都是指企业债券。

（一）债券的特点

债券筹资的筹资面广、数额大、期限长、发行的费用低，对财务的公开性要求不高，这使得债券发行者比较容易筹集到资金。一般来说，债权的特点可以归纳为以下几个方面。

（1）偿还性。债券一般都规定有偿还期限，发行人必须按照约定的偿还条件偿还债券本金及利息。

（2）流通性。债券一般都可以在流通市场上进行买卖交易。

（3）安全性。与股票相比，债券通常规定有固定的利率，与企业经营绩效没有直接联系，因此风险较小。而且，债券比股票具有优先偿还权，在企业濒临破产时，债券持有者享有优先于股票持有者的对企业剩余资产的优先索取权。

（4）收益性。债券给持有者带来的收益主要体现在两个方面，一方面，债券持有者可以获得持有债券期间的固定利息收益，另一方面，债券持有者可以享受债券价格变动、买卖债券所带来的价差收益。

（二）债券筹资的动因

债券筹资是企业筹集长期资金的一种方式，与长期借款和股权筹资相比，某些企业更乐于采用发行债券筹集资金。

（1）债券筹资具有抵税作用。债券的利息费用可在税前支付，抵减一部分所得税，使债券的实际成本较低。而股票的股利则在税后支付，没有抵减税收的作用。当然企业可以向银行借款，借款利息也具有抵税作用，但是，银行借款往往受到国家金融政策或银行借款限额的制约，使企业难以从银行等金融机构取得必要的资本来源。在这种情况下，如果企业经营状况良好，又有良好的发展前景，发行债券筹资则不失为一种最合理的选择。

（2）债券筹资具有很大的灵活性。与长期借款相比，债券筹资具有很大的灵活性。企业可以根据本身的资金需求，结合金融市场的实际情况自行确定债券的面值、发行价格、票面利率、偿还期限和偿还方式。债券筹资还可以为发行企业提供增加某些特殊功能的债券，如发行可转换为普通股的债券，这对企业来讲无疑是非常有利的。

（3）其他动因。如保证企业现有股东对企业的控制权，获得财务杠杆效应，增强企业在社会的知名度。

（三）债券的发行价格

根据我国《公司法》的规定，股份有限公司、国有独资公司、两个以上的国有企业或者其他两个以上的国有投资主体投资设立的有限责任公司这三种形式的公司主体具有资格发行债券。

债券的发行价格是发行公司（或其承销机构）发行债券时所使用的价格，即债券原始投资者购入债券时应支付的市场价格。在发行债券时，如果票面利率与市场利率不一致，为了协调债券购销方在债券利率上的利益，就需要调整发行价格。当票面利率高于市场利率时，债券的发行价格高于其面值，溢价发行；当票面利率低于市场利率时，债券的发行价格低于其面值，折价发行；当票面利率等于市场利率时，债券发行价格等于其面值，平价发行。

债券发行价格是由债券面值和债券年利息按发行当时的市场利率折算后的现值之和决定的，其基本计算公式为：

$$债券发行价格 = \sum_{t=1}^{n} \frac{年利息}{(1+市场利率)^t} + \frac{面值}{(1+市场利率)^n}$$

式中，n 为债券发行期限；t 为债券支付利息的期数。

【例 6-3】ABC 公司发行面值为 1 000 万元，利率为 8%，期限 5 年，每年付息一次的公司债券。金融市场上同类债券的市场利率是 10%。该债券的发行价格为

$$1\,000 \times 8\% \times (P/A, 10\%, 5) + 1\,000/(1+10\%)^5$$

$$= 80 \times 3.790\,8 + 620.92$$

$$= 924.19（万元）$$

（四）债券的信用评级

债券的信用评级是指按一定的指标体系对准备发行债券的还本付息的可靠程度发出公正客观的评定。投资者可以根据评级结果选择债券进行投资。当前国际上最著名的债券评级机构是穆迪投资服务公司和标准普尔公司。具体信用评级如表 6-12 所示。

表 6-12　债券分级

名称	较高等级		高级		投机级		低级			
标准普尔	AAA	AA	A	BBB	BB	B	CCC	CC	C	D
穆迪	Aaa	Aa	A	Baa	Ba	B	Caa	Ca	C	D

有时，穆迪和标准普尔会调整债券等级。标准普尔使用加减号：A+代表 A 级中的最高级别，A-则代表 A 级中的最低级别。穆迪采用的是符号 1、2 或 3，其中 1 代表最高级别。

穆迪	标准普尔	级别说明
AAA	Aaa	Aaa 级和 AAA 级是债券等级中的最高级别，表明债券具有极强的偿付本利的能力
AA	Aa	Aa 级和 AA 级债券有较强的本利偿付能力，它同最高等级债券一起构成债券的最高类别
A	A	A 级债券的偿还本利能力强，但是它比较容易随环境和经济状况的变动而发生不利的变动
Baa	BBB	评为 Baa 级和 BBB 级的债券被看作具有足够的能力偿还本金和利息的。因为它一般都规定有充分的保护措施，因此比起高级类债券，不利的经济状况或环境变化更能削弱该级别债券的本利偿付能力。这类债券属于中级债务

名称	较高等级	高级	投机级	低级
Ba	BB	一般认为该等级债券具有显著的投机性。Ba 级和 BB 级债券的投机度最低，Ca 级和 CC 级债券的投机度最高。尽管这种债券可能具有某种特质与保护性特点，然而最重要的是，它们却带有更大的不确定性或者更有可能经历不利的情况		
B	B			
Caa	CCC			
Ca	CC			
C	C	该等级归属从未支付利息的收益债券		
D	D	无力清偿债务的债券被判定为 D 级债券，该种债券无法按时支付利息以及归还本金		

债券的最高等级是 AAA 级或 Aaa 级，它表明债券具有最高质量和最低风险程度。D 级是债券等级中最低的级别，它表明发行公司无法履行偿还义务。从 20 世纪 80 年代开始，越来越多的公司利用低等级债券，即"垃圾债券"筹资。"垃圾债券"是指被权威评级机构评为低于"投资等级"的债券（即信用评级低于标准普尔公司的 BB 级别或低于穆迪公司的 Ba 级别的债券），这类债券的风险较大，收益率较高，体现了"高风险，高收益"的公司理财观念，因此，吸引了越来越多的投资者关注这类融资工具。

我国的债券评级工作正处于起步阶段，还没有统一的债券等级标准和系统的评级制度。如果企业须向社会公开发行债券，则按中国人民银行的有关规定，由中国人民银行及其授权的分行指定资信评级机构进行信用评级。

（五）债券筹资的评价

1．债券筹资的优点

（1）资本成本低于普通股。债券的利息通常低于普通股的股息，而且利息费用可在税前收益中支付，起到抵减所得税的作用，因此债券的资本成本低于普通股的资本成本。

（2）可产生财务杠杆作用。债券利息按固定的面值和利率计算，利息支出的数额是固定的，当企业的资金利润率高于债券的利息率时，与长期借款一样，可产生财务杠杆作用，增加股东收益。

（3）保障股东的控制权。债券持有者只从企业获取固定的利息收入，无权参与企业的经营管理，因此不会影响股东对企业的控制权。

2．债券筹资的缺点

（1）增加企业的财务风险。债券有明确的到期日，且利息必须按期支付，当企业的经营状况较差时，易使企业陷于财务困境，甚至成为企业破产的"加速器"。

（2）限制条件较多。发行债券的契约书中往往附加了一些限制性条款，影响企业资金调度的灵活性。

三、租赁筹资

租赁（leasing）是出租人（lessor）以收取租金为条件，在契约或合同规定的期限内，将资产租让给承租人（lessee）使用的一种经济行为。租赁业务在西方国家发展很快，尤其是固定资产租赁业务，凡是可以购买到的固定资产都可以通过租赁方式取得。美国公司生产经营中所需的全部新设备约有 30%是通过租赁获得的。

在实际生活中，租赁的形式有多种，根据所有权是否最终转移，通常将租赁分为经营租赁和融资租赁。

（一）经营租赁与融资租赁的区别

经营租赁（operating lease）又称服务性租赁，是指出租人在较短的时期内向承租人出租资产，并提供保养、维修、人员培训等服务的租赁。融资租赁（financial lease）又称资本租赁，是一种以融通资金为目的租赁方式。这种租赁方式下，承租人按照租赁合同可在资产的大部分使用寿命周期内，获得资产的使用权，出租人收取租金，但不提供维修、保养等服务。

融资租赁与融资租赁主要区别如下。

（1）作用不同

由于租赁公司能提供融资租赁资产，这样使企业能在极短的时间，用少量的资金取得并安装投入使用，并能很快发挥作用，产生效益。因此，融资租赁行为能使企业缩短项目的建设期限，有效规避市场风险，同时，避免企业因资金不足而放过稍纵即逝的市场机会。经营租赁行为能使企业有选择地租赁企业急用但并不想拥有的资产。特别是工艺水平高、升级换代快的设备更适合经营租赁。

（2）租赁资产的性质不同

融资租赁资产是属于专业租赁公司购买，然后租赁给需要使用的企业，同时，该租赁资产行为的识别标准，一是租赁期占租赁开始日该项资产尚可使用年限的 75%以上；二是支付给租赁公司的最低租赁付款额现值等于或大于租赁开始日该项资产账面价值的 90%及以上；三是承租人对租赁资产有优先购买权，并在行使优先购买权时所支付购买金额低于优先购买权日该项租赁资产公允价值的 5%；四是承租人有继续租赁该项资产的权利，其支付的租赁费低于租赁期满日该项租赁资产正常租赁费的 70%。总而言之，融资租赁其实质就是转移了与资产所有权有关的全部风险和报酬，某种意义来说，对于确定要行使优先购买权的承租企业，融资租赁实质上就是分期付款购置固定资产的一种变通方式，但要比直接购买好得多。而对经营租赁则不同，仅仅转移了该项资产的使用权，而对该项资产所有权有关的风险和报酬却没有转移，仍然属于出租方，承租企业只按合同规定支付相关费用，承租期满的经营租赁资产由承租企业归还出租方。

（3）租赁程序不同

经营租赁出租的设备由租赁公司根据市场需要选定，然后再寻找承租企业，而融资租赁出租的设备由承租企业提出要求购买或由承租企业直接从制造商或销售商那里选定。

（4）租赁期限不同

经营租赁期较短，短于资产有效使用期，而融资租赁的租赁期较长，接近于资产的有效使用期。

（5）设备维修、保养的责任方不同

经营租赁由租赁公司负责，而融资租赁有承租方负责。

（6）租赁期满后设备处置方法不同

经营租赁期满后，承租资产由租赁公司收回，而融资租赁期满后，企业可以很低的价格购买。

（7）租赁的实质不同

经营租赁实质上并没有转移与资产所有权有关的全部风险和报酬，而融资租赁的实质是将与资产所有权有关的全部风险和报酬转移给了承租人。

（二）融资租赁的特点

与经营租赁相比，融资租赁主要有以下特点。

（1）租赁物由承租人决定，出租人出资购买并租赁给承租人使用，并且在租赁期间内只能租给一个企业使用。

（2）承租人负责检查验收制造商所提供的租赁物，对该租赁物的质量与技术条件出租人不向承租人做出担保。

（3）出租人保留租赁物的所有权，承租人在租赁期间支付租金而享有使用权，并负责租赁期间租赁物的管理、维修和保养。

（4）租赁合同一经签订，在租赁期间任何一方均无权单方面撤销合同。只有租赁物毁坏或被证明为已丧失使用价值的情况下方能中止执行合同，无故毁约则要支付相当重的罚金。

（5）租期结束后，承租人一般对租赁物有留购和退租两种选择，若要留购，购买价格可由租赁双方协商确定。

（三）融资租赁的形式

融资租赁是借入资产代替借入资金，融资与融物相结合的借贷活动，实际上它才是企业筹资意义上的租赁。融资租赁形式很多，根据租赁所涉及关系的复杂程度，通常可以分为直接租赁、售后租回和杠杆租赁。

（1）直接租赁（direct leasing），是指出租人直接将资产出租给承租人，签订合同并收取租金的一种租赁方式。这种租赁方式只涉及出租人和承租人两个当事人。直接租赁的主要出租人是制造商、财务公司、银行、独立的租赁公司等。除制造商外，其他出租人都是先向制造商或供应商买入资产，再将资产租给承租人。通常所指的融资租赁，不特别说明时即为直接租赁。

（2）售后租回（sale and leaseback）是指企业先将其拥有的资产卖给出租人，然后再按照特定条件将其租回使用，这种取得资产的融资方式称为售后租回。从事售后租回的出租人通常包括保险公司、商业银行、专业租赁公司或投资者；而承租人则是出售资产后再将资产租回的企业。在这种租赁方式下，出售资产的企业可以得到相当于资产售价的一笔资金，同时仍然可以使用资产，就如同企业贷款买进资产并将其作为贷款的抵押品一样，所以售后租回与抵押贷款非常相似。

（3）杠杆租赁（leveraged leasing），一般涉及承租人、出租人和贷款机构三方当事人。从承租人的角度来看，承租人按照合同规定在承租期内定期支付租金，从而获得承租期资产的使用权，因此，杠杆租赁与其他租赁方式没有什么不同。但对出租人来说却不一样，他只提供租赁资产所需资金的一部分（一般为 20%～40%），其余部分则以该资产为担保向贷款机构借入款项支付。在这里，出租人既是资产的出借人，同时也是贷款的借入人。出租人收取的租赁费首先用于偿还贷款机构的贷款本息，剩余部分是出租人的投资报酬。由于租赁收益通常大于借款成本，出租人可以借此获得财务杠杆的好处。杠杆租赁通常适用于金额巨大的设备租赁项目。

（四）租赁筹资的评价

1．租赁筹资的优点

（1）筹资速度快。融资租赁集融资与融物一身，一般比筹资现金再购置设备来的更快，可以快速形成企业的生产力。

（2）限制条件少。利用股票、债券、长期借款等形式进行筹资时，筹资过程较为复杂，限制条件也较多，而融资租赁形式筹资相对限制条件少。

（3）设备淘汰风险小。任何设备都存在着陈旧、过时的风险，因为融资租赁的租赁期限一般是设备使用寿命的 75%，不会像自己购买那样整个期间都承担风险，而且多数租赁协议都规定由出租人承担设备陈旧过时的风险，所以利用这种方式所得到的实物设备淘汰的风险较小。

（4）财务风险小。全部租金在整个租赁期内分期支付，大大减轻了企业一次偿还本金及利息的财务风险。

（5）税收负担轻。租金可以在税前扣除，具有抵税作用，从而减轻企业的税收负担。

2．租赁筹资的缺点

租赁筹资的主要缺点是资金成本较高。一般而言，租金要比负债筹资的利息高得多，而且租金总额通常要高于租赁资产价值的 30%。若承租人在财务困难时期，固定的租金也会构成一项较沉重的负担。另外，采用租赁方式如果不能享有设备残值，也将是承租人的一种损失。

知识拓展

认股权证越来越"红"

近年来，认股权证在我国资本市场中迅速发展。2005 年 8 月 22 日是中国金融衍生品市场的正式开幕之日。宝钢权证的登场，标志着在经过十余年的探索之后，中国证券市场将步入金融衍生品这一更高层次的发展阶段。

作为金融衍生品市场的敲门砖，权证的登场对我国证券市场的各个层面都将产生积极而深远的影响。权证的推出有利于完善证券市场结构和功能。成熟的证券市场上既要有基础性产品（如股票、债券等），又要有结构性产品（如 LOF、ETF 等），还要有衍生产品（如股指期权、股指期货等）。而我国的证券市场尚缺乏金融衍生产品，事实上是一个单边市场，不利于满足投资者多样化的投资需求，不利于提高资本市场效率、优化资源配置。权证的推出则为创造新的金融衍生品市场、提供多样化投资工具、促进价格发现和资源配置提供了契机。

权证的推出，为投资者提供了有效的风险管理工具和资产组合调整手段，极大地丰富了市场投资品种。权证是指具有买权或卖权的有价证券，为市场提供了新的避险工具和投资工具。由于权证具有期权性质，同时具有高财务杠杆的特点，投资者既可以利用它进行风险管理，又可以通过杠杆作用实现"以小搏大"的目的。

权证的推出，为上市公司提供了新的融资方式。在融资中，将权证与股票或债券同时发行，可以增加股票或债券的吸引力，提高投资者认购的积极性，便于上市公司进行筹资。同时，在融资中引入认股权证后，如果上市公司业绩下滑，那么就有可能导致大量权证不被执行，发行人将募集不到计划规模的资金，恶意圈钱的可能性被降低。

权证的推出，可以缓解证券公司的经营困境。对于券商等中介机构来说，发行权证带来了拓展业务的机会，有助于改善目前券商业务品种单一的情况，增加新的业务收入来源。

课后思考与练习

一、单项选择题

1. 长期借款筹资与长期债券筹资相比，其特点是（　　）。
   A. 利息能节税　　　B. 筹资弹性大　　　C. 筹资费用大　　　D. 债务利息高
2. 发行债券的股份有限公司的净资产不得低于人民币（　　）万元。
   A. 1 000　　　　　B. 500　　　　　　C. 3 000　　　　　D. 5 000
3. 优先股的资本成本（　　）。
   A. 高于债券，低于普通股　　　　　　　B. 低于债券，高于普通股
   C. 低于债券，低于普通股　　　　　　　D. 高于债券，高于普通股
4. 企业将资产卖给出租人，再将其租回使用的租赁方式是（　　）。
   A. 经营租赁　　　　B. 售后租回　　　　C. 直接租赁　　　　D. 杠杆租赁
5. 相对于发行股票而言，发行公司债券筹资的优点为（　　）。
   A. 筹资风险小　　　B. 限制条款少　　　C. 筹资额度大　　　D. 资金成本低

二、多项选择题

1. 吸收直接投资的出资方式有（　　）。
   A. 现金　　　　　　B. 设备　　　　　　C. 技术　　　　　　D. 建筑物

2. 公司债券的发行方式有（　　）。

    A. 公开发行　　　　　B. 私募发行　　　　　C. 公募发行　　　　　D. 包销

3. 普通股筹资的缺点有（　　）。

    A. 资本成本高　　　　　　　　　　　　B. 分散公司控制权

    C. 筹资风险小　　　　　　　　　　　　D. 没有固定的股利负担

4. 融资租赁通常可以细分为（　　）。

    A. 直接租赁　　　　　B. 售后租回　　　　　C. 杠杆租赁　　　　　D. 经营租赁

5. 对于债务性资本，可以采取（　　）的筹资方式。

    A. 长期借款　　　　　B. 长期债券　　　　　C. 租赁　　　　　D. 优先股

三、简答题

1. 普通股股东有哪些权利？

2. 可转换债券有什么特点？

3. 简述认股权证的基本特征。

案例分析

华谊兄弟股权筹资案例

一、公司简介

华谊兄弟传媒集团，是中国大陆一家知名综合性娱乐集团，由王忠军、王忠磊兄弟在 1994 年创立。开始是由投资冯小刚、姜文的电影而进入电影行业，尤其是每年投资冯小刚的贺岁片而声名鹊起。随后全面投入传媒产业，投资及运营电影、电视剧、艺人经纪、唱片、娱乐营销等领域，在这些领域都取得了不错的成绩，并且在 2005 年成立华谊兄弟传媒集团。

二、华谊兄弟发行股票的具体情况

公司于 2009 年 10 月 15 日发行股票。

1. **股票种类**：本次发行的股票为境内上市人民币普通股（A），每股面值人民币 1 元。

2. **发行数量和发行结构**：本次发行股份数量为 4 200 万股。其中，网下发行数量为 840 万股，占本次发行数量的 20%；网上发行数量为本次最终发行数量减去网下最终发行数量。

3. **发行价格**：本次发行的发行价格为 28.58 元/股。

4. **发行方式**：采用网下向询价对象配售与网上资金申购定价发行相结合的方式。本次发行网下配售向询价对象配售的股票为 840 万股，有效申购为 127 210 万股，有效申购获得配售的配售比例为 0.660 325 44%，超额认购倍数为 151.44 倍。本次发行网上发行 3 360 万股，中签率为 0.613 590 649 4%，超额认购倍数为 163 倍。本次发行无余股。

5. **募集资金总额**：本次公开发行募集资金总额为 120 036 万元。中瑞岳华会计师事务所有限公司已于 2009 年 10 月 20 日对公司首次公开发行股票的资金到位情况进行了审验，并出具中瑞岳华验字[2009]第 212 号验资报告。

6. **募集资金净额**：114 823.87 万元。超额募集资金 52 823.87 万元，其中 12 966.32 万元将运用于影院投资项目，剩余部分将继续用于补充公司流动资金。公司承诺：超募资金将存放于专户管理，并用于公司主营业务。上市公司最晚于募集资金到账后 6 个月内，根据公司的发展规划及实际生产经营需求，妥善安排超募资金的使用计划，提交董事会审议通过后及时披露。上市公司实际使用超募资金前，将履行相应的董事会或股东大会审议程序，并及时披露。

7. **发行后每股净资产**：8.50 元（按照 2009 年 6 月 30 日经审计的归属于母公司股东权益，加上本次发行筹资净额之和除以本次发行后总股本计算）。

8. 发行后每股收益：0.41 元（按照经审计的扣除非经常性损益前后孰低的 2008 年净利润除以本次发行后总股本计算）。

三、募集资金主要用途

公司本次预计募集资金数额为 62 000 万元，将用于补充影视剧业务营运资金。

如本次发行实际募集资金量超出预计募集资金数额，则公司将运用超额部分资金于影院投资项目，该项目总投资额为 12 966.32 万元。

若用于影院投资项目后仍有余额的，则将剩余资金继续用于补充公司流动资金。

如果实际募集资金不能满足募集资金项目需求，则不足部分公司将自筹解决。

四、华谊兄弟发行股票的启示

成功上市增加了公司信誉，提高了知名度。有足够的资金投资影院建设，增加盈利来源，提高核心竞争力，并且为我国文化产业做了很大的贡献。公司应该抓紧产业链的发展，使电影电视及艺人经纪服务业结合起来。另外，从制度、文化、合作方式、激励机制等多个方面巩固旗下明星股东对企业的忠诚度，是华谊兄弟的重要工作之一。面对传媒业强大的竞争，要妥善安排资金。

综上所述，华谊兄弟股份有限公司采取发行股票筹资是可行的。

思考：

1. 华谊兄弟利用股票筹资的原因是什么？

2. 与其他融资方式相比，华谊兄弟所采用的筹资方式有什么优点？

第七章　企业筹资决策

本章目标	本章主要讲述了企业筹资的资本成本、杠杆效应、资本结构。通过学习，理解资本成本的含义，掌握单项资本成本和综合资本成本的计算方法，掌握经营杠杆、财务杠杆和综合杠杆的含义和运用，了解企业资本结构的影响因素，掌握企业最优资本结构的计算方法。

引导案例

宏碁公司保守的资金结构

宏碁公司从 5 000 美元起家，已成为年收入百亿美元的超大集团。在快速而又稳健的增长过程中，公司创办人施振荣先生独特的财务观起到了至关重要的作用。在《再造宏碁》中，他专辟一章介绍其稳健的理财观念。

借钱投资能够发挥"四两拨千斤"的财务杠杆作用，在台湾企业界流行"做生意不借钱是傻瓜"理念时，施振荣先生却清醒地坚持"借钱扩张必倒论"，他看到的是经济衰退或投资失败时，负债给企业带来的财务风险。控制负债比例成为宏碁公司的基本理财观，快速发展的资金又从何而来呢？仅仅靠自我积累显然是不现实的，宏碁公司的解决办法是：（1）吸收员工入股筹集资金；（2）变卖闲置资产；（3）提高资源运用效率，从而缩小资金规模。其中，宏碁公司尤其注重营运资金的管理，努力减少存货和应收账款的规模，从内部挤钱，认为"内部挤出来的钱，比外部找来的钱更健康。"公司坚持"薄利多销"的政策，宁可价格低一点、利润少一点，也要以现金销售为主，降低库存量，回收现金。对于实在需要赊销的，则要求客户必须提供资产抵押或银行担保，进行严格的信用管理，避免坏账的发生。此外，宏碁公司建立有一套财务预警系统，从报表指标的异动中掌握公司财务状况的变化，进行财务风险控制。

从上述案例中不难看出，该公司在理财过程中秉承稳健原则，贯穿于融资、投资、营运分配等财务决策与控制的全过程。其原因何在？通过本章的学习，希望对我们有所启发。

第一节　资本成本

企业为满足生产经营及规模扩张活动的要求，需要从外部筹集相应的资金。在筹集资金的过程中，企业应考虑不同的资本成本从不同的筹资方式和渠道，合理确定企业资金的来源，从而以保持企业最优的资本结构。

一、资本成本的含义及作用

（一）资本成本的含义

资本成本是指企业为筹集和使用资金而付出的代价。广义讲，企业筹集和使用任何资金，不论短期的还是长期的，都要付出代价。狭义的资本成本仅指筹集和使用长期资金（包括自有资本和借入长期资金）的成本。由于长期资金也被称为资本，所以长期资金成本也称为资本成本。

资本成本作为财务管理中的一个最重要概念之一，直接影响着企业的筹资、投资、运营和分配的财务决策，正确理解资本成本是企业进行科学决策的重要前提之一。

从投资者的角度而言，资本成本是一种典型的面向未来的机会成本，它是投资者进行投资所要求的必要报酬率或最低报酬率。投资者在做投资决策选择时，是期望未来获得相应的报酬的，在选择将资金投向某个企业或某个项目时，投资者很显然同时放弃了其他的投资机会，其所放弃的其他投资机会中收益最高的，就是其选择投资该公司或该项目所要求的最低报酬率，也就是投资者所要求获得的一个必要报酬率。因此，此时的资本成本是投资者为了达到其特定目的而放弃其他资源的价值。

（二）资本成本的作用

1．资本成本是企业筹资决策的重要依据

通过不同渠道和方式所筹措的资本，将会形成不同的资本结构，由此产生不同的财务风险和资本成本。资本成本是企业确定最佳资本结构的主要因素。

2．资本成本是评价和选择投资项目的重要标准

资本成本实际上是投资者应当取得的最低报酬水平。只有当投资项目的收益高于资本成本的情况下，才值得为之筹措资本；反之，就应该放弃该投资机会。

3．资本成本是衡量企业资金效益的临界基准

如果一定时期的综合资本成本率高于总资产报酬率，就说明企业资本的运用效益差，经营业绩不佳；反之，则相反。

（三）资本成本的影响因素

在市场经济环境中，多方面因素的综合作用决定着企业资本成本的高低，其中主要包括总体经济环境、证券市场条件、企业内部的经营和融资状况、项目融资规模。

1．总体经济环境

总体经济环境变化的影响，反映在无风险报酬率上。显然，如果整个社会经济中的资金需求和供给发生变动，或者通货膨胀水平发生变化，投资者也会相应改变其所要求的收益率。具体说，如果货币需求增加，而供给没有相应增加，投资人便会提高其投资收益率，企业的资本成本就会上升；反之，则会降低其要求的投资收益率，使资本成本下降。如果预期通货膨胀水平上升，货币购买力下降，投资者也会提出更高的收益率来补偿预期的投资损失，导致企业资本成本上升。

2．证券市场条件

证券市场条件包括证券的市场流动难易程度和价格波动程度。证券市场的条件影响着证券投资的风险。如果某种证券的市场流动性不好，投资者想买进或卖出证券相对困难，变现风险加大，要求的收益率就会提高；或者虽然存在对某证券的需求，但其价格波动较大，投资的风险大，要求的收益率也会提高。

3．企业的风险情况

企业的经营风险表现在资产收益率的变动上，反映着是企业投资决策的结果；财务风险表现在普通股收益率的变动上，反映着企业筹资决策的结果。如果企业的经营风险和财务风险大，投资者

便会有较高的收益率要求。

4. 融资规模

企业融资规模是影响企业资本成本的另一个因素。通常企业的融资规模大，可能会增加企业的财务风险，所以资本成本会较高。

二、资本成本的构成及种类

（一）资本成本的构成

资本成本具体包括用资费用和筹资费用两部分构成。

1. 用资费用

用资费用又称为资金的使用成本，是指企业在生产经营和投资过程中因使用资金而向资本提供者支付的费用，如企业向银行支付的长期借款利息、向债券购买者支付的长期债券利息、向股票投资者支付的股票股利等。这部分费用的多少与企业所筹集资本的数量、使用期限成正比例变动。它构成了企业资本成本的主体，是企业资本成本管理的重点。

2. 筹资费用

筹资费用是企业在资本筹集过程中发生的各种费用，如企业向银行支付的借款手续费，因发行债券、股票而支付的印刷费、广告宣传费、代理发行费、发行手续费、资信评估费、公证费、担保费等。资本筹集费用与资本占用费用不同，它通常是在筹集资本过程中一次性发生的，与筹集资金的次数有关，而与所筹集的资本数量无关。在实务中需要将资本筹集费用从所筹集的资本总额中一次扣除。

（二）资本成本的种类

（1）按照资本性质不同划分为权益性资本成本和债务性资本成本。

权益性资本成本包括普通股资本成本、优先股资本成本、留存收益资本成本；债务性资本成本包括长期借款资本成本、债券资本成本等。

（2）按照资本用途不同划分为单项资本成本、综合资本成本和边际资本成本。

① 单项资本成本是指各种筹资方式的成本，主要包括债券成本、银行借款成本、优先股成本、普通成本和留存收益成本，前两者可统称为负债资金成本，后三者统称为权益资本成本。单项资本成本主要用于对各种资本筹资方式的比较、评价和选择，是公司进行资本成本管理的定量分析工具。

② 综合资本成本，又称为加权平均资本成本，是以各种不同筹资方式的资本成本为基数，以各种不同筹资方式占资本总额的比重为权数计算的加权平均数。综合资本成本主要用于计算确定公司的资本结构，从公司的整体出发，对资本成本进行管理。

③ 公司无法以某一固定的资本成本筹集无限的资金，当公司筹集的资金超过一定限度时，原来的资本成本就会增加。追加一个单位的资本增加的成本称为边际资本成本。边际资本成本主要用于追加筹资的决策，为降低公司筹措的资本成本提供依据。

三、资本成本的估算

（一）单项资本成本的估算

单项资本成本是指特定筹资方式下的资本成本，主要包括债务资本成本和权益资本成本两种类型，其中，债务资本成本具体有长期借款资本成本、债券资本成本，权益资本成本具体有普通股资本成本、优先股资本成本和留存收益资本成本等。

不考虑货币时间价值，资本成本的一般计算公式为：

$$资本成本率 = \frac{年资金占用率}{筹资总额 - 筹资费用} = \frac{年资金占用率}{筹资总额 \times (1 - 筹资费用率)}$$

考虑货币时间价值，计算资本成本的折现公式为：

$$筹资净额现值 - 未来资本清偿额现金流量现值 = 0$$
$$资本成本率 = 所采用的折现率$$

单项资本成本主要用于评价和比较各种筹资方式，下面我们逐一介绍各项具体筹资方式的资本成本估算方法。

1. 长期借款资本成本的估算

长期银行借款的资本成本包括借款利息和借款手续费。由于借款利息在税前为财务费用中的利息支出，将抵减公司的一部分所得税。因此，长期银行借款的资本成本计算公式如下：

$$P_0(1-f) = I_1(1-T)/(1+K_L) + I_2(1-T)/(1+K_L)^2 + \cdots\cdots I_t(1-T)/(1+K_L)^n$$

式中，P_0 为公司筹得的银行借款总额，K_L 为银行借款的资本成本。

如果银行借款期限较长，每年支付的利息相同，而且，由于银行借款不同于发行债券，它没有溢价和折价的问题，因此，长期银行借款资本成本的简化公式可直接用相对数来表示：

$$K_L = \frac{i \cdot (1-T)}{1-f}$$

【例 7-1】某公司取得 15 年期的长期银行借款 1 000 万元，年利率为 8%，每年付息一次，到期一次还本，筹资费用率 0.4%，公司所得税率为 25%。该公司的借款资本成 K 计算如下。

$$1\,000 \times (1-0.4\%) = \sum_{t=1}^{n} \frac{1\,000 \times 8\% \times (1-25\%)}{(1+K_L)^t} + \frac{1\,000}{(1+K_L)^{15}}$$

$$1\,000 \times (1-0.4\%) = 1\,000 \times 8\% \times (1-25\%)(P/A, K_L, 15) + 1\,000(P/F, K_L, 15)$$

运用试算法解得：$K_L = 6.04\%$

如果利用简化公式计算：

$$K_L = \frac{8\% \times (1-25\%)}{(1-0.4\%)} = 6.02\%$$

由于银行借款的手续费相对较低，在实务中也可以忽略不计。这样，长期银行借款的资本成本率可以简化为利息率×（1-所得税率）。

假定上例不考虑手续费率，则 $K_L = 8\% \times (1-25\%) = 6\%$

需要注意的是，在有补偿性余额条款、贴现法付息等情况下，在计算长期银行借款的资本成本时，需要将名义利率转化为实际利率。

2. 债券资本成本的估算

公司在金融市场上发行债券，不但要支付一定的筹资费用，而且，还必须在债券期限内定期按债券面值和票面利率计算利息支付给债券持有者，即支付一定的用资费用，二者构成了长期债券的成本。

债券的筹资费用即债券的发行费用，包括申请发行债券的手续费、债券注册费、印刷费、上市费以及推销费用。由于发行债券的筹资费用一般较高，在计算长期债券的资本成本时，必须将其作为影响资本成本的因素加以考虑。债券的占用费是按所发行债券的面值和票面利率计算的利息支出，无论债券的发行价格是面值发行、还是溢价发行和折价发行，对其占用费用（即利息支出）都不会产生影响，但却作为公司集资额抵减项目，影响公司净筹资额的大小。

如果公司发行的债券是每年付息一次，到期还本，则债券的资本成本 K_b 计算如下。

$$B_0(1-f) = \sum_{t=1}^{n} \frac{I_t(1-T)}{(1+K_b)^t} + \frac{B_n}{(1+K_b)^n}$$

$$B_0 (1-f) = I (1-T) \cdot (P/A, K_b, n) + B_n \cdot (P/F, K_b, n)$$

式中，B_0 为债券的发行价格，B_n 为债券的面值，I 为债券各年的利息，T 为所得税税率。

如果债券的期限较长，且每年支付的利息相同，则可把每年支付的利息费用视为永续年金，便可用简化公式计算债券资本成本的近似值。

$$K_b = \frac{I \cdot (1-T)}{B_0 \cdot (1-f)}$$

【例 7-2】某公司发行面值为 1 000 元、票面利率为 8%、10 年期的公司债券，发行费用为 2%，所得税率为 25%。假定债券每年付息一次，到期一次还本，则该债券的资本成本 K_b 计算如下。

$$1\,000 \times (1-2\%) = \sum_{t=1}^{n} \frac{1\,000 \times 8\% \times (1-25\%)}{(1+K_b)^t} + \frac{1\,000}{(1+K_b)^{10}}$$

$$1\,000 \times (1-2\%) = 1\,000 \times 8\% \times (1-25\%)(P/A, K_b, 10) + 1\,000(P/F, K_b, 10)$$

采用试算法可解得：$K_b = 6.28\%$。

如果利用上述简化公式计算长期债券资本成本的近似值为：

$$K_b = \frac{1\,000 \times 8\% \times (1-25\%)}{1\,000 \times (1-2\%)} = 6.12\%$$

在实务中，通常利用简化公式计算长期债务的资本成本，虽然这种方法没有考虑时间价值，计算结果不够准确，但计算简便，易于掌握和运用。

如果该公司债券溢价发行，其发行价格为 1 100 元，其他条件与例 7-2 相同，则该债券的成本计算如下。

$$K_b = \frac{1\,000 \times 8\% \times (1-25\%)}{1\,100 \times (1-2\%)} = 5.57\%$$

如果该公司债券折价发行，其发行价格为 800 元，其他条件与例 7-2 相同，则该债券的成本计算如下。

$$K_b = \frac{1\,000 \times 8\% \times (1-25\%)}{800 \times (1-2\%)} = 7.65\%$$

3．普通股资本成本的估算

普通股资本成本计算方法与优先股基本相同。但是，普通股的股利不是预先确定的，它随公司的经营状况的变化而变化。当公司破产清算时，普通股对公司剩余财产的求偿权在债权人和优先股股东之后，因此，投资普通股的风险最大，其资本成本也最高。另外，由于支付给普通股股东的股利不固定，所以，每年的现金流量难以确定，使得其资本成本也较难估计和计量。

普通股资本成本主要有以下三种计算方法。

（1）股利增长模型

股利增长模型法是利用普通股现值的估价模型来计算普通股成本。如果普通股股东长期持有股票，股票股利以某一固定比率增长，根据普通股现值的计算公式，则发行普通股的资本成本 K_s 计算如下。

$$K_s = D_1 / P_0 (1-f) + g$$

式中，D_1 为预期第一年股利额，P_0 为普通股市价（或发行价格），g 为普通股股利固定年增长率。

【例 7-3】某公司普通股股价为 45 元，本年发放股利 0.9 元，估计股利年增长率为 3%。

预计第一年股利：$D_1 = 0.9 \times (1+3\%) = 0.927$（元）

普通股资本成本：$K_s = \dfrac{0.927}{45} + 3\% = 5.06\%$

采用估价法计量普通股成本的难点，在于预计股利增长率 g 的估计。如果公司收益和股利的增长率较为稳定，投资者对增长率的期望也未改变，那么，在实务中可采用公司过去的增长率来代替未来的增长率。

采用估价法确定普通股资本成本的优点是取得数据容易，但如果市场价值偏离账面价值较大时，计算出的结果脱离实际，不利于进行正确的筹资决策。

（2）资本资产定价模型

资本资产定价模型是通过风险因素调整来确定普通股资本成本，即通过投资者对发行公司的风险程度与股票投资承担的平均风险水平来评价普通股资本成本。

资本资产定价模型的计算公式如下。

$$K_s = R_f + \beta(R_m - R_f)$$

式中，K_s 为普通股的资本成本率，R_f 为无风险投资报酬率，R_m 为证券市场上组合证券的平均期望报酬率，β 为发行股票公司所在行业的风险系数。

采用这种方法的基本思想是：在市场均衡的条件下，投资者要求的收益率与筹资者的资本成本相等。上述计算公式表明，普通股资本成本等于无风险投资报酬率加上风险系数调整后的风险溢价。风险系数与资本成本成正比，即风险系数越大，资本成本也越大。公式中 β 一般以公司历史风险收益为基础或以预测的风险收益为基础加以确定。

【例 7-4】某公司普通股股票的 β 为 1.1，政府发行的国库券年利率为 6%，证券市场普通股平均报酬率为 9%，则普通股资本成本计算如下。

$$K_s = 6\% + 1.1 \times (9\% - 6\%) = 9.3\%$$

β 系数在理论上是比较严密的，但它也是建立在一系列假设的基础之上，即风险与报酬呈线性关系，投资者进行了高度多元化的投资组合，只有满足这些假设的情况下，公司使用资本资产定价模型法确定的资本成本才是有效的。

（3）债券收益加风险收益率

债券收益加风险收益率法是在公司发行的长期债券利率的基础上，加上一定的风险报酬率确定普通股资本成本的一种方法。

它的基本思想是根据"风险和收益相配比"的原理来确定普通股资本成本。由于普通股股本的投资风险大于债券的投资风险，普通股股东应得到比债券持有者更高的报酬率。因此，普通股资本成本的计算公式可表示如下。

$$K_s = K_b + RP_c$$

式中，RP_c 为普通股股本承担更大风险所要求的风险报酬率。

长期债券成本比较容易计算，一般可从公司取得或通过投资银行获取该项数据。而 RP_c 即风险溢价则较难确定。风险溢价可以根据经验估计。一般认为，公司发行的普通股风险溢价对于自己发行的债券来讲，在 3%～5% 之间。当市场利率处于最高点时，风险溢价通常较低，为 3% 左右。当市场利率处于最低点时，风险溢价通常较高，为 5% 左右。而一般情况下，采用 4% 的平均风险溢价。这样普通股资本成本为 $K_s = K_b + 4\%$

【例 7-5】某公司发行的长期债券属于 AAA 级，利率为 7.4%，而普通股股东所要求的风险报酬率为 6%，则普通股资本成本计算如下。

$$K_s = 7.4\% + 6\% = 13.4\%$$

这种方法确定的普通股资本成本，由于主观性较强，因此其误差较大。

4．优先股资本成本的估算

优先股是一种混合证券，它同时兼有普通股与债券的双重性质。优先股资本成本具有以下基本特征：（1）股利率预先确定；（2）本金无须偿还；（3）优先股股利的支付在债务利息之后，先于普通股股利支付。优先股资本成本包括筹资费用与预定股利。一般而言，优先股的筹资费用较高，不可以忽略不计，优先股占用成本的表现形式是每年预先规定的股息。因此，从某种意义上说，优先股可视为一种无限期的债券，如果优先股每年的股利相等，则可视为永续年金，并按下面公式计算优先股的资本成本。

$$K_p = \frac{D_p}{P_p \cdot (1-f)}$$

式中，K_p 为优先股成本，D_p 为优先股每年的股利，P_p 为优先股筹资额。

【例 7-6】某公司按面值发行 100 万元的优先股，合约规定优先股股利为 9%，筹资费用为面值的 4%。优先股资本成本计算如下。

$$K_p = \frac{100 \times 9\%}{100 \times (1-4\%)} = 9.38\%$$

如上述公司为溢价发行，发行价格 130 万元，则优先股资本成本计算如下。

$$K_p = \frac{100 \times 9\%}{130 \times (1-4\%)} = 7.21\%$$

又如，上述公司为折价发行且发行价格为优先股面值的 90%，则优先股资本成本计算如下。

$$K_p = \frac{100 \times 9\%}{90 \times (1-4\%)} = 10.42\%$$

由于优先股的股利在税后支付，而债券利息在税前支付，当公司破产清算时，优先股持有人的求偿权在债券持有人之后，故其风险要大于债券的风险。因此，优先股的资本成本大于债券的资本成本。

5. 留存收益资本成本的估算

公司留存收益是由公司税后净利形成的。绝大部分公司不会把税后利润全部用于发放股利，总是要留用一部分用于发展生产。普通股股东愿意将其留用于公司而没有以股利的形式取得这部分利益，用于其他投资，相当于普通股股东对公司追加了投资，必然要求与普通股等价的报酬。因此，公司对这部分资本并非无偿使用，也应计算其资本成本，除了没有筹资费用外，留存收益的资本成本率与普通股成本的计算方法基本相同。

【例 7-7】某公司留存收益为 180 万元，下一年的股利率为 13%，预计以后每年增长 2%，则留存收益的成本计算如下。

$$K_e = \frac{180 \times 13\%}{180} + 2\% = 15\%$$

由于留存收益用于追加投资不需要支付筹资费用，所以，其资本成本率略低于普通股成本率。

（二）综合资本成本的估算

对于大多数公司而言，其正常需要的资本实际上是不同来源资本的组合，因而，要全面衡量一个公司的资本成本，公司需要计算综合资本成本（overall cost of capital）。综合资本成本以单项资本成本为基础，以各种来源资本成本占全部资本的比重为权数来计算公司筹集的全部长期资金的总成本，故亦称为加权平均资本成本（weighted average cost of capital，WACC）。综合资本成本是由单项资本成本和单项资本在其总资本中的比重两个因素共同决定。其计算公式如下。

$$K_w = \sum_{i=1}^{n} K_i W_i$$

式中，K_w 为综合资本成本，W_i 为相应的单项资本比重即权数，K_i 为单项资本成本。

如何确定各类资本成本在资本总额中的比重，是正确计算公司综合资本成本的关键。计量各类资本来源占资本总额比重的基础可以是公司资产负债表上列示的各类资本的账面价值，也可以是各类资本市场或按目标资本结构确定的各类资本的目标比重。因此，相应的权数确定有三种方法供选择。

1. 账面价值法

账面价值法，是以公司资产负债表列示的债券、股票等资本的账面价值为基础，计算各类资本占总资本的比重，并以此作为权数计算综合资本成本。以此方法计算公司综合资本成本时，其权数的确定较为容易。而且，以公司单项资本账面价值为基础计量公司资本成本与公司对外公布的数据一致，便于对公司进行事后评价。但是，如果公司债券或股票的市价与其账面价值偏离较大时，其对综合资本成本的准确性影响也较大，另外，账面价值反映的是公司过去的资本结构，不适合未来的筹资决策。

【例 7-8】某公司 2015 年资产负债表中，长期借款 150 万元，年利率 8%，手续费 2%；长期债券 250 万元，年利率 11%，筹资费率 3%；普通股 1 000 万元，当年股利为每股 0.8 元，每股面值 10元，筹资费率 5%，股利年增长率 4%。留存收益 400 万元。公司所得税率 25%。

首先，计算单项资本成本：

$$K_L = \frac{8\% \times (1-25\%)}{1-2\%} = 6.12\%$$

$$K_b = \frac{11\% \times (1-25\%)}{1-3\%} = 8.51\%$$

$$K_s = \frac{0.8 \times (1+4\%)}{10 \times (1-5\%)} + 4\% = 12.76\%$$

$$K_e = \frac{0.8 \times (1+4\%)}{10} + 4\% = 12.32\%$$

其次，计算单项资本的相应比重：

账面的总资本为 150+250+1 000+400=1 800

长期借款比重：$\frac{150}{1800} \times 100\% = 8.33\%$

长期债券比重：$\frac{250}{1800} \times 100\% = 13.89\%$

普通股比重：$\frac{1000}{1800} \times 100\% = 55.56\%$

留存收益比重：$\frac{400}{1800} \times 100\% = 22.22\%$

最后，综合资本成本 K_w=6.12%×8.33%+8.51%×13.89%+12.76%×55.56%+12.32%×22.22%=11.52%

2. 市场价值法

市场价值法，是以债券、股票等资本的市场价值为基础，计算各类资本占总资本的比重，并以此作为权数计算综合资本成本。这一方法将资本化的未来预期收益作为计算各类资本成本的理论基础，借以动态地反映公司资本的价值。资本化的未来预期收益的现值更接近于市场价值，这种方法更能够反映实际的资本成本，有利于当前的筹资决策。

但是，由于未来预期收益受到多种因素影响，如公司经营业绩、未来的前景、股利政策、经济环境等诸多因素的变化，都会在不同程度上影响公司未来的预期收益，进而影响公司各项资产的市场价值，从而使资本成本的计算结果具有不稳定性，而且现行的市场反映的只是当时某一时点的资本结构，因此，不适于以此作为未来决策的依据。

这种方法以债券、股票的现行市场价格为依据来确定权数。这种方法的计算数据一般来自证券市场中债券和股票的交易价格。

【例 7-9】仍按上例，若公司长期债券的市场价值比账面价值高出 7%，普通股上涨 8%，其他条件不变。

首先，计算单项资本成本：

$$K_L = \frac{8\% \times (1-25\%)}{1-2\%} = 6.12\%$$

$$K_b = \frac{250 \times 11\% \times (1-25\%)}{250 \times (1+7\%) - 250 \times 3\%} = 7.93\%$$

$$K_s = \frac{0.8 \times (1+4\%)}{10 \times (1+8\%) - 10 \times 5\%} + 4\% = 12.08\%$$

$$K_e = \frac{0.8 \times (1+4\%)}{10 \times (1+8\%)} + 4\% = 11.70\%$$

其次，计算单项资本的相应的比重：

资本的市场价值总额：150+250×（1+7%）+1 000×（1+8%）+400=1 897.5

长期借款比重：$\frac{150}{1897.5} \times 100\% = 7.91\%$

长期债券比重：$\frac{267.5}{1897.5} \times 100\% = 14.09\%$

普通股比重：$\frac{1080}{1897.5} \times 100\% = 56.92\%$

留存收益比重：$\frac{400}{1897.5} \times 100\% = 21.08\%$

最后，计算综合资本成本 K_w=6.12%×7.91%+17.93%×14.09%+12.08%×56.92%+11.70%×21.08%=10.94%

用这种方法计算出的综合资本成本反映了当前实际的资本成本水平，可能对公司进行目前的资本决策有利。但由于证券市场的数据变动频繁，计算所需的数据不易取得，且取得数据也已经是过时的了，不利于未来的筹资决策。

3．目标价值法

目标价值法以债券、股票等未来预计的目标市场价值计算各类资本占总资本的比重，并以此作为权数计算综合资本成本。从理论上说，每一个公司都有其目标资本结构，即在该结构下公司各种资本要素的组合最优。因此，公司应按着目标资本结构，并保持实际的资本结构与目标资本结构一致的方式筹集新的资本。从这一点看，目标价值对于公司筹措新的资本，反映预期的资本结构是有益的。但是目标价值确定的主观性，难免会对计算结果产生影响。

【例7-10】仍用上例，公司预计在现有1 800万元长期资金的基础上，通过发行长期债券的形式增加到2 000万元。新增债券200万元。其年利率为10%，筹资费率为6%，其他条件不变。

首先，计算单项资本成本：

$$K_L = \frac{8\% \times (1-25\%)}{1-2\%} = 6.12\%$$

$$K_{b1} = \frac{11\% \times (1-25\%)}{1-3\%} = 8.51\%$$

$$K_{b2} = \frac{10\% \times (1-25\%)}{1-6\%} = 7.98\%$$

$$K_s = \frac{0.8 \times (1+4\%)}{10 \times (1-5\%)} + 4\% = 12.76\%$$

$$K_e = \frac{0.8 \times (1+4\%)}{10} + 4\% = 12.32\%$$

其次，计算单项资本的相应的比重：

账面总的资本为：150+250+200+1 000+400=2 000

长期借款比重：$\dfrac{150}{2\,000}\times100\%=7.5\%$

原长期债券比重：$\dfrac{250}{2\,000}\times100\%=12.5\%$

新增长期债券比重：$\dfrac{200}{2\,000}\times100\%=10\%$

普通股比重：$\dfrac{1\,000}{2\,000}\times100\%=50\%$

留存收益比重：$\dfrac{400}{2\,000}\times100\%=20\%$

最后，计算综合资本成本 K_w=6.12%×7.5%+8.51%×12.5%+7.98%×10%+12.76%×50%+12.32%×20%=11.16%

从综合资本成本的计算公式中可以看出，综合资本成本主要受单项资本成本和资本结构（即财务风险）两个因素影响。由于单项资本成本不是一成不变的，它要随着公司的资本结构的改变而发生变化，因此，在进行综合资本成本的管理与控制时，确定筹资组合的资本结构就成为这项控制活动的关键。

资本结构的优化和筹资决策是建立在诸多不确定因素的基础上的复杂过程，因此，所谓的最优只是一种理论上的结果。一般来说，资本结构的最优点是在财务杠杆利益和财务风险的均衡点，此时的综合资本成本为最低。这部分内容将在本章后续的内容中论述。

（三）边际资本成本的估算

边际资本成本（marginal cost of capital ）是指公司新增资本的加权平均资本成本。公司在追加筹资和追加投资的决策中必须考虑边际资本成本的高低以及相应的变动。

前述的单项资本成本和综合资本，是公司过去筹集的或目前使用的资本成本。随着公司筹资规模的扩大和筹资条件的变化，新增资本的成本也会发生变化。因此，公司在未来追加筹资时，不能仅考虑目前使用的资本成本，还要考虑新筹资成本，即边际资本成本。边际资本成本可看作在多次筹措资本中，每次筹措最后一笔资本的成本。

公司在追加筹资时经常会出现以下两种情况，一种是改变现行的资本结构，例如，当现行资本结构中负债比例过高时，可以通过发行普通股或优先股或将二者组合进行追加筹资，以降低公司的资产负债率；二是不改变现行的资本结构，即认为现行的资本结构为最佳资本结构，并按照目前的资本结构追加筹资。随着追加筹资规模的扩大，单项资本成本也会增加，公司不可能以一个固定的资本成本无限制地筹集某种资本。在多种筹资组合的情况下，边际资本成本需要按加权平均法来计算，其权数应为市场价值权数，而不宜采用账面价值权数。因此，在计算边际资本成本时应考虑以下两个因素。

（1）单项资本成本的变动。随着时间的推移与筹资数额的变动，单项资本成本也会发生相应的变动。单项资本成本的变动必然会引起综合资本成本的变动。因此，需要考虑不同筹资范围的资本成本，以供筹资决策使用。

（2）资本结构的变动。公司的资本结构一旦确定，就会直接影响到筹资数额的大小以及筹资方案的选择。

边际资本成本的计算可分为四种情况，现举例如下。

【例 7-11】 某公司 2015 年的资本结构和资本成本情况见表 7-1。

表 7-1 某公司资本结构和资本成本表

筹资方式	资本比重	资本成本
长期借款	25%	6%
长期债券	22%	9%
普通股	38%	13%
留存收益	15%	11%

该公司当前的综合资本成本为 25%×6%+22%×9%+38%×13%+15%×11%=10.07%

（1）追加筹资时资本结构和单项资本成本不变

如果公司追加筹资的资本结构和资本成本不发生变化，则追加资本后的资本成本不变。

按上例，若公司追加筹资 500 万元，其筹资方式为：长期借款 150 万元，长期债券 140 万元，普通股 100 万元，公司的留存收益 110 万元。公司保持原有的资本成本结构。追加筹资的边际资本成本为：

$$K_w = \frac{150}{500}\times 6\% + \frac{140}{500}\times 9\% + \frac{100}{500}\times 13\% + \frac{110}{500}\times 11\% = 9.34\%$$

（2）追加筹资时的资本结构改变，而单项资本成本不变

如公司追加筹资时，需改变原有的资本结构，以符合公司的实际情况，这时即使单项资本成本不变，公司的综合资本成本也要发生变化。

仍按上述资料，公司追加 500 万元的资金，但资本结构发生了变化。追加长期借款 150 万元，长期债券 100 万元，普通股 180 万元，留存收益 70 万元。追加筹资的边际资本成本为：

$$K_w = \frac{150}{500}\times 6\% + \frac{100}{500}\times 9\% + \frac{180}{500}\times 13\% + \frac{70}{500}\times 11\% = 9.82\%$$

（3）追加筹资时，资本结构保持不变，但单项资本成本发生变化

在这种情况下，计算综合资本成本可通过以下几个步骤实现。

① 确定追加筹资的目标资本结构

公司追加资本时是否保持原有的资本结构，主要取决于它是否符合公司筹资的要求。如果公司当前资本结构是最佳资本结构，公司在追加筹资时其目标资本结构应与原有资本结构保持一致，即追加筹资仍按原有的资本结构进行。

② 确定各种筹资方式下的单项资本成本的分界点

分界点是指单项资本成本变化前的最高筹资限额。在某一确定的资本成本下，公司不可能筹集到无限的资本，所以有必要找出各种筹资方式下单项资本成本变化的分界点。

③ 根据单项资本成本确定筹资总额的分界点，并确定相应的筹资范围

$$筹资总额分界点 = \frac{按某一选定成本筹集的某筹资方式追加资本的限额}{该项资本在目标资本结构中的比重}$$

由于公司筹资方式的多样性和单项资本成本随筹资数额的变动性，使得每种筹资方式都可以根据不同的资本成本确定相应的筹资总额的分界点。公司根据不同筹资方式下筹资总额分界点的组合，可以确定若干组公司的筹资总额分界点，从而确定公司总筹资规模的不同范围。

④ 计算不同筹资范围的边际成本

在不同的筹资范围内，边际成本是不同的，并且呈现出边际成本随筹资总额增长而增加的特点。

【例 7-12】 某公司 2015 年的资本结构较为理想，其债务资本（均为长期债券）占 20%，股权资本（通过发行普通股股票取得）占 80%。根据经营需要，计划追加筹资，并以原有的资本

结构为目标资本结构。通过对金融市场的研究和分析，得出了不同筹资数额下的资本成本数据，如表 7-2 所示。

表 7-2　筹资额与筹资成本预测表

筹资方式	资本结构（%）	筹资数额（万元）	筹资成本（%）
长期债券	20	100 以内	5
		100～200	8
		200 以上	10
普通股	80	150 以内	11
		150～300	13
		300～450	15
		450 以上	17

筹资总额分界点和总筹资规模的计算如表 7-3 所示。

表 7-3　筹资分界点与筹资规模计算表

筹资方式	筹资总额分界点（万元）	总筹资额范围（万元）	资本成本（%）
长期债券	100÷0.20=500 200÷0.20=1 000	500 以内	5
		500～1 000	8
		1 000 以上	10
普通股	150÷0.8=187.5 300÷0.8=375 450÷0.8=562.5	187.5 以内	11
		187.5～375	13
		375～562.5	15
		562.5 以上	17

根据表 7-3 中列示的资料，确定该公司的追加筹资范围如下。

① 187.5 万元以内；

② 187.5 万～375 万元；

③ 375 万～500 万元；

④ 500 万～562.5 万元；

⑤ 562.5 万～1 000 万元；

⑥ 1 000 万元以上。

各筹资范围的边际成本的计算如表 7-4 所示。

表 7-4　筹资规模与筹资成本计算表

筹资范围（万元）	筹资方式	资本结构（%）	资本成本（%）	边际资本成本
187.5 以内	长期债券 普通股	20 80	5 11	20%×5%+80%×11%=9.8%
187.5～375	长期债券 普通股	20 80	5 13	20%×5%+80%×13%=11.4%
375～500	长期债券 普通股	20 80	5 15	20%×5%+80%×15%=13%
500～562.5	长期债券 普通股	20 80	8 15	20%×8%+80%×15%=13.6%

续表

筹资范围（万元）	筹资方式	资本结构（%）	资本成本（%）	边际资本成本
562.5～1 000	长期债券 普通股	20 80	8 17	20%×8%+80%×17%=15.2%
1 000以上	长期债券 普通股	20 80	10 17	20%×10%+80%×17%=15.6%

（4）追加筹资时，资本结构和单项资本成本均发生变化

公司在追加筹资时发现原有的资本结构并非最优，于是公司会改变资本结构，同时单项资本成本也会发生变化。这时的边际资本成本应按新的资本结构和新的单项资本成本来计算。

若公司追加筹资后的资本结构和资本成本见表7-5。

表7-5　综合筹资成本计算表

筹资方式	比重	资本成本
长期借款	20%	6%
长期债券	18%	4%
普通股	39%	11%
留存收益	23%	9%

则该公司的边际资本成本为：20%×6%+18%×4%+39%×11%+23%×9%=8.28%

由于边际资本成本是公司综合资本成本一种特殊形式，对边际资本成本的管理与控制可参照综合资本成本管理与控制的方法，但需要注意的是，计算边际资本成本时的资本比重是新增资本各项目占新增资本的比重，对边际资本成本的控制是在新增的财务杠杆利益和财务杠杆风险之间进行权衡。

第二节　杠杆效应

杠杆效应是指由于固定费用（包括生产中的固定成本和筹资中的固定费用）的存在，业务量发生较小变化会导致公司利润发生较大幅度的变化，从而产生的一种以小搏大的经济现象。公司理财中常见的杠杆有经营杠杆、财务杠杆和综合杠杆。

对企业进行杠杆分析，需要了解成本习性、贡献毛益和息税前利润等基本知识。

一、成本性态分析与贡献毛益

（一）成本性态分析

成本性态分析是将成本表述为产量的函数，分析它们之间的依存关系，然后按照成本对产量的依存性，最终把全部成本区分为固定成本与变动成本两大类。

1．固定成本

固定成本是指在一定时期及一定业务量范围内，其成本总额不受业务量变动的影响而保持固定不变的那部分成本。例如，企业按直线法计提的固定资产折旧、管理人员的工资、保险费、职工培训费、广告费、新产品开发费等。

企业在一定时期内发生固定成本按其是否受管理当局短期决策的影响可进一步划分为约束性固定成本和酌量性固定成本。区分为两类成本有助于企业寻求降低固定成本的正确途径。

（1）约束性固定成本

约束性固定成本，亦称经营能力成本，是指其发生额不受管理当局短期决策影响的那部分固定成本。如固定资产的折旧费、保险费、财产税、管理人员工资等。这类成本与企业生产经营能力形成及其正常维护有着密切的关系，是维持企业经营活动必须负担的最低成本。由于这类成本一旦形成，在短期间不能轻易改变，具有很大程度的约束性，并对企业的长远目标产生重大影响。因此，在实际工作中，企业控制这类成本的措施是合理充分地利用企业生产能力，从而相对降低其单位成本。

（2）酌量性固定成本

酌量性固定成本，亦称抉择性固定成本，是指其发生额受企业管理当局短期决策行为的影响，可以在不同时期改变其数额的那部分固定成本。如企业的广告费、职工培训费、新产品开发研究费等。这类成本是由企业管理当局根据经营目标和未来实际需要，通过预算的形式而形成的，其开支数额在一定预算期内固定不变，并与当期业务量的多少无关，但是在不同预算期，其发生额的大小却可以改变。因此，在实际工作中，控制这类成本应采取的措施是，在预算时精打细算，在执行时厉行节约，在保证生产经营的前提下最大限度地减少它们的支出额。

2．变动成本

变动成本是指在一定时期及一定业务量范围内，其成本总额随着业务量的变动而呈现正比例变动的那部分成本。例如，企业在生产过程中发生的直接材料、直接人工，制造费用中的产品包装费，按工作量计算的固定资产折旧、按销售量多少支付的销售佣金等。

企业在一定时期内发生的变动成本按其发生原因，可进一步划分为技术性变动成本和酌量性变动成本。区分为两类成本有助于企业寻求降低变动成本的正确途径。

（1）技术性变动成本

技术性变动成本是指其单位变动成本受技术条件等客观因素影响的那部分成本。如计算机制造司生产某一特定型号电脑所需要相应的元器件，某化工产品需要不同等级标号的某种原料等。这类成本是利用生产能力必然发生的成本，其发生额的多少与产量成正比例变动关系。因此，在实际工作中，对于降低这类成本的措施，通常是通过改进工艺设计、提高材料利用率、提高生产率和降低单耗来实现。

（2）酌量性变动成本

酌量性变动成本是指其发生额受企业管理当局决策影响的那一部分成本。如企业按不同价格水平在不同地区或不同企业采购的某种同质原材料，企业按销售收入或利润百分比提取的技术转让费等。这类成本的显著特点是，其单位变动成本的发生额可由企业管理层来决定，降低这类成本通常要依靠科学、合理的决策，降低材料采购成本，优化劳动组合来实现。

3．成本性态分析模型

在实际工作中，常常存在大量的成本项目同时兼有固定成本和变动成本的双重性质，即混合成本。这类成本的基本特征是，其发生额虽受产量变动的影响，但其变动的幅度并不同产量的变动保持严格的比例关系。混合成本与业务量之间的关系比较复杂，按照混合成本的变动形态不同，基本上可分为半变动成本、半固定成本、延期变动成本和曲线式变动成本四种。

企业的总成本也是以混合成本的形式存在的，它表现为固定成本和变动成本两部分。通常需要采用一定的方法将这些混合成本项目分解为固定成本和变动成本两部分，然后将其分别归入固定成本和变动成本的两大类成本中，并确定企业的总成本。用公式表示如下。

$$企业总成本=固定成本+变动成本$$

$$y=a+bx$$

式中，y 代表混合成本，x 代表业务量，a 代表混合成本中的固定部分，bx 代表混合成本中的变动部分，b 代表混合成本中的单位变动成本。

通常将方程 $y=a+bx$ 称为总成本模型（或总成本计算公式）。它既是成本性态分析中采用一定方法进行混合成本分解的数学基础，也是变动成本计算法确认企业利润的依据。

（二）贡献毛益

贡献毛益表明一种产品的盈利能力，指产品销售收入与相应变动成本之间的差额，是运用盈亏分析原理进行产品生产决策的一个重要指标。通常，边际贡献又称为"边际利润"或"贡献毛益"等。产品销量达到保本点之后，每增加以单位的销售量，企业就增加一个单位边际贡献的利润。它除了以总额表示外，还有单位贡献毛益和贡献毛益率两种形式。可用公式表示如下。

$$贡献毛益=销售收入-变动成本$$
$$=单位贡献毛益×销售量$$
$$=销售收入×贡献毛益率$$

在变动成本法计算企业损益时，通常以企业产品的贡献毛益抵补固定成本后的余额，确定企业的营业利润。用公式表示如下。

$$营业利润=贡献毛益-固定成本$$

企业各种产品提供的贡献毛益虽然不是企业的营业利润，但它与企业营业利润的形成有着非常密切的关系，因为贡献毛益首先用于补偿企业的固定成本，只有当产品贡献毛益大于固定成本时，才能为企业提供利润，否则企业将出现亏损。

【例 7-13】某生产企业生产 A 产品，单位变动成本为 15 元，销售单价为 30 元，固定成本总额为 5 000 元，年销量为 1 000 件，求贡献毛益和息税前利润。

$$贡献毛益为：30×1 000-15×1 000=15 000 （元）$$
$$息税前利润为：15 000-5 000=10 000 （元）$$

二、经营杠杆

（一）经营杠杆的概念及原理

经营杠杆（operating leverage）又称营业杠杆或营运杠杆，指在企业生产经营中由于存在固定成本而使利润变动率大于产销量变动率的规律，主要用来评价企业的经营风险。产品只有在没有固定成本的条件下，才能使贡献毛益等于经营利润，使利润变动率与产销量变动率同步增减。然而现实中是不存在这种情况的，只要企业存在固定成本，那么就必然存在经营杠杆效应。企业利用经营杠杆效应，有可能带来收益，也有可能带来损失。

由于企业营业成本按其与营业额的关系可分为变动成本和固定成本，在单价 P 和单位变动成本 b 不变的情况下，由于存在固定成本 a，随着销量 s 的增长，会使息税前利润更快速地增长；反之，亦然。由此，形成了经营杠杆利益和经营杠杆风险。

【例 7-14】某公司在销售总额为 1 000 万～2 000 万元以内，固定成本总额为 500 万元，变动成本率为 45%。公司 2013—2015 年的营业总额分别为 1 200 万元、1 500 万元和 1 900 万元。

现测算其经营杠杆利益（风险），如表 7-6 所示。

表 7-6　公司销售及利润增长率计算表　　　　　　　　　　　　　　　　单位：万元

年份	销售额	销售额增长率（%）	变动成本	固定成本	息税前利润	利润增长率（%）
2013	1 200		540	500	160	
2014	1 500	0.25	675	500	325	1.03
2015	1 900	0.27	855	500	545	0.68

由于该公司存在的固定成本导致的经营杠杆，获得了较高的经营杠杆利益，即息税前利润的增长幅度高于销售总额的增长幅度。

（二）经营杠杆系数的计算

一般来说，只要企业存在固定生产性成本或费用，就存在经营杠杆。为了反映经营杠杆的作用程度，估计杠杆效应大小，通常需要估算经营杠杆系数。

经营杠杆系数（degree of operating leverage，DOL），也称为经营杠杆程度，是指息税前利润率的变动率相当于产销量变动率的倍数。它反映着经营杠杆的作用程度。

其计算公式如下。

$$DOL = \frac{息税前利润变动率}{业务量变动率} = \frac{\Delta EBIT / EBIT}{\Delta S / S}$$

$$\Delta EBIT = M \cdot \frac{\Delta S}{S}$$

$$DOL = \frac{M \cdot \frac{\Delta S}{S} / EBIT}{\frac{\Delta S}{S}} = \frac{M \cdot \frac{\Delta S}{S}}{EBIT \cdot \frac{\Delta S}{S}} = \frac{M}{EBIT}$$

$$DOL = \frac{基期贡献毛益}{基期息税前利润} = \frac{M}{EBIT}$$

式中，$EBIT$ 为息税前利润，S 为销售量，M 为贡献边际。

【例 7-15】某公司的产品销量 40 000 件，单位产品售价 500 元，销售总额 2 000 万元，固定成本总额为 400 万元，单位产品变动成本为 300 元，变动成本率为 60%，变动成本总额为 1 200 万元。

其经营杠杆系数为：

$$DOL_Q = \frac{40\,000 \times (500 - 300)}{40\,000 \times (500 - 300) - 4\,000\,000} = 2$$

$$DOL_S = \frac{20\,000\,000 - 12\,000\,000}{20\,000\,000 - 12\,000\,000 - 4\,000\,000} = 2$$

（三）经营杠杆效应

事实上，息税前利润之所以变动，是因为销售额和成本的变动，而经营杠杆只不过是在销售额和成本的变动引起息税前利润的变动中起了一个放大作用。如果企业拥有稳定的销售水平和固定的成本结构，经营杠杆度的高或低就没有实质性影响。因此，经营杠杆度反映的是企业的"潜在经营风险"。这种潜在经营风险只有在销售额和成本变动的条件下才能被"激活"，产生实际作用。

一般而言，企业的经营杠杆系数越大，经营杠杆利益和经营风险就越高；企业的经营杠杆系数越小，经营杠杆利益和经营风险就越低。

【例 7-16】假定某公司 2015 年固定成本总额为 10 000 元，变动成本率为 60%。当销售额分别为 75 000 元、50 000 元、37 500 元、25 000 元时，相应经营杠杆系数的计算如表 7-7 所示。

表 7-7　某公司经营杠杆系数计算表

销售额 S	变动成本总额 b	贡献毛益总额 $M=(S-bx)$	息税前利润总额 $EBIT=M-a$	经营杠杆系数 $M/EBIT$
75 000	45 000	30 000	20 000	1.5
50 000	30 000	20 000	10 000	2.0
37 500	22 500	15 000	5 000	3
25 000	15 000	10 000	0	—

表 7-7 中的数据表明，由于贡献毛益等于固定成本与息税前利润之和，固定成本总额在贡献毛益中所占的比重越大，经营杠杆系数越大；固定成本总额所占比重越小，经营杠杆系数也越小。当该公司的销售额为 25 000 元时，贡献毛益总额和固定成本总额相等，即当年的息税前利润为零，此时该公司处于盈亏平衡状态，不存在经营杠杆效应。

三、财务杠杆

（一）财务杠杆的概念及原理

财务杠杆亦称筹资杠杆，是企业在筹资活动中对资本成本固定的债务资本的利用。

$$EPS = \frac{(EBIT - I)(1 - T)}{N}$$

式中，EPS 指普通股每股税后利润，$EBIT$ 指息税前利润，I 指利息，T 指所得税率，N 指流通的普通股股数。

从公式可知，由于债务利息 I 的存在，息税前利润的变化，会引起税后利润更快速地变化，由此形成了财务杠杆。

（二）财务杠杆系数的计算

一般来说，只要在公司的融资结构中存在负债和优先股，就存在财务杠杆效应。为了反映财务杠杆的作用程度，估计杠杆效应大小，通常需要估算财务杠杆系数。

财务杠杆系数（degree of financial leverage，DFL）也称为财务杠杆程度，是指息税前利润率的变动率相当于产销量变动率的倍数。其计算公式如下。

$$DFL = \frac{每股收益利润变动率}{息税前变动率} = \frac{\Delta EPS / EPS}{\Delta EBIT / EBIT}$$

$$DFL = \frac{息税前利润}{息税前利润 - 利息 - 优先股股息税前额} = \frac{EBIT}{EBIT - I - \dfrac{Dp}{1-T}}$$

式中，D 指优先股股利。

【例 7-17】某公司共需要筹资 2 000 万元，目前已有发行在外的普通股 100 万股，每股 10 元，所得税率为 25%。余下的 1 000 万元考虑下列筹资方案。

方案 1：增发普通股 100 万股，10 元/股；

方案 2：发行利率为 10% 的长期债券 1 000 万元；

方案 3：按面值发行每股面值 100 元的优先股 10 万股，每股利率 9%。

已知息税前利润为 600 万元，要求计算三种方案的财务杠杆系数各位多少？

$$DFL_1 = \frac{EBIT}{EBIT - I} = \frac{600}{600 - 0} = 1$$

$$DFL_2 = \frac{EBIT}{EBIT - I} = \frac{600}{600 - 1000 \times 10\%} = 1.2$$

$$DFL_3 = \frac{EBIT}{EBIT - I - \dfrac{D}{1-T}} = \frac{600}{600 - 0 - \dfrac{1000 \times 9\%}{1 - 25\%}} = 1.25$$

（三）财务杠杆效应

一般而言，财务杠杆系数越大，企业的财务杠杆利益和财务风险就越高；财务杠杆系数越小，企业财务杠杆利益和财务风险就越低。

【例 7-18】假定存在 A、B、C、D 四家公司，这四家公司在同一行业，资产总额相等，2015 年息税前利润相同，有关财务结构及有关情况见表 7-8。

表 7-8　2015 年公司息税前利润计算表　　　　　　　　单位：万元

项目	A 公司	B 公司	C 公司	D 公司
5%年利率的负债	0	800	0	0
7%年利率的负债	0	0	1 600	2 400
普通股股数（万股）	40	32	24	16
普通股每股面额	100	100	100	100
普通股股本	4 000	3 200	2 400	1 600
公司负债与股东权益	4 000	4 000	4 000	4 000
当年息税前利润	500	500	500	500

如果公司所得税税率为 25%，则 A、B、C、D 四家公司的普通股每股收益计算见表 7-9。

表 7-9　2015 年公司每股收益计算表　　　　　　　　单位：万元

项目	A 公司	B 公司	C 公司	D 公司
息税前利润（EBIT）	500	500	500	500
利息费用	0	40	112	168
税前利润	500	460	388	332
所得税	125	115	97	83
税后利润	375	345	291	249
普通股股数	40	32	24	16
每股收益（EPS）	9.38	10.78	12.13	15.56

如表 7-9 所示，上述四家公司的总资产报酬率为 12.5%，高于其负债成本时，负债比率的变化及负债的利息费用对普通股每股收益的影响。A 公司无负债，其每股收益为 9.38 元；B 公司负债比率为 20%，其每股收益为 10.78 元；C 公司负债比率为 40%，其每股收益为 12.13 元；D 公司负债比率为 60%，其每股收益为 15.56 元。

根据表 7-9 所示，四家公司的息税前利润和债务利息费用代入财务杠杆计算公式，分别求出四家公司的财务杠杆系数：

$$DFL_A = \frac{500}{500-0} = 1$$

$$DFL_B = \frac{500}{500-40} = 1.09$$

$$DFL_C = \frac{500}{500-112} = 1.29$$

$$DFL_D = \frac{500}{500-168} = 1.51$$

由此可见，负债比重越大，财务杠杆系数越大。为进一步理解财务杠杆效应，假定 2016 年这四家公司的息税前利润率均增加 35%，根据财务杠杆系数计算的每股收益分别为：

$$EPS_1 = EPS_0 + \Delta EPS = EPS_0 + EPS_0 \cdot DFL \cdot \frac{\Delta EBIT}{EBIT} = EPS_0(1 + DFL \cdot \frac{\Delta EBIT}{EBIT})$$

$$EPS_A = 9.38 \times (1 + 1 \times 35\%) = 12.66$$

$$EPS_B = 10.78 \times (1 + 1.09 \times 35\%) = 14.89$$

$$EPS_C = 12.13 \times (1 + 1.29 \times 35\%) = 17.61$$

$$EPS_D = 15.56 \times (1 + 1.51 \times 35\%) = 23.78$$

A 公司没有负债，财务杠杆系数为 1，即没有财务杠杆效应，每股收益的变动幅度与息税前利润的变动幅度一致。从 B、C、D 公司情况看，财务杠杆系数越大，每股收益的变动越大。为验证利用财务杠杆系数预测的每股收益的准确性，列表计算这三家企业 2016 年的每股收益情况，如表 7-10 所示。

表 7-10 预计 2016 年公司每股收益计算表   单位：万元

项目	A公司	B公司	C公司	D公司
息税前利润（EBIT）	675	675	675	675
利息费用	0	40	112	168
税前利润	675	635	563	507
所得税	168.75	158.75	140.75	126.75
税后利润	506.25	476.25	422.25	380.25
普通股股数	40	32	24	16
每股收益（EPS）	12.66	14.88	17.59	23.77
息税前利润变化率（%）	35	35	35	35
每股收益变化率（%）	35	38	45	53
财务杠杆系数	1	1.09	1.29	1.51

如表 7-10 所示，预计公司息税前利润上升时，若财务杠杆系数为 1，每股收益的增长幅度与息税前利润的增长幅度一致；随着负债比重的加大，财务杠杆系数也会增大，使得每股收益的增长幅度大于息税前利润的增长幅度。同理，预计公司息税前利润下降时，财务杠杆系数越大，每股收益的下降幅度将越大于息税前利润的下降幅度，因此，财务风险也越大。

四、综合杠杆

（一）综合杠杆的概念

综合杠杆（combined leverage）或总杠杆（total leverage）描述了经营杠杆和财务杠杆对公司的综合影响。在公司的生产成本结构中，由于固定生产成本的存在，产生了经营杠杆的效应，通过销售量的扩大，使得公司息税前利润得到更大幅度的增加；同样，在公司的资本结构中，由于固定资本成本的存在，产生了财务杠杆作用，通过息税前利润的增大，使得公司每股收益得到更大幅度的增加。如果公司同时利用经营杠杆和财务杠杆，销售额的扩大将引起每股收益发生更大幅度的变动。

（二）综合杠杆系数的计算

对经营杠杆和财务杠杆的综合利用程度通常用综合杠杆系数（degree of combined leverage，DCL）来衡量。综合杠杆的程度表明每股收益的变动率相当于业务量变动率的倍数。其计算公式可有以下三种。

$$DCL = \frac{每股收益变动率}{销售量变动率} = \frac{\Delta EPS / EPS}{\Delta S / S}$$

$$DCL = DOL \times DFL$$

$$DCL = \frac{基期边际贡献}{基期边际贡献 - 固定成本 - 利息 - 优先股股息税前额} = \frac{M}{M - F - I - \dfrac{d}{1-T}}$$

【例7-19】 某公司有关资料见表7-11，试看该公司综合杠杆的作用。

表7-11 某公司2014年和2015年经营情况表 单位：万元

项目	2014年	2015年	增减	杠杆性质
销售收入（单价20元）	20 000	25 000	25%	经营杠杆
变动成本（单位变动成本12元）	12 000	15 000	25%	
固定成本	1 500	1 500	0	
息税前利润	6 500	8 500	30.77%	
利息	500	500	0	财务杠杆
税前利润	6 000	8 000	33.33%	
所得税（25%）	1 500	2 000	33.33%	
税后利润	4 500	6 000	33.33%	
普通股发行在外数	500	500	0	
每股收益	9	12	33.33%	

根据表7-11资料，综合杠杆程度计算如下。

$$DCL = \frac{每股收益变动率}{业务量变动率} = \frac{33.33\%}{25\%} = 1.33$$

$$DCL = \frac{M}{M-F-I} = \frac{8\ 000}{8\ 000 - 1\ 500 - 500} = 1.33$$

$$DCL = DOL \cdot DFL = \frac{30.77\%}{25\%} \cdot \frac{33.33\%}{30.77\%} = 1.33$$

显然，综合杠杆的效应大于经营杠杆和财务杠杆的单独效应。而这两种杠杆又可以有多种组合。因此，企业为达到某种综合杠杆程度可以通过经营杠杆和财务杠杆的组合来实现，以期得到一个理想的综合杠杆系数和较适宜的风险水平。

（三）综合杠杆效应

企业既可以利用杠杆原理提高经济效益，也可以利用杠杆原理规避风险。综合杠杆系数反映了经营杠杆和财务杠杆之间的关系，用以评价企业的整体风险水平。在综合杠杆一定的情况下，经营杠杆与财务杠杆此消彼长。综合杠杆的意义在于，首先，它能够说明产销业务量变动对普通股收益的影响，据以预测未来的每股收益水平；其次，它揭示了财务管理的风险管理策略，即要保持一定的风险状况水平，需要维持一定的综合杠杆系数，经营杠杆和财务杠杆可以有不同的组合。

不同的行业经营杠杆和财务杠杆组合不同。对固定资产比重较大的资本密集型企业来说，经营杠杆系数高，经营风险大，企业筹资主要依靠权益资本，以保持较小的财务杠杆系数和财务风险；对变动成本比重较大的劳动密集型企业来说，经营杠杆系数低，经营风险小，企业筹资主要依靠债务资本，保持较大的财务杠杆系数和财务风险。

第三节　最优资本结构的确定

资本结构是指公司各种资本来源的构成和比例关系。在实务中，资本结构有广义和狭义之分。狭义的资本结构是指长期资本之间的比例；广义资本结构是指全部资本（包括长期资本和短期资本）之间的比例。

一、研究资本结构的意义

资本结构问题实质上就是负债比率问题。因为在公司的各种资本来源中，不论是长期资金，还是短期资金，不论是内部资金还是外部资金，可以归为两大类，即债务资本和权益资本。债务资本和权益资本的不同组合决定着公司的资本结构和变化。但是在资本结构中负债占多大比例合适，多年的研究并没有取得一致的、公认的、得到实践检验的结论，当前公司资本结构问题被称为"资本结构之谜"，也正在于此。

公司的资本结构决策问题，主要是资本的属性结构的决策问题，即债务资本的比例安排问题。在公司的资本结构决策中，合理地利用债务筹资，科学地安排债务资本的比例，是公司筹资管理的一个核心问题。

（一）合理安排债务资本比例，可以降低公司的综合资本成本

由于债务利息率通常低于股票股利率，而且债务利息在所得税前利润中扣除，公司可减少所得税，从而债务资本成本率明显地低于权益资本成本率。因此，在一定的限度内合理地提高债务资本的比例，可以降低权益的综合资本成本率。

（二）合理安排债务资本比例，可以获得财务杠杆利益

由于债务利息通常是固定不变的，当息税前利润增大时，每一元利润所负担的固定利息会相应降低，从而使税后利润相应增加。因此，在一定的限度内，合理地利用债务资本，可以发挥财务杠杆的作用，给公司所有者带来财务杠杆利益。

二、影响最优资本结构的因素

最优资本结构（optimal capital structure）是指在一定条件下，使企业的加权平均资本成本（WACC）最低且公司价值最大时的资本结构。从理论上讲，负债资本增加可以降低公司的资本总成本。但是，当举债经营达到某一程度，继续增加负债资金来源就可能会带来相反的效果，企业的债务资本成本将提高，并可能产生财务杠杆风险。

影响资本结构的因素主要有以下几个方面。

（一）企业经营状况的稳定性和成长性

一般来说，稳定性好的企业可较多地负担固定的财务费用；成长率高的企业可以采用高负债的资本结构，以提升权益资本的报酬（EPS）。

（二）企业的财务状况和信用等级

如果企业获利能力和变现能力强，财务状况良好，信用等级高，那么企业容易获得债务资本；反之，企业取得债务资本的资本成本就高。

（三）企业资产结构

当公司拥有的资产较多地适用于进行担保时，公司趋向于高负债；拥有大量固定资产的公司主要通过长期负债和发行股票筹资；拥有较多流动资产的公司，则更多地依赖流动负债来筹资；公司资产的质量高、流动性强，则公司的偿债能力强，在其他条件相同的情况下，可适当提高负债比例。

（四）企业投资人和管理当局的态度

从所有者角度看，如果企业股权分散，可能更多采用权益资本筹资以分散企业风险；如果企业为少数股东控制，为防止控股权稀释，一般尽量避免普通股筹资，采用优先股或债务资本筹资。从

管理当局角度看，稳健的管理当局偏好于选择低负债比例的资本结构。

（五）行业特征和企业发展周期

行业和企业发展周期的不同，也对企业的资本结构有很大影响。对于产品市场稳定的成熟产业，经营风险较低，因此可以提高债务资本比重，发挥财务杠杆的作用；对于高新技术企业，经营风险较高，因此可降低债务资本比重，控制财务杠杆风险。在同一企业不同的发展周期，资本结构安排也不同。初创阶段，经营风险高，应控制负债比例；成熟阶段，经营风险低，可适度增加债务资本比重；收缩阶段，经营风险逐步加大，应逐步降低债务资本比重。

（六）经济环境的税务政策和货币政策

如果所得税税率高，则债务资本抵税作用大，企业应充分利用这种作用以提高企业价值；如果货币政策是紧缩的，则市场利率高，企业债务资本成本增大。

三、最优资本结构的确定

实现最优资本结构是公司筹资决策的核心问题，公司应综合考虑有关影响因素，运用适当的方法确定最优资本结构，并在以后追加筹资时继续保持，若现行资本结构不合理，应通过筹资活动进行调整，并使其达到最优状态。这个状态应该是公司综合资本成本最低和公司价值最大。如图 7-1所示。

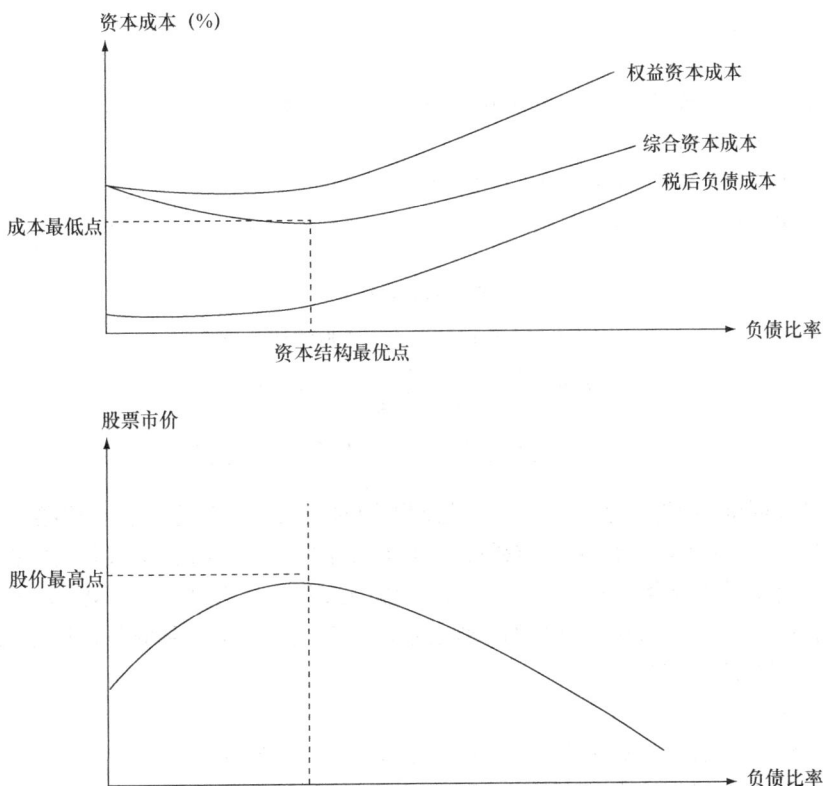

图 7-1　最优资本结构图

如何确定最优资本结构是财务理论中的一个难题。从数量上看，一般可采用以下方法确定公司的最优资本结构。

（一）每股收益无差别点分析法

每股收益分析法是利用每股收益无差别点来进行资本结构决策的方法。

所谓每股收益无差别点是指两种或两种以上筹资方案下普通股每股收益相等时的息税前利润点，亦称息税前利润平衡点，有时亦称筹资无差别点。

每股收益的计算公式可以表述如下。

$$EPS = \frac{(EBIT - I)(1-T)}{N} = \frac{(S - V - F - I)(1-T)}{N}$$

式中，N 为发行在外的普通股股数，S 为销售额，V 为变动成本额，F 为固定成本，其余字母含义同前。

根据每股收益无差别点的含义，在不同资本结构下应有以下等式成立。

$$\frac{(EBIT - I_1)(1-T)}{N_1} = \frac{(EBIT - I_2)(1-T)}{N_2}$$

$$\frac{(S - V - F - I_1)(1-T)}{N_1} = \frac{(S - V - F - I_2)(1-T)}{N_2}$$

由上式可以确定 $EBIT$ 或 S，从而利用公司预计的 $EBIT$ 或 S 选择最优的资本结构。

【例 7-20】 某公司原有资本 2 000 万元，其中债务资本 800 万元，每年负担利息 56 万元，普通股股本 1 200 万元，每股面值 100 元，发行在外的普通股股数为 12 万股。目前普通股市价为 80 元。由于生产发展的需要准备筹资 1 000 万元，现有以下两个筹资方案。

方案 A：全部发行普通股，增发 12.5 万股；

方案 B：全部发行公司债，债务利率为 8%。

公司希望筹资后销售额可达到 1 000 万元，变动成本率为 60%，固定成本为 500 万元，公司所得税率 25%，不考虑筹资费用。

根据上述资料，计算每股收益无差别点的销售额如下：

$$\frac{(S - 1\,000 \times 60\% - 500 - 56) \times (1-25\%)}{12 + 12.5} = \frac{(S - 1\,000 \times 60\% - 500 - 56 - 1\,000 \times 8\%)(1-25\%)}{12}$$

$$S = 1\,312.8 \text{ 万元}$$

$$EBIT = 1\,312.8 - 1\,000 \times 60\% - 500 = 212.8 \text{ 万元}$$

$$EPS = \frac{(212.8 - 56)(1-25\%)}{12 + 12.5} = 4.8 \text{ 元}$$

或

$$= \frac{(212.8 - 56 - 1\,000 \times 8\%)(1-25\%)}{12} = 4.8 \text{ 元}$$

由以上计算可知，销售额为 1 312.8 万元或息税前利润为 212.8 万元，是两个筹资方案的无差别点，即当销售额为 1 312.8 万元或息税前利润为 212.8 万元时，公司无论采用发行股票还是采用发行公司债的方式筹集新增资金，这两个方案的每股收益无差别，均为 4.8 元。但当销售额发生变化时，采用不同的筹资方案，会产生不同的每股收益。我们可通过绘制每股收益无差别点分析图（如图 7-2 所示），进行筹资决策。

由图 7-2 可以得出以下结论。

当预计销售额>每股收益无差别点销售额时，公司宜采用债务筹资；

当预计销售额<每股收益无差别点销售额时，公司宜采用股票筹资。

这种分析方法只考虑了资本结构对每股收益的影响，并假定每股盈余最大，股票价格最高。但把资本结构对风险的影响置于视野之外，是不全面的。因为随着负债比重的加大，投资者的风险也在加大，股票价格和公司价值也会有下降的趋势，所以，单纯地用每股收益无差别点分析法有时会做出错误的决策。

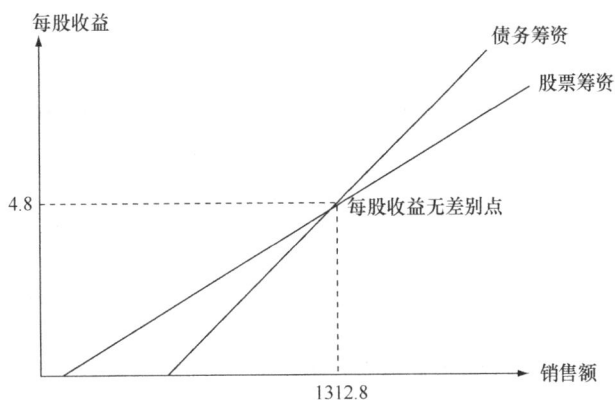

图 7-2　每股收益无差别点图

（二）比较资本成本法

比较资本成本法是指在公司做出筹资决策之前，先对各备选方案的综合资本成本进行计算、对比，并选择资本成本最低的筹资方案。在该方案下的资本结构即为最优资本结构。这种方法侧重于从资本投入的角度进行资本结构的优化决策。

【例 7-21】某公司计划年度初的资本结构见表 7-12。

表 7-12　某公司资本结构表

资本来源	金额（万元）
长期债券（年利率 12%）	1 000
优先股（年股利率 6%）	300
普通股	700
总计	2 000

该公司普通股每股面值 1 元，发行价 20 元，共发行 35 万股，目前股票价格也为 20 元，今年预期股利为每股 0.9 元，预计以后每年股利增长 5%，假设该公司所得税税率为 25%，没有筹资费用发生。现在该公司计划增资 600 万元，有以下三个方案可供选择。

A 方案：发行长期债券 600 万元，因公司负债增加，财务风险加大，使得债券利率须达到 15% 才能得以发行；同时，普通股的市价将跌至每股 16 元。

B 方案：发行长期债券 300 万元，年利率 12%，另外发行普通股 300 万元，每股发行价为 20 元，预计普通股股利不变。

C 方案：发行股票 25 万股，由于公司信誉提高，每股市价将增到 24 元。

那么，公司应采用哪个筹资方案呢？

为了确定上述哪个方案最优，首先，计算计划年度初公司的综合资本成本，见表 7-13。

表 7-13　年度初公司的综合资本成本

资本来源	资本来源结构	资本成本
长期债券	1 000 / 2 000=50%	12%（1-25%）=9%
优先股	300 / 2 000=15%	6%
普通股	700 / 2 000=35%	5%+0.9 / 20=9.5%
合计	100%	8.73 %

其次，计算 A 方案的综合资本成本，见表 7-14。

表 7-14　A 方案的综合资本成本

资本来源	资本来源结构	资本成本
原来的长期债券	1 000 / 2 600=38.46%	12%（1-25%）=9%
新发行的长期债券	600 / 2 600=23.08%	15%（1-25%）=11.25%
优先股	300 / 2 600=11.54%	6%
普通股	700 / 2 600=26.92%	5%+0.9 / 16=10.63%
合计	100%	9.61 %

再次，计算 B 方案的综合资本成本，见表 7-15。

表 7-15　B 方案的综合资本成本

资本来源	资本来源结构	资本成本
长期债券	1 300 / 2 600=50%	12%（1-25%）=9%
优先股	300 / 2 600=11.54%	6%
普通股	1 000 / 2 600=38.46%	5%+0.9 / 20=9.5%
合计	100%	8.85%

最后，计算 C 方案的综合资本成本，见表 7-16。

表 7-16　C 方案的综合资本成本

资本来源	资本来源结构	资本成本
长期债券	1 000 / 2 600=38.46%	12%（1-25%）=9%
优先股	300 / 2 600=11.54%	6%
普通股	1 300 / 2 600=50%	5%+0.9 / 24=8.75%
合计	100%	8.53%

由上述计算可以看出，公司应选择 C 方案。C 方案不仅综合资本成本最低，而且由于发行新股，公司信誉提高，股价也随着大幅提高。

（三）比较公司价值法

上述两种资本结构决策都没有考虑风险因素，显然是不够合理的。比较公司价值法是将综合资本成本、公司总价值及风险综合考虑进行资本结构决策的一种方法，它有效地弥补了上述两种方法的不足。

这种方法的计算步骤如下。

（1）计算公司的单项资本成本

$$债务资本成本 K_b = \frac{I}{B}(1-T)$$

式中，I 为债务利息，B 为债务筹资额。

$$普通股资本成本 K_s = R_f + \beta(R_m - R_f)$$

（2）计算公司的总价值

假定公司的总价值等于公司市场总价值，且只包括债务资本和普通股。

$$V=B+S$$

其中，B 为债务价值，以其面值计量；S 为股票价值，以市场价值计量。

假定公司持续经营，股票的价值即为永续年金的现值，可用下式表示。

$$S = \frac{(EBIT - I)(1-T)}{K_s}$$

（3）计算公司的综合资本成本

假定公司的全部资本仅由债务和普通股构成，且筹资费用忽略不计。公司的平均资本成本计算如下。

$$K_w = K_b \frac{B}{V} + K_s \frac{S}{V}$$

【例 7-22】某公司现有资本结构为 100%普通股，股票账面价值为 2 500 万元，期望息税前利润为 800 万元，假定无风险利率为 6%，市场证券组合报酬率为 13%，公司所得税率为 25%。该公司与银行协商，最初获得的 800 万元债务可以按 8%的利率，随着负债的增加，投资者的风险将相应增大，所以其债务利息也必然随之上升，股票的资本成本也会相应提高，相应的信息见表 7-17。

表 7-17　某公司债务利息率与普通股成本资料

债务价值（万元） B	债务利息率（%） K_b	股票的 β 值 β	普通股成本（%） K_s
0	—	1.3	15.1
800	8	1.3	15.1
1 000	9	1.4	15.8
1 200	11	1.48	16.36
1 400	13	1.52	16.64
1 600	15	1.66	17.62

其中，普通股资本成本由资本资产定价模型求得。

该公司不同资金结构情况下的企业总价值和资本成本，见表 7-18。

表 7-18　某公司总价值和资本成本表

债务的市场 价值（百万元） B	股票市价 （百万元） S	公司总价值 （百万元） $V=B+S$	债务资本 成本（%） K_b	普通股资本 成本（%） K_s	综合资本 成本（%） K_w
0	39.73	26.12	—	15.1	15.1
8	36.56	44.56	8	15.1	13.83
10	33.70	43.70	9	15.8	14.24
12	30.62	42.62	11	16.36	14.85
14	27.85	41.85	13	16.64	15.42
16	23.84	39.84	15	17.62	16.57

其中，股票市价 S 的计算公式为 $S = \dfrac{(EBIT - I)(1-T)}{K_s}$

综合资本成本 K_w 的计算公式为 $K_w = K_b \times \dfrac{B}{V} + K_s \times \dfrac{S}{V}$

由表 7-18 可以看出，在没有债务的情况下，该公司的总价值等于其原有股票的价值。当公司增加一部分债务时，开始产生财务杠杆效应，公司的总价值上升，综合资本成本下降。当债务达到 800 万元时，综合资本成本最低，为 13.83%。当公司债务超过 200 万元时，随着利息率的不断上升，财务杠杆效应不断减弱甚至呈现负值，公司总价值下降，综合资本成本上升。因此，债务为 800 万元时的资本结构是该公司的最优资本结构。

知识拓展

资本结构理论的发展

随着资本结构与企业价值理论研究的深入，现代学者进行研究时考虑更加全面，不仅研究微观企业，更注重宏观市场方面的影响，有的研究更是与其他学科相结合，为理论的发展提出新的研究方向。如加入市场时机因素的研究认为，不同市场时机时期，资本结构对企业价值影响不同；多元资本结构理论引入人力资本、关系资本、结构资本等知识性资本因素，与财务性资本一起对企业价值产生双重作用；战略视角下的资本结构理论研究认为，采取不同战略的企业，资本结构与企业价值之间呈现不同的相关性；市场相机抉择理论认为资本结构与企业价值无关，即不存在最优的资本结构，企业的资本结构只是企业历史上有意的市场相机抉择行为的累积结果。

自从美国经济学家 Durand 于 20 世纪 50 年代最早提出资本结构的思想以来，国内外学者对该理论进行了大量研究。Modigliani and Miller 的 MM 理论开辟了资本结构理论研究的新时代，该理论在一系列的完美资本市场假设下，得出资本结构与企业价值不相关的结论。然而这种完美资本市场在现实中是不存在的，于是后来的学者们以 MM 理论为基础，不断放宽 MM 理论的假设条件，加入企业所得税、个人所得税和破产成本，后来又引入了微观经济学中的代理理论、信息不对称理论、激励理论、产权理论和不完全契约理论等，从各个侧面丰富资本结构和企业价值的关系理论。总结这些理论，可以看出企业的资本结构对企业价值有显著影响，至于影响究竟是正相关、负相关或是其他相关关系，到目前为止仍无定论。

在最近几十年的发展中，学者们对资本结构理论的研究已不再局限于就资本论资本，而注重了与其他学科的结合，将宏观市场制度和金融体系，特别是知识性资本等因素引入研究框架中。因为社会的各个分支是相互交融的，每一种理论都不是单独存在的，将相关他学科纳入资本结构理论体系，将促进资本结构理论的丰富与发展。

课后思考与练习

一、单项选择题

1. 资本成本在企业筹资决策中的作用不包括（　　　）。

    A. 是企业选择资金来源的基本依据　　　　　B. 是企业选择筹资方式的参考标准

    C. 作为计算净现值指标的折现率使用　　　　D. 是确定最有资本结构的主要参数

2. 在个别资本成本的计算中，不必考虑筹资费用影响因素的是（　　　）。

    A. 优先股成本　　　　B. 普通股成本　　　　C. 留存收益成本　　　　D. 债券成本

3. 企业因经营上的原因而导致利润变动的不确定性是（　　　）。

    A. 管理风险　　　　B. 经营风险　　　　C. 财务风险　　　　D. 变动风险

4. 经营杠杆产生的原因是企业存在（　　　）。

    A. 固定成本　　　　B. 变动成本　　　　C. 息税前利润　　　　D. 销售收入

5. 财务杠杆产生的原因是企业存在（　　）。

    A. 固定成本   B. 变动成本   C. 债务筹资   D. 管理费用

二、多项选择题

1. 资本成本包括筹资费用和用资费用两部分，其中属于用资费用的是（　　）。

    A. 向股东支付的股利   B. 向债权人支付的利息

    C. 借款手续费   D. 债券发行费

2. 下列属于半变动成本的是（　　）。

    A. 水电费   B. 电话费   C. 化验员工资   D. 质检员工资

3. 影响资本结构的因素有（　　）。

    A. 企业财务状况   B. 企业资产结构

    C. 投资者和管理人员的态度   D. 贷款人和信用评级机构的影响

4. 最佳资本结构是指（　　）的资本结构。

    A. 企业价值最大   B. 加权平均资本成本最低

    C. 每股收益最大   D. 净资产最大

5. 企业的资本成本按其用途可以分为（　　）。

    A. 个别资本成本   B. 综合资本成本

    C. 边际资本成本   D. 债务资本成本

三、简答题

1. 什么是贡献毛益？

2. 什么是资本结构？最佳资本结构的判断标准有哪些？

3. 简述经营杠杆、财务杠杆、综合杠杆与各自对应的风险之间的联系。

案例分析

持续增长中的财务控制

世界500强的艾默生公司创建于1890年，总部设在美国密苏里州圣路易斯市，是全球最悠久的跨国公司之一。股东回报丰厚，年平均增长16%，1956年投资艾默生公司，在2000年价值达638美元。能与艾默生公司的业绩媲美的屈指可数。艾默生的秘诀何在？

艾默生的秘诀在于"管理过程"六要素：保持简化、注重计划、强大的跟进和控制系统、以行动为导向的组织结构、卓越经营和创造利于员工发挥才能的环境。其中强大的跟进和控制系统是公司快速增长过程中的"保护带"，保证公司在健康轨道上运行。其基本观念是"计划不是完美无缺的，所以我们每年都进行计划。"

艾默生公司每年在计划、执行和控制方面投入大量的精力，CEO有超出一半的时间都用于计划，COO（首席运营官）和其他高层管理人员则更多地投入到控制周期中去。艾默生公司首先从子公司层面发起计划周期，为不同的子公司以及整个组织制订利润和增长计划，在利润评估时，子公司的管理层与总公司的"利润沙皇"（高级管理人员）举行会议，利润评估将审查前五年的历史、当前年份的现状以及未来五年的预测数据，时间跨度11年，以此建立利润评估模型，模型会将价格变化、通货膨胀、生产率提高、成本减少，业务重组等因素考虑进去；接下来是在业务平台的战略评估，从公司整体上评估执行计划所需的资源，而不是从子公司的角度讨论。若发现有子公司能力不足以应对某些机会时，能够在公司层面上进行资源整合，确保公司整体的高效率。

在有效制订计划的基础上，如何保证有效执行就成为更为重要的议题，没有强大的跟进和控制系统是无法实现的，艾默生公司的控制是全过程的控制。第一，年度控制在每个财务年结束之前举行年度预算会议，主要内容是上一年的评估以及本财年的总结、未来一年的预测；第二，月度控制或常规控制。各个子公司的总裁每月都要提交总裁运营报告，关注重点是当月和未来三个月。对前一年的计划与当年的实际结果逐季度进行跟踪，并对以后几个季度和当年的绩效进行展望，实时更新年度预期，调整预算，是一种滚动式的计划和预算模式，所以，"在艾默生公司，预算的寿命只有一个月。"除此之外，艾默生公司每个月召开一次董事会，评估子公司计划中的财务计划和行动计划。

思考：

该公司为什么采取持续增长的财务控制决策？

第八章 项目投资决策

本章目标

通过本章学习，熟悉并理解项目现金流量的概念和内容，能够应用现金净流量的计算方法；掌握投资回收期、净现值、现值系数和内部报酬率等评价指标的含义和计算方法，并会利用这些指标进行项目投资决策分析；理解风险对项目投资决策的影响以及风险条件下的投资决策方法。

引导案例

万华化学的项目投资决策

万华化学集团股份有限公司（以下简称"万华化学"），前身为烟台万华聚氨酯股份有限公司，成立于 1998 年 12 月 20 日，2001 年 1 月 5 日上市（股票代码 600309），是山东省第一家先改制后上市的股份制公司。公司主要从事二苯基甲烷二异氰酸酯（MDI）为主的异氰酸酯系列产品、芳香多胺系列产品、热塑性聚氨酯弹性体系列产品的研发、生产和销售，是中国唯一一家拥有 MDI 制造技术自主知识产权的企业。其中 MDI 产品是制备聚氨酯的最主要原料之一，聚氨酯具有橡胶、塑料的双重优点，广泛应用于化工、纺织、建筑、家电、建材、交通运输、航天等领域。目前，公司共有三套 MDI 装置，产品质量和单位消耗均达到国际先进水平，是亚太地区最大的 MDI 供应商。

2013 年 10 月 18 日，万华化学发布三季报，报告期内，公司实现营业收入 153.74 亿元，同比增长 34.62%；实现净利润 23.37 亿元，同比增长 41.75%。同时，公告称决定在烟台经济技术开发区磁山投资建设万华化学集团股份有限公司全球研发中心及总部基地（一期）项目。该研发中心建造项目总投资 15.94 亿元，建设期两年。项目所需资金中，自筹 47 383 万元，占总投资的 30%；申请银行贷款 112 000 万元，占总投资的 70%。同时，公司拟在成都新材料产业功能区成立公司，建立水性表面材料树脂、改性 MDI、TPU 等多种产品的生产装置，总投资 10 亿元，建设期两年。在万华烟台工业园建设高吸水性树脂项目，总体规划为 12 万吨/年，项目一期投资 1.59 亿元，预计于 2014 年年底建成投产。

万华化学为何斥巨资进行研发中心和项目的投资？如何分析该项目投资可行性？如何运用衡量项目投资决策的评价指标呢？通过本章的学习，将有助于我们进行科学的项目投资决策。

第一节 项目投资概述

投资，是指企业投入资源，以期在未来一定时期内获取报酬或收益的活动。企业的投资可以按不同的标志分类，按投资活动对企业未来生产经营前景的影响，企业投资分为发展性投资和维持性投资；按投资活动与企业本身的生产经营活动的关系，企业投资划分为直接投资和间接投资；按照投资和收益期限的长短，企业投资分为长期投资和短期投资；按投资对象的存在形态和性质，企业投资分为项目投资和证券投资。本章将要研究的内容是项目投资。

一、项目投资的含义

项目投资，属于长期投资，又称资本性投资，是指公司作为投资主体，以特定项目为对象，直接与生产经营中固定资产等数量的增加和质量的改善有关的一种长期投资行为。与股票、债券等证券投资不同，项目投资是一种直接的、生产性的对内实物投资，即把资金投资于生产性资产，从而获取利润。项目投资一般被纳入公司资本预算程序中，其主要目的是增加公司长期资产获取未来现金流量的能力，从而使公司具备提高其价值的发展潜力。生产性公司的投资项目主要分为以新增生产能力为目的的新建项目和以恢复或改善生产能力为目的的更新改造项目两大类。

项目投资主要有如下特点。

（1）项目投资的次数少、金额大。与短期投资相比，项目投资并不经常发生，特别是大规模的、战略性的项目投资，一般要隔若干年甚至十几年才发生一次。虽然投资次数小，但每次投资金额却比较多，在公司总资产中占有相当大的比重。正是由于这一特点，在进行项目投资决策时，有较多的时间进行专门的研究和评价，并为项目投资做专门的资金筹措计划。

（2）项目投资决策的影响期间长。项目投资中的长期资产的经济寿命往往比较长，其投资决策一经做出，将会在相当长的时间内发挥作用，对公司的生产经营活动甚至是生存发展都会产生重大的影响。因此，这就要求在进行项目投资时必须小心谨慎，进行认真的可行性研究。

（3）项目投资变现能力差。项目投资的实物形态主要是厂房和机器设备等固定资产，这些资产不易改变其用途。因此，项目投资一旦完成，如要改变其原始用途或将其出售都是相当困难的，要么难以实现，要么代价太大。正是因为项目投资的不可逆性，要求公司在投资决策时注重其有效性，避免盲目投资。

（4）项目投资的风险较大。一方面项目投资的耗资巨大、影响时间较长、具有不可逆性，另一方面影响项目投资未来收益的因素也较多，因而造成项目投资比其他形式的投资需要承受更大的风险，一旦决策失误，会严重影响企业的财务状况和现金流量，甚至是灾难性的破产清算。因此，公司在投资决策时要研究风险的来源并加以规避，并将其投资风险控制在公司可以承受的范围之内。

二、项目投资的分类

项目投资可按照标准的不同分为如下几类。

（一）新建项目投资和更新改造项目投资

按照项目投资的目的，把项目投资分为新建项目投资和更新改造项目投资两大类。新建项目投资是指以新增公司生产能力为目的而进行的外延式扩大再生产投资，如厂房的新建、设备的购置和新产品的研制与开发等。更新改造项目投资是指以恢复或改善生产能力、质量为目的而进行的内含式扩大再生产投资，例如厂房的改扩建、设备的更新、现有产品的改造等。

（二）战略性投资和战术性投资

按照投资对公司前途的影响程度，把项目投资分为战略性投资和战术性投资两大类。战略性投资是指对公司全局有重大影响的投资，如公司转产投资、增加新产品投资等。战术性投资是指不涉及整个公司前途但与日常生产经营相关的投资，如为提高产品质量、改善工作环境等所进行的投资。战略性投资一般所需资金较多、回收时间长、风险相对较大；战术性投资则一般所需资金较少、回收时间短、风险相对较小。

（三）相关性投资和非相关性投资

按照投资项目之间的关系，把项目投资分为相关性投资和非相关性投资两大类。相关性投资是指当采纳或者放弃某个投资项目时，将会直接引起另外一个投资项目的有关经济指标发生变动，如天然气的开采和输气管的铺设所涉及的投资就属于相关投资。非相关投资是指当采纳或放弃某一项目时，并不影响另一个项目的有关经济指标发生变动，如购买办公大楼和更新生产设备就属于不相关的投资。

（四）扩大收入投资和降低成本投资

按照增加利润的方式，把项目投资分成扩大收入投资和降低成本投资两大类。扩大收入投资是指通过不断扩大公司生产经营规模，以便增加公司销售额，进而增大公司利润的投资。降低成本投资是指通过挖掘内部潜力，不断降低公司经营成本，以便增加公司利润的投资。

三、项目投资的程序

项目投资的程序包括以下几个环节。

（一）项目提出

项目提出是项目投资程序的第一步，是根据公司的长远发展战略、中长期投资计划和投资环境的变化，在把握良好投资机会的情况下提出的，可以由公司高层管理人员提出，也可以由公司的各级管理部门和相关部门经理提出。新产品方案通常来自研发部门或营销部门，设备更新的建议通常来自生产部门等。

（二）项目评价

项目评价是投资决策的关键环节。项目评价的主要内容包括预计项目投资各期的现金流量，假设项目投资折现率给定的情况下，选择合适的项目评价指标并加以计算。一项投资项目从筹建到投资再到终结往往经历比较长的时间，而不同时点的现金流量缺乏可比性，实务中通常是采用贴现现金流量模型，把由该项投资活动所引起的不同时点的现金流量调整到同一时点上进行比较分析。以此权衡项目的风险和收益，考查项目是否增加公司价值。

（三）项目选择

投资项目评价后，应按照管理权限由公司高层管理人员或相关部门经理在项目评价的基础上，通过比较价值指标和可接受标准，进行最优项目选择。其基本理论依据是当投资项目的边际收入等于边际成本时，其投资收益最大，投资规模最佳。投资项目被选定之后，将被纳入公司资本预算而准备执行和实施。在这一过程中，财务主管的主要任务是进行项目投资评估和决策，预测项目各年需要投入的资本总量，并为项目投资进行专门的资金筹措计划。

（四）项目执行与控制

投资项目一经选择并纳入资本预算之后，即可进入投资预算的执行过程。在这一过程中，应建立一套科学合理的预算执行跟踪系统，以及时准确地反映资本预算的执行情况。根据实际指标与预算指标对比的结果，找出差异，分析原因，并将分析结果及时反馈给各有关部门或单位，以便调整差异，实现预定的目标。另外，如果出现新的情况，还要随时根据变化的情况，对投资项目进一步评价，并根据评价结果适时修正或调整资本预算。

（五）投资项目的事后审计

投资项目的事后审计是指对已经完成的投资项目的绩效进行的审计。通过对过去的决策的对错分析，管理者可以改进未来的决策。例如，事后审计可以为项目评价提供很好的反馈，管理者评价自己原先对现金流量的预测是否过度激进或者过于保守。

第二节 投资项目现金流量的估计

投资决策的关键是做好投资方案的财务评价工作，在公司投资的决策过程中，通常采用现金流量作为对投资方案进行财务评价的基础。采用现金流量作为投资决策指标的属性，能够比利润更相关、更可靠地衡量投资收益。正确地计算投资项目各期的现金流量，是运用有关指标对投资方案进行财务评价的基础。

一、投资项目现金流量的构成

现金流量，在投资决策中是指一个项目引起的公司现金收入和现金支出增加的数量，它包括三层含义。第一，它是投资项目的现金流量。现金流量是特定项目引起的，并不是特定会计期间的现金流量。第二，它是指"增量"现金流量。所谓增量现金流量是指接受或拒绝某个投资项目后，公司总现金流量因此而发生变动的部分。第三，这里的"现金"是指广义的现金。它不仅包括各种货币资金，还包括项目需要投入公司拥有的非货币资源的变现价值（或重置成本）。

在项目投资决策中，现金流量包括现金流入量、现金流出量和净现金流量等几种形式。需要强调的是，项目投资决策中使用的现金流量与财务报告中现金流量表所提供的现金流量相比，无论是在具体构成内容方面，还是计算口径上，都有着较大的差别，因此，不能将二者混为一体，更不能相互替代。

（一）现金流出量

现金流出量是指在项目从投资开始到项目寿命终结止的过程中发生的现金流出，主要包括固定资产投资支出、垫支的营运资本、付现成本、有关税金和其他现金流出。

（1）固定资产投资支出主要是指在项目投资中用于构成固定资产价值的现金流出，包括购入或建造成本、运输成本、安装成本等。这是建设期发生的主要现金流出量。

（2）垫支的营运资本，又称垫支的流动资金、流动资金投资等，是指项目投产前后分次或一次投放于流动资产上的资本增加额，一般包括产品生产过程中所需的材料、在产品、产成品和货币资金等，它是运营期内主要的现金流量项目。

（3）付现成本，是指在生产经营过程中需要实际支付现金的营运成本，它等于当年的营运成本总额减去固定资产折旧、无形资产摊销额等的差额。

（4）有关税金，主要指项目投产后在运营期内依法缴纳的、单独列示的各项税款，如营业税、所得税、消费税、资源税、城市维护建设税和教育类附加等。

（5）其他现金流出，即不属于上述情况的现金流出。

（二）现金流入量

现金流入量是指在项目从投资开始到项目寿命终止的过程中发生的现金流入，主要包括营业收入、回收资产余值、回收流动资金和其他现金流入。

（1）营业收入，指项目投产后，各期正常的生产经营活动中形成的现金流入量，它是运营期主要的现金流入量项目。

（2）回收的固定资产残值收入，是指投资项目终止时固定资产报废清理或中途转让时回收的固定资产价值，如报废、清理、出售、变卖或转让等时，估计可予回收的价值。

（3）回收的流动资金，是指在固定资产使用寿命终止时回收的公司垫支在流动资产上的价值。回收的流动资金和回收的固定资产残值收入统称为回收额。

其他现金流入量，即除了上述三种情况之外的现金流入。

（三）净现金流量

净现金流量是指在项目寿命期内的某一期间的现金流入量和现金流出量之间的差额。

$$净现金流量 = 当期现金流入量 - 当期现金流出量$$

这里所说的"某一期间"，通常是指一年，有时也指投资项目持续的整个期间。现金流入量大于现金流出量时，净现金流量为正值；反之，净现金流量为负值。因此，在项目建设期，净现金流量一般为负值，在项目投产后的正常经营期内，各年净现金流量通常为正数。可见，项目计算期内的各年净现金流量指标是进行投资决策评价的重要信息。

二、投资项目现金流量的影响因素

在确定项目投资方案相关的现金流量时，应遵循的最基本的原则是：只有增量现金流量才是与项目相关的现金流量。为了正确计算投资方案的增量现金流量，需要正确判断哪些支出会引起企业总现金流量的变动，哪些支出不会引起企业总现金流量的变动。在进行这种判断时，要注意四个问题。

（一）区分相关成本和非相关成本

相关成本是指与特定决策有关的、在分析评价时必须加以考虑的成本，例如，差额成本、未来成本、重置成本、机会成本等都属于相关成本。与此相反，与特定决策无关的、在分析评价时不必加以考虑的成本是非相关成本。例如，沉没成本、过去成本、账面成本等往往是非相关成本。

例如，某公司在2015年曾经打算新建一个车间，做可行性分析时支付咨询费5万元。后来由于公司有了更好的投资机会，该项目被搁置下来，该笔咨询费作为费用已经入账了。2016年旧事重提，在进行投资分析时，这笔咨询费支出已经发生，不管公司是否进行该项目投资，它都已无法收回，与公司未来的总现金流量无关。

（二）考虑机会成本

如果选择了一个投资方案，则必须放弃投资于其他途径的机会。其他投资机会可能取得的收益是实行本方案的一种代价，被称为这项投资方案的机会成本。机会成本是经济学意义上的"成本"，它不是真实支出或费用，而是失去的潜在收益。机会成本总是针对具体方案的，离开被放弃的方案就无从计量确定。机会成本在决策中的意义在于它有助于全面考虑可能采取的各种方案，以便为既定资源寻求最为有利的使用途径。

（三）考虑投资方案对公司其他项目的影响

当我们采纳一个新的项目后，该项目可能对公司的其他项目造成有利或不利的影响。因此在进行新项目时同时兼顾原有项目，注重项目之间的相互影响，即便有时很难计量，但是决策者也要纳入考虑。

（四）考虑对营运资本的影响

在一般情况下，当公司开办一个新业务并使销售额扩大后，对于存货和应收账款等经营性流动资产的需求也会增加，公司必须筹措新的资金以满足这种额外需求；另一方面，公司扩充的结果，应付账款与一些应付费用等经营性流动负债也会同时增加，从而降低公司营运资金的实际需要。所谓营运资本的需要，指增加的经营性流动资产与增加的经营性流动负债之间的差额。

当投资方案的寿命周期快要结束时，公司将与项目有关的存货出售，应收账款变为现金，应付账款和应付费用也随之偿付，营运资本恢复到原有水平。通常，在进行投资分析时，假定开始投资时筹措的营运资本在项目结束时收回。

三、投资项目现金流量的估计方法

（一）初始现金流量

初始现金流量是指为使项目建成并投入使用而发生的有关现金流量。它由以下几个部分构成。

（1）固定资产投资支出。包括固定资产的购置成本或建造成本，以及运输费、安装调试费等。

（2）垫支的营运资金。除固定资产投资外，通常还需要投入营运资金，以保证项目的正常运转，如对原材料、在产品、产成品等方面的投资。这些投资一般在项目终结时得以收回。

（3）其他费用。指与投资项目运转相关的各项费用支出，如筹建费、注册费、职工培训费等。

（4）原有固定资产的变价收入。主要是指在对固定资产更新改造时，变卖原有固定资产所带来的现金流入。需要注意的是，如果原有固定资产的账面价值与其出售价格不一致，则会出现出售损益，从而给公司带来所得税影响。按照税法规定，出售资产时，如果出售价高于账面价值，应缴纳所得税，多缴纳部分构成现金流出量；出售资产发生的损失可以抵减当年的所得税支出，少缴纳的所得税构成现金流入量。由投资引起的所得税影响，应在计算项目现金流量时加以考虑。

（二）经营现金流量

经营现金流量是指项目投入使用后，在其整个寿命周期内因生产经营活动所产生的现金流量。这种现金流量一般是按年计算的。经营现金流量主要包括：（1）增量税后现金流入量，是指投资项目投产后增加的税后现金收入（或成本费用节约额）；（2）增量税后现金流出量，是指与投资项目有关的以现金支付的各种税后成本费用，一般包括有需要付现的营业成本和所得税引起的现金支出。经营现金流量的计算方法如下。

$$经营现金流量（NCF）=收现销售收入-付现成本-所得税 \quad (8\text{-}1)$$
$$=净利润+折旧 \quad (8\text{-}2)$$
$$=（收现销售收入-付现成本）×（1-所得税率）+折旧×所得税率 \quad (8\text{-}3)$$

其中，式（8-2）可以由式（8-1）推导而来，推导过程如下。

$$经营现金流量=收现销售收入-付现成本-所得税$$
$$=收现销售收入-（总成本费用-折旧）-所得税$$
$$=收现销售收入-总成本费用-所得税+折旧$$
$$=净利润+折旧$$

式（8-3）可以由式（8-2）推导而来，推导过程如下。

$$经营现金流量=净利润+折旧$$
$$=（收现销售收入-总成本费用）×（1-所得税率）+折旧$$
$$=（收现销售收入-付现成本-折旧）×（1-所得税率）+折旧$$
$$=（收现销售收入-付现成本）×（1-所得税率）-折旧×（1-所得税率）+折旧$$
$$=（收现销售收入-付现成本）×（1-所得税率）+折旧×所得税率$$

（三）终结点现金流量

终结点现金流量指项目经济寿命结束时发生的各种现金流量，主要包括经营现金流量和非经营现金流量。经营现金流量与经营期计算方式一样。非经营现金流量主要包括原来垫支营运资本的回収、固定资产残值变价收入以及出售时的所得税影响等。终结点固定资产出售损益的确定方法与初始投资时的旧设备发生出售损益的确定方法相同。

【例 8-1】Daisy 公司对其产品市场进行全面调研，并已支付了 30 万元的调研费，结果表明产品市场有约 20%至 25%的份额有待开发。公司决定准备购入一台设备以开发新产品市场。现将有关资料列示如下。

（1）设备的购置价格为 900 万元，发生运输装卸费用为 20 万元，安装调试费为 80 万元。设备的使用寿命和折旧年限同为 5 年，设备按直线法计提折旧，净残值率为 10%，到期时出售价值预计为 100 万元。

（2）生产新产品需占用原计划出售的闲置仓库，售价为 300 万元。

（3）预计第 1 至第 5 年营业收入分别为 1 000 万元、1 500 万元、1 850 万元、2 000 万元、1 500 万元，发生变动成本始终未营业收入的 30%，不含折旧费用的期间费用分别为 300 万元、400 万元、550 万元、800 万元、600 万元。

（4）各期净营运资金按下期销售收入的 20%估计，第 5 年年末全部收回初始投入的营运资金。

（5）假设适合 Daisy 公司的所得税率为 25%，并始终保持不变。

根据已知数据资料可以得出：

$$公司的初始现金流量=900+20+80=1\ 000（万元）$$
$$每年折旧额=1\ 000×（1-10\%）÷5=180（万元）$$

5 年后，设备出售公司获得现金流入，同时产生纳税义务，税后净收入=100-（100-1 000×10%）×25%=100（万元）。

对于开展市场调研发生的费用，应视为沉没成本，不予考虑；对于未出售的土地，应视为机会成本，作为初始投资时的现金流出。当设备出售时，可以再次出售，其售价可视为现金流入。对于各年现金流量的计算可参照表 8-1。

表 8-1　现金流量计算表计量　　　　　　　　单位：万元

时间	0	1	2	3	4	5
建设期：						
（1）设备投资	-1 000					100
（2）机会成本	-300					300
（3）净营运资金	200	300	370	400	300	0
（4）净营运资金变化	-200	-100	-70	-30	100	300
（5）=（1）+（2）+（4）建设期现金流量	-1 500	-100	-70	-30	100	700
运营期：						
（6）营业收入		1 000	1 500	1 850	2 000	1 500
（7）=（6）×30% 变动成本		300	450	555	600	450
（8）期间费用		300	400	550	800	600
（9）折旧		180	180	180	180	180
（10）=（6）-（7）-（8）-（9）税前利润		220	470	565	420	270
（11）=（10）×25% 所得税		55	117.5	141.25	105	67.5
（12）=（10）-（11）税后净利润		165	352.5	423.75	315	202.5

续表

时间	0	1	2	3	4	5
（13）=（9）+（12）营业现金流量		345	532.5	603.75	495	382.5
现金净流量	-1 500	245	462.5	573.75	595	1 082.5

第三节 项目投资评价方法

项目投资评价指标按照是否考虑资金的时间价值，可分为贴现指标和非贴现指标两类。其中，贴现指标使用的是现金流量折现法，主要包括净现值法、获利能力指数法和内含报酬率法。主要区别在于，后者考虑了资金的时间价值，计算较为复杂，但更为科学、合理；前者没有考虑资金的时间价值，计算较为简便。非贴现指标则采用一些辅助方法，主要包括投资回收期法、年均报酬率法。

一、净现值法

（一）净现值指标

净现值（net present value，NPV）是指特定方案未来现金流入量的现值与未来现金流出量的现值之间的差额。计算净现值，就是将所有未来现金流入量和流出量都按预定贴现率折算为它们的现值，然后再计算它们的差额。其计算公式如下。

$$净现值=\sum 现金流入现值 - \sum 现金流出现值$$

$$净现值=\sum_{k=0}^{n} \frac{I_k}{(1+i)^k} - \sum_{k=0}^{n} \frac{O_k}{(1+i)^k} \tag{8-4}$$

式中，n 为投资涉及的年限；I_k 为第 k 年的现金流入量；O_k 为第 k 年的现金流出量；i 为预定的贴现率。

（二）净现值的决策准则

净现值法所依据的原理是：假设预计的现金流入在各年末肯定可以实现，并把原始投资看成是按预定贴现率借入的，当净现值为正数时偿还本息后该项目仍有剩余的收益；当净现值为零时偿还本息后一无所获；当净现值为负数时该项目收益不足以偿还本息。

采用净现值法评估独立投资项目是否可取时，只要 NPV 为正值，说明该投资项目可行；反之，则不可行。净现值越大，表明投资项目的回报越高，相反则表示投资回报低。对于多个互斥投资项目来说，则要选择净现值最大的项目。

（三）净现值的优缺点

（1）优点：净现值考虑了货币的时间价值，涵盖了项目在整个寿命期内的经济状况，并能直接说明项目投资额与资金成本之间的关系，具有广泛的适用性；考虑了风险因素，因为贴现率是企业根据一定风险确定的期望报酬率或资金成本率而制定的。

（2）缺点：净现值法虽然说明了未来的盈亏数，但却不能揭示各个投资项目本身可能达到的实际报酬率；不同规模的独立投资项目，不便于比较投资项目的优劣；企业的贴现率不容易准确制定。

【例 8-2】Dioxal 石油公司正在清理少量石油泄漏。针对该清理工作，公司有 A、B 和 C 三个项目可与考虑，已知公司的资本成本为 10%，三个项目有关数据如表 8-2 所示。

表 8-2 投资项目现金净流量

单位：万元

年份	A 项目	B 项目	C 项目
初始投资	-20 000	-10 000	-12 000
第 1 年	12 000	3 200	4 800
第 2 年	14 000	5 500	4 800
第 3 年		5 500	4 800
合计	6 000	4 200	2 400

净现值（A）=（12 000×0.892 9+14 000×0.797 2）-20 000 = 1 875.6（万元）

净现值（B）=（3 200×0.892 9+5 500×0.797 2+5 500×0.711 8）-10 000 = 1 156.8（万元）

净现值（C）=4 800×2.402-12 000=11 529.6-12 000=-470.4（万元）

A、B 两项项目投资的净现值为正数，说明这两个项目的投资报酬率均超过 12%，都可以采纳。C 项目净现值为负数，说明该项目的报酬率达不到 12%，应予放弃。

上例中，A 项目和 B 项目相比，哪一个更好？不能根据净现值直接判断。两个项目的期限和投资额不同，A 项目用 20 000 万元投资，两年时间取得较多的净现值，B 项目用 10 000 万元投资，3 年时间取得较少的净现值，两个净现值没有直接的可比性。解决这种问题，可以采用获利能力指数法。

二、获利能力指数法

（一）获利能力指数

获利能力指数（profitability index，PI），是投资项目未来现金流入量现值与现金流出量现值的比率，亦称现值比率、获利指数、贴现后收益成本比率等。

计算获利能力指数的公式如下。

$$获利能力指数(PI) = \sum 现金流入现值 / \sum 现金流出现值$$

$$= \sum_{k=0}^{n} \frac{I_k}{(1+i)^k} / \sum_{k=0}^{n} \frac{O_k}{(1+i)^k} \tag{8-5}$$

式中，各符号的含义与净现值计算公式中的相同。

（二）获利能力指数的决策准则

采用获利能力指数进行项目判断的标准是：如果获利能力指数大于 1，说明项目的收益率达到了期望收益率或资本成本率，项目可以接受；如果获利能力指数小于 1，说明项目的收益水平低于期望收益率或资本成本率，项目不能接受。当存在多个项目且相容时，获利能力指数大于 1 的项目都是可接受的项目；而当各个项目间是互斥时，应该选择获利能力指数最大的项目，即获利能力指数最大的项目是最优的项目。即获利能力指数≥1，投资项目报酬率≥预定的贴现率，项目可行；获利能力指数<1，投资项目报酬率<预定的贴现率，项目不可行。

（三）获利能力指数的优缺点

获利能力指数法的主要优点是，克服了净现值法不便于不同规模项目比较的问题，可以进行独立投资机会获利能力的比较。获利能力指数可以看成是 1 元原始投资可望获得的现值净收益。因此，可以作为评价投资规模不同项目的决策指标。但是获利能力指数的概念不好理解。另外，选择不同的贴现率，各项目的优先次序会发生变化。

【例 8-3】 根据表 8-2 的资料，三个项目的获利指数如下。

获利能力指数（A）=21 875.6÷20 000=1.09

获利能力指数（B）=11 156.8÷10 000=1.12

获利能力指数（C）=11 529.6÷12 000=0.96

获利能力指数表示 1 元原始投资可望获得的现值收益。A 项目的 1 元投资取得 1.09 元的现值收益，也就是取得 0.09 元的现值净收益，或者说用股东的 1 元钱为他们创造了 0.09 元的财富。B 项目的 1 元投资取得 1.12 元的现值收益，也就是 0.12 元的现值净收益。C 项目 1 元投资净损失 0.04 元，股东财富减少了 4%。

获利能力指数是相对数，反映投资的效率；净现值是绝对数，反映投资的效益，二者各自的用途不同。承前例，能否通过获利能力指数就认为 B 项目比 A 项目好呢？不一定。因为两个项目持续的时间不一致。那么该用什么方法能够消除项目期限的差异呢？解决这类问题，可以采用内含报酬率法。

三、内含报酬率法

（一）内含报酬率

内含报酬率（internal rate of return，IRR）是指能够使未来现金流入量现值等于未来现金流出量现值的贴现率，或者说是使投资方案净现值为零的贴现率。内含报酬率是根据方案的现金流量计算出的，是方案本身的投资报酬率。它反映项目所占用资金的盈利率，是考察项目盈利能力的主要动态评价指标。其计算公式如下。

$$\sum 现金流入现值 - \sum 现金流出现值 = 0$$

$$\sum_{k=0}^{n} \frac{I_k}{(1+r)^k} - \sum_{k=0}^{n} \frac{O_k}{(1+r)^k} = 0 \qquad (8-6)$$

式中，r 为内含报酬率，其他各符号的含义与净现值计算公式中的相同。

关于内含报酬率的计算，主要有以下两种方法。

（1）年金法。它适合于各期现金流入量相等、符合年金形式的情况。此时内含报酬率可直接利用年金现值系数表来确定，不需要进行逐步测试。

（2）逐步测试法。它适合于各期现金流入量不相等的非年金形式。计算方法是，先估计一个贴现率，用它来计算方案的净现值；如果净现值为正数，说明方案本身的报酬率超过估计的贴现率，应提高贴现率后进一步测试；如果净现值为负数，说明方案本身的报酬率低于估计的贴现率，应降低贴现率后进一步测试。经过多次测试，寻找出使净现值接近于零的贴现率，即为方案本身的内含报酬率。

（二）内含报酬率的决策准则

采用内含报酬率来评估独立投资项目时，需要将计算出来的内部报酬率与公司的资本成本或所要求的最低投资报酬率相比较，如果项目的内含报酬率大于资本成本，则该项目可行；反之则该项目不可行。采用内含报酬率来评估多个互斥投资项目时，则选用内含报酬率最大的项目。

（三）内含报酬率的优缺点

内含报酬率考虑了资金的时间价值以及项目在整个寿命期内的经济状况，能够直接衡量项目的真正投资收益率，但是它的计算过程比较复杂，需要大量的与投资项目有关的数据。另外，对于具有非常规现金流量的项目来讲，其内含报酬率往往不是唯一的，在某些情况下甚至不存在。

【例 8-4】根据例 8-2 的资料，已知 A 和 B 项目的净现值为正数，所进行的内含报酬测试结果如表 8-3 和表 8-4 所示。

表 8-3   A 项目内含报酬率的测试 单位：万元

年份	现金净流量	折现率=20%		折现率=18%	
		折现系数	现值	折现系数	现值
0	（20 000）	1	（20 000）	1	（20 000）
1	12 000	0.833	9 996	0.847	10 164
2	14 000	0.694	9 716	0.718	10 052
净现值			（288）		216

表 8-4   B 项目内含报酬率的测试 单位：万元

年份	现金净流量	折现率=20%		折现率=18%	
		折现系数	现值	折现系数	现值
0	（10 000）	1	（10 000）	1	（10 000）
1	3 200	0.833	2 665.6	0.847	2 710.4
2	5 500	0.694	3 817	0.718	3 949
3	5 500	0.579	3 184.5	0.609	3 349.5
净现值			（332.9）		8.9

因为测试结果精确度不高，可采用内插法来完善。

$$内涵报酬率(A)=18\%+\left(2\%\times\frac{216}{216+288}\right)=18.86\%$$

$$内涵报酬率(B)=18\%+\left(2\%\times\frac{8.9}{8.9+332.9}\right)=18.05\%$$

计算出各项目的内涵报酬率以后，可以根据企业的资本成本对项目进行取舍。由于资本成本是 12%，故 A、B 两个项目都可以接受。

内含报酬率法和获利能力指数法有相似之处，都是根据相对比率来评价项目，而不是像净现值法那样使用绝对数来评价项目。在评价项目时要注意到，比率高的项目绝对数不一定就大，反之也一样。二者也有差异，在计算内涵报酬率是不必事先估计资本成本，只是最后才需要一个切合实际的资本成本来判断项目是否可行；获利能力指数法需要一个合适的资本成本，以便将现金流量折为现值，折现率的高低优势会影响方案的优先次序。

四、投资回收期法

（一）投资回收期

投资回收期（PP）是指投资项目产生的现金流入量累计到与投资额相等时所需要的时间，一般以年为单位，主要用于考察项目的财务清偿能力，是一种使用较广泛的投资决策指标。

针对于投资项目各期现金流量的分布情况，投资回收期的计算方法有以下两种。

（1）如果原始投资一次支出且每年现金净流入量相等，则投资回收期可按下列公式计算。

$$回收期=\frac{原始投资额}{每年现金净流入量}\qquad(8\text{-}7)$$

（2）如果现金流入量每年不等或原始投资是分几年投入的，则投资回收期可按下列公式计算。

$$回收期 = M - \frac{第M年尚未回收额}{第(M+1)年现金净流量} \qquad (8-8)$$

式中，M 是收回原始投资的前一年。

（二）投资回收期的决策准则

运用投资回收期判断投资项目是否可行的原则是：在采用投资回收期这一指标进行决策时，应事先确定一个行业基准的投资回收期，然后用投资方案回收期与之比较。只有当项目的投资回收期既未超过项目的寿命期（即前者小于后者），又未超过行业的基准投资回收期时，投资项目才是可以接受的。投资回收期越短，方案越有利，项目的效益越好，如果有几个项目可供选择，一般应该选择投资回收期最短的项目。

（三）投资回收期的优缺点

投资回收期法计算简便，经济意义明确、直观，并且容易为决策人正确理解；在一定程度上反映了投资效果的优劣；可适用于各种投资规模。它的缺点在于没有考虑资金的时间价值，因此无法正确地辨识项目的优劣；只考虑投资回收之前的效果，不能反映投资回收之后的现金流入情况，即无法准确衡量项目投资收益的大小；主要用来测定方案的流动性，不能计量方案的盈利性。

【例8-5】根据例8-2的资料，计算A项目、B项目和C项目的投资回收期见表8-5。

表8-5　三项目未回收金额　　　　　　　　　　　　　　　　　　　　　单位：万元

	原始投资	第一年	第二年	第三年
A项目	20 000	8 000	0	
B项目	10 000	6 800	1 300	0
C项目	12 000	7 200	2 400	0

项目A和B由于每年现金流入量不等，因此利用公式（8-7），项目C由于每年现金净流入量相等，根据公式（8-8）计算。

项目A的回收期=1+8 000÷14 000=1.57（年）

项目B的回收期=1+1 300÷5 500=1.24（年）

项目C的回收期=12 000÷4 800=2.50（年）

五、年平均报酬率法

（一）年平均报酬率

年平均报酬率（ARR）是反映投资项目年平均现金流量与原始投资额的比率。

$$年平均报酬率 = \frac{年平均现金净流入}{原始投资额} \times 100\% \qquad (8-9)$$

式中，分子的年平均现金净流入是指项目投入使用后的年平均现金净流入，等于所有经营现金流量和终结现金流量之和再除以项目使用寿命。

（二）年平均报酬率的决策准则

年平均报酬率的决策准则要求公司事先确定要达到的必要年平均报酬率，在进行决策时，高于必要年平均报酬率的方案可以入选，低于必要年平均报酬率的方案则应拒绝，在多个互斥方案中则选用年平均报酬率最高者。

（三）年平均报酬率的优缺点

这种方法计算简便，简明易懂，应用范围很广。另外，年平均报酬率考虑了投资方案在其整个寿命期内的现金流量，这一点较投资回收期更为合理。但是，它没有考虑货币的时间价值，不同期间的现金流量也被看作具有相同的价值，将前期的现金流量等同于后期的现金流量是不妥当的。因此，实际工作中单独使用年平均报酬率进行决策的情况比较少见。

【例 8-6】根据例 8-2 资料，计算三种项目的年平均报酬率如下。

$$年平均报酬率（A）=\frac{(2\,000+4\,000)\div 2}{20\,000}\times 100\%=1.5\%$$

$$年平均报酬率（B）=\frac{4\,200\div 3}{10\,000}\times 100\%=14\%$$

$$年平均报酬率（C）=\frac{800}{12\,000}\times 100\%=6.7\%$$

六、项目评价指标的比较

（一）项目评价指标的运用原则和优缺点小结

项目评价方法主要包括净现值法、获利指数法、内涵报酬率法、投资回收期法和年平均报酬率法。现在将这五个评价指标的运用原则和优缺点归纳见表 8-6。

表 8-6　项目评价指标的决策原则和优缺点

评价指标	决策原则	优点	缺点
净现值（NPV）	如果按投资者所要求的收益率 K 折现，$NPV\geq 0$，项目是可行的；$NPV<0$，项目是不可行的	考虑了现金流发生的时间；提供了一个与公司价值最大化目标相一致的客观决策标准；理论上最为正确的方法	与如内含报酬率、获利能力指数等相对值指标相比，净现值所提供的绝对值结论给实际操作和理解增加了难度
获利能力指数（PI）	如果 $PI\geq 1$，项目是可行的；$PI<1$，项目是不可行的	作用类似于净现值，经常得出一致的结论；容易理解和交流	在互斥项目比较中，有时给出与净现值矛盾的结论
内含报酬率（IRR）	如果 $IRR\geq K$，项目是可行的；$IRR<K$，项目是不可行的。其中，K 是预定的贴现率	作用类似于净现值，经常得出一致的结论；容易理解和交流	可能出现多个内含报酬率的问题；在互斥项目比较中可能给出错误的评价
投资回收期（PP）	回收期越短越好，回收期应小于行业基准的回收期，但回收期不应该用于决定项目的取舍	概念明确、使用简便；初步衡量了项目风险；衡量了项目的变现能力	没有考虑现金流量所发生的时间；忽视了回收期之后的现金流量；不是一个客观的决策标准
年平均报酬率（ARR）	年平均报酬率越高越好。项目年平均报酬率（ARR）应高于公司所要求的必要平均报酬率（ARR）	计算简便，数据易取得	忽视了资金的时间价值；缺乏客观性；没有反映市场信息

（二）不同贴现现金流量指标之间的比较

1. 净现值与内含报酬率的比较

净现值法和内含报酬率法都是比较好的投资评估方法，它们都考虑到了资金的时间价值，都能比较客观准确地反映投资项目的经济效益。

净现值是绝对数指标，内含报酬率是相对数指标。在评价方案时要注意到，比率高的方案绝对数不一定大，反之也一样。

采用净现值和内含报酬率对独立项目进行决策，两者对项目的可行性将得出相同的结论：即净现值指标认为可行，内含报酬率也同样认为可行。这时一般应当根据内含报酬率指标，优先安排内含报酬率较高的方案。

在互斥项目的可行性评价中，净现值和内含报酬率可能会得出不一致的结论。净现值和内含报酬率指标产生矛盾的关键就在于两种指标在认定再投资收益率方面存在着不同的观点。净现值指标隐含着早得到的现金流量是按投资者所要求的收益率进行再投资的假定，而内含报酬率指标隐含着公司可以按项目本身内含报酬率进行再投资的假定。如果用这两种方法得出的结论不一致，应采用净现值法的结论，即选择净现值大的项目。另外，内含报酬率法还可能出现多个内含报酬率的问题，而净现值则不会出现这样的困境。

2. 净现值与获利能力指数的比较

净现值法与获利能力指数法都考虑了货币的时间价值和项目的全部效益与成本，都是较好的投资评估方法。

净现值法与获利能力指数法的区别：净现值法是一个绝对数指标，反映投资的效益，衡量项目未来经济效益减去投资成本后还剩多少；获利能力指数法是一个相对数指标，反映投资的效率，衡量的是项目未来经济效益与其成本之比，可以进行独立投资机会获利能力的比较。一般情况下，两种方法会得出相同的结论，当两者出现差异时，若是独立方案，应当优先安排获利能力指数高的项目；若是互斥方案，应当采用净现值最大的方案。

3. 内含报酬率与获利能力指数的比较

两者都是根据相对比率来评价方案。在运用内含报酬率法时不必事先选择贴现率，根据内含报酬率就可以确定独立投资的优先次序，只在取舍方案时需要一个切合实际的资金成本或最低报酬率来判断方案是否可行；获利能力指数法，要求事先设定一个适合的贴现率，以便将现金流量折为现值，贴现率的高低将会影响方案的优先次序。

总的来说，净现值指标虽然是一个绝对数，但在分析时已考虑到投资的机会成本，只要净现值为正数，就可以为公司多创造价值，可见净现值指标与公司价值最大化这一目标是相一致的。此外，采用净现值作为投资项目的评价指标应该优于内含报酬率或获利能力指数。但实际工作中，项目经理可能会对内含报酬率或获利能力指数有着比较明显的偏好，究其原因，首先，内含报酬率或获利能力指数是相对数指标，进行不同投资规模的比较和评价更为直观；其次，内含报酬率指标不需事先确定资本成本，使实务操作较为容易。

第四节　项目投资评价指标的应用

随着科学技术的发展，作为公司基础生产设施的机器设备，尤其是非常规、高新技术设备的寿命周期越来越短，更新换代的速度日益加快。在旧设备还能继续使用的情况下，当生产效率更高、原料、动力等消耗更低的新设备出现时，公司就会面临固定资产是否更新的决策，它是公司项目投资决策的一项重要内容。

一、固定资产更新决策

固定资产更新决策，是指决定继续使用旧设备还是购买新设备，如果购买新设备，旧设备将以市场价格出售。这种决策的基本思路是：将继续使用旧设备视为一种方案，将购置新设备、出售旧设备视为另一种方案，并将这两个方案作为一对互斥方案按一定的方法来进行对比选优，如果前一方案优于后一方案，则不应更新改造，而继续使用旧设备；否则，应该购买新设备进行更新。

通常，根据新旧设备的未来使用寿命是否相同，可以采用两种不同的方法来进行决策分析。

（一）新旧设备使用寿命相同的更新决策

在新、旧设备未来使用期相同的情况下，一般普遍运用的分析方法是差额分析法，用以计算两个方案（购置新设备和继续使用旧设备）的现金流量之差以及净现值差额，如果净现值差额大于零，则购置新设备，否则继续使用旧设备。

（二）新旧设备使用寿命不相同的更新决策

固定资产的平均年成本是指该资产引起的现金流出的年平均值。如果不考虑时间价值，它是未来使用年限内的现金流出总额与使用年限的比值；如果考虑货币的时间价值，它是未来使用年限内现金流出总现值与年金现值系数的比值，即平均每年的现金流出。采用平均年成本法进行更新决策时，通过比较继续使用和更新后的平均年成本，以较低者为较好方案。

在使用平均年成本法时要注意两点。第一，平均年成本法是把继续使用旧设备和购置新设备看成是两个互斥的方案，而不是一个更换设备的特定方案。因此，不能将旧设备的变现价值作为购置新设备的一项现金流入。第二，平均年成本法的假设前提是将来设备再更换时，可以按原来的平均年成本找到可代替的设备。

固定资产的平均年成本的计算公式如下。

$$UAC = \left[C - \frac{S_n}{(1+i)^n} + \sum \frac{C_n}{(1+i)^n} \right] \div (P/A, i, n) \qquad （8\text{-}10）$$

式中，C 为固定资产原值，S_n 为 n 年后固定资产余值，C_n 为第 n 年运行成本，n 为预计使用年限，UAC 为固定资产平均年成本。

【例 8-7】Georgetown 公司正考虑用一台效率更高的新机器取代现有的旧机器，以减少经营成本。已知该公司所得税税率为 25%，资本成本为 10%，其他有关新旧设备的相关资料见表 8-7。

表 8-7 新旧设备的有关资料　　　　　　　　　　　　　　　　　　单位：万元

项目	新设备	旧设备
原值	2 000	2 400
已经使用年限	0	3
尚可使用年限	8	5
年折旧额	250	300
可变现净值		1 400
最终残值	200	100
年运行成本	190	270

本例题中新旧设备由于尚可使用年限不同，所以属于互斥方案下的项目投资问题。考虑到两个方案并没有现金流入问题，所以并不能采用上节中提到的净现值法或者内含报酬率法来计算指标。因此，本例中应通过前述的平均年成本，即获得 1 年的生产能力所付出的代价来进行评价，做出决策。

首先，确定旧设备的净损失可以抵减所得税金额，旧设备的变现净损失减税=[1 400-(2 400-3×300)]×25%=25（万元）。

其次，确定新旧设备的成本总现值如下。

旧设备成本总现值=-1 400-25-195×(P/A,10%,5)+(100-25)×(P/F,10%,5)

　　　　　　　　=-1 425-195×3.790 8+75×0.620 9

　　　　　　　　=-2 117.64（万元）

$$新设备成本总现值=-2\,000-127.5\times(P/A,\ 10\%,\ 8)+(200-50)\times(P/F,\ 10\%,\ 8)$$
$$=-2\,000-127.5\times5.334\,9+150\times0.466\,5$$
$$=-2\,610.22\ (万元)$$

使用新设备的年平均成本$=2\,610.22/(P/A,\ 10\%,\ 8)=2\,610.22/5.334\,9=489.27$（万元）

使用旧设备的年平均成本$=2\,117.64/(P/A,\ 10\%,\ 5)=2\,117.64/3.790\,8=558.63$（万元）

具体计算见表8-8。

表8-8　新旧设备成本总现值计算表　　　　　　　　　　　　　　　　单位：万元

	新设备	旧设备
（1）变价收入	-2 000	-1 400
（2）变现净损失减税	0	-25
（3）每年运行成本	-190	-270
（4）年折旧抵税	62.5	75
（5）年运行净流量=（3）+（4）	-127.5	-195
（6）残值变价收入价值	200	100
（7）残值净收益纳税	-50	-25
成本总现值	-2 610.22	-2 117.64

通过上述计算可知，使用新设备的平均年成本 489.27 万元，低于使用新设备的平均年成本 558.63 元，因此该公司宜更新设备。

二、资本限量决策

固定资产（技术设备）投资是公司重要的经营活动，对投资项目的取舍，一般从盈利角度进行包括财务分析在内的评价和决策。公司的投资是与筹资密不可分的，投资决策必须在一定筹资条件下进行，原因在于：公司资金不是无限量的，不可能接受所有净现值大于零的项目；公司在不同筹资方式下会有不同的资本成本，作为分析决策数据之一的收益率会因此而不同，进而影响投资决策；当公司存在若干个投资项目时，需要进行项目组合的最佳选择。从理论上讲，当公司资本无限量时，公司应接受所有净现值大于零的项目，但任何一个公司所能筹集到的资金都是有限的，而在资本有限的情况下，为使公司收益最大，公司应选择能使净现值大于零的项目组合，确定这样的项目组合的过程称为资本限量决策。

资本限量决策的步骤如下。

（1）计算所有项目的净现值，并列出项目的初始投资。

（2）在资本有限的情况下，资金不能满足所有净现值大于零的项目，如果所有可接受的项目都有足够的资金，则说明资本没有限量，决策过程即可完成。

（3）如果资金不能满足所有的净现值大于零的投资项目，那么就对所有的项目在资本限量内进行各种可能的组合，并计算出各种组合的净现值的总和。

（4）接受净现值总和最大的项目组合方案。

项目评估与选择方法运用的潜在困难与资本限额有关。当在某个特定的时期内所能投入的资本有一个预算上限或约束时，资本限额就会发生。这种约束在一些公司中很普遍，特别是在那些规定只能通过内部融资解决所有资本需要量的公司。另一个发生资本限额的情况是，一些大公司的分公司只能在某一个特定的预算限额之内进行资本投资，超过该上限的资本支出，分公司没有控制权。有了资本限额的约束，公司只能在不超过预算上限的情况下，尽量选择能最大限度地增加公司价值的投资项目组合。

资本限额是指某一特定时期内的资本支出总量必须在预算约束（或预算上限）之内，不能超过预算约束。资本限额问题需要运用若干可解决约束条件下产出最大化问题的方法。这些方法需要利用运筹学中关于线性规划、整数规划和目标规划的知识。

如果仅仅是限制资本在当前时期的使用，问题就转化为在不超过预算上限的情况下选择那些能使每单位资本的投资带来最大价值增量的项目。

【例 8-8】G 公司现有 A、B、C、D 四个投资项目可供选择，有关资料如表 8-9 所示。试在投资总额为 45 万元条件下，确定最优投资组合。

表 8-9 投资项目相关资料 单位：元

投资项目	原始投资	净现值	获利指数
A	130 000	77 000	1.59
B	140 000	63 500	1.45
C	310 000	131 000	1.42
D	160 000	65 000	1.41

在 45 万元资本限额下，可有如表 8-10 所示的几种组合：

表 8-10 投资组合 单位：元

项目	投资总额	净现值
A+B	270 000	140 500
A+C	440 000	208 000
A+D	290 000	142 000
B+C	450 000	450 000
B+D	300 000	300 000
A+B+D	430 000	205 500

根据表 8-10 可知，当投资总额限定为 45 万元时，因为 A+C 组合的投资总额为 44 万元，且它的净现值为 208 000 元，大于其他组合，所以最佳投资组合方案是 A+C。

值得注意的是，资本限额通常导致一种次优的投资政策就顺理成章了。从理论上讲，公司应该接受所有能产生比预期报酬率更高的收益率的项目。这样，公司普通股的每股市场价格将会上升，因为它正在施行的一些项目能产生比保持当前股价所必要的收益率更高的收益率。这个命题假定公司能在合理限度内以预期报酬率的利息率筹集到所需资本。显然，每单位成本所能筹集到的资本是有限的。而许多公司都已有一个或多或少连续的决策过程来确定所需的资本支出，并为这些支出筹款。在这些假定下，公司应该接收收益率高于预期报酬率的所有项目，并大致以那种利率的筹资成本为这些项目筹款融资。很显然，某些情形下这一规则被复杂化了。但是，一般来讲，这些政策的目的应该是使公司股票的长期市场价值最大化。如果公司限制资本的使用，拒绝一些收益率高于预期报酬率的项目，那么从理论上讲，这种投资政策是次优的，通过接受这些被拒绝但可以创造利润的项目，管理人员能够为股东增加公司的财富。

三、投资开发时机决策

有时，虽然有些投资的净现值大于零，但从长远考虑，立刻投资不一定能使投资的价值达到最大。而有一些投资项目，虽然目前尚无利可图，但过一段时间后，可能会利润丰厚。因此，对每一个投资项目，公司都面临着选择最佳投资时机的问题。

【例 8-9】某企业拥有一座稀有矿藏，这种矿产品的价格在不断上升。根据预测，五年后价格将上升 50%，因此，该企业需要进行现在开发还是五年后开发的互斥选择投资决策。据分析，如果现在开发，其初始固定资产投资为 100 万元，其流动资产投资为 50 万元，其单位售价为 1 万元，付现成本为 800 万元；如果五年后开发，其初始固定资产投资为 120 万元，其流动资产投资为 60 万元，其单位售价为 1.5 万元，付现成本为 1 000 万元。假定该企业的资本成本为 6%，所得税率为 25%，其建设期均为 1 年，所形成的固定资产均无残值，从第二年开始投产，投产后五年开采完毕，每年产销量为 2 000 吨。

首先，计算现在开发的净现值。

（1）每年应提折旧=100 万元÷5=20 万元

（2）投产后每年的净利润=[2 000×1-(800+20)]×(1-25%)=885（万元）

（3）投资后每年的现金净流量=885+20=905（万元）

（4）净现值=905×(P/A, 6%, 5)×(P/F, 6%, 1)+50×(P/F, 6%, 6)-100-50

    =905×4.212×0.943+50×0.705-100-50 =3 479.83（万元）

其中，流动资产投资 50 万元应折算为现值，因为是在投产时才投入。

其次，计算五年后开发的净现值。

（1）每年应提折旧=120÷5=24（万元）

（2）投资后每年的净利润=[2 000×1.5-(1 000+24)]×(1-25%)=1 482（万元）

（3）投产后每年的现金净流量：1 482+24=1 506（万元）

（4）净现值=4 635.58（万元）

由于五年后开发的净现值为 4 635.58 万元，大于现在开发的净现值 3 479.83 万元，因此，应五年后开采。

四、项目寿命期不等的投资决策

在前面所举的例子中，在对投资项目进行取舍时，投资项目的寿命期限一般都是相等的，可以采用项目一般的投资评价指标或差量分析法得到解决。但是如果遇到投资项目的寿命不等的情况，就不能采用净现值等评价指标直接进行比较，而需要采用一定的技术方法，消除项目寿命不等的因素。实际中，采用比较多的这种方法称为年均净现值法，又叫年等额净回收额法、净现值年均化等。

所谓年均净现值法，是指通过比较所有投资方案的年均净现值指标的大小来选择最优方案的决策方法。某方案的年均净现值等于该方案的净现值除以其年金现值系数。其计算公式为：

$$年均净现值 = 净现值/年金现值系数$$

$$年均净现值 = \frac{NPV}{(P/A, i, n)} \tag{8-11}$$

式中，NPV 为投资方案的净现值，i 为资本成本或者贴现率，n 为投资方案的寿命

【例 8-10】星海公司现有 A、B 两个互斥投资方案。A 方案初始投资额为 15 000 元，项目使用寿命为 5 年，期满时净残值为 2 000 元，每年经营现金流量为 5 000 元。B 方案初始投资额为 80 000 元，项目使用寿命为 8 年，期满时无残值，每年的经营现金流量为 6 500 元。假设星海公司的资金成本为 10%。请通过年均净现值来判断应该选择哪个投资方案。

  A 方案的净现值=5 000×(P/A, 10%, 5)+2 000×(P/F, 10%, 5)-15 000

      =5 000×3.790 8+2 000×0.620 9-15 000

      =5 195.8（元）

$$B 方案的净现值=6\,500×（P/A，10\%，8）-80\,000$$
$$=6\,500×5.334\,9-20\,000$$
$$=6\,676.85（元）$$
$$甲方案的年均净现值=5\,195.8/3.790\,8=1\,370.63（元）$$
$$乙方案的年均净现值=6\,676.85/5.334\,9=1\,251.54（元）$$

通过上述计算可知，尽管乙方案的净现值大于甲方案的净现值，但是它的寿命较长，导致乙方案的年均净现值却低于甲方案的年均净现值，因此，应该选择甲方案。

第五节　风险投资决策

前面几节讨论的投资决策，是假定现金流量在确定的情况下产生，即在可以确知现金收支的金额及其发生时间的基础上进行的。实际上，投资活动充满了风险和不确定性。如果决策面临的不确定性和风险比较大，足以影响方案的选择，那么就应对它们进行计量并在决策时加以考虑。风险是指在一定条件下和一定时期内可能发生的各种结果的变动程度，在项目投资中风险体现了未来现金流量的不确定性。不确定性越大，风险也越大，公司就越有必要在项目投资决策中进行风险调整，以保证投资决策的正确性。

风险投资决策的常用方法有按风险调整贴现率法和按风险调整现金流量法两类。

一、按风险调整贴现率法

按风险调整贴现率的基本思路是，高风险的项目要求有较高的报酬率，应采用较高的贴现率去计算净现值，然后根据净现值法的规则来选择方案，问题的关键是如何根据风险的大小确定风险因素的贴现率即风险调整贴现率。按风险调整贴现率法有如下几种方法。

（一）用资本资产定价模型来调整贴现率

用资本资产定价模型估算一个投资项目贴现率的方法是：以名义无风险利率（如同国库券收益率的计量）加上一个风险贴水。值得注意的是，用国库券收益率作为必要收益率时，实际无风险利率和通货膨胀贴水已经合并，因为它们体现在国库券收益率中。由于投资项目可能持续许多年，需要一种无风险收益率，以反映长期通货膨胀预测。一种简便的方法是，利用与投资项目有同一期限的长期国库券利率。一旦这样做的话，问题就简化到只需估算项目的风险贴水。

资本资产计价模型指出，任何资产（包括公司投资项目）的风险贴水，应等于资产的 β 系数乘以市场风险贴水。

$$项目风险贴水=\beta_i·(R_m-R_f) \tag{8-12}$$

式中，β_i 为资产的 β 系数，R_m 为市场证券组合必要收益，它包括所有风险资产，R_f 为无风险利率，通常用国库债券到期收益率来计量。

把风险贴水代入资本资产定价模型，得出：

$$投资项目资本成本=无风险利率+项目风险贴水$$
$$R_i=R_f+\beta_i·(R_m-R_f) \tag{8-13}$$

式中，R_i 表示投资项目 i 的资本成本，其他符号的含义与风险贴水公式中的相同。

（二）按风险报酬率模型来调整贴现率

风险和报酬的基本关系是，风险越大要求的报酬率越高。风险和期望投资报酬率的关系可以表示如下。

$$期望投资报酬率=无风险报酬率+风险报酬率$$

从上式可知，期望投资报酬率应当包括两部分，一部分是无风险报酬率，如购买国家发行的国库券，到期连本带息肯定可以收回。这个无风险报酬率，可以吸引公众储蓄，是最低的社会平均报酬率。另一部分是风险报酬率，它与风险大小有关，是风险的函数。风险越大，则要求的报酬率越高，即：风险报酬率=f（风险程度）

假设风险和风险报酬率成正比，则：

$$风险报酬率=风险报酬斜率×风险程度$$

其中的风险程度用标准差或变异系数等计量。

用公式表示风险和期望投资报酬率的关系，就是风险报酬模型。

$$K=i+b \cdot Q \tag{8-14}$$

式中，K 为风险调整贴现率，i 为无风险贴现率，b 为风险报酬斜率，Q 为风险程度。

采用风险调整贴现率计算净现值，然后根据净现值法的规则来选择方案，这样可将风险因素对投资方案的影响考虑在内。问题的关键在于，根据风险的大小确定风险因素的贴现率即风险调整贴现率。

按风险报酬率模型调整贴现率，其优点是比较符合逻辑，在实务中应用比较广泛，而它把时间价值和风险价值混在一起，并据此对现金流量进行贴现，意味着风险随着时间的推移而加大，有时与事实不符。

二、按风险调整现金流量

（一）确定当量法

确定当量法，又称为肯定当量法，其基本思路是先用一个确定当量系数（a_t）把有风险的现金收支调整为无风=险的现金收支，然后用无风险的贴现率去计算净现值，以便用净现值法的规则判断投资项目的可行性。其计算公式如下。

$$NPV = \sum_{t=0}^{n} \frac{a_t CFAT_t}{(1+t)^t} \tag{8-15}$$

$$a_t = \frac{肯定的现金流量}{不肯定的现金流量期望值}$$

式中，a_t 为 t 年现金流量的确定当量系数，它的取值在 0 至 1 之间；i 为无风险的贴现率；$CFAT$ 为税后现金流量。

（二）确定当量系数法

确定当量系数（a_t），又称为肯定当量系数，是指不肯定的一元现金流量的期望值，相当于使投资者满意的肯定的金额系数，它可以把各年不肯定的现金流量换算成肯定的现金流量。

确定当量系数的确定：

（1）根据变化系数和确定当量系数之间的对照关系换算；

（2）根据风险=报酬率和无风险报酬率之间的函数关系换算；

计算公式为：

$$a_t = \frac{(1+i)^t}{(1+K)^t}$$

（3）由经验丰富的分析人员主观判断。

应当注意的是，确定当量法也可以与内含报酬率法结合使用。

肯定当量法的难点是如何选定合适的肯定当量系数。一般公司可以由有经验的分析人员主观判断确定。敢于冒风险的人可能选择较高的当量系数，而不愿冒风险的人会选用较低的当量系数。这样可能会由于分析者对风险程度的偏好而使投资决策失误。

由于标准离差率可以表示现金流量的不确定程度，因而我们还可以用它来确定肯定当量系数。标准离差率即变化系数与当量系数的经验对照关系见表 8-11。

表 8-11　变化系数与当量系数的经验对照关系表

变化系数	确定当量系数
0.00～0.07	1
0.08～0.15	0.9
0.16～0.23	0.8
0.24～0.32	0.7
0.33～0.42	0.6
0.43～0.54	0.5
0.55～0.70	0.4

【例 8-11】珠海技术有限公司拟进行一项项目投资，投资资金 5 000 万元后预计该设备的使用将给公司未来带来的现金净流量和财务分析人员确定的确定等值系数见表 8-12。试通过计算公司是否应该接受该项目。

表 8-12　公司期望现金净流量表　　　　　　　　　　　　　　　　单位：万元

项目	第1年	第2年	第3年	第4年	第5年	第6年	第7年
NCF	1 000	1 500	1 700	1 600	1 300	1 200	1 100
确定等值系数	0.95	0.85	0.80	0.70	0.65	0.60	0.55

$$NPV = -5\,000 + 1\,000 \times (P/F,10\%,1) + 1\,500 \times (P/F,10\%,2)$$
$$+ 1\,700 \times (P/F,10\%,3) + 1\,600 \times (P/F,10\%,4) + 1\,300 \times (P/F,10\%,5)$$
$$+ 1\,200 \times (P/F,10\%,6) + 1\,100 \times (P/F,10\%,7)$$
$$= 1\,567.84\ （万元）$$

经计算可知，该项目按风险调整现金流量之后，计算出的净现值为正数，因此可以考虑接受该项目。

肯定当量法可以根据各年现金流量的不确定性程度，分别选用不同的肯定当量系数，克服了风险调整贴现率法夸大远期风险的缺点。但是如何准确、合理地确定当量系数是一个困难的问题。

三、确定当量法和风险调整贴现率法的比较

确定当量法和风险调整贴现率法都是风险投资决策常用的方法。两者的主要区别是：确定当量法是用调整净现值公式中分子的办法来考虑风险；风险调整贴现率法是用调整净现值公式中分母的办法来考虑风险。

知识拓展

巴菲特投资理念的最根本原则

1956 年，26 岁的巴菲特靠亲朋凑来的 10 万美元白手起家。48 年后的今天，福布斯最新全球富豪排行榜显示，巴菲特的身价已达到了 429 亿美元。今天看来，巴菲特的故事无异于神话。

巴菲特投资理财的首要攻略：尽量避免风险，保住本金。

在巴菲特的投资名言中，最著名的无疑是这一条："成功的秘诀有三条：第一，尽量避免风险，保住本金；第二，尽量避免风险，保住本金；第三，坚决牢记第一、第二条。"为了保证资金安全，巴菲特总是在市场最亢奋、投资人最贪婪的时刻保持清醒的头脑而激流勇退。1968 年 5 月，当美国股市一片狂热的时候，巴菲特却认为已再也找不到有投资价值的股票了，他由此卖出了几乎所有的股票并解散了公司。结果在 1969 年 6 月，股市大跌渐渐演变成了股灾，到 1970 年 5 月，每种股票都比上年初下降了 50%，甚至更多。巴菲特的稳健投资，绝不干"没有把握的事情"的策略，使巴菲特逃避过一次次股灾，也使得机会来临时资本迅速增值。

巴菲特有句名言："投资者必须在设想他一生中的决策卡片仅能打 20 个孔的前提下行动。每当他做出一个新的投资决策时，他一生中能做的决策就少了一个。"在一个相对短的时期内，巴菲特也许并不是最出色的，但没有谁能像巴菲特一样长期比市场平均表现好。巴菲特在做出投资决策前，他总是花上数个月、一年甚至几年的时间去考虑投资的合理性，他会长时间地翻看和跟踪投资对象的财务报表和有关资料。对于一些复杂的难以弄明白的公司他总是避而远之，只有在透彻了解所有细节后才做出投资决定。

课后思考与练习

一、单项选择题

1. 甲企业拟建的生产线项目，预计投产第一年初的流动资产需用额为 50 万元，流动负债需用额为 25 万元，预计投产第二年初流动资产需用额为 65 万元，流动负债需用额为 30 万元，则投产第二年新增的流动资金投资额应为（　　）万元。

　　A. 25　　　　　　　　B. 35　　　　　　　　C. 10　　　　　　　　D. 15

2. 某投资项目年营业收入为 180 万元，年付现成本为 60 万元，年折旧额为 40 万元，所得税税率为 25%，则该项目年经营净现金流量为（　　）万元。

　　A. 81.8　　　　　　　B. 100　　　　　　　　C. 82.4　　　　　　　D. 76.4

3. 某投资项目原始投资为 12 000 元，当年完工投产，有效期 3 年，每年可获得现金净流量4 600 元，则该项目内部收益率为（　　）。

　　A. 7.33%　　　　　　B. 7.68%　　　　　　　C. 8.32%　　　　　　　D. 6.68%

4. 下列各项中，不会对投资项目内部收益率指标产生影响的因素是（　　）。

　　A. 原始投资　　　　　　　　　　　　　B. 现金流量

　　C. 项目计算期　　　　　　　　　　　　D. 预先设定的折现率

5. 某企业计划投资 40 万元建设一条生产线，预计该生产线投产后可为企业每年创造 6 万元的净利润，年折旧额为 4 万元，则静态回收期为（　　）。

　　A. 4 年　　　　　　　B. 6 年　　　　　　　C. 10 年　　　　　　　D. 15 年

二、多项选择题

1. 与其他形式的投资相比，项目投资具有的特点是（　　）。

　　A. 可能会涉及固定资产投资　　　　　　B. 发生频率高

　　C. 变现能力差　　　　　　　　　　　　D. 投资风险大

2. 已知某项目需投资 20 000 元，建设期 1 年，项目投资额为借款，年利率为 5%，采用直线法计提折旧，项目寿命期为 5 年，净残值为 1 000，投产需垫支的流动资金为 10 000 元，则下列表述正确的是（　　）。

　　A. 原始投资为 20 000 元　　　　　　　　B. 项目总投资为 31 000 元

C. 折旧为 4 000 元　　　　　　　　D. 建设投资为 30 000 元

3. 下列长期投资决策评价指标中，其数值绝大越好的指标是（　　）。

　　A. 净现值　　　　B. 投资回收期　　　　C. 内部收益率　　　　D. 会计收益率

　　E. 获利指数

4. 在对投资项目现金流进行估算时，通常应该坚持的三个原则是（　　）。

　　A. 实际现金流量原则　　　　　　　　B. 投资回收期原则

　　C. 增量现金流量原则　　　　　　　　D. 最高报酬率原则

　　E. 税后原则

5. 下列各项中，属于资本支出的是（　　）。

　　A. 设备更新　　　　　　　　　　　　B. 购买股票

　　C. 新产品研发　　　　　　　　　　　D. 现有产品改造

　　E. 购买原材料

三、简答题

1. 企业进行项目投资时一般会进行哪些程序？

2. 影响投资项目现金流量的因素有哪些？

3. 项目投资评价的决策准则有哪些？各自有什么优缺点？

案例分析

霍姆斯公司的投资难题

自 2009 年成立以来，霍姆斯（Holmes）电子公司一直设法维持着较高的投资收益率，他的成功秘诀在于具有战略眼光，适时的开发、生产和销售可供不同工业部门使用的创新型产品。公司管理者正在考虑生产笔记本电脑制造材料。共两个方案，一是 ABS 工程塑料，它的成本低、维护方便。二是镁铝合金，它的初始投资成本稍高，但却具有较高的规模经济效益。最初，两个方案小组的负责人都提交了他们的现金流量的预测，并提供了足够的材料来支持他们各自的方案。可是，两个方案是互斥的公司只能选择一个方案来投资。

为了解决这种困境，公司委派财务助理托尼·史塔克（Tony Stark），一名刚刚从纽约毕业的 MBA，分析这两个方案的成本和收益，并向董事会提交方案。托尼知道，这是一项难度很大的工作，因为并不是所有的董事会成员都懂财务方面的知识。过去，董事会非常倾向于使用收益率作为决策的标准，有时也使用回收期法进行决策。然而，托尼认为净现值法的缺陷最少，如果使用正确，将会最大程度增加公司的财富。

在对每个方案的现金流量进行预测和计算之后（见表 8-13 和表 8-14），托尼意识到，这项工作比他原来想的还要艰难。当不同的资本预算方法计算这两个方案的现金流量时，会得出不一致的结论。净现值比较高的方案具有较长的回收期、较低的会计收益率和内涵收益率。托尼绞尽脑汁，想搞清楚他如何才能使董事会相信内涵收益率、会计收益率和回收期往往会引至不正确的决策。

表 8-13　ABS 工程塑料项目现金流量　　　　　　单位：美元

年份	0	1	2	3	4	5
净利润		300 000	400 000	600 000	900 000	1 000 000
折旧（直线法）		400 000	400 000	400 000	400 000	400 000
净现金流量	−2 000 000	700 000	800 000	1 000 000	1 300 000	1 400 000

表8-14 镁铝合金项目现金流量　　　　　　　　　　　　单位：美元

年份	0	1	2	3	4	5
净利润		880 000	480 000	280 000	80 000	80 000
折旧（直线法）		320 000	320 000	320 000	320 000	320 000
净现金流量	-1 600 000	1 200 000	800 000	600 000	400 000	400 000

利用本章所学的投资决策的相关知识，请思考解决下列问题：

1. 假设托尼考虑投资回收期的方法进行项目决策，试计算每个方案的（静态）投资回收期，并考虑适不适合用于决策？

2. 如果按照 10%的折现率计算折现的投资回收期（DPP），那么托尼应否建议董事会采用折现的投资回收期作为决策指标？

3. 如果管理当局期望的会计收益率为40%，那么应接受哪个方案？这种决策的错误在哪里？

4. 试通过比较两个方案的内部收益率（IRR），说明托尼应如何使董事会相信，内部收益率的衡量可能会产生误导？

5. 请帮助托尼绘制在 10%折现率下的净现值曲线，并解释托尼应如何使董事会相信净现值法比较合适？

第九章 证券投资管理

通过本章的学习，理解证券投资的含义、对象、目的。理解债券的基本要素，了解债券的分类，掌握债券价格、价值以及债券收益率之间的关系、债券估价模型的运用以及债券估价模型对债券投资管理的意义；理解股票的含义，了解股票的分类，掌握股票与必要报酬率之间的关系、股票估价模型的运用以及股票估价模型对股票投资管理的意义。

引导案例

阳光公司的证券投资决策

阳光公司是一个经济实力强大的大型家电生产企业，近年来经营状况良好，产品供不应求。2014 年初，公司总经理召集各部门经理开会，决定利用 1 500 万元资金进行证券投资。在会上，公司的各部门经理纷纷发言。生产部经理认为应该购买国债，因为国债收益稳定，风险较小；销售部经理认为应该购买一些价值被低估的股票，这样可以获得较高的收益；财务部经理则提出进行证券组合投资的方案，一部分购买债券，可以降低风险，一部分购买股票，可以获得较好的收益。最后总经理决定，由财务部经理来负责证券的投资组合方案。因为金融市场上可以选择的股票和债券有很多种类，于是财务部经理马上安排财务人员对各种股票和债券进行分析，确定一个有利的投资组合。

本案例告诉我们不同的证券具有不同的风险和收益水平，高风险，高收益；低风险，低收益。公司在进行某种证券投资前，需要了解该种证券如何估价以及如何计算收益率。购买股票和债券成为人们常见的投资理财方式，通过本章的学习，将有助于我们进行科学的证券投资管理。

第一节 证券投资概述

广义的证券是多种经济权益凭证的统称，是证券持有人有权取得相应权益的法律凭证。一般来说，证券可以分为三类：货币证券，如票据、存款单等；商品证券，如货运单、提单等；资本证券，如股票、债券、认股权证等。狭义的证券仅指资本证券。本章所指的是狭义的资本证券。

一、证券投资的目的

（一）分散投资风险

现代投资理论认为，将资金投放于多个相关程度不同的证券，实行多元化经营，可以起到分散投资风险的作用。当某种证券出现利润下降甚至亏损时，其他证券可能可以获得更高的收益，从而弥补利润下降或亏损的证券。证券投资是一种外部投资，与企业内部经营投资相结合，实现了企业经营的多元化。而且，相对而言，对外证券投资不受地域和经营范围的限制，投资选择面较广，投资资金的退出和收回也比较容易。

证券投资的风险分为系统性风险和非系统性风险。非系统性风险主要包括价格风险、再投资风险和购买力风险，非系统性风险可以通过持有证券资产的多元化来抵消。系统性风险是公司特有风险，主要以违约风险、变现风险、破产风险等形式表现出来。系统性风险影响资本市场上的所有证券，不能通过证券投资的多元化分散。

（二）利用闲置资金

由于各种原因，企业在生产经营过程中会出现闲置资金的情况。为了使企业的收益最大化，这些闲置资金可以投资于股票、债券等有价证券，通过股利收入、利息收入、证券买卖价差的资本利得等形式获取投资收益。有时候企业资金的闲置是暂时性的，投资于流通性强的有价证券，能够随时变现并增加企业的收益。

如果能够合理有效地利用好企业的闲置资金，企业将会有更多的自有资金，这样，在保证企业资金能够安全、正常运转之后，企业就可以利用这部分闲置资金去做更多更大更好的投资，使企业得到更大的经济效益，增大企业的核心竞争力。

（三）提高资产的流动性

资产流动性是指一种资产能迅速转换成现金而对持有人不发生损失的能力。资产流动性的强弱是影响企业财务风险的主要因素，企业资产的流动性越高，企业出现财务风险的可能性越小。

现金等货币资产是企业流动性最强的资产，有价证券次之。有价证券变现能力强，是企业速动资产的主要构成部分。有价证券是通过其购入和售出来影响企业资产流动性的，当企业需要支付大量的现金，而现有的现金储备又不足时，可以通过变卖有价证券获得大量现金，以补充流动性保证企业的及时支付。

（四）获得相关企业的控制权

为了达到企业长远发展的战略目标，有些公司往往需要对另外一些公司进行控制，这可以通过收集股权来实现。这种股权收集可以是从市场上逐步买入小股东的股票，也可以是从大股东手中批量购入。

例如，一家混泥土生产公司要控制一家水泥生产公司以便获得稳定的材料供应，这时便可用一定的资金来购买水泥生产公司的股票，直到所拥有的股权能控制这家水泥生产公司为止时，混泥土生产公司就拥有了水泥生产公司的控制权。

二、证券和证券投资的种类

（一）证券的种类

金融市场上的证券种类很多，依据不同的标准，证券有以下一些分类。

1. 按照证券发行主体的不同，分为政府证券、金融证券和公司证券

政府证券是指中央政府或地方政府为筹集资金而发行的证券，主要包括国库券和公债两大类。一般国库券是由财政部门发行的，用以弥补财政收支的不平衡。公债是指政府为了筹措建设资金而发行的一种债券。与其他类型的证券相比，政府债券具有交易费用小、收益稳定且免税、信誉度高、风险小等特点。金融证券是指银行和非银行金融机构为了筹集中长期贷款的资金，经过中央银行的批准而发行的证券。公司证券又称企业证券，是指企业为了筹集资金而发行的证券，主要包括股票和债券等。

从投资的风险来看，政府证券的风险较小，金融证券次之，公司证券的风险较大；而从收益的角度来看，顺序刚好相反。但是具体风险程度则由企业的规模、财务状况和其他情况而定。

2．按照证券到期日的长短，分为短期证券和长期证券

短期证券是指各种能够随时变现、持有时间不超过一年的有价证券，以及不超过一年的其他投资，如短期国债等交易性金融资产。短期证券的特点是风险小、变现能力强，但收益相对较低。长期证券一般指到期日超过一年的证券，如持有至到期投资、长期股权投资等。长期证券的特点是收益一般较高，但时间长，风险大。

3．按证券的收益稳定状况的不同，分为固定收益证券和变动收益证券

固定收益证券是指持券人可以在特定的时间内取得固定的收益，并预先知道取得收益的数量和时间，如固定利率债券、优先股股票等。变动收益证券是指因客观条件的变化其收益也随之变化的证券，股票是最典型的变动收益证券。一般来说，固定收益证券风险较小，但是收益不高，变动收益证券，风险大，但收益也高。

4．按照证券所体现的权益关系，分为所有权证券和债权证券

所有权证券是指证券的持有人便是证券发行单位的所有者的证券，这种证券的持有人一般对发行单位有一定的管理权和控制权，股票是典型的所有权证券。债权证券是指证券持有者为公司债权人的证券，这种证券的持有人一般无权对发行单位进行管理和控制，债券是典型的债权证券。

5．按照证券募集方式的不同，分为公募证券和私募证券

公募证券又称公开发行证券，是指通过中介机构面向社会不特定的多数投资者公开发行的证券。私募证券又称内部发行证券，是指向少数特定的投资者发行的证券，其审核条件相对较松，投资者也少，不采取公示制度。

（二）证券投资的种类

证券投资的种类主要包括债券、股票、基金、期货和期权等。

1．债券投资

债券投资是指投资者购买债券以获得债券利息的投资行为。例如，公司购买国库券、公司债券和短期融资债券等都属于债券投资。由于债券在发行时就约定了到期后支付本金和利息，故其收益率稳定，安全性高。特别是国债，其本金和利息的支付是由国家担保的，几乎没有什么风险，是具有较高安全性的一种投资方式。

2．股票投资

股票投资是指投资者通过购买股票获得股票买卖差价收益和股利收入等的投资活动。比如，公司购买普通股、优先股都属于股票投资。相对于债券投资来说，股票投资承担的风险更大，尤其是投资普通股，但是通常情况下也会取得较高的收益。

3．基金投资

基金投资是一种间接的证券投资方式。基金投资是通过汇集众多投资者的资金，由资金托管人托管，由基金管理人运用和管理资金，从事股票、债券等金融工具的投资，共同承担风险和分享收益的这样一种投资方式。这种投资方式可以享受基金管理人的专业服务，有利于分散投资风险，获得较大的投资收益。

4．期货投资

期货投资是相对于现货交易的一种交易方式，是在现货交易的基础上发展而来的。期货投资是指投资者通过购买期货合约，以规避价格风险或赚取差价为目的的投资方式。所谓期货合约是指期货交易所统一制定的，约定在未来一定时期买卖一定数量和质量的实物商品或金融商品的标准化合约。期货投资有商品期货投资和金融期货投资两种形式。投资者选择期货投资的目的通常是为了套期保值或投机。期货投资具有较大的投机性，且易发生欺诈行为，所以受到了严格的法律和规则限制。

5．期权投资

期权投资是指投资者为了规避风险或实现盈利而进行期权买卖的一种投资方式。期权是一种合约，该合约赋予持有人在某一特定的日期或该日期前的任何时间以固定价格购进或售出一种资产的权利。期权根据合同买卖对象可以分为商品期权和金融期权；根据买入卖出的性质可以分为看涨期权和看跌期权。同期货投资一样，期权投资也有套期保值和投机的作用，但期权投资还具有自身的特点，主要表现为期权是一种特殊的权利，投资者不一定要履行合约。投资者支付期权费，购买期权合约后，合约是否执行由投资者决定。投资者可以选择放弃期权，这时投资者将仅仅是损失期权费，可见期权投资的风险小于期货投资。

三、证券投资的特点

（一）证券投资的产权性

证券投资的产权性是指有价证券权利人可以凭借有价证券上记载的财产权内容，享有财产的占有、使用、收益和处置的权利。虽然证券的持有人并不实际占有财产，但是可以通过持有证券，获得财产的所有权或债权。

例如，明天公司购买了某种股票，那么明天公司就是该种股票的权利人，拥有该种股票的占有、获得股息和红利以及出售获得资本利得的权利。

（二）证券投资的收益性

证券投资的收益性是指投资者持有证券可以获得一定数额的收益，这是投资者转让资本使用权的回报。证券代表的是对一定数额的某种资产所有权或债权，而资产是一种特殊的价值，它在运营的过程中，不断增值，最终形成比原资产更高的价值。由于这种资产的所有权属于投资者，投资者也拥有这部分资产增值收益的权利，因此证券具有收益性。

证券投资的收益来源主要包括利息收入、红利收入和买卖证券的资本利得等。就证券投资的收益而言，证券分为固定收益类证券和非固定收益类证券。比如，债券是固定收益类证券，股票是非固定收益类证券。

（三）证券投资的流动性

证券的流动性，也称变现性，是指证券持有人可以转让证券以获取现金。证券的流通可以通过交易、贴现、承兑等方式实现。各种证券的流动性不一样，投资者可以根据自己的偏好选择证券的种类，当投资者需要资金时可以随时将证券转变为现金。

证券流动性对证券市场的发展和功能的发挥具有重要的意义。一方面，具有良好流动性的证券市场能够在交易成本尽可能低的情况下，为投资者提供大量转让和买卖证券的机会；另一方面具有良好流动性的证券市场也为上市公司顺利发行证券、筹集资金提供了一个良好的场所。因此，可以说流动性是证券的生命力所在。

（四）证券投资的风险性

证券投资是有风险的。一般来说，证券投资的风险性是指对投资者预期收益的背离或者说是证券收益的不确定性。投资者投入本金在当前，在数额上是确定的，而取得收益要相隔一段时间。在这段时间内促成投资收益变动的因素有很多，各种因素都可能使本金损失或使预期收入减少，或者它们的数额无法预先确定。而且时间越长，其不确定性就越大。因此，证券投资者持有证券是有风险的。

风险是收益是相伴而生的，投资者承担一定的风险，往往以一定的收益作为补偿，风险越大，补偿越多。

四、证券投资的风险

（一）利息率风险

利息率风险是指由于利息率变动的不确定性给投资者造成损失的可能性。证券的价格随着利息率的波动而波动。一般而言，利息率下降，证券价格上升；利息率上升，证券价格下降。不同期限的证券利息率风险不同，期限越长利息率风险越大。

（二）再投资风险

再投资风险是指由于市场利率的下降而造成的再投资收益低于原预期收益的风险。根据流动性偏好理论，投资者可能会投资于短期证券，但短期证券又会面临市场利率下降的再投资风险，即按原预定收益率进行投资的收益低于预期收益。

例如，现行市场上短期债券的利率为 6%，长期债券的利率为 9%，基于流动性偏好，你选择了短期债券，但是一段时间后，长期债券的利率下降到 7%，短期债券的利率下降到 4%，这时无论是再投资于长期债券还是短期债券都会发生亏损，从盈利的角度来看还不如从一开始就投资于长期债券，这就是流动性偏好所带来的损失，也可以说是流动性偏好承担的再投资风险。

（三）购买力风险

购买力风险又称通货膨胀风险，是由于通货膨胀、货币贬值给投资者带来实际收益水平下降的风险。在通货膨胀时期，物价普遍持续上涨，证券价格也会上升，投资者的货币收入有所增加。但是由于货币贬值，投资者的收益不仅没有上升，反而有所下降。一般来说，变动收益的证券抗购买力风险的能力比固定收益证券强，因为变动收益证券往往能获得更高的收益抵销货币贬值的损失。所以，普通股票比债券和其他固定收益证券能更好地规避购买力风险。

（四）违约风险

违约风险又称信用风险，是指证券发行人在证券到期时无法还本付息而使投资者遭受损失的风险。一般而言，政府债券无违约风险，金融债券的违约风险高于政府债券但低于企业债券，企业债券的违约风险最高。

（五）流动性风险

流动性风险是指投资者想出售所持有的证券，却无法在短时间内以合理的价格变卖掉。也就是说，投资者在购买债券以后又碰到了更好的投资机会，想出售证券以便进行再投资，但却在短时间内无法找到合适的买主，只能降低价格销售或者要花很长时间才能找到合适的买主，这对投资者来说不仅是一种损失，同时也错失了有利的投资机会。

第二节　债券投资

债券投资是一种间接投资，它是指企业将资金用于购买债券，这部分资金转移到被投资公司后再投入到生产活动中。债券投资是证券投资的一个重要组成部分，了解债券的基本知识和债券估价的方法对债券的投资决策有重要意义。

一、债券的分类

债券是政府、金融机构、工商企业等为了筹措资金，向投资者发行，同时承诺在约定时间支付一定比例的利息，并到期偿还本金的一种有价证券。

债券可以按不同的标志分类，通常可以分为以下几种类型。

（一）按发行主体不同分类

按发行主体不同分类，分为政府债券、金融债券和公司债券。

政府债券是由财政部门发行，政府担保的债券。政府债券分为短期国库券、中期债券和长期债券。近些年来我国政府每年稳定发行国库券。金融债券是由银行和非银行的行金融机构作为筹资主体为筹措资金而面向个人发行的一种有价证券，是表明债权、债务关系的一种凭证。金融债券的期限一般是1~5年，利率略高于同期的定期存款利率，不能提前抽回本金。公司债券是指公司依照法定程序发行的，约定在一定期限还本付息的有价证券。它表明发行债券的公司和债券投资者之间的债权债务关系。

（二）按债券投资期限的不同分类

按债券投资期限的不同分类，分为短期债券、中期债券和长期债券。

短期债券是指期限在1年以下的债券。有些在市场上流通的中长期债券，其到期日不足一年的，也被视为短期债券。短期债券具有流动性强、风险低的特点，但是它的收益率也低。中期债券是指期限在一年以上、十年以下的债券。我国的国债和金融债券多属于中期债券。长期债券一般来说是指偿还期限在十年以上的债券。长期债券的持有人将长期债券转化为现金比较困难，所以长期债券的流动性差。另外，长期债券面临的通货膨胀风险比较大。因此，作为补偿，长期债券的利率比较高。

（三）按利率固定性不同分类

按利率固定性不同分类，分为固定利率债券和浮动利率债券。

固定利率债券也叫普通债券，是指在发行时规定利率在整个偿还期内不变的债券。这种债券在市场利率比较稳定的情况下比较流行，但在利率波动较大时风险较大。浮动利率是指发行时规定债券利率随市场利率定期浮动的债券。浮动利率债券通常根据市场基准利率加上一定的利差来确定。为了防止市场利率过低而影响投资者的利益，这种债券一般规定最低的利率。

（四）按是否上市流通分类

按是否上市流通分类，分为上市债券和非上市债券。

上市债券也叫挂牌债券，是指经政府管理部门批准，在证券交易所内买卖的债券。非上市债券是指只能在场外交易，不在证券交易所上市的债券。

（五）按已发行的时间分类

按已发行的时间分类，分为新上市的债券和流通在外的债券。

新上市的债券是离发行结束不久的债券，如发行一周的债券，其价格等于或接近于面值。流通在外的债券是已在市场上流通了一段时间的债券，这种债券的价格与面值有较大区别。

（六）按债券是否记名分类

按债券是否记名分类，分为记名债券和不记名债券。

记名债券是指在债券上记载持券人姓名或名称的债券。反之不记载持券人姓名或名称的债券是不记名债券。通常记名债券可以挂失。不记名债券不记载持有人的姓名，因而谁持有债券，谁就是债券的合法持有人。

（七）按债券发行的保证条件的不同分类

按债券发行的保证条件的不同分类，分为抵押债券、担保债券和信用债券。

抵押债券是债券发行者以特定的财产作为抵押品发行的债券。抵押债券又可分为一般抵押债券、不动产抵押债券和设备抵押债券。一般抵押债券是指以发行者的全部财产作为抵押品发行的债券，不动产抵押债券是以发行者的不动产作为抵押品发行的债券，设备抵押债券则是以发行者的机器设备作为抵押品发行的债券。担保债券是指有担保人为发行者担保而发行的债券。信用债券是发行者凭信用发行的债券。

（八）按能否转换为公司的股票分类

按能否转换为公司的股票分类，分为可转换债券和不可转换债券。

可转换债券是指债券依据发行程序发行后，在一定期间内可以按照约定的条件转换为公司股票的债券；反之则为不可转换债券。一般情况下，可转换债券的利率要低于不可转换债券。不是所有的公司都能发行可转换债券。我国《公司法》规定只有股份有限公司中的上市公司才能发行可转换债券。

二、债券投资的基本要素

尽管债券的种类很多，但是在内容上都包含一些相同的要素。债券的基本要素是指发行的债券上必须载明的本内容，是明确债权人和债务人权利义务的主要约定。

（一）债券面值

债券面值是指设定的票面金额，它代表发行人借入并且承诺于未来某一特定日期偿还给债券持有人的金额。债券票面所载明的金额，是企业承诺在债券到期后给债券持有人偿还的本金数，也是企业向债券持有人按期支付利息的计算依据。债券的面值不一定是债券的实际发行价格，在某些情况下，债券会溢价或折价发行。

（二）票面利率

债券票面利率是债券发行者向投资者计算支付利息的依据。通常在债券发行之前即已确定，并注明于债券票面上。债券利息的计算和支付方式有多种，可以是单利或复利计息，利息支付可能半年一次、一年一次或到期一次支付本息。债券的票面利率往往与发行当时的市场利率不一致，所以也称名义利率。票面利率的确定主要由银行利率、发行企业的资信情况、偿还期限及金融市场上资金的供求状况等因素决定。实际利率通常是指按复利计算的一年期的市场利率。由于市场利率不断地变化，这就使得票面利率可能不等于实际利率。

票面利率等于年支付的票面利息额除以面值。例如，某公司的债券面值为 5 000 元，每年支付利息 400 元，其票面利率为 400÷5 000×100%=8%。

（三）付息期

债券的付息期是指企业向债券持有人支付利息的时间。企业可以到期一次支付，也可以 1 年、半年或 3 个月支付一次。如果不考虑货币时间价值和通货膨胀因素，无论每年付息次数多少，对债券投资者都没有任何影响，反之则影响较大。如到期一次还本付息的债券，其利息通常是按单利计算的。而分期付息的债券，其实质支付的是复利息。

（四）偿还期

债券偿还期是债券发行日至债券到期日之间的时间。偿还期太长的债券不受投资者的欢迎，往往难以发行，而偿还期太短的债券，又难以满足发行企业对资金的占用时间的要求，所以在确定债券期限时，发行企业应充分考虑其对资金需要的时间和资本成本等各方面的影响，制定较为合理的偿还期。

三、债券估价与投资

债券估价是对债券进行分析以后确定的债券的估计价值。债券估价在公司融资决策中起着重要的作用。从债券发行者的角度来看，债券发行人运用债券从资本市场上筹集资金，必须对它合理定价。从债券投资者的角度来看，债券投资者在决定是否购买某种债券前，必须分析这种债券本身的价值，然后将这种债券的价值与当前该债券的价格进行对比，以确定债券投资的可行性。衡量债券可行性的指标一般有净现值和内含报酬率。

净现值 NPV=价值-卖价。净现值大于或等于零时，债券投资的预期收益率大于或等于必要报酬率，投资是可行的；当净现值小于零时，债券投资的预期收益率小于必要报酬率，投资是不可行的。因此，只有当债券价值大于债券价格时，债券投资才是可行的。否则就不应该投资。

对于债券价值的计算，我们可以先分析债券的未来现金流，然后按照合适的贴现率将其折算成现值，即可得到债券的价值。

（一）债券估价模型

由于各种债券还款付息方式的不同，未来现金流量的流入也表现出不同的形式。分期付息、到期还本的债券，未来现金流量表现为每期的债券利息和到期的本金；一次还本付息且不计复利的债券，未来现金流量表现为到期的本金和利息；贴现发行的债券，未来现金流量表现为到期的本金。根据债券现金流量的特点，常见的债券估价模型有以下几种。

（1）分期付息、到期还本的债券估价模型

该种债券的类型为每期支付利息，到期还本，其估价模型如下。

$$V=\sum_{t=1}^{n}\frac{I}{(1+K_b)^t}+\frac{M}{(1+K_b)^n}$$
$$=I(P/A,K_b,n)+M(P/F,K_b,n)$$

式中，I 为债券每期支付的利息，M 为债券面值，K_b 为债券发行时的市场利率或投资者要求的最低报酬率，n 为债券发行期限，t 为债券支付利息的总期数。

【例 9-1】某公司发行一种债券，面值是 100 元，票面利率是 10%，期限为 5 年，A 公司要对该种债券进行投资，要求必须获得 12% 的报酬率，问债券价格为多少时才能进行投资？

$$V=100×10%×（P/A，12%，5）+100×（P/F，12%，5）$$
$$=100×10%×3.037\,4+100×0.567\,4$$
$$=87.11（元）$$

即这种债券的价格必须低于 87.11 元时，该投资者才能购买，否则不能得到获利 12% 的报酬率。

我国的绝大多数附息债券是一年支付一次利息的，但是国外的债券每半年支付一次利息。对于半年支付利息的债券估价，需要在以上模型的基础上进行修改，这样才可以考虑在一年内多次复利的情况。

$$V=\sum_{t=1}^{2n}\frac{I/2}{(1+K_b/2)^t}+\frac{M}{(1+K_b/2)^{2n}}$$
$$=\frac{I}{2}(P/A,K_{b/2},2n)+M(P/F,K_{b/2},2n)$$

【例 9-2】某债券的面值为 100 元，票面利率为 8%，期限为 5 年，每半年付息一次。当前企业要求的必要报酬率为10%，问其价格为多少时，企业才能购买？

$$V = 100 \times 8\%/2 \times (P/A,\ 4\%,\ 10) + 100 \times (P/F,\ 4\%,\ 10)$$
$$= 80.98 \text{（元）}$$

即该种债券的价格低于80.98元时，企业才能购买。

（2）一次还本付息且不计复利的债券估价模型

我国的许多债券均属于这种类型，其计算公式如下。

$$V = \frac{M + M \times i \times n}{(1 + K_b)^n} = (M + M \times i \times n)\ (P/F, K_b, n)$$

【例9-3】某公司拟购买另一家公司发行的利随本清的公司债券，该债券面值为100元，期限为5年，票面利率为8%，不计复利，当前市场利率为5%，该债券发行价格为多少时，公司才能购买？

$$V = (100 + 100 \times 8\% \times 5)(P/F,\ 5\%,\ 5) = 140 \times 0.783\ 5 = 109.69 \text{（元）}$$

即这种债券的价格必须低于109.69元时，公司才能购买。

（3）贴现发行债券的估价模型

有些债券以贴现方式发行，没有票面利率，到期按面值偿还。这种类型债券的估价模型如下。

$$V = \frac{M}{(1 + K_b)^n} = M(P/F, K_b, n)$$

【例9-4】甲公司欲投资于某公司发行的债券。已知该债券的面值为100元，期限为5年，以贴现方式发行，期内不计利息，到期按面值偿还，当时市场利率8%，该债券发行价格为多少时，甲公司才能购买？

$$V = 100 \times (P/F,\ 8\%,\ 5) = 100 \times 0.680\ 6 = 68.06 \text{（元）}$$

即这种债券的价格只有低于68.06元时，公司才能购买。

（二）影响债券价值变动的因素

从债券的估价模型可知影响债券价值的因素包括必要报酬率、付息频率、债券持有时间等因素。

1. 必要报酬率

一般而言，必要报酬率越高，债券的价值就越低。对于平息债券（即定期付息、到期还本的债券）来说，若票面利率等于市场利率，债券的市场价值等于债券的面值；若票面利率大于市场利率，债券的市场价值高于债券的面值，为溢价或升水；若票面利率小于市场利率，债券的市场价值小于债券的面值，为折价或贴水。

2. 债券的付息频率

债券的付息频率指债券支付利息的周期。对于贴现发行的债券来说，在必要报酬率不变的前提下，债券付息的频率越高，债券的折价程度越高，债券的价值就越低。对于平息债券来说，溢价发行的债券，发行人预收的利息随着债券的付息频率的增加而增多，导致债券的价值升高；折价发行的债券，债券发行人补贴的利息随着债券的付息频率的增加而增多，导致债券的价值降低。

3. 债券的持有时间

对于平息债券来说，债券的价值有随着到期日的临近向面值回归的趋势，即折价发行的债券的市场价值逐渐升高，而溢价发行的债券的市场价值则逐渐降低。至到期日，债券的市场价值等于其面值。

随着债券到期日的临近，债券价值的变动幅度越来越小，也就是说，债券的价值对于必要报酬率越来越不敏感。直至到期日，债券的价值不受到期收益率的影响。

（三）债券投资的到期收益率

1．债券收益的来源

债券投资的收益是指债券投资获得的全部投资报酬。债券投资的收益主要来自以下两个方面。

（1）利息收益。债券各期的利息收益是债券的面值乘以票面利率。一般情况下，债券的利息收益是不变的，在购买时就能知道这部分利息收益的金额。

（2）资本损益。债券的资本损益是指债券的价格与卖出价的差额。若债券的卖出价大于债券的价格，其差额为资本收益；反之，债券的卖出价小于债券的价格则为资本损失。由于债券的买卖价格受市场利率和供求关系等因素的影响，所以购买债券时很难预测未来的资本损益。

2．债券到期收益率

收益水平是公司进行债券投资需要考虑的一个重要因素。衡量债券收益水平的尺度为债券到期收益率。债券到期收益率是指从购买债券至债券到期日这一期间内可获得的收益率。它是使债券投资的未来现金流入和现金流出相等的贴现率，也就是该项投资的内含报酬率。求解债券收益率的方法如下。

令，净现值=债券持有期间现金流量的现值-债券的买价=0

即，买价=未来持有期间现金流量的现值

采用内插法求解出等式中的贴现率，即为债券的到期收益率。

【例 9-5】某公司发行票面金额为 1 000 元，票面利率为 6% 的 5 年期债券，该债券每年计息一次，到期归还本金。若以 900 元的市场价格购入该债券，到期收益率是多少?

计算债券的到期收益率，就是要求解下式中的贴现率 i。

$$900=60\times(P/A,\ i,\ 5)+1\ 000\times(P/F,\ i,\ 5)$$

因为债券是折价发行的，所以可以断定债券的到期收益率一定大于票面利率，即 $i>6\%$，下面用 $i=7\%$、8%、9% 进行试算。

$$60\times(P/A,\ 7\%,\ 5)+1\ 000\times(P/F,\ 7\%,\ 5)=959.01\ (元)$$
$$60\times(P/A,\ 8\%,\ 5)+1\ 000\times(P/F,\ 8\%,\ 5)=920.16\ (元)$$
$$60\times(P/A,\ 9\%,\ 5)+1\ 000\times(P/F,\ 9\%,\ 5)=883.28\ (元)$$

可见到期收益率在 8%~9% 之间。下面采用内插法求近似到期收益率。

$$\frac{8\%-r}{920.16-900}=\frac{9\%-r}{883.28-900}$$

解得 $r=8.55\%$，所以该债券的到期收益率为 8.55%。

第三节 股票投资

股票投资是公司理财活动的一个重要内容，并随我国股票市场的发展和完善，将变得越来越重要。了解股票的基本知识和股票估价的方法对企业的股票投资决策有重要意义。

一、股票、股价及股票投资报酬

（一）股票

股票是股份公司发给股东的所有权凭证，是股东借以取得股利的一种有价证券。股票持有者即为该公司的股东，对该公司财产有要求权。

股票作为一种有价证券，具有如下特征。

（1）稳定性。即股票投资是一种没有期限的长期投资。

（2）风险性。股票投资者能否获得预期的回报，首先取决于企业的盈利情况，而盈利情况除了受制于企业的经营状况之外，还受经济的、政治的、社会的甚至人为的等诸多不确定因素的影响。

（3）责权性。根据《公司法》的规定，股票持有者具有参与股份公司盈利分配和承担有限责任的权利和义务。

（4）流通性。股票可以在股票市场上随时转让，进行买卖，也可以继承、赠与、抵押，但不能退股。所以，股票亦是一种具有颇强流通性的流动资产。

（二）股票价格

股票本身是没有价值的，仅是一种凭证。它之所以有价格，可以买卖，是因为它能给持有人带来未来的收益。一般来说，公司第一次发行股票时，要规定发行总额和每股金额，一旦股票发行后上市买卖，股票价格就与原来的面值分离。这时的价格主要由预期股利和当时的市场利率决定，即股利的资本化价值决定了股票的价格。此外，股票价格还受整个经济环境变化和投资者心理等复杂因素的影响，会随着经济形势和公司的经营状况而升降。

（三）股利

股利是股份有限公司按发行的股份分配给股东的利润。股利是股息和红利的总称。股息是公司根据股东出资比例或持有的股份，按照事先确定的比例向股东分配公司的盈余；而红利是公司除股息之外根据盈利的多少向股东分配的公司盈余。股利是股东所有权在分配上的体现。股份有限公司的分配问题主要是股利分配。

（四）股票的必要报酬率

在大多数情况下，投资者是厌恶风险的，也就是说风险相同时，人们选择报酬率高的项目；报酬率相同时，人们选择风险小的项目。由于市场上投资者的这种心态和决策准则使得风险小的投资项目在市场竞争的作用下报酬率下降，而风险高的投资项目必然具有较高报酬，否则就没有人投资；低报酬的项目也必须风险很低，否则也没有人投资。人们对风险的厌恶态度和市场竞争规律的作用，使风险与报酬的基本关系为风险越大要求的报酬率越高。因此，必要报酬率是由无风险报酬率和风险报酬率组成的。用资本资产定价模型可以简单地描述为：

$$K_s = R_f + \beta \left(R_m - R_f \right)$$

从公式可以看出，投资者要求的报酬率不仅仅取决于市场风险，还取决于无风险利率和市场风险补偿程度。

二、股票的分类

股份有限公司依据国家有关法律法规的规定可以发行不同种类的股票。一般来说，股票可以分为以下几种类型。

（一）按股东权利的不同划分

按股东权利的不同划分，分为普通股股票和优先股股票。

普通股股票是股份有限公司最重要的一种股份，是构成股份有限公司资本的基础，也是股票最普遍的一种形式。持有普通股票的投资者为普通股股东，普通股股东有以下权利：第一，参与企业经营权。普通股股东一般有出席股东会、表决和选举的权利，从而在公司的经营中有一定的发言权。第二，盈余分配和资产分配权。在公司把红利分派给优先股股东之后，普通股股东有权享有公司分派的红利。在公司结算或者清算时，有权在公司满足了其他债权人的请求后，参与公司财产的分配。第三，优先认股权和股份转让权。普通股股东有权保持对企业所有权的现有百分比。如果公司要增发新的普通股股票，现有的普通股股东有优先认购的权利。

优先股股票是股份有限公司出于某种特定的目的和需要发行的，在公司利润分配方面较普通股股东有优先权的股票。持有优先股股票的投资者为优先股股东。一般来说，优先股股东的优先权体现在以下几个方面：第一，可以在普通股股东之前按约定的比率分配公司利润。第二，当股份有限公司由于解散、破产等原因进行清算时，优先股股东享有比普通股股东优先分配公司剩余资产的权利。第三，优先股股票可以由公司赎回。优先股股东不能要求退股，但却可以按照优先股股票上所附的赎回条款，由股份有限公司赎回。大多数优先股股票都附有赎回条款。

（二）按股票是否记名划分

按股票是否记名划分，分为记名股票和不记名股票。

记名股票是指在股票票面和股份公司的股东名册上记载股东姓名或名称的股票。这种股票不仅要求股东在购买股票时需要将姓名或名称记入，而且要求股东转让股份时需要办理过户手续。我国《公司法》规定，向发起人、国家授权投资的机构、法人发行的股票为记名股票。

不记名股票，也称无记名股票，是指在股票票面和股份有限公司名称上均不记载股东姓名或名称的股票。不记名股票的股东资格以占用的事实为依据，因此持有该股票的人就是股东。这种股票的转让比较自由、方便，不需要办理过户手续。我国《公司法》规定，向社会公众发行的股票可以为记名股票，也可以为不记名股票。

（三）按股票是否标明金额划分

按股票是否标明金额划分，分为有面值股票和无面值股票。

有面值股票是指在股票票面上记载一定金额的股票。这种股票的股东，根据持有的股票的票面金额占发行在外股票总面值的比例，享有股票权利和承担相应的义务。

无面值股票是指在股票票面上不记载金额，只载明股份份数或占公司总股份比例的股票。无面值股票的股东依据股票标明的比例享有相应的权利和承担相应的义务。目前，我国《公司法》不承认无面值股票，规定股票应记载面值，且其发行价格不得低于票面金额。

（四）按投资主体的不同划分

按投资主体的不同划分，分为国家股、法人股、个人股和外资股。

国家股一般指国家投资或国有资产经过评估并经国有资产有关部门确认的国有资产折成的股份。

法人股是企业法人或者具有法人资格的事业单位和社会团体，以其可支配的财产投入股份有限公司而形成的股份。

个人股是指公民个人以自己的合法资产投资于股份有限公司的股份。在中国，个人股可分为职工股和私人股。职工股是股份有限公司内部职工认购的本企业的股份。私人股是股份有限公司向社会公众招募的个人股。

外资股是指国外投资者和中国香港、澳门、台湾地区的投资者，以购买人民币特种股票的形式向股份有限公司投资形成的股份。

（五）按发行对象和上市地区的不同划分

按发行对象和上市地区的不同划分，分为 A 股、B 股、H 股和 N 股。

A 股，即人民币普通股，是由中国境内公司发行的，供境内机构、组织或个人以人民币认购和交易的普通股股票。B 股、H 股和 N 股是专供外国投资者和我国港、澳、台投资者买卖的，以人民币表明票面金额，以外币购买和交易的股票。其中，B 股在上海、深圳上市，H 股在香港上市，N 股在纽约上市。

三、股票估价与投资

股票的估价是指投资者通过对股票进行分析以后确定的股票的估计价值，也称为股票的投资价值或内在价值。股票估价对于融资企业和投资者都有重要意义。从融资企业的角度来看，由于公司一般都需要根据股票的价格来分析各项决策。所以，作为融资方的公司，应该知道公司股票价格的确定方法，以便于分析各项决策方案。从投资者的角度来看，投资者要对股票进行投资，首先应该估计股票的价值，然后将股票价值与市价进行对比，以此做出买入、卖出还是继续持有股票的决策。

同债券估价原理相似，股票的价值是股票预期现金流量的现值。股票的预期现金流是由年股利和资本损益（即资本利得或资本损失）构成的。对于股票价值的计算，我们可以先分析股票未来现金流量，然后将其折算现值即可得到股票的价值。衡量股票的价值有很多种方式，不同类型的企业，其股票价格的确定也不相同，下面介绍几种常见的股票估价模型。

（一）股票估价模型

1．股票估价的基本模型

在一般情况下，投资者购买股票，不仅希望得到股利收入，还希望得到价差收入，即资本利得，因此，投资者常常在某个时点出售股票。这时，股票的估价模型与债券相似，其内在价值可以用下式表示。

$$V = \sum_{t=1}^{n} \frac{D_t}{(1+K_s)^t} + \frac{P_n}{(1+K_s)^n}$$

式中，D_t 为第 t 期的预期股利，P_n 为第 t 期出售时的预计股价，K_s 为投资者要求的必要报酬率。

【例 9-6】某公司的股票 3 年的股息分别是，第 1 年为 0.6 元，第 2 年为 0.8 元，第 3 年为 1 元，投资者要求的报酬率 10%，预计第 3 年的市场价格为 20 元，目前该股票市场价格为多少时，投资者才能购买？

$$V = \frac{D_1}{(1+K_s)^1} + \frac{D_2}{(1+K_s)^2} + \frac{D_3}{(1+K_s)^3} + \frac{P_3}{(1+K_s)^3}$$
$$= \frac{0.6}{(1+10\%)^1} + \frac{0.8}{(1+10\%)^2} + \frac{1}{(1+10\%)^3} + \frac{20}{(1+10\%)^3}$$
$$= 16.98 \text{（元）}$$

该股票市场价格低于 16.98 元，投资者购买该股票才有利可图。

2．长期持有，股利零增长的股票估价模型

在每期股利固定不变，投资人长期持有的情况下，由于 $n \rightarrow \infty$，上述股票估价模型中的 $\frac{P_n}{(1+K_s)^n}$

$\rightarrow 0$，则股票估价模型简化为 $V = \sum_{t=1}^{n} \frac{D_t}{(1+K_s)^t}$

假设未来股利不变，其支付过程是一个永续年金，则股票内在价值为：

$$V = \frac{D}{K_s}$$

式中，D 为未来每期相等的股息。

【例 9-7】乙公司经营比较平稳，预计每年分配股利 2 元，投资者要求的最低报酬率为 8%。目前该股票市场价格为多少时，投资者才能购买？

$$V = 2 \div 8\% = 25 \text{（元）}$$

这就是说，该股票每年带来 2 元的收益，在市场利率为 8% 的条件下，它相当于 25 元资本的收益，所以其内在价值为 25 元。当市场上股价低于其内在价值时，购买该股票才是有利的。

3. 长期持有，股利固定增长的股票估价模型

企业的股利不应当是固定不变的，而应当不断成长。各公司的成长率不同，但就整个平均来说应等于国民生产总值的成长率。如果一个公司的股利不断增长，投资人的投资期又非常长，则股票的估价就变得十分困难。为简化计算，一般假定公司每年股息增长率为一确定值 g，上一年的股利为 D_0，则股利固定成长股票的内在价值为：

$$V=\sum_{t=1}^{\infty}\frac{D_0\times(1+g)^t}{(1+K_s)^t}=\frac{D_0\times(1+g)^1}{(1+K_s)^1}+\frac{D_0\times(1+g)^2}{(1+K_s)^2}+\frac{D_0\times(1+g)^{3t}}{(1+K_s)^3}+\cdots\cdots+\frac{D_0\times(1+g)^n}{(1+K_s)^n}$$

假定 $K_s>g$ 时，上式两边同乘以 $(1+K_s)/(1+g)$，两式相减，可将股票股利固定增长的估价模型简化为：

$$\frac{V\times(1+K_s)}{(1+g)}-V=D_0-\frac{D_0\times(1+g)^n}{(1+K_s)^n}$$

当 $n\to\infty$ 时，$\dfrac{D_0\times(1+g)^n}{(1+K_s)^n}\to0$

则：$\dfrac{V\times(1+K_s)}{(1+g)}-V=D_0$

所以，$V=\dfrac{D_0\times(1+g)}{(K_s-g)}=\dfrac{D_1}{(K_s-g)}$

【例 9-8】丙公司股票每年分配股利 1.5 元，预计该股票股利以每年 8%的固定增长率增长，投资者要求的最低报酬率为 12%。目前该股票市场价格为多少时，投资者才能购买？

$$V=\frac{1.5\times(1+8\%)}{12\%-8\%}=40.5（元）$$

该股票市场价格低于 40.5 元时，投资者购买该股票才有利。

4. 长期持有，股利非固定增长的股票估价模型

通常情况下，公司的股利增长率并不是固定不变的，可能存在着某些年度高速增长，有些年度固定增长，有些年度固定不变的现象。在这种情况下，要分段计算，这样才能准确确定股票的价值。

【例 9-9】某投资者准备购买丁公司的股票，要求达到 10%的收益率，该公司今年每股股利 0.5元，预计丁公司未来 3 年以 12%的速度高速成长，而后以 8%的速度转成正常的成长。要求计算丁公司股票的内在价值。

首先，计算高速成长期股利的现值，见表 9-1。

表 9-1 丁公司股利现值计算表

年份	股利（天）	现值系数（10%）	股利现值（元）
1	0.5×（1+12%）=0.56	0.909	0.509 0
2	0.56×（1+12%）=0.627 2	0.826	0.518 1
3	0.627 2×（1+12%）=0.702 5	0.751	0.527 6
			合计：1.554 7

其次，计算正常增长期股利在第三年末的现值。

$$V_3=\frac{D_4}{K_s-g}=\frac{0.7025\times(1+8\%)}{10\%-8\%}=37.935（元）$$

最后，计算该股票的价值。

$$V=37.935\times0.751+1.554\,7=30.04（元）$$

（二）股票的收益率

1．股票收益的来源

股票的收益是指股票从购入到售出的整个持有期间的收入。股票的收益由股息和资本利得两部分构成。股票收益主要与公司的经营业绩、股票市场的价格变化以及公司的股利政策有关。当然与投资者的投资经验和技巧也有一定的关系。

2．股票收益率的计算

公司进行股票投资，在买入股票后，过一段时间又卖出，其投资收益率的计算应该根据股票持有的时间长短采用不同的计算方法。

股票持有时间不超过一年，不用考虑货币时间价值因素，可以用下列公式计算。

$$股票收益率=\frac{\dfrac{出售价格-购买价格}{持有年限}+年现金股利}{本期股票价格}\times100\%$$

股票持有期间超过一年，则要考虑货币时间价值因素，则按下列公式计算。

$$V=\sum_{t=1}^{n}\frac{D_t}{(1+k)^t}+\frac{F}{(1+k)^n}$$

式中，V 股票的购买价格，F 为股票的出售价格，D_t 为股票的投资报酬（各年获得的股利），n 为投资期限，k 为股票投资收益率。

【例 9-10】B 公司在 2010 年 4 月 1 日投资 600 万元购买 C 公司股票 100 万股，在 2011 年、2012 年、2013 年的 3 月 31 日每股各分得现金股利 0.2 元、0.4 元、0.6 元，并于 2013 年 3 月 31 日以每股 8 元的价格将该股票全部售出，试计算该项股票投资的收益率。

现采用逐步测试法进行计算，求上述公式中的 k 值。详细情况如表 9-2 所示。

表 9-2　逐步测试法计算表　　　　　　　　　　　　　　　　　　　　单位：万元

时间	股利及出售股票的现金流量	测试（16%）		测试（14%）	
		系数	现值	系数	现值
2011 年	20	0.862 1	17.24	0.877 2	17.54
2012 年	40	0.743 2	29.73	0.769 5	30.78
2013 年	860	0.640 7	551.00	0.675 0	580.5
合计			597.97		628.82

在表 9-2 中，先按 16% 的收益率进行测算，得到现值为 597.97 万元，比原来的投资额 600 万元小，说明实际收益率要低于 16%；于是把收益率降到 14%，进行第二次测算，得到的现值为 628.82 万元，比 600 万元大，说明实际收益率比 14% 高，即投资者的收益率在 14%～16% 之间，采用内插法计算如下。

$$\frac{k-16\%}{14\%-16\%}=\frac{600-597.97}{628.82-597.97}$$

解得 k =15.87%

该股票的投资收益率为 15.87%。

知识拓展

投资者情绪对股市的影响

行为金融学和心理学的研究表明，人们在积极的情绪状态中倾向于做出乐观的判断与决策，因此积极情绪会使投资者提高对股票预期回报率的估计而降低对风险的估计。积极的情绪状态下，情绪型投资者不会特别关注风险，其投资行为以提高投资效率为主，参与市场操作时，行为较为激进，能承受的价差大，愿意购买的股票数量多，这种积极参与市场甚至追涨的行为会推高资产价格，对股票收益产生积极影响。在市场情绪高涨和情绪上升周期，由于股市的赚钱效应不断地吸引新的投资者和新的资金进入股市，这些新进入股市的投资者往往缺乏投资的专业知识和经验，更容易表现出非理性特征，加剧了市场上高涨的情绪，这是股票市场的正反馈效应。

相反，投资者若处于消极情绪状态下则倾向于做出悲观的判断与决策，消极情绪使投资者降低对资产预期回报的估计而提高对风险的估计。在这种情形下，情绪型投资者会注重对风险的控制，风险规避程度提高，参与市场的行为非常谨慎，能接受的买卖价差较小，愿意购买的股票数量较少，整个市场交易清淡；各种显性和隐性卖空限制的存在、投资者的处置效应等都会降低投资者的市场参与意愿。研究指出，在资产价格先涨后跌、接近顶部区间的市场情形中，动物精神的力量强于理性逻辑，非理性化的情绪指标会显著影响投资者的交易行为；而在资产价格先跌后涨，接近底部区间的市场情形中，理性逻辑将占主导地位，非理性化的情绪指标不会显著影响投资者的交易行为。因此在消极情绪状态下，由于非理性的情绪交易者参与市场意愿低，市场上理性逻辑占主导地位，消极的投资者情绪不会对市场收益有显著的影响。

课后思考与练习

一、单项选择题

1. 下列各项中，不属于债券基本要素的是（　　）。
   A. 面值　　　　　　B. 票面利率　　　　C. 到期日　　　　　　D. 股价

2. 估算股票价值时的贴现率，不能使用（　　）。
   A. 股票市场的平均收益率　　　　　　　　B. 债券收益率加适当的风险报酬率
   C. 国债的利息率　　　　　　　　　　　　D. 投资人要求的必要报酬率

3. 在股票估价模型中，假设未来股利不变，其支付过程呈永续年金形式的是（　　）。
   A. 长期持有，股利零增长的股票估价模型
   B. 长期持有，股利固定增长的股票估价模型
   C. 长期持有，股利非固定增长的股票估价模型
   D. 股票估价基本模型

4. 某企业 2014 年 1 月 1 日拟购买某公司 2013 年 1 月 1 日发行的面值为 50 万元，票面利率为 10%，期限为 5 年，每半年付息一次的债券。若此时的市场利率为 12%，计算此时债券的价值（　　）。
   A. 45.69 万元　　　B. 45.89 万元　　　C. 46.69 万元　　　D. 46.89 万元

5. 甲企业计划利用一笔长期资金投资于 A 公司股票。已知 A 公司股票现行市价为每股 7 元，上年每股股利为 0.16 元，预计每年以 5%的增长率增长。甲企业要求的投资必要报酬率为 8%。A 公司股票价值为（　　）。
   A. 5.6 元　　　　　B. 5.8 元　　　　　C. 6.6 元　　　　　D. 6.8 元

二、多项选择题

1. 按照发行主体的不同，证券包括（　　）。
   A. 政府证券　　　　B. 有价证券　　　　C. 金融证券　　　　D. 公司证券

2. 证券投资的风险包括（　　）。
   A. 利息率风险　　　B. 再投资风险　　　C. 购买力风险　　　D. 违约风险

3. 下列关于债券的说法正确的是（　　）。

　　A. 债券票面利率是指债券发行者预计一年内向投资者支付的利息占票面金额的比率

　　B. 债券面值代表发行人借入并且承诺于未来某一特定日期偿付给债券持有人的金额

　　C. 债券只能使用单利计息

　　D. 债券一般都规定到期日，以便到期归还本金

4. 股票的特征有（　　）。

　　A. 风险性　　　　　B. 责权性　　　　　C. 流通性　　　　　D. 收益稳定性

5. 与长期持有，股利固定增长的股票价值呈同方向变化的因素有（　　）。

　　A. 股利年增长率　　　　　　　　　B. 预期第一年末股利

　　C. 投资人要求的收益率　　　　　　D. β 系数

三、简答题

1. 证券投资的目的是什么？证券投资具有哪些特点？

2. 债券的估价模型有哪些？各适用于哪种债券？

3. 股票估值分析方法中有几种基础分析方法？

案例分析

中粮地产是一家全国性、综合性的房地产开发上市企业，总部位于深圳市。控股股东中粮集团有限公司连续多年位列世界 500 强之列，是国务院核定的 16 家以房地产为主的央企之一。中粮地产主要业务范围包括了住宅地产、工业地产和部分自持物业的经营，项目布局北京、上海、深圳、成都、沈阳等十个一二线城市。目前，已成熟的产品系列主要有鼎级景观住宅系列、都市精品住宅系列、祥云国际生活区系列等几大系列。

中粮地产近几年来取得了长足发展，资产总额超过 460 亿元。目前公司成长性较好，公司规模不断扩大。中粮地产为了偿还金融机构借款、调整公司债务结构和补充流动资金的目的，于 2015 年 8 月 17 日发行 20 亿元公司债券，债券条款如表 9-3 所示。

表 9-3　中粮地产公司债券具体条款

债券代码	112271
债券简称	15 中粮 01
信用级别	AA+
评级机构	鹏元资信评估有限公司
发行总额	20 亿元人民币
期限	5 年
面值	100 元
利率	4.4%
付息方式	每年付息一次，到期一次还本

要求：1. 若此时的市场利率为 10%，试计算该债券的内在价值。

　　　2. 若该债券的发行价格是 88 元，则该债券的实际收益率是多少？

第十章　营运资本管理

本章目标

通过本章学习，了解营运资本的概念及营运资本管理的重要性，掌握营运资本管理的策略；理解主要营运资本项目的基本内容，熟悉持有现金的动机和成本，掌握最佳现金持有量、现金周期等基本概念和计算方法；理解应收账款产生的原因和持有成本，掌握不同信用条件下收账政策的制定；熟悉存货管理的基本理论，掌握经济订货量基本模型及其拓展。

引导案例

戴尔的传奇

总部设在德克萨斯州奥斯汀（Austin）的戴尔公司于 1984 年由迈克尔·戴尔创立。他是目前计算机行业内任期最长的首席执行官。戴尔公司致力于倾听客户需求，提供客户所信赖和注重的创新技术与服务。受益于独特的直接经营模式，戴尔在全球的产品销量高于其他计算机厂商，并因此在财富 500 强中名列第 25 位。从戴尔公司 2001 年到 2006 年会计年度的经营业绩上来看，其市场占有率从 13%上升到 20%，销售收入和净利润分别由 319 亿元和 21.77 亿元上升到 559 亿美元和 35.72 亿美元，而且理念经营活动产生的现金流量均大大高于净利润，从一定程度上说明戴尔公司盈利质量很高。戴尔成功的关键是其具有迅速制造并配送顾客定制的计算机的能力。传统上，顾客定制产品的制造商有两种选择。他们可以在手头上保留大量存货以满足顾客需要，或者当顾客定制产品后让顾客等几个周。戴尔用信息技术彻底改变了营运资本管理。供应商如果想与戴尔合作，就必须能迅速经济地提供所需配件。适应并满足戴尔需求的供应商可以增加业务，而那些不能适应戴尔的供应商只能失去戴尔了。戴尔利用信息技术使得产品能更好地满足其客户的要求。比如戴尔公司与福特公司的合作，通过信息技术收到福特公司所下的订单，戴尔根据订单就会立刻组装合适的硬件和软件，方便快捷且经济。

如果公司想在信息时代竞争，有效的营运资本管理必不可少，戴尔在行业内扩张的经验给我们对于营运资本的管理提供了很好的借鉴。迈克尔·戴尔在曾经与《华尔街》杂志会谈，谈及如何制造更好的轿车时，也提出了真知灼见，透过下面这五条建议，也许我们对营运资本理念会有更加深刻的认识。

1. 用互联网降低制造商与供应商及经销商联系的成本。
2. 将其非中心业务的经营交给外部有关专家。
3. 加速变化的步伐，让雇员适应并接受变化。
4. 尝试互联网经营。试验一下让顾客通过更容易的方式获得信息会是什么结果。
5. 考虑一下如何使用剥掉过剩的存货和其他多余的资产节约的资本。

事实上，营运资本的管理关乎公司的运营，一旦管理不善，不但运营失序，甚至可能影响公司的兴亡。通过本章的学习，有助于我们掌握营运资本管理的理念与运用。

第一节　营运资本概述

现代公司经营管理过程中，营运资本的管理日益受到关注。营运资本涉及公司的所有部门，对其管理的形式也多样复杂。相对于固定资产而言，营运资本周转速度快，随生产周期的完成形成一次周转。加强营运资本的管理能够确保公司资产的流动性，有利于降低财务风险，提高公司的盈利能力。

一、营运资本的概念

营运资本又称营运资金，通常指净营运资本，即流动资产和流动负债的差额，是投入日常经营活动（营业活动）的资本。营运资本的管理是企业的流动资产管理和为维持流动资产而进行的融资活动管理，因此，营运资本管理既包括流动资产的管理，又包括流动负债的管理。当流动资产大于流动负债时，净营运资本大于零，说明流动资产占用了全部的流动负债提供的资金，而且还占用了部分长期资本提供的资金；当流动资产小于流动负债时，净营运资本小于零，说明流动资产只占用了部分流动负债提供的资金，其余流动负债提供的资金形成公司的长期资产。

二、营运资本的特征

为了有效管理营运资本，必须研究营运资本的特征，以便有针对性地进行管理。营运资本的本质特征是流动性，只有在不断流动的过程中，才能实现企业价值的补偿和增值。一般来说，营运资本具有如下特征。

1．营运资本具有流动性、易变现性

企业占用在流动资产上的资金，周转一次所需时间通常在一年以内或长于一年但在一个营业周期内，并在周转和循环中不断增值。正是营运资本的不断流动，才使得企业不断实现销售收入产生利润，因此无论是流动资产还是流动负债，都具有流动性强的特点。

2．营运资本的数量具有波动性

流动资产的数量随企业内外条件的变化而变化，产品销售情况影响营运资本的数量，所以营运资本随营业收入的波动而波动，对于季节性企业变化尤其明显。

3．营运资本的来源具有灵活多样性

与筹集长期资金的方式相比，企业筹集运营资本的方式灵活多样，既包括企业从银行的借款，又包括往来交易形成的款项，既有短期借款、短期债券，又有应交税金、应付工资等，内外部融资方式多种多样，所以来源灵活多样。

三、营运资本管理的内容

一个企业要维持正常的运转就必须要拥有适量的营运资本，因此，营运资本管理是企业财务管理的重要组成部分。企业的营运资本的管理是对企业流动资产和流动负债的管理，主要内容有营运资本管理策略的制定、现金管理、应收账款管理、存货管理和短期债务管理。

企业的营运资本管理既包括营运资本的需求管理，又包括营运资本的效率管理。一般来说，企业的销售额决定了企业营运资本的需求，流动资产的周转速度和成本管理水平决定了营运资本的效率。

一般情况下，随着销售额的增长，公司的应收账款、存货数量就会增加，以满足销售的需要。这些都会增加公司对营运资本的需求，所以营运资本的需求也会随着销售额的增长而增长。同样道

理，公司规模越大，销售额越大，所需要的营运资本自然越多。

如果流动资产周转速度越快，一个周期中占用资金的时间越短，公司所需的营运资本就越少；如果流动资产周转速度越慢，一个周期中资产占用资金的时间越长，公司所需的营运资本就越多。

通常，一个公司成本管理水平越低，需要维持周转的流动资金就越多，企业资产占用的资金就会增加，导致占用更多的营运资本。

四、营运资本管理原则

企业的营运资本在全部资本中占有相当大的比重，是企业财务管理工作的一项重要内容。企业进行营运资金管理，必须遵循以下原则。

1. 权衡风险和收益

由于流动资产比固定资产具有更强的变现水平，因此，持有流动资产的风险要比持有固定资产的风险小，同时预期收益率也会相应的低。由于流动负债的期限短，因现金流量不足等原因而导致的不能还本付息的风险就要高于长期负债。但短期负债的融资成本低于长期负债和自有资本的融资成本，从而有利于企业利润的提高。这样，在营运资本的管理过程中必须权衡风险和收益。如果要获得较高收益，可以适当降低流动资产占总资产的比例，适当增加流动负债占总负债的比例，但相应地承担较高的风险；反之亦然。

2. 确定合理的资金需求

企业对于营运资金的需求与企业生产经营活动有直接关系，当企业产销两旺时，流动资产会不断增加，流动负债也会相应增加；而当企业产销量不断减少时，流动资产和流动负债也会相应减少。因此，企业财务人员应认真分析生产经营状况，采用一定的方法合理预测营运资金的需要数量，以便合理使用营运资金。

3. 加速营运资本周转

营运资本周转是指企业的营运资金从现金投入生产经营到转化为现金的过程，这一过程中，营运资本周转速度决定了公司获利能力的高低。加快营运资本周转的关键就是加强应收账款和存货的管理，提高应收账款和存货周转率。

4. 保证足够的短期偿债能力

企业的流动资产、流动负债以及二者之间的关系能较好地反映企业的短期偿债能力。如果一个企业的流动资产比较多，流动负债比较少，说明企业的短期偿债能力较强；反之，则说明短期偿债能力较弱。因此，在营运资本管理中，要合理安排流动资产和流动负债的比例关系，以便既节约使用资金，保证企业有足够的偿债能力。

五、营运资本管理策略

有效运用营运资本管理的前提是科学地制定营运资本管理策略。营运资本的管理策略包括两个方面。一是营运资本投资策略，即确定流动资产投资总额和各项流动资产目标投资额。二是营运资本融资策略，即如何确定流动资产的资金来源。

（一）营运资本投资策略

营运资本投资策略主要解决在既定的总资产水平下，流动资产和非流动资产各自占有比例的关系问题。一般而言，较多投资流动资产可降低风险，但也会降低企业投资报酬率。因此，营运资本投资策略主要解决公司在流动资产及其各组成项目上的投资水平以及在流动性与盈利性之间的权衡问题。

1. 适中型投资策略

在销售额不变情况下，企业安排较少的流动资产投资，可以缩短流动资产周转天数，节约投成本。但是，投资不足可能会引发经营中断，增加短缺成本，给企业带来损失。企业为了减少经营中断的风险，在销售不变的情况下安排较多的营运资本投资，会延长流动资产周转天数。但是，投资过量会出现闲置的流动资产，白白浪费了投资，增加持有成本。因此，需要权衡得失，确定其最佳投资需要量，也就是短缺成本和持有成本之和最小化的投资额。这种投资政策要求短缺成本和持有成本大体相等称为适中型投资政策。适中的流动资产投资政策，就是按照预期的流动资产周转天数、销售额及其增长、成本水平和通货膨胀等因素，确定的最优投资规模，安排流动资产投资。

2．保守型投资策略

保守型流动资产投资政策，就是企业持有较多的现金和有价证券，充足的存货，提供给客户保守型付款条件并保持较高的应收账款水平。保守型流动资产投资政策，表现为安排较高的流动资产/收入比率。这种政策需要较多的流动资产投资，承担较大的流动资产持有成本，主要是资金的机会成本，有时还包括其他的持有成本。但是，充足的现金、存货和宽松的信用条件，使企业中断经营的风险很小，其短缺成本较小。

3．激进型投资策略

激进型流动资产投资政策，就是公司持有尽可能低的现金和小额的有价证券投资；在存货上少量投资；采用严格的销售信用政策或者禁止赊销。激进型的流动资产投资政策，表现为较低的流动资产/收入比率。该政策可以节约流动资产的持有成本，例如节约资金的机会成本。与此同时，公司要承担较大的风险，例如经营中断和丢失销售收入等短缺成本。

以上三种投资策略如图 10-1 所示。

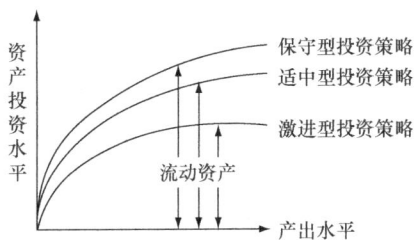

图 10-1　三种营运资本投资策略

（二）营运资本筹资策略

由于流动资产与营业收入之间存在联动关系，流动资产的一部分存量在一定时期内和一定营业收入规模下是相对稳定的，而另一部分存量则随营业收入在短期内波动，据此，可以把营运资本划分为永久性营运资本和临时性营运资本。永久性营运资本是指满足企业长期最低需求而占用在流动资产上的资金。临时性营运资本是指随季节性需求而占用在流动资产上的资金。

营运资本的筹资策略是指如何安排永久性流动资产和临时性流动资产的政策。从营运资本与长、短期资金来源的配合关系，并依其风险和收益的不同，主要有配合型筹资政策、稳健型筹资策略、冒险型筹资策略。

1．配合型筹资政策

配合型（折衷型）筹资政策的特点是，对那些受季节性、周期性影响的临时性流动资产所需资本由短期非自发融资来融通，而永久性流动资产、固定资产等长期资产所需资本则由长期债务、自有资本等长期资本及自发性融资来筹集。

自发性融资是指企业使用供应商的信用政策而形成的，具有与营业收入联动特征的流动负债。如应付账款、应付票据、预收账款、其他应付款、应付工资、应付利息、应交税费等。非自发融资是指与营业收入无直接联动关系的流动负债，如短期借款、短期债券等。如图 10-2 所示。

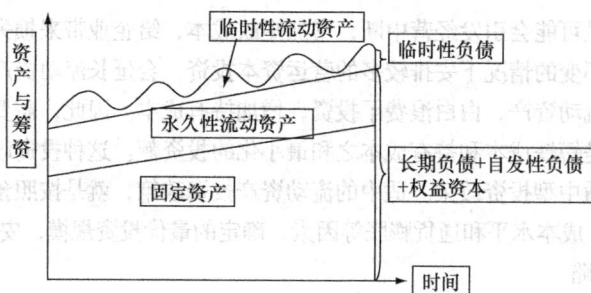

图 10-2　配合型筹资政策

配合型投资策略要求公司负债的到期结构与公司资产的寿命周期相匹配，这样既可以减少公司到期不能偿债的风险，又可以减少公司资金的占用量，提高资金的利用效率。

2．稳健型筹资策略

有的企业将部分短期资产用长期资金来融通，这便属于稳健型筹资策略。在这种类型的企业中，短期资产的一部分和全部长期资产都用长期资金来融通，而只有一部分短期资产用短期资金来融通。这种策略的风险较小，但成本较高，会使企业的利润减少。较为保守的财务人员部使用此种类型。图 10-3 所示为稳健型筹资政策。

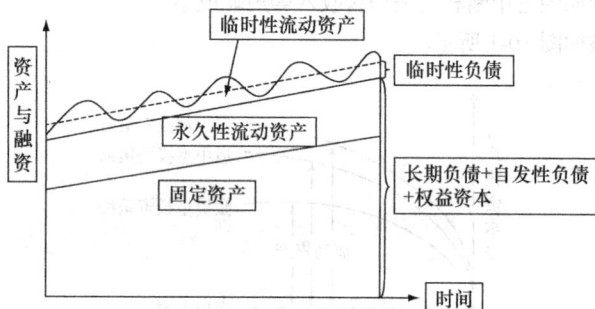

图 10-3　稳健型筹资政策

3．激进型筹资策略

激进型筹资策略的特点是，临时性流动资产和一部分永久性流动资产由短期非自发融资来融通，其余的资产由长期债务、权益资本及自发性融资来融通。这种策略的资金成本较低，因而，能减少利息支出，增加企业收益。但用短期资金来融通了一部分长期资产，风险比较大，喜欢冒险的财务人员在融资时都使用此种类型。图 10-4 为激进型筹资策略。

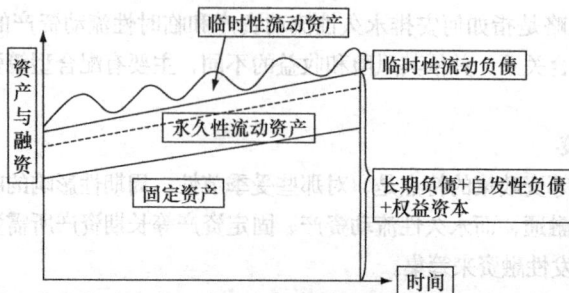

图 10-4　激进型筹资政策

六、营运资本管理的意义

企业营运资本的管理水平直接决定企业的生存和发展，因此，做好营运资本的管理对企业来说至关重要。

（1）企业现金流量预测上的不确定性以及现金流入和现金流出的非同步性，使营运资本成为企业生产经营活动的重要组成部分。

（2）营运资本周转是整个企业资本周转的依托，是企业生存与发展的基础。

（3）营运资本在企业资本总额中所占比重较高。如果营运资本管理不善，会导致企业营运资本周转不灵，乃至企业破产倒闭。

（4）营运资本管理水平决定着财务报表所披露的企业形象。如现金管理水平直接影响着现金流量表；应收账款、存货管理水平直接影响着销售收入、销售成本，进而影响利润表；流动资产、流动负债管理水平也直接影响着资产负债表等。

第二节 现金管理

对营运资本管理的阐述，通常从考察企业如何进行现金管理开始。现金可以立即投入流动。它的首要特点是普遍的可接受性，即可以有效地立即用来购买商品、货物、劳务或偿还债务。因此，现金是企业中流动性最强的资产，属于现金内容的项目，包括企业的库存现金、各种形式的银行存款和银行本票、银行汇票。

企业对于现金的管理不单指狭义上的现金本身，同时也包括现金的替代品，即有价证券。有价证券是企业现金的一种转换形式。有价证券变现能力强，可以随时兑换成现金。企业有多余现金时，常将现金兑换成有价证券；现金流出量大于流入量需要补充现金时，再出让有价证券换回现金。在这种情况下，有价证券就成了现金的替代品，是"现金"的一部分。企业必须持有现金维持正常的经营活动，同时需要足够的现金用于商业折扣、维持信用等级以及满足意外的现金需求等。企业现金管理的基本目标是，在保证企业的经营效率和效益的前提下，权衡流动性和盈利能力，尽可能减少在现金上的投资，以获取最大的长期利润。

一、持有现金的动机与成本

作为"非盈利资产"的现金，通常用于支付工资和原材料、购买固定资产、缴纳税金、偿还贷款、支付股利等。但是，现金本身（包括多数商业存款）并不赚取利息。因此，充分了解持有现金的动机与成本显得尤为重要。

（一）企业持有现金的动机

现金是企业的血脉。任何一个正常经营的企业都必须持有一定数量的现金。企业持有现金有交易动机、预防动机和投机动机。

1. 交易性动机

交易性动机是指持有现金以满足日常支付的需要，如用于支付账款、偿还债务、缴纳税款和股利等。在正常的生产经营过程中，公司每日的现金流入和现金流出并不是完全同步的。为满足日常支付的需要，防止现金流出超过现金流入时交易中断现象的发生，企业持有一定数量的现金作为缓冲是十分必要的。一般来说，公司为满足交易性动机而持有的现金余额取决于公司的销售水平。公司的销售额增加，满足日常支付需要的现金余额会随之增加，反之则会减少。

随着电子资金转账和其他高速、"无纸化"支付方式的不断发展，甚至对现金的交易需求将会逐渐消失。但企业在日常的经营管理过程中，还是总会留有零星现金以满足临时较小金额的收支，所以交易性动机对于对资产的流动性以及有效的管理需求仍然存在。

2. 预防性动机

预防性动机是指持有现金以应付突发事件、保障财务安全的需要。企业预计的现金需要量一般是指正常情况下的需要量，但有许多意外事件，例如自然灾害、政策变动、生产事故等突发事件的发生，必然会打破公司原有的现金预算，使现金收支出现不平衡。因此，公司有必要在正常现金需要量的基础上，追加持有一定数量的现金。企业出于预防动机而追加持有现金的数额，主要与公司预测现金流量的可靠程度、公司愿意承受现金缺少风险的程度和公司临时举借债务的能力有关。通常情况下，公司预测的现金流量越可靠，愿意承受现金缺少风险的程度越高，临时举债的能力越强，为预防突发事件而持有的现金就越少。

3. 投机性动机

投机性动机是指持有现金以抓住突然出现的有利的购买机会或投资机会，从中获取收益。例如，当预期有价证券价格将会上涨时，立即以现金在低价购入，待价格实际上涨时再高价售出以便从中获利。公司为满足投机性动机而持有现金的数量往往与其在金融市场上的投资机会、与其对待风险的态度紧密相关。公司的投资机会越多，经营越大胆，越愿意冒风险，为投机性动机而持有的现金就会越多。

公司在确定现金持有量即现金余额时，应综合考虑上述各方面的动机。在此过程中应注意，不同动机所需的现金是可以相互调节的，因而公司的现金持有量并不是各种动机所需现金的简单相加，前者通常小于后者。另外，上述动机所需要保持的现金并不要求必须是货币形态，依然可以是能够随时变现的有价证券以及能够随时融入现金的其他各种存在形式。

（二）持有现金的成本

公司持有一定数量的现金时，是有成本发生的，这些成本包括现金的管理成本、机会成本、短缺成本和转换成本。

1. 管理成本

公司持有一定数量的现金，必然发生与之相关的管理费用，例如现金管理人员的工资、安全设施的购建费等。在一定的现金持有量范围内，管理现金所需的人员、设施等保持不变，现金的管理成本便是一种固定成本，与现金持有量之间无明显的比例关系。当现金持有量突破这一数量范围时，现金的管理成本将随着现金管理人员、安全设施等的增加而增加，但它会在新的现金持有量范围内固定下来。

2. 机会成本

现金的机会成本是公司因持有一定数量的现金而丧失的再投资收益。公司持有现金时，必然不能获得将现金投放出去而获取的资本收益，从而形成持有现金的机会成本。其在金额上等于现金的持有量乘以相应的投资收益率（如有价证券的利率等）。在投资收益率一定的情况下，现金的机会成本与现金持有量之间存在正向的比例关系。持有的现金越多，现金的机会成本就越高；反之则越少。

3. 短缺成本

现金的短缺成本是指公司的现金持有量不足时，公司因现金不能满足需要而遭受的损失或为此付出的代价，如因资金不足不能及时购买原材料而生产中断，发生停工损失；因资金短缺、生产中断，不能及时供货而向客户赔款等。公司持有的现金越多，出现短缺的可能性越小，为此遭受的损失或付出的代价就越小；反之则越大。也就是说，现金的短缺成本与现金持有量存在反向比例关系。

4. 转换成本

现金的转换成本是公司用现金购买有价证券或将有价证券售出取得现金时所发生的费用，如委托买卖的佣金、手续费、证券过户费等。此成本在金额上等于现金的转换次数（现金与有价证券的交易次数）与每次转换成本的乘积。一般来说，每次的转换成本是固定不变的，现金的转换成本与转换次数之间便存在线性相关关系。现金与有价证券转换的次数越多，转换成本就会越高。

二、最佳现金持有量的确定

基于交易、预防和投机等动机的需要，企业必须保持一定数量的现金，但作为盈利能力较弱的流动资产，现金持有过多或过少都对企业不利。过多会降低公司的收益水平，过少则会造成现金短缺，在影响公司交易正常进行的同时，使公司蒙受损失或付出代价。这便要求公司加强现金管理，在资产的流动性和收益性之间进行权衡和选择，采用一定的方法，以确定最佳的现金持有量，帮助公司获得最大的长期收益。

（一）成本分析法

前面已经介绍，通常情况下企业持有现金会发生管理成本、机会成本和短缺成本等。成本分析方法就是根据持有现金的相关成本，分析、预测其总成本最低时持有的现金量。

如果将相关成本放到一张图上，如图 10-5 所示，就能表现出持有现金的总成本，找出最佳现金持有量的点。

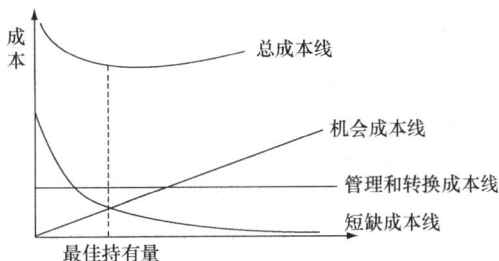

图 10-5　持有现金的总成本

图 10-5 表明，机会成本线向右上方倾斜，短缺成本线向右下方倾斜，管理成本和转换成本线为平行于横轴的平行线，总成本线是一条抛物线，该抛物线的最低点即为持有现金的最低总成本。超过这一点，机会成本上升的代价又会大于短缺成本下降的好处；这一点之前，短缺成本上升的代价又会大于机会成本下降的好处。持有现金就要使有关成本之和保持最低，所以，这一点对应的横轴就是最低的总成本下确定的现金数量，即为最佳现金持有量。

（二）因素分析法

因素分析法是根据上年现金占用额和有关因素的变动情况，来确定最佳现金持有量的一种方法。其计算公式如下。

最佳现金持有量=[（期初现金余额+期末现金余额）÷2-不合理占用额]×（1±预计销售收入变动百分比）

因素分析法通过调整上年现金持有量得出本年的最佳现金持有量，计算简单方便。但是，这一模型内含现金持有量与销售收入同比增长的假设，往往不能与实际情况完全相符。因此应用起来存在一定局限性。

【例 10-1】Zocco 公司是美国一家汽车电池的新型厂家。公司拟打算通过因素分析法确定公司最佳的现金持有量。通过经营，公司发现 2014 年年初现金占用额为 1 800 万元，2014 年年末现金占用额为 1 200 万元，经分析 2014 年不合理占用金额为 30 万元。2015 年公司预计销售收入将比 2014 年增加 20%。试确定该公司 2015 年的最佳现金持有量。

$$最佳现金持有量=[（1\,800+1\,200）÷2-30]×（1+20\%）=1\,764（万元）$$

（三）现金周转期法

现金周转期法是从现金周转的角度出发，根据现金的周转速度来确定现金的最佳持有量。其中，现金的周转速度往往用现金周转天数来表示。

现金周转天数是从现金投入生产经营开始，到最终转化为现金所需要的时间，如图 10-6 所示。

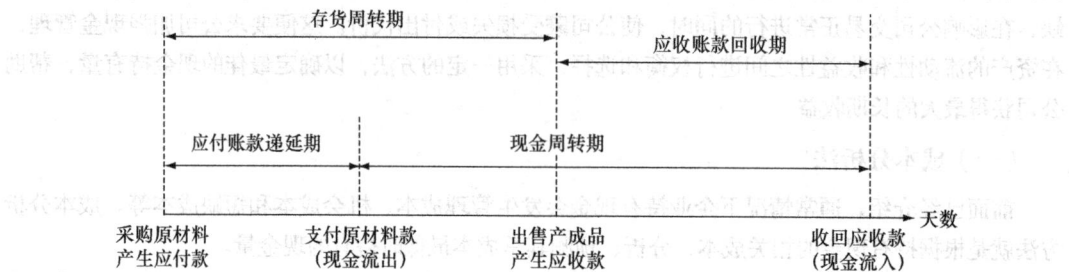

图 10-6　现金周转期

现金周转天数大致包括存货周转天数、应收账款周转天数、应付账款周转天数。存货周转天数是指从现金购买原材料开始到转化为产成品并销售出去所需要的时间。应收账款周转天数是将应收账款转化为现金的时间，即从产品赊销到收回赊销款的时间。应付账款周转天数是指从赊购取得原材料到偿还购货款所需要的时间。

$$现金周转天数=存货周转天数+应收账款周转天数-应付账款周转天数$$

现金周转天数确定后，最佳现金持有量的计算公式如下。

$$最佳现金持有量=每日现金需要量×现金周转天数$$

$$=\frac{年现金需要量}{360}×现金周转天数$$

从上述公式中可以看出，在公司的现金需要量一定的条件下，公司可以通过采取措施加速资金周转、减少现金周转天数，以降低公司的最佳现金持有量，进而减少现金占用，提高资金的使用效率。

现金周转期法简单便于使用，而且指出了降低公司最佳现金持有量，减少现金占用的有效途径。但该模型假设公司的生产经营能够持续稳定的进行下去，现金支出均匀稳定，未来年度和历史年度的周转效率基本一致或其变化率可以预计，这样未来年度的现金需求量、现金周转天数等指标才可以准确计算。如果上述假设不能满足，最佳现金持有量计算的准确性必会受到影响。

【例 10-2】某公司的原材料购买采用赊购方式，产品销售大部分采用赊销方式。2014 年应付账款的平均付款天数为 30 天，应收账款的平均收账天数为 54 天，假定从原材料购买到产成品销售的期限为 72 天，公司年现金需求量是 720 万元，试通过现金周转期法确定最佳现金持有量。

现金周转天数=72+54-30=96（天）

每日现金需要量=720÷360=2（万元）

最佳现金持有量=2×96=192（万元）

（四）存货模型

存货模型认为，使现金的总成本最低的持有量即为最佳现金持有量。在现金的持有成本中，管理成本相对稳定，与现金持有量的多少无关，存货模型不予考虑；短缺成本由现金短缺引起，但现金是否会发生短缺、短缺多少、对公司的具体影响如何，难以测定或估计，因而，存货模型也不予考虑。存货模型所考虑的是与现金持有量相关的机会成本和转换成本。其中，机会成本随现金持有量的增加而增加，转换成本随现金持有量的增加而减少，二者朝着相反的方向变动。此时，公司必然能找到一个使现金的机会成本和转换成本之和最小的现金持有量，这个持有量就是现金的最佳持有量。

假设，TC 表示现金总成本，K 表示有价证券的利率，T 表示特定时间的现金需要量（一般是年需要量），Q 表示最佳现金持有量，F 表示现金与有价证券每次转换的成本，则可用下式表示。

现金持有量总成本 $TC = \dfrac{Q}{2} \times K + \dfrac{T}{Q} \times F$

最佳现金持有量 $Q = \sqrt{\dfrac{2TF}{K}}$

最低现金总成本 $TC = \sqrt{2TFK}$

需要说明的是，存货模型不仅能够准确测定现金的最佳持有量，而且能够得出现金与有价证券的最佳转换次数，有助于公司加强现金管理。但是，这种模型是以下列假设为前提的：（1）企业所需的现金可通过证券变现取得，且证券变现的不确定性很小；（2）企业预算期内现金需要总量可以预测；（3）现金的支出过程比较稳定、波动较小，而且每当现金余额降至零时，均可通过部分证券变现得以补充得到满足；（4）证券的利率或报酬率以及每次固定交易费用可以获悉。只有这些条件基本得到满足，企业才能利用存货模型来确定最佳现金持有量。

【例 10-3】某公司现金收支情况比较稳定，预计全年（360 天）需要现金 600 000 万元，现金与有价证券每次的转换成本为 200 元，有价证券的年利率为 15%，计算该企业最佳现金持有量和最低现金成本。

最佳现金持有量 Q=40 000（元）

最低现金成本 TC=6 000（元）

（五）随机模式

随机模式是在现金需求难以预知的情况下进行的现金持有量确定的方法。企业可以根据历史经验和需求，预算出一个现金持有量的控制范围，制定出现金持有量的上限和下限，争取将企业现金持有量控制在这个范围之内。当现金持有量达到控制上限时，用现金购入有价证券，使现金持有量下降；当先进持有量下降到控制下限时，则抛售有价证券换回现金使现金持有量回升。随机模式常常应用于企业未来现金流量呈不规则波动、无法准确预测的情况。

现金持有量上限为：$H=3R-2L$

式中，R 为最优返回线，H 为最高控制线，L 为最低控制线。

$$R = \left(\frac{3b \times \delta^2}{4i} \right)^{1/3} + L$$

式中，b 为每次有价证券的固定转换成本，i 为证券的日利息率，δ 为预期每日现金余额变化的标准差（可根据历史资料测算）；L 为现金持有量下限。

现金持有量下限 L 的确定则要受到企业每日最低现金需要、管理人员的风险承受倾向等影响。

【例 10-4】假定 Simple 公司有价证券年利率为 10.08%，每次固定转换成本为 80 元，公司能够确定的现金持有量下限为 2 000 元，根据以往经验测算出现金余额波动的标准差为 600 元，试根据最优现金返回线 R 确定现金控制的上限。

有价证券日利率=10.08%/360=0.028%

最优返回线 $R=6\ 256.95$ 元

上限 $H=3R-2L=3\times6\ 256.95-2\times2\ 000=14\ 770.85$ 元

需要说明的是，随机模式建立在企业的现金未来需求总量和收支不可预测的前提下，因此计算出来的现金持有量比较保守。

三、现金的日常管理

现金的日常管理包括现金安全管理、现金收支管理。前者的目的在于保障现金存量及其使用的安全，后者则是为了加速现金周转、提高现金的使用效率。

（一）现金安全管理

（1）企业必须根据《现金管理暂行条例》的规定，结合本企业的实际情况，确定本企业的现金开支范围，不属于现金开支范围的业务应当通过银行办理转账结算。加强现金库存限额的管理，超过库存限额的现金要及时存入银行，不得用于直接支付企业自身的支出。

（2）企业应当严格按照《支付结算办法》等国家有关规定，加强银行的账户管理，加强银行账户的管理，严格按照规定开立账户，办理存款、取款和结算，定期检查、清理银行账户的开立及使用情况，发现问题并及时处理；加强对银行结算凭证的填制、传递和保管。

（3）企业应当定期和不定期地进行现金盘点，确定现金账面余额与实际库存相符。指定专人定期（每月至少一次）对银行账户核对，编制银行存款余额调节表，使银行存款账面余额与银行对账单调节相符。

（4）提高财务人员专业素质，夯实资金安全管理的基础。一是财务人员要适应新形势的需要，不断更新和丰富财经知识，及时了解和掌握新财税法规，有效规避资金管理风险。二是及时分析和探讨资金管理的特点和规律，优化资金管理方式，促进资金管理效益的最大化。三是强化法规意识，严格按照财税法规和制度对资金实施管理，确保资金的安全。

（5）不相容职责必须分离的内部控制制度。在公司的现金管理中，应该实施钱账分离制度，建立内部控制制度，不得由一人独立办理货币资金业务、采购与付款业务、销售与收款业务，出纳人员不得兼任稽核、会计档案保管和收入、费用、债权债务的登记工作，要进行定期轮换岗位。

（二）现金收支管理

有效的现金管理包括恰当的现金流入和现金流出的管理，通常包括同步现金流、使用现金浮游量、加快收款、将可利用的资金用到需要的地方和控制支出等。只有加速现金的周转，保障现金的存量和使用安全，才能真正提高现金的使用效率。

（1）同步现金流

同步现金流就是使现金流入量和现金流出量同步，规定客户支付账单时间，保证客户支付账单的周期与公司支付账单的周期相一致。同步的现金流入和现金流出可以降低现金余额、减少银行贷款、降低利息费用，进而增加利润。现金流量的时间可预测性越强，同步性就越容易维持。

（2）使用现金浮游量

严格控制现金支出是加速现金周转、提高资金运用效率的另一个重要方面。公司应加强对现金支出时间的控制，并充分利用现金浮游量。

公司应在不影响自身声誉的前提下，尽量推迟付款时间。各项债务应该在到期时偿还，不宜提早或延迟。当供货方提供现金折扣时，应争取在折扣期的最后一天付款。这样既能享受折扣优惠，又能最大限度的使用现金。

现金浮游量是公司在会计账户上的存款余额与其银行账户上所示的存款余额之间的差额。这一差额是由于公司和银行出账与入账的时间不同造成的，如一张支票，公司已开出并入账，但由于收款人尚未到银行兑现，银行尚未入账，公司会计账户上的存款余额必然小于银行账户上的存款余额。如果公司能够准确预测并正确利用现金浮游量，就可以相应的减少银行存款，并将节约出来的资金用作更加合理、有利的安排，提高资金的使用效率。

（3）加速收款

加速收款主要指缩短从客户汇款或开出发票到收到汇款或将支票兑现所需的时间。款项的快速收回可以避免公司资金被其他企业占用，也可以将收回的现金早日投入生产经营，加速资金周转。为此，公司应在不影响销售的前提下，采用安全快速的结算方式，减少客户付款的邮寄时间；应对收到的支票快速处理，缩短收到客户支票与支票兑现之间的时间。具体来说，公司可采取以下措施。

① 锁箱法是公司在各地租用专门的邮政信箱，以缩短从客户寄出款项到现金收入公司账户时间的一种方法。其具体做法是，在业务比较集中的地区租用加锁的专用邮政信箱，并在当地开立分行账户。公司销货并对客户开出发票、账单后，通知客户将款项寄至当地专用的邮政信箱。委托公司在当地的开户行每日数次开箱，以便及时取出客户支票、办理票据兑换手续。当地开户行在从收到的款项中扣除按规定应保留的存款余额后，将余款以及一切附带资料定期送往公司总部。

通过采用该方法公司可以减少浮游量，因为若支票需要从很远地方邮寄，邮寄延迟会降低，而且支票的开具与兑现在同一地区，结算速度更快，涉及更少的相关者。

② 预先授权支付法。如果公司有规律地、重复性地从客户那里收款，那么公司可以设立一个预先授权支付系统。这样公司和客户就可以达成一个协议，客户的开户行定期将资金转移至公司客户。预先授权支付系统可以加速资金的转移，从实质上减少处理延误。

③ 集中银行法是在公司总部和总部之外的其他地区都设立收款中心来办理收账业务，以缩短从客户寄出款项到现金收入公司账户时间的一种方法。

首先，公司以客户地理位置的集中情况、账单数量、销售额等为依据设立收款中心，并指定一个收款中心（通常是设在公司总部所在地的收款中心）的银行为集中银行。

其次，公司销售商品后，由距离客户最近的收款中心开出账单，客户付款时直接将款项汇至或邮寄支票至该收款中心。

最后，收款中心将每日收到的款项立即存入当地银行或委托当地银行办理支票兑现。当地银行在进行票据处理后将资金转给公司总部所在地银行。

（4）控制支出

企业加速收款是控制现金的流入，而控制支出则从现金流出的角度进行管理。通常控制支出采用应付账款集中处理。企业对于应付账款的集中处理可使财务经理对全公司即将到期的付款做出评估并安排可利用的资金来满足公司的资金需求，也更能有效地监测应付账款和浮游量。

第三节　应收账款管理

一、应收账款产生的原因

发生应收账款的原因，主要有以下两种。

（1）商业竞争。这是发生应收账款的主要原因。在市场经济的条件下，存在着激烈的商业竞争。竞争机制的作用迫使企业以各种手段扩大销售。除了依靠产品质量、价格、售后服务、广告等外，赊销也是扩大销售的手段之一。对于同等的产品价格、类似的质量水平、一样的售后服务，实行赊销的产品或商品的销售额将大于现金销售的产品或商品的销售额。出于扩大销售的竞争需要，企业不得不以赊销或其他优惠方式招揽顾客，于是就产生了应收账款。由竞争引起的应收账款，是一种商业信用。

（2）销售和收款的时间差距。商品成交的时间和收到货款的时间经常不一致，这也导致了应收账款。当然，现实生活中现金销售是很普遍的，特别是零售企业更常见。不过就一般批发和大量生产企业来讲，发货的时间和收到货款的时间往往不同。这是因为货款结算需要时间的缘故。结算手段越是落后，结算所需时间就越长，销售企业只能承认这种现实并承担由此引起的资金垫支。由于销售和收款的时间差而造成的应收账款，不属于商业信用，也不是应收账款的主要内容。

应收账款是企业的一项资金投放，是为了扩大销售和盈利而进行的投资。而投资肯定要发生成本（包括承担风险），这就需要在应收账款信用政策所增加的盈利和这种政策的成本之间做出权衡。只有当应收账款所增加的盈利超过所增加的成本时，才应当实施应收账款赊销。

二、应收账款成本

公司在通过赊销、向客户提供商业信用扩大销售、节约存货成本的同时，也形成了应收账款。应收账款占用公司的资金，持有应收账款自然发生相应的成本。应收账款的成本主要包括机会成本、管理成本和坏账成本。

1．机会成本

应收账款的机会成本是因资金投放在应收账款上而丧失的用于其他投资所获得的收益，如投资于债券所能够获得的利息收入。应收账款的机会成本与赊销业务所需要的资金、资本成本率等有关。其中，赊销业务所需要的资金是使赊销能够继续进行所需要的资金。而赊销是对完工产品的销售，赊销的持续进行以产品能够加工完毕为前提；与此同时，应收账款总是经历从产生到收回的周而复始的过程。所以，赊销业务所需的资金就是能够将应收账款的一个周转期内赊销产品生产至完工所需要投入的资金。在公司的生产规模不变时，公司将产品生产至完工所需要投入的资金就是随产品产量增加而增加的变动成本，其在数额上等于这些产品的销售额与变动成本率的乘积。具体来说，可通过以下公式计算应收账款的机会成本。

$$应收账款的机会成本 = 赊销业务所需资金 × 资金成本率$$

$$赊销业务所需资金 = 应收账款平均余额 × 变动成本率$$

$$应收账款平均余额 = 平均每日赊销额 × 平均收账天数$$

【例 10-5】某公司应收账款平均收账天数为 30 天，预计的年度赊销额为 240 万元，变动成本率为 50%，资金成本率为 10%。则应收账款的机会成本的计算过程如下。

$$应收账款平均余额 = \frac{240}{360} × 30 = 20（万元）$$

$$赊销业务所需资金 = 20 × 50\% = 10（万元）$$

$$应收账款的机会成本 = 10 × 10\% = 1（万元）$$

2．管理成本

应收账款的管理成本是对应收账款进行日常管理所发生的支出，如对客户的资信调查费用、各种信息的收集费用、应收账款账簿记录费用、收账费用等。

3．坏账成本

坏账成本是因赊购客户破产、解散、财务状况恶化等原因导致应收账款无法收回而给公司带来的损失。坏账成本的高低一般与应收账款数额的大小成正比。

三、信用政策

信用政策是应收账款管理的核心，是公司为规划与控制应收账款而确立的基本原则与行为规范，包括信用标准、信用条件和收账政策三部分内容。公司应制定科学的信用政策，合理权衡赊销扩大销售、降低存货成本与产生应收账款成本的关系，最大程度的提高公司效益。

（一）信用标准

信用标准是客户获得公司商业信用所应具备的最低条件，也是公司决定给予或拒绝客户信用的依据。如果客户达不到信用标准的要求，它将不能享受公司的商业信用或只能享受较低的信用优惠。信用标准制定的高低对公司的销售收益与成本具有重要影响。如果公司制定严格的信用标准，只向信用好的客户提供赊销，公司应收账款的机会成本、管理成本、坏账成本会较低。但是，公司可能会因此丧失一部分信用较差的客户，公司的销售收入、销售利润会随之降低。反之，如果公司制定较为宽松的信用政策，公司的销售收入、销售利润将因为客户的增多而上涨。但是，应收账款的机会成本、管理成本、坏账成本也会增加。

企业在制定或选择信用标准时应综合考虑同行业竞争对手的情况、企业承担风险的能力、客户的资信程度。

1．充分了解同行业竞争对手的情况

一方面，竞争对手采用什么信用标准是公司制定信用标准的必要参照。对竞争对手竞争策略的了解，有利于公司制定出既不使自己丧失市场竞争优势又切合实际的具有竞争性的信用标准；另一方面，公司所处行业内竞争对手的经济实力越强，市场竞争越激烈，公司信用标准就应越宽松。

2．考虑公司承受违约风险的能力

如果公司具有较强的承受违约风险的能力，公司就应制定较低的信用标准以提高公司的市场竞争力，在吸引更多客户的同时，扩大销售；反之，就只能制定较为严格的信用标准，尽可能降低客户违约的可能性。

3．认真分析和掌握客户的资信程度

客户的资信程度即客户信用的好坏，往往用应收该客户赊销款的坏账损失率来表示。坏账损失率高，说明客户的资信程度差，客户不能按期、足额支付赊销款而违约的可能性大。为降低风险，公司应适当提高该客户适用的信用标准，反之，则可以适当放宽信用标准。实践中往往用专门的信用评估方法，如5C评估法等，评估客户的资信程度。

（二）信用条件

信用条件是公司接受客户信用订单时所提出的付款要求，主要包括信用期限、折扣期限及现金折扣等。信用条件的基本形式是"2/10，n/30"。也就是说，如果客户在购货并取得发票后10日内付款，将享受2%的现金折扣；10日后付款，将不享受折扣；客户应在30日内付款。其中，30天是信用期限，10天是折扣期限，2%是现金折扣率。

1．信用期限

信用期限是公司为客户规定的最长付款时间。延长信用期限，可以在一定程度上扩大公司的销售量，增加毛利。但是也会给公司带来不良影响：公司的平均收款期延长，应收账款所占用的资金增多，应收账款的机会成本增加。同时，坏账损失和收账费用也会增加。因此，是否延长客户的信用期限，要看延长信用期限以后，其边际收入是否大于边际成本。

2．现金折扣和折扣期限

许多公司为加速资金周转，及时收回货款，减少坏账损失，往往在延长信用期限的同时，给予提前付款客户一定的现金价格优惠。即只要客户在规定的时间内付款，就可以按照销售收入的一定百分比支付货款，从而节省支出。折扣期限就是公司规定的客户可以享受现金折扣的付款时间。由于现金折扣是价格的折让，是公司销售收入的减少。因此，企业是否提供及提供多大的现金折扣，主要考虑的是提供折扣后取得的收益是否大于现金折扣的成本。

公司在确定信用条件时，应当权衡利弊得失，即考察信用条件所带来的销售增加与由此付出的成本代价的关系，争取使收益大于成本。当生产经营环境发生变化时，公司也应及时修改和调整原有的信用条件。

【例 10-6】Unilate 公司预计在现行的经济政策下，全年赊销额为 240 万元，其信用条件为 $n/30$，变动成本率为 65%，资金成本率为 10%。假设企业收款政策不变，固定成本总额不变。该企业准备了三个信用条件的备选方案：①维持现行 $n/30$ 的信用条件；②将信用条件放宽到 $n/60$；③将信用条件放宽到 $n/90$。各种备选方案的估计赊销水平、坏账损失率和收账费用等数据，见表 10-1。

表 10-1　不同信用条件的相关数据计算

项目 ＼ 方案	A $n/30$	B $n/60$	C $n/90$
① 年赊销额	240	264	280
② 应收账款平均收账天数	30	60	90
③ 应收账款平均余额	240÷360×30=20	264÷360×60=44	280÷360×90=70
④ 维持赊销业务所需资金	20×65%=13	44×65%=28.6	70×65%=45.5
⑤ 坏账损失率（坏账损失/年赊销额）	2%	3%	5%
⑥ 坏账损失	240×2%=4.8	264×3%=7.92	280×5%=14
⑦ 收账费用	2.4	4	5.6

根据以上资料计算的信用条件分析表，见表 10-2。

表 10-2　不同信用条件的方案比较　　　　　　　　　　　　　　　　　　单位：万元

项目 ＼ 方案	A $n/30$	B $n/60$	C $n/90$
① 年赊销额	240	264	280
② 变动成本（①×变动成本率）	240×65%=156	264×65%=171.6	280×65%=182
③ 信用成本前收益（①-②）	240-156=84	264-171.6=92.4	280-182=98
④ 信用成本（⑤+⑥+⑦）			
⑤ 应收账款机会成本	13×10%=1.3	28.6×10%=2.86	45.5×10%=4.55
⑥ 坏账损失	4.8	7.92	14
⑦ 收账费用	2.4	4	5.6
小计	8.5	14.78	24.15
⑧ 信用成本后收益（③-④）	75.5	77.62	73.85

根据表 10-2 的有关资料可知，在三个备选方案中，B 方案（$n/60$）获利最大，比 A 方案（$n/30$）增加收益 2.12 万元，比 C 方案（$n/90$）增加收益 3.77 万元。因此，在其他条件不变的情况下，应选择 B 方案。

【例 10-7】承上例，如果企业采用 B 方案，但为了加速应收账款的收回，决定将赊销条件改为"2/10，1/20，$n/60$"，估计有 60% 的客户会使用 2% 的折扣，15% 的客户将使用 1% 的折扣。坏账损失率降为 2%，收账费用降为 3 万元。根据上述资料，D 方案的有关指标计算如下。

应收账款平均收款天数=60%×10+15%×20+25%×60=24（天）

应收账款平均余额=264÷360×24=17.6（万元）

维持赊销业务所需的资金=17.6×65%=11.44（万元）

应收账款机会成本=11.44×10%=1.144（万元）

坏账损失=264×2%=5.28（万元）

现金折扣=264×（2%×60%+1%×15%）=3.56（万元）

根据上述指标，C、D 方案信用条件的分析，见表 10-3。

表 10-3   C、D 方案的比较分析   单位：万元

项目 \ 方案	C *n*/60	D 2/10，1/20，*n*/60
① 年赊销额	264	264
② 减：现金折扣		3.56
③ 年赊销净额（①-②）	264	260.44
④ 变动成本（①×变动成本率）	264×65%=171.6	264×65%=171.6
⑤ 信用成本前收益（③-④）		
⑥ 信用成本（⑦+⑧+⑨）	92.4	88.84
⑦ 应收账款机会成本		
⑧ 坏账损失		
⑨ 收账费用	28.6×10%=2.86	11.44×10%=1.14
小计	7.92	5.28
信用成本后收益（⑤-⑥）	4	3
	14.78	9.42
	77.62	79.42

分析结果表明，提供现金折扣后，公司收益将增加 1.8 万元。因此，公司最终应选择 D 方案（2/10，1/20，*n*/60）。

（三）收账政策

收账政策是指当客户未在规定的信用期限内付款时，公司为催收欠款而采取的收账策略与措施，主要包括收账程序、收账方式等。

为保证货款的收回，降低坏账损失，公司往往制定一定的收账政策，对超过规定期限仍未付款的客户实行各种形式的催收。在催收过程中，如果收账政策制定的过于严格，公司应收账款占用的资金将会减少，应收账款的机会成本、坏账损失将会降低，但公司用于催款的电话费、派专人催款的差旅费等收账费用却会大幅增加，甚至可能得罪无意拖欠的客户，影响公司未来业务的开展；如果收账政策过于宽松，公司的收账费用可能降低，但拖欠公司货款的客户可能增多、拖欠的期限可能延长，公司应收账款的机会成本和坏账损失也会随之增加。因此，公司在制定收账政策时，要权衡利弊得失，注意宽严适度；应针对不同的客户采取相应的措施，以在尽量确保不丧失客户的情况下收回账款，减少成本费用的发生。

【例 10-8】Christie 公司为使本公司应收账款收款期从 40 天下降至行业平均水平 20 天，并一定程度降低坏账损失率，财务经理提议使用新的收款政策。与此同时需要支出更多的收账费用，以实现新政策的实施。应收账款原有的收账政策和拟改变的收账政策，见表 10-4。假设资金成本率是10%。

表10-4　不同收账政策下的相关信息

项目	现行收账政策	拟改变的收账政策
年收账费用（万元）	3	6
平均收账天数（天）	40	20
坏账损失率（%）	3	2
赊销额（万元）	360	360
变动成本率（%）	50	50

根据上述资料，可以分别计算两方案的收账总成本，见表10-5。

表10-5　不同收账政策的比较选择

项目	现行收账政策	拟改变的收账政策
销售额	360	360
应收账款平均收账天数	40	20
应收账款平均余额	360÷360×40=40	360÷360×20=20
应收账款占用资金	40×50%=20	20×50%=10
收账成本：		
应收账款的机会成本	20×10%=2	10×10%=1
坏账损失	360×3%=10.8	360×2%=7.2
年收账费用	3	6
收账总成本	15.8	14.2

从表10-5可以看出，改变收账政策后公司将节约1.6万元的支出。所以，改变目前的收账政策对公司更有利。

四、信用调查与评估

信用政策确定之后，公司应对提出赊购要求客户的信用状况进行调查和评估，以确定客户的资信程度，决定是否向该客户提供信用和具体的信用条件。

（一）信用调查

信用调查是对有关客户信用的资料进行收集、整理的过程，其目的在于为评估客户的资信程度提供真实、可靠、充分的资料。信用调查的方式有直接调查和间接调查。调查的方式不同，所获得信用资料的内容、真实性、可靠性等不尽相同。

1．直接调查

直接调查是调查人员以当面采访、询问、观看等方式直接与被调查客户接触，取得信用资料的过程。在调查过程中，如果调查人员能够得到客户的合作，那么公司将得到有关客户信用的最真实、准确的资料。否则，公司将得到不完整甚至虚假的资料。

2．间接调查

间接调查是调查人员从被调查客户之外的其他单位获得有关客户信用资料的过程。这些单位如下。

（1）信用评估机构。许多国家都有专门的信用评估机构，我国也有独立的社会评估机构、政策性银行负责组织的信用评估机构、商业银行负责组织的信用评估机构等。这些信用评估机构的评估调查细致、评估方法先进、评估程序合理，它们会定期发布有关公司的可信度较高的信用等级报告。

（2）银行。银行是信用资料的一个重要来源，拥有客户往来交易和支付能力的大量信息。公司在必要时，可以通过当地开户银行，了解被调查客户的信用状况。

（3）其他企业。公司可以向与被调查客户有业务往来的其他企业了解其往来时间长短、被调查客户的付款情况等，获得有关客户的信用资料。

（4）其他单位。如向工商部门了解被调查客户的资本金、企业法人情况、经营活动有无超越本身范围和企业经营情况；向税务部门了解客户有无漏税、拖欠税款情况等。被调查客户的上级主管部门、证券交易部门、各类新闻媒体等，也可以从某一方面提供有关被调查客户信用的资料。

（二）信用评估

信用资料收集、整理完毕后，就可以据此对客户的信用进行评估。使用专家判断或数学分析方法，对客户的资信程度进行全面评价，并用简单明了的文字或符号表达出来。常见的信用评估方法有 5C 评估法和信用评分法。

1. 5C 评估法

5C 评估法是对影响客户信用的五个方面（品德、能力、资本、抵押品和条件）进行重点分析的一种定性评估方法。此种方法因为这五个方面的第一个英文字母都是"C"而得名。

（1）品德（character）。即客户履行偿债义务的态度，是否愿意如期还款。品德是影响客户信用最重要的因素，也是决定是否赊销的首要条件，通常通过考察客户以往的付款记录来评价。

（2）能力（capability）。即客户的偿债能力。该能力通过流动资产的数量和质量以及流动负债的比例关系等反映。实际中，客户的流动资产越多，流动比率越高，其转化为现金支付款项的能力就越强，表明客户的短期偿债能力强，客户的信用高；如果客户的不良债权少以及存货不积压，表明客户的流动资产质量较高。从这两方面可以判断客户现金支付能力的强弱。

（3）资本（capital）。即客户的财务状况。它表明客户的财务实力和可能偿还债务的背景，是客户偿付债务的最终保证。

（4）抵押品（collateral）。即客户提供的在其无力还款或拒绝还款时，可以用作抵押的资产。抵押品的价值越大，客户的信用越有保证。

（5）条件（condition）。即可能影响客户还款能力的社会经济环境。如果社会环境发生变化，比如出现经济不景气等，会对客户的付款能力产生影响，此时客户应对变化的能力究竟有多大，需要对客户在过去处于经济环境困境时期的付款历史进行了解。

通过对以上五个方面的分析，基本上可以了解客户的信用状况和资信程度，从而为最终决定是否向客户提供信用和具体的信用条件。

2. 信用评分法

信用评分法是先对一系列财务比率和信用状况指标进行评分，然后进行加权平均并求和，得出客户的综合信用分数，最后据此对客户的信用进行评估的一种定量分析方法。其基本公式是：

$$Y = a_1 x_1 + a_2 x_2 + a_3 x_3 + \cdots + a_n x_n = \sum_{i=1}^{n} a_i x_i$$

式中，Y 为某客户的综合信用分数，a_i 为事先确定的对第 i 种财务比率或信用情况指标进行加权的权数，x_i 为第 i 种财务比率或信用情况指标的评分。

信用评分法容易理解，便于使用。但是，此方法的使用以计算客户综合信用分数的具体公式确定为前提。因此，确定哪些财务比率和信用状况指标进行评分、各指标的权数分别是多少是此方法运用的关键和难点。

五、应收账款的日常管理

应收账款产生之后，公司应采取各种措施，加强对应收账款的日常管理，争取所有应收账款都能够按期收回。

（一）加强应收账款的控制措施

1．确定适当的信用标准

信用标准是企业决定授予客户信用所要求的最低标准。信用标准较严，可使企业遭受坏账损失的可能减小，但会不利于扩大销售。反之，如果信用标准较宽，虽然有利于刺激销售增长，但有可能使坏账损失增加，得不偿失。可见，企业应根据所在行业的竞争情况、企业承担风险的能力和客户的资信情况进行权衡，确定合理的信用标准。

2．加强产品生产质量和服务质量的管理

在产品质量上，应采取先进的生产设备、聘用先进技术人员，生产出物美价廉、适销对路的产品，争取采用现销方式销售产品。如果生产的产品供不应求，应收账款就会大幅度的下降，还会出现预收账款。同时在服务上，企业应形成售前、售中、售后一整套的服务体系。

3．确定应收账款最佳持有额度，并对客户使用奖惩政策

确定企业应收账款的最佳持有额度，是在扩大销售与控制持有成本之间的一种权衡。企业信用管理部门要综合考虑企业发展目标，以确定一个合理的应收账款持有水平。为了促使客户尽早付清欠款，企业在对外赊销和收账时要奖罚分明。即对于提前付清的要给予奖励，对于拖欠付款的要区分情况，给予不同的惩罚。

4．建立应收账款坏账准备制度

不管企业采用怎样严格的信用政策，只要存在着商业信用行为，坏账损失的发生总是不可避免的。因此，企业要遵循稳健性原则，对坏账损失的可能性预先进行估计，建立弥补坏账损失的准备金制度，以促进企业健康发展。

（二）加强应收账款的日常管理措施

1．实施应收账款的追踪分析

赊销企业有必要在收款之前，对该项应收账款的运行过程进行追踪分析，重点要放在赊销商品的变现方面。企业要对赊购者的信用品质、偿付能力进行深入调查，分析客户现金的持有量与调剂程度能否满足兑现的需要。应将那些挂账金额大、信用品质差的客户的欠款作为考察的重点，以防患于未然。

2．认真对待应收账款的账龄

一般而言，客户逾期拖欠账款时间越长，账款催收的难度越大，成为呆坏账的可能性也就越高。企业必须要做好应收账款的账龄分析，密切注意应收账款的回收进度和出现的变化，把过期债权款项纳入工作重点，研究调整新的信用政策，努力提高应收账款的收现效率。

3．谨慎对待应收账款的转换问题

虽然应收票据具有更强的追索权，但企业为应急将应收票据贴现，会承担高额的贴现息。另外，企业可通过抵押将应收账款变现，这些虽然都可以解决企业的燃眉之急，但都会给企业带来额外的负担，并增加企业的偿债风险，不利于企业的健康发展。

4．进一步完善收账政策

企业在制定收账政策时，要在增加收账费用与减少坏账损失、减少应收账款机会成本之间进行比较、权衡，以前者小于后者为基本目标，掌握好宽严界限，拟定可取的收账计划。

（三）应收账款的催收措施

1．企业内部对应收账款的动态管理

在中小企业，应收账款的规模较小，企业的财务部门通常只是向业务员提示应收账款即将到期

或已经逾期的期限，并为业务员提供业务发生的有关原始单据，供业务员催款使用。但在大的集团公司，财务部门应该设立专人负责应收账款的管理。同时财务部门协助有关部门制定收回欠款的奖励制度，加速逾期账款回收。

2．定期分析应收款账龄以便及时收回欠款

一般来讲，逾期时间越长，越容易形成坏账。所以财务部门应定期分析应收账款账龄，向业务部门提供应收账款账龄数据及比率，催促业务部门收回逾期的账款。财务部门和业务部门都应把逾期的应收账款作为工作的重点，分析逾期的内容有客户的信用品质变化状况、市场变化、客户库存、客户的财务资金状况等。考虑每一笔逾期账款产生的原因，采取相应的收账方法。

在向客户催收货款时，必须讲究方式才能达到目的，催收应收账款的方式如下。

（1）由公司内部业务员直接出面。一般情况下，业务员可能与客户有多年的交情，见面易于沟通，这是其他人所做不到的。

（2）由公司内部专职机构出面。在业务员的协调下，可以集中多人的智慧采取最佳方式与客户接触和谈判，避免可能的极端行为给催收造成不必要的麻烦。

（3）委托收账公司代理追讨。当已经努力，仍未能收回客户欠款时，为了避免耗费无法预测的追讨成本，这笔逾期应收账款的追收工作可以委托专业的收账公司继续追收。总之，在市场竞争日益激烈的今天，企业要想提高销售量和市场的占有率，就必须进行赊销，应收账款对企业来说是不可避免的。加强对应收账款的核算和管理，尽量降低三角债、呆帐和坏账事件的产生，避免企业的资金在非生产环节上沉淀，是保障企业资金的正常运行的一种重要措施。

第四节　存货管理

在可能的情况下，任何一家公司都不希望存货的大量存在，因为存货不能产生收益却需要资金。但在实际情况中，多数公司因为无法对需求进行精确预测，而且产品转为待出售形式仍需要时间间隔，所以企业保留一定存货也是必要的。虽然大量存货会增加公司的成本，但是如果有需求的而没有产品，客户可能从竞争者那里购买从而失去潜在业务，对企业来说也会加大公司的成本。

一、存货管理的要点

存货是指企业在日常经营过程中为了销售或生产耗用的需要而必须储备的各种物资，主要包括产原料、在产品、半成品、产成品、商品和低值易耗品等。

存货管理主要包括存货的信息管理和在此基础上的决策分析，最后进行有效控制，从而达到提高经济效益的目的。存货管理需要考虑以下几点。

（1）科学确定存货需求总量与存货采购数量和两者的关系，从而进行存货数量的控制。

（2）加强存货的日常管理和控制，建立完善的采购和发出流程，健全存货保管制度，防止影响企业的销售，避免积压和丢失。

（3）建立存货管理的考核与评价，形成权责统一，职责明确的考评体系，不断改进存货的管理工作。

二、存货的种类

存货的构成内容很多，且各有其特点，在不同的企业中，对各种存货的管理要求也不尽相同。为了便于加强对存货的核算和管理，应对存货进行科学的分类。

（一）按存货的经济用途分类

（1）在日常生产经营过程中持有以备出售的存货，如工业企业的库存产成品、商品流通企业的库存商品等。

（2）为了最终出售目前尚处于生产过程中的存货，如工业企业的在产品、自制半成品、委托加工材料等。

（3）为了生产供销售的商品或提供服务以备消耗的存货，如企业原材料、燃料、包装物、低值易耗品等。

（二）按存货的存放地点分类

（1）库存存货。指已运达企业，并已验收入库的各种存货。

（2）在途存货。指正在运输途中的存货，包括运入在途和运出在途。运入在途是指已经支付货款正在运入途中或已经运到但尚未验收入库的存货；运出在途是指按合同已经发出但尚未转让所有权也未确认销售收入的存货。

（3）加工存货。指企业自行生产加工及委托外单位加工但尚未完成加工的各种存货。

（4）委托代销存货。指委托外单位代销，尚未办理代销货款结算的存货。

三、存货的成本

存货管理的目标在于提供维持以最低可能成本经营的存货量。因此，确定最优存货水平，首先要识别存货成本。

（一）取得成本

存货的取得成本主要指存货的进货成本，是为取得某种存货而发生的成本。它可以细分为订货成本和购置成本两部分。

1. 订货成本

订货成本指的是取得订单的成本，如办公费、差旅费、邮费、电话费等支出。订货成本中有一部分与订货次数无关，如常设采购机构的基本开支等，称为订货的固定成本。另一部分与订货次数有关，随订货次数的增加而上涨，如差旅费、邮费、电话费等，称为订货的变动成本。订货成本的公式为：

$$订货成本 = F_1 + \frac{D}{Q} \cdot K$$

式中，F_1 为订货的固定成本，D 为存货年需求量，Q 为每次进货量，K 为每次订货的变动成本。

2. 购置成本

购置成本是存货本身的价值，通常用购货数量与单价的乘积来确定，即购置成本=存货的年需要量×单价。购置成本的公式为：

$$购置成本 = DU$$

式中，U 为存货的单价

存货的取得成本即等于订货成本和购置成本之和，用公式表示如下。

取得成本=订货成本+购置成本

$$=订货的固定成本+每次订货的变动成本×\frac{存货年需要量}{每次进货批量}+存货的年需要量×单价$$

$$TC_a = F_1 + \frac{D}{Q} \cdot K + DU$$

式中，TC_a 为存货的取得成本。

（二）储存成本

储存成本是为了保持存货而发生的成本，如仓储费、保险费、存货破损和变质损失以及存货占用资金的机会成本等。

储存成本也分为固定成本和变动成本。固定成本与存货数量的多少无关，如仓库折旧、仓储人员的固定工资等。变动成本与存货数量的多少有关，如存货的破损和变质损失、保险费和存货的机会成本等。存货的储存成本用公式表示如下。

存货的储存成本=固定储存成本+变动储存成本

$$TC_c = F_2 + K_c \times \frac{Q}{2}$$

其中，F_2 为储存成本中的固定成本，K_c 为储存成本中的变动成本。

（三）缺货成本

缺货成本（TC_s）是因存货不能满足生产或销售的需要而造成的损失，如停工损失、丧失销售机会的损失、紧急采购的额外支出等。

持有存货的总成本=取得成本+储存成本+缺货成本

$$TC = TC_a + TC_c + TC_s = F_1 + \frac{D}{Q} \times K + DU + F_2 + K_c \times \frac{Q}{2} + TC_s$$

存货管理的目的就是加强对存货的规划和控制，尽力在存货利益与存货成本之间做出权衡，达到二者的最佳组合。

四、存货管理控制的方法

合理的存货数量是维持企业生产的连续性、降低制造费用、扩大销售规模的必要条件。存货数量过少，企业的正常的生产经营无法得到有效保证，并且无法支撑企业的规模扩张；而存货的数量过多，则会加大企业的储存成本，使企业的生产成本加大，进一步影响毛利率，最终导致企业的盈利能力下降，减弱企业的竞争能力。因此，确定存货的采购规模和订货时点，确定存货的经济订货量，从而使总成本最低便是存货管理控制的方法要解决的问题。

（一）经济订货量模型

经济订货批量（economic order quantity，EOQ）是固定订货批量模型的一种，可以用来确定企业一次订货（外购或自制）的数量。当企业按照经济订货量来订货时，可实现订货成本和储存成本之和最小化。

经济订货批量模型是目前大多数企业最常采用的货物定购方式。该模型适用于整批间隔进货、不允许缺货的存储问题，即某种物资单位时间的需求量为常数 D，存储量以单位时间消耗数量 D 的速度逐渐下降，经过时间 T 后，存储量下降到零，此时开始订货并随即到货，库存量由零上升为最高库存量 Q，然后开始下一存储周期，形成多周期存储模型。

在建立经济订货量基本模型时，往往需要设立一些假设条件。

这些假设条件有：

（1）企业能够及时补充存货，即需要订货时可以立即取得所需货物；

（2）集中到货，而不是陆续入库；

（3）不允许缺货，即无缺货成本，TC_s 为零；

（4）需求量稳定，且能事先预测，即 D 为已知常量；

（5）存货单价不变，不考虑现金折扣，即 U 为已知常量；

（6）企业现金充足，不会因为资金短缺而影响进货；

（7）所需存货市场供应充足，不会因买不到需要的存货而影响其他。

在上述假设条件下，固定订货成本（F_1）、每次的变动订购成本（K）、固定储存成本（F_2）、单位储存成本（K_c）、购置成本（DU）均为已知常量，缺货成本（TC_s）为 0，则存货总成本（TC）大小仅仅取决于每次的订货批量（Q），与订货批量相关的存货总成本可以表示如下。

$$TC(Q) = \frac{D}{Q} \cdot K + K_c \cdot \frac{Q}{2}$$

为求出 TC 的最小值，TC 对 Q 求导数，可得此时的进货批量，即经济订货量 $Q^* = \sqrt{\dfrac{2KD}{K_c}}$

根据经济订货量的计算公式，可以推算出其他公式：

每年最佳订货次数 $N^* = \dfrac{D}{Q^*} = \sqrt{\dfrac{D \cdot K_c}{2K}}$

存货总成本 $TC(Q^*) = \sqrt{2DKK_c}$

最佳订货周期 $t^* = \dfrac{1 年}{N^*}$

经济订货量占用资金 $I^* = \dfrac{Q}{2} \times U$

此时存货的流转过程如图 10-7 所示。

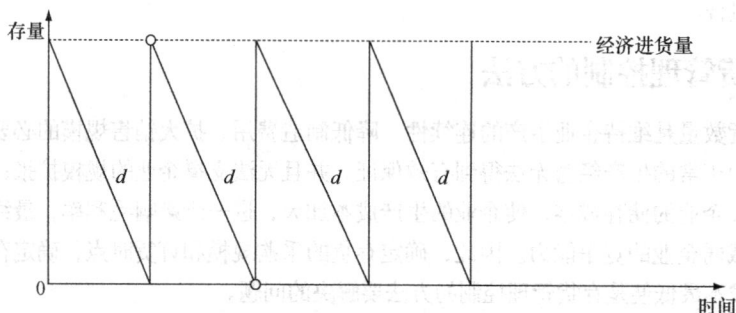

图 10-7 经济订货基本模型下的存货周转过程

【例 10-9】某公司年度需要耗用 A 材料 36 000kg，该材料采购成本为 200 元/kg，年度储存成本为 16 元/kg，平均每次进货费用为 20 元。根据以上资料：（1）计算本年度经济进货批量下的相关总成本；（2）计算本年度材料的经济进货批量；（3）计算经济进货批量下的平均资金占用额；（4）计算最佳进货次数。

（1）经济进货批量下的相关总成本 $= \sqrt{2 \times 36\,000 \times 20 \times 16} = 4\,800$（元）

（2）经济进货批量 $= \sqrt{2 \times 36\,000 \times 20 \div 16} = 300$（kg）

（3）平均资金占用额 $= 300 \times 200 / 2 = 30\,000$（元）

（4）最佳进货次数 $= 36\,000 / 300 = 120$（次）

（二）存货订货期提前

一般情况下，企业的存货很难做到随用随时补充，因而，需要在存货还没用完时就提前订货，而不能等到存货全部用完再去订货。这样，当公司再次发出订单订货时，公司实际上仍持有一定数量的存货，此时的存货量称为再订货点，通常用 R 表示。R 等于交货时间（L）与平均每日需用量

（d）的乘积，即 $R = L \times d$。

在存货提前期情况下，当存货的库存数达到再订货点时，公司应组织再次订货。此时有关存货经济进货量、最佳订货次数、订货周期等的计算与基本模型相同。也就是说，订货提前期对存货经济订货量没有影响。

（三）存货陆续供应和使用

在建立基本模型时，我们假设存货集中到货，即一次全部入库。事实上，各批存货可能陆续入库，存货的库存陆续增加。

假设每日送货量为 P，则送货期（该批存货全部送到的时间）为 Q/P。因存货的平均每日耗用量为 d（$d<P$），则送货期内的耗用量为（Q/P）$\times d$。由于存货边送边用，所以每批存货送完时，最高的库存量为 $Q - (Q/P) \times d$。平均库存量 $= Q/2 \times (1 - d/P)$

这样，与订货批量 Q 相关的总成本 $TC(Q) = D/Q \times K + Q/2 \times (1 - d/P) \times K_c$

此时，存货的经济订货批量 $Q^* = \sqrt{\dfrac{2KD}{K_c} \cdot \left(\dfrac{p}{p-d} \right)}$

经济订货量的总成本 $TC(Q^*) = \sqrt{2DKK_c \cdot \left(1 - \dfrac{d}{p} \right)}$

由于制造性企业自制半成品的入库和零部件的转移几乎总是陆续供应和陆续耗用的，所以，存货陆续供给和使用模型可用于制造性企业自制产成品或零部件的经济投产量决策。此时，关于 Q^*、N^*、$TC(Q^*)$ 等的计算公式不变，但公式中有关变量的经济含义发生变化。具体来说，Q^* 表示经济投产量；D 表示年生产量；K 表示每批的生产准备成本；K_c 表示单位储存成本；P 表示每日生产量；d 表示每日耗用量；U 表示单位生产成本。

此外，存货陆续供给和使用模型还可用于零部件的自制与外购的选择决策。自制零部件属于边送边用的陆续供给与使用的情况，存货的平均库存量较少，单位生产成本较低，但生产准备成本较高。外购零部件的平均库存量和单位成本（单价）可能较高，但订货成本较低。只有全面权衡两种情况下包括存货零部件自身价值在内的存货相关总成本的高低，才能做出正确的选择。

（四）保险储备

以上经济订货量模型都是假设存货的供需稳定且确知，即每日的需求量不变，交货时间也固定不变。但实际情况并非完全如此，每日需求量可能变化，交货时间也可能延迟，从而可能出现缺货或供应中断。为防止这些情况出现所造成的损失，就需要多储备一些存货。这些以备应急之需而储存的存货就是通常所说的保险储备。保险储备在正常情况下不使用，只有在存货使用过量或送货延迟时才动用。建立保险储备后，存货的再订货点升高，再订货点的计算公式相应变为 $R = L \cdot d + B$，其中，B 为保险储备量。

建立保险储备，固然可以使企业避免因缺货或存货供应中断所造成的损失，但却增加了存货的平均库存量和储存成本。研究保险储备的目的，就是确定最佳的保险储备量，使存货使用过量或送货延迟所造成的缺货损失和存货储备成本之和最小。在确定方法上，就是分别计算各种保险储备量下的总成本，然后进行比较，从中挑选出总成本最低的方案。

与保险储备相关的存货总成本的计算公式为：

$$TC(S, B) = C_s + C_B = K_U \cdot S \cdot N + B \cdot K_c$$

式中，$TC(S, B)$ 为与保险储备相关的存货总成本，C_s 为缺货成本，C_B 为保险储备成本，K_c 为单位储存成本，K_U 为单位缺货成本，S 为缺货量，N 为年订货次数，B 为保险储备量。

实践中，保险储备量 B 可按选择而定；缺货量 S 则具有一定的概率分布，其概率可以根据历史经验估计得出。此时，$S=L_id_i-R$（当 $L_id_i \leq R$ 时，取 $S=0$）。其中，S 是不同保险储备量下的缺货量；L_id_i 是不同概率分布下交货时间内的存货需求量；R 是再订货点。

【例 10-10】某企业全年需用 A 材料 360 000 千克，该材料单价 100 元，每次进货费用 400 元，单位材料年储存成本 8 元，单位缺货成本 10 元，销售企业规定：客户每批购买量不足 8 000 千克，按标准价格计算，每批购买 8 000 千克以上，10 000 千克以下的，价格优惠 2%，每批购买量高于 10 000 千克的，价格优惠 3%。

要求：

（1）如果不考虑商业折扣和缺货时，计算：a. 经济进货批量；b. 经济进货批量的存货相关总成本；c. 经济进货批量平均占用资金；d. 年度最佳进货批次。

（2）如果考虑商业折扣，但不考虑缺货，计算经济进货批量。

（3）如果不考虑商业折扣但考虑缺货，计算经济进货量和平均缺货量。

解析：

（1）不考虑商业折扣和缺货

经济进货批量=6 000（千克）

经济进货批量的存货相关总成本=48 000（元）

经济进货批量平均占用资金=6 000/2×100=300 000（元）

年度最佳进货批次=360 000/6 000=60（次）

（2）考虑商业折扣，但不考虑缺货

按 6 000 千克进货，则没有折扣。

存货相关总成本=360 000×100+（360 000/6 000）×400+（6 000/2）×8=36 048 000（元）

按 8 000 千克进货，折扣 2%。

存货相关总成本=360 000×100×（1-2%）+（360 000/8 000）×400+（8 000/2）×8

$\qquad$ =35 330 000（元）

按 10 000 千克进货，折扣 3%。

存货相关总成本=360 000×100×（1-3%）+（360 000/10 000）×400+（10 000/2）×8

$\qquad$ =34 974 400（元）

可见，进货批量为 10 000 千克时，存货相关总成本最低，因此经济进货批量为 10 000 千克。

（3）不考虑商业折扣但考虑缺货

经济进货批量=$\sqrt{\dfrac{2 \times 360\,000 \times 400}{8} \times \dfrac{8+10}{10}}$=8 050（千克）

平均缺货量=8 050×8/（8+10）=3 578（千克）

五、存货 ABC 分类管理法

存货 ABC 分类管理法，是根据各种存货在全部存货中的重要程度对存货进行分类、排队，分等级、有重点的管理和控制存货的一种方法。此方法由意大利经济学家巴雷特于 19 世纪首创以来，经过一个多世纪的发展和完善，现在已经广泛的应用于存货的管理和控制。此方法充分考虑了企业中存货的种类繁多但价值不等的特点，可以帮助企业分清管理的主次，从而降低人力物力支出，提高经济效益。

ABC 分类管理法的一般程序是：

（1）计算每种存货在一定时期（通常是 1 年）内的资金占用额；

（2）计算每种存货所占用的资金占全部存货资金占用额的比重，并按大小顺序排列；

（3）根据事先确定的标准，将全部存货分为 A、B、C 三类。A 类存货是资金占用量大但品种数量少的存货。此类存货的品种数量通常只占全部存货品种数量的 5%～20%，但其占用的资金却占全部存货资金占用额的 60%～80%；B 类存货是一般存货。此类存货的品种数量约占全部存货品种数量的 20%～30%，其占用的资金约占全部存货资金占用额的 15%～30%；C 类存货是品种数量多而资金占用少的存货，此类存货的品种数量往往占全部存货品种数量的 60%～70%，但其占用的资金仅占全部存货资金占用额的 5%～15%。

（4）针对不同类别的存货，实行不同的管理。对 A 类存货应重点管理、严密控制，认真规划其经济订货量；对 C 类存货可以粗放管理，不必耗费过多的精力去确定经济订货量，可以凭经验订货；对 B 类存货应给予一般管理，其管理和控制的严密程度应界于前两者之间。各类存货类别的划分及相应类别存货的管理特点见表 10-6 和图 10-8。

表 10-6　ABC 存货分类管理

存货类别	金额百分比	品种数量百分比	管理特点
A 类	60%～80%	5%～20%	重点管理
B 类	15%～30%	20%～30%	一般管理
C 类	5%～15%	60%～70%	粗放管理

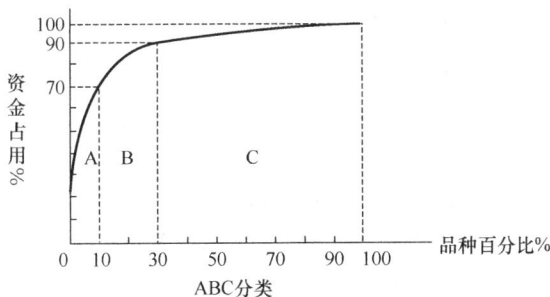

图 10-8　存货 ABC 分类

六、现代存货的控制模式

（一）适时制存货控制

适时制存货控制（just in time，JIT）是现代物流管理的基础。其中心管理思想认为库存是万恶之源，企业在生产中应尽可能消除一切无效劳动与浪费；强调将必要的零件以必要的数量在必要的时间送到生产线，并且只将所需要的零件、只以所需要的数量、只在正好需要的时间送到生产线。

20 世纪中叶，日本丰田汽车公司由美国引进了大批流水生产方式之后，随着市场的变化，客户对产品提出了多样化、个性化的要求，为满足客户的需求，丰田汽车公司的单品种流水生产随之转变为多品种混流生产方式，准时化（JIT）生产便应运而生。日本丰田汽车公司亲切称其为"看板"系统。看板是指放在货运车或手推车上的卡片，这些卡片详细记载了有关生产和供货的一些信息。卡片分为两种，一种是"生产看板"，用来发布生产指令；一种是"取货看板"，目的是发出取货指令。在生产流程中，如果没有收到"生产看板"，某个工序就不进行生产，倘若收到后续工序的"取货看板"，就要即刻向后续工序发货。这种方式对丰田汽车公司渡过第一次能源危机起到了突出的作用，后引起其他国家生产企业的重视，并逐渐推行于欧洲和美国的日资企业及当地企业中。

JIT 管理系统的基本原理是以需定供，以需求作为拉动生产的动力。即按照需方需求的品种、规格、质量、数量、时间、地点等要求，将产品配送到指定的地点。不多送，也不少送，不早送，也不晚送，所送品种要个个保证质量，不能有任何废品。也就是说，JIT 要求产品的销售、生产和材料物资的供应保持同步，以最大限度的降低存货，甚至达到零存货。库存为零，存货自然不再占用企业资金，还可以避免产品积压、过时质变等浪费，减少装卸、搬运以及库存等费用，从而有利于降低各项存货成本，提高企业的经济效益。当然，JIT 也对企业适应市场需求及其变化的能力、与客户的紧密联系、与供应商的信息互动以及企业内部各部门间的协作等提出了更高的要求。只有满足这些要求，JIT 才能真正发挥作用。

（二）制造资源计划

制造资源计划（manufacturing resource planning，MRP Ⅱ）是在物资需求计划（material requirement planning，MRP）基础上发展起来的以计算机为核心的闭环管理系统。它能动态监察到产、供、销的全部生产过程，在寻求最有效地配置企业资源的同时，实现减少库存，优化库存的管理目标，并保证企业经济、有效地运行。在实际运作过程中，MRP Ⅱ以计划拉动供给，即借助计算机的运算能力，根据市场预测和企业以前的经营状况，做出对未来产品需求量和品种的估计，制定产品的生产计划，然后据以倒推出物资的采购数量、品种和时间等。为缓冲事先计划的延迟，企业往往事先定好提前期以及批量，并储备一定的在制品存货。也就是说，MRP Ⅱ允许一定数量的存货的存在。对于市场需求稳定、竞争不激烈的企业而言，MRP 无疑优化了企业的成本控制和资源配置，能够不影响企业正常营运条件下接近或达到最优存货，从而减少存货资金占用，降低存货的损耗和采购成本，使存货发挥了最大效率。

（三）企业资源计划

企业资源计划（enterprise resource planning，ERP），是一种以市场和客户需求为导向，以实行企业内外资源优化配置，消除生产经营过程中一切无效的劳动和资源，实现信息流、物流、资金流、价值流和业务流的有机集成，以提高企业竞争力为目的，以计划与控制为主线，以网络和信息技术为平台，集客户、市场、销售、计划、采购、生产、财务、质量、服务、信息集成和业务流程重组（BPR）等功能为一体，面向供应链管理（supply chain management，SCM）的现代企业管理思想和方法。

与 MRP Ⅱ相比，ERP 更加面向全球市场，功能更为强大，所管理的企业资源更多，支持混合式生产方式、管理覆盖面更宽。它是站在全球市场环境下，从企业全局角度对经营与生产进行的计划方式，是制造企业的综合的集成经营系统。这种模式克服了 MRP Ⅱ通过计划滚动进行事中控制生产过程、实时性较差的缺点，而强调对企业的事前控制能力，它可以将设计、制造、销售、运输等通过集成来进行各种相关作业，为企业提供了对质量、适应变化、客户满意、绩效等关键问题的实时分析能力。

第五节　短期债务筹资管理

影响营运资本的主要因素既包括流动资产，又包括流动负债。前面我们主要介绍了流动资产，本节我们将主要围绕流动负债展开说明。流动负债是指公司需要在一年以内或超过一年但在一个营业周期内要偿还的债务。企业进行短期债务筹资的主要形式有商业信用、短期银行借款、商业票据等。

一、短期债务筹资的特点

短期筹资为公司提供了灵活的筹资渠道，可以通过匹配公司短期筹资需求，节约融资成本，但也增加了公司的流动性风险。短期债务筹资一般具有如下特点。

（1）筹资速度快，容易取得。长期负债的债权人为了保护自身利益，往往要对债务人进行全面的财务调查，因而筹资所需时间一般较长且不易取得。短期负债在较短时间内即可归还，故债权人顾虑较少，容易取得。

（2）筹资成本低。一般地讲，短期负债的利率低于长期负债，短期负债筹资的成本也就较低。

（3）筹资弹性高。举借长期负债，债权人就有关方面经常会向债务人提出很多限定性条件或管理规定；而短期负债的限制则相对宽松些，筹资企业的资金使用较为灵活、富有弹性。

（4）筹资风险高。短期负债需在短期内偿还，因而要求企业在短期内调度足够的资金偿还债务，若企业届时资金安排不当，就会陷入财务危机，因此，具有较大的筹资风险。

二、短期债务筹资的主要形式

（一）商业信用筹资

商业信用是指在商品交易中因延期付款或预收货款而形成的企业之间的借贷关系。它是公司之间直接的信用行为。商业信用筹资最大的优越性在于容易取得。首先，对于多数企业来说，商业信用是一种持续性的信贷形式，且无须正式办理筹资手续。其次，如果没有现金折扣或使用不带息票据，商业信用筹资不负担成本。其缺点在于放弃现金折扣时所付出的成本较高。商业信用的具体形式有应付账款、应付票据、预收账款等。

1．应付账款

应付账款是企业购买货物暂未付款而欠对方的账项，即卖方允许买方在购货后一定时期内支付货款的一种形式。卖方利用这种方式促销，而对买方来说延期付款则等于向卖方借用资金购进商品，可以满足短期的资金需要。

与应收账款相对应，应付账款也有信用条件。应付账款的信用条件有信用期限、现金折扣、折扣期限等。信用期限是允许买方延期付款的最长期限；现金折扣是卖方为了鼓励买方提前还款，而给予买方在价款总额上的优惠，即少付款的百分比；折扣期限是卖方允许买方享受现金折扣的期限。折扣期限通常小于信用期限。

应付账款根据信用不同具体可以分为：

（1）免费信用。如果卖方不提供现金折扣，买方在信用期内任何时间支付货款均无代价；如果卖方提供现金折扣，买方在折扣期内支付货款，也没有成本发生。这两种情况通常称为"免费"筹资。

（2）有代价信用，即虽然超过折扣期但是没有超过信用期，买方企业放弃折扣付出代价而获得的信用。

放弃现金折扣的机会成本可按下式计算：

放弃现金折扣的机会成本=折扣百分比/（1-折扣百分比）×360/（信用期-折扣期）×100%

【例 10-11】戴姆勒公司拟采购一批零部件，供应商规定的付款条件为 3/10，2/15，n/30。假设银行短期贷款利率为25%，计算放弃现金折扣的机会成本，并确定对公司最有利的付款日期。

放弃 10 天内付款折扣的机会成本=[3%/（1-3%）]×[360/（30-10）]×100%=55.67%

放弃 15 天内付款折扣的机会成本=[2%/（1-2%）]×[360/（30-15）]×100%=48.98%

由于折现期内放弃现金折扣的机会成本大于短期融资成本，因此选择在折扣期内付款。由于放弃 10 天内付款折扣的机会成本大于放弃 15 天内付款折扣的机会成本，所以应该选择 10 天内付款。

（3）展期信用，即买方企业超过规定的信用期推迟付款而强制获得的信用。

倘若买方企业购买货物后在卖方规定的折扣期内付款，便可以享受免费信用，这种情况下企业没有因为享受信用而付出代价。

一般说来，如果能以低于放弃折扣的隐含利息成本的利率借入资金，便应在现金折扣期内用借入的资金支付货款，享受现金折扣。如果在折扣期内将应付账款用于短期投资，所得的投资收益率高于放弃折扣的隐含利息成本，则应放弃折扣而去追求更高的收益。如果企业放弃折扣优惠，也应将付款日期推迟至信用期内的最后一天，以降低放弃折扣的成本。如果企业因缺乏资金而打算展延付款期，则需要在降低了的放弃折扣成本与展延付款带来的损失之间做出选择。如果面对两家以上提供不同信用条件的卖方，应通过衡量放弃折扣成本的大小，选择信用成本最小（或所获利益最大）的一家。

2. 应付票据

应付票据是购销双方按购销合同进行商品交易，延期付款而签发的、反映债权债务关系的一种信用凭证。应付票据的支付期间最长不超过6个月。

按承兑人的不同，即是否可以背书转让，应付票据分为商业承兑汇票、银行承兑汇票，按是否带息可以分为带息票据、不带息票据。

应付票据的利率一般比银行的借款利率低，且不用保持相应的补偿性余额和支付协议费，所以应付票据的筹资成本低于银行借款成本。但应付票据到期必须归还，如若延期便要交付罚金，因为风险较大。

【例 10-12】 A 公司向 B 公司购进材料一批，价款 100 000 元，双方商定 6 个月后付款，采用商业承兑汇票结算。B 公司于 3 月 10 日开出汇票，并经 A 公司承兑。汇票到期日为 9 月 10 日，如 B 公司急需资本，于 4 月 10 日办理贴现，其月贴现率 0.6%，试计算该公司应付贴现金额是多少？

根据上述资料可计算如下。

$$贴现息 = 100\ 000 \times 150 \times (0.6/30) = 3\ 000\ （元）$$

$$应付贴现票款 = 100\ 000 - 3\ 000 = 97\ 000\ （元）$$

3. 预收账款和其他应付账款

预收账款是卖方企业在买方交付货款之前向买方预先收取部分或全部货款的信用形式。对于卖方来讲，预收账款相当于向买方借用资金后用货物抵偿。预收账款一般用于生产周期长、资金需要量大、价值量大的货物销售企业。

此外，企业往往还存在一些在非商品交易中产生但亦为自发性筹资的应付费用，如应付职工薪酬、应交税费、其他应付款等。应付费用使企业受益在前、费用支付在后，相当于享用了收款方的借款，一定程度上缓解了企业的资金需要。应付费用的期限具有强制性，不能由企业自由斟酌使用，但通常不需花费代价。

（二）短期银行借款

短期借款是指企业向银行借入的期限在一年以内的借款。在短期负债筹资中，短期借款的重要性仅次于商业信用。短期借款可以随企业的需要安排，便于灵活使用，且取得亦较简便。但其突出的缺点是短期内要归还，特别是在带有诸多附加条件的情况下更使风险加剧。

1. 短期银行借款的种类

短期银行借款按银行对贷款有无担保要求，分为信用贷款和担保贷款。

（1）信用贷款，是指以借款人的信誉或保证人的信用为依据而获得的贷款。企业取得这种贷款，无需以财产作抵押。对于这种贷款，由于风险较高，银行通常要收取较高的利息，往往还附加一定的限制条件。信用贷款涉及信用条件包括如下。

① 信贷限额。是银行对借款人规定的无担保贷款的最高额。信贷限额的有效期限通常为 1 年，但根据情况也可延期 1 年。一般来讲，企业在批准的信贷限额内，可随时使用银行借款。但是，银行并不承担必须提供全部信贷限额的义务。如果企业信誉恶化，即使银行曾同意过按借贷限额提供

贷款，企业也可能得不到借款。这时，银行不会承担法律责任。

② 周转信贷协定。是银行具有法律义务的、承诺提供不超过某一最高限额的贷款协定。在协定的有效期内，只要企业的借款总额未超过最高限额，银行必须满足企业任何时候提出的借款要求。企业享用周转信贷协定，通常要就贷款限额的未使用部分付给银行一笔承诺费。

③ 补偿性余额，是银行要求借款企业在银行中保持按贷款限额或实际借用额一定百分比（一般为 10%到 20%）的最低存款余额。从银行的角度讲，补偿性余额可降低贷款风险，补偿遭受的贷款损失。对于借款企业来讲，补偿性余额则提高了借款的年利率。

（2）担保贷款，是指由借款人或第三方依法提供担保而获得的贷款。担保包括保证责任、财务抵押、财产质押，由此，担保贷款包括保证贷款、抵押贷款和质押贷款。

2．短期银行借款成本

短期银行借款的成本会随着借款的种类、金额和借款的时间长短不同而有所不同。

借款成本的高低主要取决于银行贷款利率，商业贷款的利率一般是通过借贷双方协商决定。在某种程度上，银行根据借款人的信用程度调整利率，信用越差，利率越高。

企业在选择银行借款利率的支付方法时，主要包括以下几类。

（1）收款法。在借款到期时向银行支付利息的方法。银行向工商企业发放的贷款大都采用这种方法。

（2）贴现法。银行向企业发放贷款时，先从本金中扣除利息部分，而到期时借款企业要偿还贷款全部本金的一种方法。

（3）加息法。银行发放分期等额偿还贷款时采用的方法。在分期等额偿还贷款的情况下，银行要将根据名义利率计算的利息加到贷款本金上，计算出贷款的本息和，要求企业在贷款期内分期偿还本息之和。由于贷款分期均衡偿还，借款企业实际上只平均使用了贷款本金的半数，却支付了全额利息。这样，企业实际负担的利率便要于名义利率大约 1 倍。

（三）商业票据

商业票据，又称短期融资券、短期债券，它是由规模大、业绩好、信誉高、风险低的大型企业或金融公司开出的无担保短期票据。商业票据的可靠程度依赖于发行企业的信用程度，可以背书转让，但一般不能向银行贴现。商业票据的期限通常在 9 个月以下，由于其风险较大，利率高于同期银行存款利率。

企业发行商业票据通常出于以下两个主要目的。

（1）弥补季节性筹资需要。通常，一些工业公司发行商业票据的初衷是为公司筹集短期的季节性资金和运营资金。从根本上来说，它为高等级公司提供了一种较银行借款成本较低的短期筹资途径。

（2）满足长期融资的需要。这似乎和商业票据的性质自相矛盾，但从更广泛的融资战略的角度来看，是因为短期借款的成本要低于长期融资成本。如果企业目前有稳定的收益来源，而且短期借款利率低于长期借款利率，那么即使企业真正需要的是长期借款，也可以发行短期商业票据。到期后企业可以再发行一期，通过滚动发行用新债券来偿付旧债券的方法，不仅可以调整融资规模，还可以达到长期融资的目的。

知识拓展

营运资金未来研究侧重

国内外营运资金管理研究在 20 世纪 90 年代中期以来，均呈现出显著增长的态势，并步入了一个变革的时代。受业务财务一体化以及企业的营业观念和财务理念的变化、对战略性影响营运资金管理绩效因素以及财务风险的日益关注等因素的影响，营运资金管理研究将向基于拓展的营业观念的营运资金管理研究转变，其重心将转向利益相关者视角的营运资金管理，并引起财务风险的核心内涵向营业活动营运资金需求保障能力转变。对于营运资金未来的研究侧重主要体现在以下几个方面。

一、利益相关者视角的营运资金管理研究

利益相关者视角的营运资金管理应在企业目标、营运资金管理与营业活动之间关系的分析基础上，从营运资金概念重新界定和分类切入，沿着内部利益相关者——营运资金管理责权关系——目标分类——绩效评价和外部利益相关者——边界约束——动因分析——营运资金融资结构效应两条主线，分别分析营运资金管理的主观特征和营运资金管理的客观特征，并进一步研究协调营运资金管理主观特征和营运资金管理客观特征的营运资金管理策略类型及其各自的作用机理，从而构建营运资金管理基础理论新框架。

二、营运资金需求预测与营运资金管理绩效评价体系研究

在"营运资金"概念重新界定的基础上，进一步将营运资金区分为经营活动营运资金和投资活动营运资金，在补充和完善投资活动营运资金管理绩效评价的同时，进一步深化和完善经营活动营运资金管理绩效的绩效评价，以更好地体现业务财务一体化的营运资金管理理念。与之同时，从营运资金需求保障能力、财务风险和筹资成本等方面构建营运资金筹资绩效的评价指标体系，从而引导企业关注那些对营业资金管理绩效具有战略性决定作用的因素，如供应链与渠道关系管理、银企关系和供应链金融等。

三、基于营运资金需求保障能力的财务风险评估研究

从供应链上来看，企业经营活动的营运资金可以划分为企业经营活动自身占用的营运资金（主要是存货）、被供应商占用或占用供应商的营运资金（即预付账款减应付账款、应付票据后的余额）、被客户占用或占用客户的营运资金（即应收账款、应收票据减预收账款后的余额）三部分。分别通过企业经营活动自身占用的营运资金（主要是存货）水平、被供应商占用或占用供应商的营运资金水平、被客户占用或占用客户的营运资金水平的变化，考察企业业务流程管理、供应商关系管理和客户关系管理对企业经营活动营运资金整体占用水平的影响，并借以衡量企业业务流程管理、供应链管理导致的财务风险。

四、营运资金管理调查体系和营运资金管理数据平台扩充研究

以利益相关者视角的营运资金管理理论和方法为指导，继续开展对上市公司营运资金管理的调查，调查分析内容中除补充利益相关者视角的营运资金占用分析、营运资金管理绩效水平及趋势分析和营运资金财务风险分析等内容外，主要增加供应商关系、客户关系、银企关系、股东关系、资金共享、信息共享等专项调查内容，在扩充营运资金管理数据支持平台建设的同时，对"基于渠道管理的营运资金管理理论"和"利益相关者视角的营运资金管理理论和方法"的科学性和适用性进行实证检验。

课后思考与练习

一、单项选择题

1. 决定流动资产周转天数的因素不包括（　　　）。

    A. 行业和技术特征　　　　　　　　　　B. 企业所处外部经济环境

    C. 管理流动资产周转的效率　　　　　　D. 新法规的出台

2. 下列因素中，不会对流动资产周转天数产生影响的是（　　　）。

    A. 现金周转天数延长　　　　　　　　　B. 存货周转天数缩短

    C. 应付账款周转天数延长　　　　　　　D. 应收账款周转天数缩短

3. 在使用存货模式进行最佳现金持有量的决策时，假设持有现金的机会成本率为 8%，与最佳现金持有量对应的固定转换成本为 2 000 元，则企业的最佳现金持有量为（　　　）元。

A. 30 000   B. 40 000   C. 50 000   D. 无法计算

4. 某公司持有有价证券的平均年利率为 5%，公司的现金最低持有量为 1 500 元，现金余额的最优现金返回线为 8 000 元。如果公司现有现金 20 000 元，根据现金持有量随机模型，此时应当投资于有价证券的金额是（　　）元。

    A. 0   B. 6 500   C. 12 000   D. 18 500

5. 在供货企业不提供数量折扣且全年对存货需求确定的情况下，影响经济订货量的因素是（　　）。

    A. 采购成本   B. 储存存货的仓库的折旧费

    C. 采购人员的基本工资   D. 采购人员的差旅费

二、多项选择题

1. 营运资本投资管理主要解决的问题有（　　）。

    A. 制定营运资本投资政策，决定分配多少资金用于应收账款和存货、决定保留多少现金以备支付

    B. 对营运资本进行日常管理

    C. 决定向谁借入短期资金，借入多少短期资金

    D. 是否需要采用赊购融资

2. 企业在确定为应付紧急情况而持有现金的数额时，需考虑的因素有（　　）。

    A. 企业销售水平的高低

    B. 企业临时举债能力的强弱

    C. 金融市场投资机会的多少

    D. 企业现金流量预测的可靠程度

3. 存货模式和随机模式是确定最佳现金持有量的两种方法。对这两种方法的以下表述中，正确的有（　　）。

    A. 两种方法都考虑了现金的转换成本和机会成本

    B. 存货模式简单、直观，比随机模式有更广泛的适用性

    C. 随机模式可以在企业现金未来需要总量和收支不可预测的情况下使用

    D. 随机模式确定的现金持有量，更易受到管理人员主观判断的影响

4. 根据存货经济进货批量的基本模型，经济进货批量是（　　）。

    A. 能使订货总成本与储存总成本相等的订货批量。

    B. 能使变动性订货成本与变动性储存成本相等的订货批量

    C. 使存货总成本最低的进货数量

    D. 能使变动性订货成本和变动性储存成本之和最低的进货数量

5. 下列因素与经济进货批量占用资金间关系表述正确的有（　　）。

    A. 存货年需要量的变动会引起经济进货批量占用资金同方向变动

    B. 单位存货年储存变动成本的变动会引起经济进货批量占用资金同方向变动

    C. 单价的变动会引起经济进货批量占用资金同方向变动

    D. 每次订货的变动成本变动会引起经济进货批量占用资金反方向变动

三、简答题

1. 营运资本政策包括哪两个方面？

2. 比较三种营运资本投资策略和三种营运资本筹资策略。

3. 公司持有现金的动机是什么？持有现金会产生哪些成本？

案例分析

史密斯的抉择

史密斯，是 SKI 设备有限公司的财务经理，但目前他面临的境况让他既兴奋又有些担忧。公司的创立人最近将其 51% 的股票卖给凯文，一位极力推崇 EVA（经济附加值）的人。EVA 由税后经营利润减去公司使用的全部资本成本求得：

$$EVA = EBIT（1-T）-资本成本=EBIT（1-T）-WACC（所有资本）$$

如果 EVA 是正的，公司在创造价值。而如果 EAV 是负的，公司则不能弥补其资本成本，股东的价值就会被侵蚀。如果经理创造了价值，凯文会非常大方的奖励他们。但对于那些产生负的 EVA 的人，可能不久就得去找新工作了。凯文反复强调指出，如果公司减少销售，资产会减少，所需的资本就少。这样，在其他保持不变的情况下，低资本成本会增加公司的 EVA。

在凯文控股 SKI 后，凯文与其高级管理人员会面时谈了他对公司的计划。首先，他提供了一些 EVA 数据使大家相信 SKI 近年来一直未创造价值。之后，他认为这种局面坚决需要改变。他注意到 SKI 的滑雪板、服装和靴子受到欢迎，但公司有些事情发生严重偏离。成本太高。价格太低及公司使用了太多的资本，他要求公司的管理人员必须修正这些问题。

史密斯一直觉得 SKI 的营运资本情况应该予以研究，公司也许存在理想的现金、有价市场证券、应收账款及存货数额，但这些项目也许过低或过高。过去，生产经理反对史密斯对其持有原材料存货的质疑，市场经理也反对对其产品存货的质疑，销售人员同样也反对对赊销政策（影响应收账款）的质疑，财务长不想谈论其现金和有价证券余额问题。凯文的讲话已经表明这种对抗已经无法容忍。

史密斯也知道营运资本决策不可能在真空中进行。例如，如果存货降低后对生产没有不利影响，所需的资本减少了，资本成本降低了，EVA 才会增加。但是，低原材料存货可能导致生产放慢，加大成本，而较低的产成品存货可以导致丧失有利的销售。因此，在改变存货前，不仅要研究财务效应，还有必要研究生产效应。现金和应收账款的情况也一样。为保证 SKI 正确的营运资本决策，史密斯又进一步获取以下的财务数据。

	SKI	行业
流动比率	1.75	2.25
速动比率	0.83	1.20
负债/资产	58.76%	50.00%
现金与有价证券周转率	16.67	39.73
赊销在外天数	45.00	32.00
存货周转率	4.82	7.00
固定资产周转率	11.35	12.00
总资产周转率	2.08	3.00
销售净利润	2.07%	3.50%
股东权益报酬率（ROE）	10.45%	21.00%

请根据 SKI 面临的情况，根据本章所学知识，帮助史密斯解决以下问题：

1. 史密斯计划使用上表的比率作为与 SKI 生产主管进行讨论的起点。他想让每个人都考虑一下对每种流动资产变化的赞成和反对的理由及流动资产变化对利润和 EVA 的影响。根据数据，SKI 是应该遵循宽松、适中还是严格的营运资本政策？

2. 怎样区分宽松的但合理的营运资本政策与公司仅仅是持有一些没有效率的流动资产之间的差别？ SKI 的营运资本政策合适吗？

第十一章　股利政策与股利分配

通过本章学习，了解股利的基本理论，掌握利润分配的内容、股利的支付程序、股利政策的类型以及企业发放股票股利的动机，理解股票分割与股票股利的相同点和不同点，掌握现金股利与股票股利的内涵与政策运用。

本章目标

引导案例

万科的净利润率下降，分派现金股利力度不减①

地产龙头万科发布 2013 年度报告，称公司 2013 年实现净利润 151.2 亿元，同比增长 20.5%。据年报披露，万科 2013 年的楼盘销售结算均价出现下降，同时结算净利润率也出现下降。不过，公司分红派息力度有较为明显的提高。

根据万科 2013 年度分红派息预案，分红派息力度有较为明显的提高。2013 年度万科拟以分红派息股权登记日股份数为基数，每 10 股派送人民币 4.1 元（含税）现金股息。这意味着，2013 年万科现金股利占全年合并报表净利润的比例将由 2012 年度的 15.79%大幅提升至 29.87%，增幅近一倍。相比 2012 年每 10 股派送人民币 1.8 元，2013 年万科每股红利将增长 127.78%。以 2013 年末万科的总股份数计算，万科 2013 年度拟分派的现金股利将达到 45.16 亿元。万科还称，未来公司将在 29.87%的基础上，稳步提升派发现金红利占合并报表净利润的比例。

股东到底需要怎样的股利政策，或者说公司应该制定怎样的股利政策才最有利呢？通过本章的学习，希望能对我们有所启发

股利支付会减少企业的留存收益并影响其内部筹资额，因此，股利政策关系到企业的整体财务决策，是公司理财的重要课题。本章首先介绍利润分配的内容和股利支付的程序，然后介绍目前西方理论界关于股利支付是否影响企业价值的几种观点，接下来详细介绍股利政策的实施并分析各种股利政策的优缺点，最后集中讨论股票股利和股票分割。

第一节　股利基本理论

股利理论是指企业发放股利对企业价值产生何种影响的理论。股利政策最为核心的内容是遵循股东财富与企业价值最大化目标的基础上，正确处理好税后利润在股利派发与公司留存彼此间分割关系的问题。西方主流股利理论主要有两种观点，即股利无关论和股利相关论。随着股利政策的发

---

① 资料来源：http://news.xinhuanet.com/house/gz/2014-03-07/c_119648093.htm

展，产生了税差理论以及股利政策的新理论。

一、股利无关论

股利无关论认为，在完善的资本市场条件下，企业的价值取决于投资决策与融资决策所决定的资产的获利能力，而不是盈利在股利和留存收益之间的分割方式，因此，股利政策不会对企业价值产生任何影响。

Miller 和 Modigliani 在 1961 年发表了著名的《股利政策增长和股票价值》一文，提出了"股利无关论"（以下简称 MM 理论）。MM 立足于完善的资本市场，从不确定性角度提出了股利政策和企业价值不相关理论，其理由是因为企业的盈利和价值的增加与否完全视其投资政策而定，企业市场价值与其资本结构无关，而是取决于其所在的行业平均资本成本以及未来的期望报酬。企业投资政策一定的条件下，股利政策不会对其价值产生任何影响。MM 理论是建立在完美市场假设基础之上的，其前提假设：

（1）投资者与管理者拥有相同的信息，信息完全对称；

（2）投资者都是理性的；

（3）企业发行证券没有发行费用；

（4）不存在税收；

（5）证券交易瞬间完成，没有交易成本；

（6）企业的投资决策和融资决策已确定，不受股利政策的影响。

MM 理论的关键是存在一种套利机制，通过这一机制使支付股利与外部筹资这两项经济业务所产生的效益与成本正好相互抵销，而股东对于盈利的留存与股利的发放并无偏好，因此得出企业股利政策与其价值无关这一著名的股利无关理论。值得注意的是，MM 理论发现，在实务中企业股票价格会随股利的增减而变动，但他们认为这是股利所传递的有关公司未来盈余增减的信息内容影响了股票价格，而不是股利支付本身所导致的。股利的增发传递给股东的信息是管理当局预期企业未来盈利将会有所提高；而股利减发传递给股东的信息则是企业预期未来的盈利将会有所下降。总之，股利所传递的有关企业未来盈利增减的信息内容影响了股票价格，而不是股利支付本身。

MM 理论还认为，企业的股票价格不受股利政策变化影响的另一个原因，是由于存在股利的顾客效应，即投资者倾向于投资股利政策符合他们偏好的公司。例如，高税收等级的股东不倾向于从股利支付中获得现金流量，所以他们会投资低股利政策的企业；而低税收等级的股东和一些免税机构希望取得现金股利，他们通常会投资高股利政策的企业。所以，当企业改变其股利政策时，就会失去一些投资者，从而引起股票价格的暂时下跌。但是同时也吸引了另一些投资者以较低的价格大量购入该企业的股票。结果每个投资者都买到自己满意的股票，公司的价值保持不变。但是这一理论的成立要有一个假设条件，就是每种股利政策中都存在众多的投资者，因而无论股利政策如何变化，企业都能被公平定价。

MM 理论是以多种假设为前提的，在现实生活中，这些假设是不存在的。例如，管理者通常比外界投资者拥有更多的信息；证券发行要支付发行费用；政府对企业和个人都要征税；股票的交易要付出交易成本等。因此，关于股利政策无关的结论在现实条件下并不一定有效。

二、股利政策相关论

股利无关论是建立在完美市场假设的基础上的，而事实上，市场并不是完美的，信息的不对称、税收和交易成本的存在、投资者的非理性行为等使股利无关论的假设条件不能成立，所以股利政策与企业价值不再是无关的，而是相关的。股利无关论与股利政策相关论最本质的区别在于，股利政策是否对股本产生影响。MM 认为，股利政策对股本不产生影响，而股利政策相关论认为股利政策会对股本产生影响，股利相关论的观点主要有以下几种。

（一）"在手之鸟"理论

最早提出"在手之鸟"理论的是 M.Gordon（1962 年），他假设投资者都是厌恶风险的，在他们心目中，股利是定期的、确定的报酬，属于相对稳定的收入，而放弃股利进行再投资获得资本利得则有很大的不确定性，因而投资者更偏好股利而非资本利得。由于现在获得股利的风险低于将来赚取资本利得的风险，所以，投资者将以比未来预期资本利得更低的必要报酬率作为折现率对企业的未来盈利加以贴现，由此使企业的价值得到提高。虽然投资者现在获得股利会使整个投入资本减少从而减少将来获得资本利得的可能性，但是已实现的报酬远不同于未实现的报酬，正所谓"双鸟在林，不如一鸟在手"。

（二）股利传播信息论

在非完美市场中，由于企业的管理者与投资者之间存在着信息不对称，所以，股利政策常被管理者用来传递公司有关未来前景的信息。之所以说股利政策能影响企业的市场价值，是因为股利增加通常被认为是一个积极的信号，代表管理当局对企业的未来前景看好，而且不仅仅是对外发布好消息，还通过提高股利来加以证实，结果将会导致股票价格的上扬和投资者对企业价值的重新评估；反之，股利削减通常被认为是一个消极的信号，代表企业未来的盈利水平下降，因而，当某一企业采取这一行动时，投资者就会认为企业陷入了巨大的财务危机，其结果导致股价下跌。

（三）股权结构理论

股权结构理论认为，股权结构的集中程度对股利政策产生一定的影响。如果企业的股权结构比较集中，则管理者与股东的信息不对称程度较低，对利用股利传递信息的要求不高，因此，这类企业倾向采用低股利政策。相反，如果企业的股权结构越分散，所有权与经营权越分离，则股东与管理者之间的代理成本就越大，股东要求企业支付股利以传递管理者行为的程度就越高，所以，这类企业常采用高股利政策。

三、差别税收理论

税收差异理论（tax difference theory）是由 Brennan 在 1970 年最先提出的。这种理论认为，当股利与资本利得存在税收差异时，投资者往往偏好资本利得。一般来说，政府对股利征收的所得税要比对资本利得征收的所得税高，所以企业发放高股利实质上有损投资者的利益。基于对税收差异的考虑，企业保留盈余少发股利或不发股利对投资者更有利，对这两种所得均需纳税的投资者更倾向于选择资本利得而非现金股利。另外，资本利得的税收可以递延到股票真正出售时才支付，考虑到货币的时间价值，这种延期支付税收的特点成为资本利得的另一优点。另外，如果将已升值的有价证券赠送给慈善机构，或者有价证券的持有者去世了，就可以完全避免缴纳资本利得所得税。因此，当存在税收差异时，企业采用高股利政策会损害投资者的利益，而采用低股利政策则会抬高股价，增加企业的市场价值。

四、股利政策新理论

（一）代理成本理论

当企业组织形式的发展导致所有权与经营权分离，企业实际的经营权由经营者掌握时，股东与经营者之间往往会出现利益冲突，在很多情况下，经营者会牺牲股东的利益来追求自身效益最大化。为了减少股东与经营者之间的利益冲突，降低代理成本，股东则希望将企业的剩余现金流量以股利的形式发放掉，减少经营者控制企业资源的能力，经营者可自由支配的现金越少，就越难于投资净现金流量现值为负的项目。因此，代理成本理论认为企业应采用高股利政策，减少企业的自由现金流量，降低代理成本，增加企业价值。

（二）信号传递理论

金融市场对企业采取的对将来现金流量和企业价值产生潜在影响的每一行动都会做出反应。根据信号传递理论，当企业宣布改变股利政策时，实际上是向市场传递了信息，或向投资者发出了信号。这一信号有其正面性，也有其负面性。如果企业支付的股利稳定，说明其的经营业绩比较稳定，经营风险较小，有利于股票价格上升；如果企业的股利政策不稳定，股利忽高忽低，这就给投资者传递公司经营不稳定的信息，导致投资者对风险的担心，进而使股票价格下降。

第二节　股利政策与影响因素

股利政策是指企业对其盈余支付给其股东的形式和比例所采取的方针。由于股利支付会减少企业的留存收益并影响其内部筹资额，因此，股利政策既关系到投资者和债权人的利益，又关系到企业的未来发展，是公司理财中重要的财务决策之一。对于企业管理当局而言，如何制定股利政策，使股利的发放既满足投资者的需要又能促进企业的发展，并使企业的股票价格稳中有升，是其终极目标。

一、股利政策的类型

股利分配常采用的股利政策有以下四种。

（一）剩余股利政策

剩余股利政策（residual dividend policy）主张将企业的盈余首先用于报酬率超过投资者要求的必要报酬率的投资项目上，在满足了这些投资项目的资金需要以后，才将剩余部分作为股利发放给投资者。企业经常会面临一些投资项目，如果这些项目的收益率超过了其期望的收益率，企业将首先使用留存盈余为这些项目融资（内部融资的成本最低）。如果企业留存盈余满足了所有的可接受项目后还有剩余，那么剩余的留存盈余会以现金股利的方式分配给股东，反之如果没有剩余，那么公司也就不支付现金股利。

当我们把股利政策看成一种融资决策时，那么股利的支付就成为一种被动的剩余，这意味着股利是不相关的。从投资者的角度考虑，投资者仅仅关心自身财富的多少，而财富以什么样的形式存在并不重要，如果投资的项目收益率高于投资者要求的收益率，那么他们便乐于让企业留存盈余；只有当所有有利的投资机会都用完后，留存盈余尚且剩余时，投资者才会要求现金股利。从这个角度来看，企业的目标与投资者的目标是一致的，企业的价值取决于面临的投资机会，无论支付或不支付股利都是为了使投资者的财富最大化。因此，企业支付股利与否与企业价值无关。

采用剩余股利政策时，应遵循四个步骤。第一，设定目标资本结构；第二，确定目标资本结构下投资所需的股东权益数额；第三，最大限度地使用保留盈余来满足投资方案中所需的权益资金；第四，投资方案所需权益资本已经满足后若有剩余盈余，再将其作为股利发给投资者。

【例 11-1】假设 M 公司现有盈利 500 万元，公司的资本结构为 30%的负债和 70%的权益资本，且为目标资本结构。现有一投资项目计划需要投入资金 400 万元。假设公司采用剩余股利政策，则该投资项目需要由留存收益提供的资金计算如下。

$$400 \times 70\% = 280 （万元）$$

剩余部分可用于股利发放。可作为股利发放的最大限额计算如下。

$$500-280=220（万元）$$

在上例中，如果投资项目需要投入的资金是 800 万元，则目标资本结构下投资所需的权益资本金为 520 万元，现有的盈利满足不了投资项目对权益资金的需要，所以，企业不仅不能发放股利，反而还要发行新股 20（520-500）万元，以弥补权益资本的不足。

理解这类问题应注意以下几点。

（1）关于财务限制方面。在股利分配中，财务限制主要是指资本结构限制。资本结构是指长期借款和公司债券（长期有息负债）与所有者权益的比率。上例中公司资本结构为 3/7，为保持这一目标资本结构，即意味着计划投入资金 400 万元中，长期负债筹资应占 30%即为 120 万元，留存收益提供资金占 70%即为 280 万。

保持目标资本结构不是指保持资产的全部资产负债比率，无息负债和短期借款不可能也不需要保持某种固定比率。保持目标资本结构，也不是指一年中始终保持同样的资本结构。利润分配后建立的目标资本结构，随着生产经营的进行会出现损益，导致所有者权益的变化，使资本结构发生变化。符合目标资本结构是指利润分配后（特定时点）形成的资本结构符合既定目标，而不管后续经营造成的所有者权益的变化。

（2）关于经济限制方面。在确定了目标资本结构的前提下，企业筹集资金，首先使用留存收益补充资金，其次通过长期借款，最后的选择是增发股份。因此，500 万元资金只能由留存收益补充 280 万元，长期有息借款补充 220 万元。不应当全部利润都分配给股东，而应按资本结构比率增发股份和借款。

（3）关于法律限制方面。法律规定必须提取10%的公积金。因此，公司至少要提取 50 万元作为留存收益。如果公司出于经济原因决定留存利润 280 万元，这条法律规定并没有构成实际限制。法律规定留存的 50 万元同样可以长期使用，它是 280 万元的一部分。

法律的这条规定，实际上只是对本年利润"留存"数额的限制，而不是对利润分配的限制。由于以前年度的未分配利润也可以用来分配股利，所以法律对于股利分配的限制来源于"累计未分配利润"。承前所述，本年利润中可用于股利分配的上限是 500×90%=450（万元），如果有以前年度未分配利润，股利分配可超过 450 万元。

采用剩余股利政策，意味着企业每期支付的股利随企业投资机会和盈利水平的变动而变动，在盈利水平不变的情况下，投资机会越多，企业发放股利越少或者不发放股利。反之，投资机会越少，企业发放股利越多。剩余股利政策的主要优点是将股利分配作为投资机会的因变量，从而降低筹资成本、优化资本结构；它的主要缺点是用于股利分配的盈余随投资机会的增减呈反向变化，难以形成一个稳定持久的股利政策。在现实生活中，很少有企业完全机械地采用剩余股利政策，但是，它促使企业在制定股利政策时考虑企业的未来投资机会。

（二）固定或持续增长的股利政策

固定或持续增长的股利政策是将每年发放的股利固定在某一固定的水平上并在较长的时期内不变，只有当企业认为未来盈余会显著地、不可逆转地增长时，才提高年度的股利发放额。但是，在通货膨胀的情况下，大多数企业的盈余会随之提高，且大多数投资者也希望企业能提供足以抵消通货膨胀不利影响的股利，因此，在长期通货膨胀的年代里也应提高股利发放额，这就要求企业每年的留存收益增长率必须等于其股利增长率。

固定股利政策的主要优点是：第一，稳定的股利额将传递给市场一个稳定的信息，表达了企业管理者对企业未来的预期，有利于保持企业股票价格的稳定，增强投资者对企业的信心，树立良好的企业形象；第二，稳定的股利额，有利于投资者有规律地安排股利收入和支出，尤其对那些期望每期有固定数额收入的投资者更是如此。

固定股利政策的主要缺点是：股利支出与企业税后净利脱节，不像剩余股利政策那样能筹措成本较低的资本，而且，净利降低时，股利仍需照常支付，容易导致企业资金短缺，财务状况恶化。

（三）固定股利支付率政策

固定股利支付率政策是指企业每期股利的支付率保持不变，每股股利是每股盈利的函数，随每股盈利的变动而变动。在这一股利政策下，各年股利额随公司经营业绩的好坏而上下波动，获得较多盈余的年份股利额高，获得盈余少的年份股利额低。

固定股利支付率政策的主要优点是企业的股利支付与企业的盈利状况之间关系保持稳定，股利额随盈利额的变动而相应变动，能使股利支付与企业盈利得到很好的配合。其主要缺点是企业的股利支付额极不稳定，传递给股票市场的是企业经营不稳定的信息，容易造成企业信用地位下降、股票价格下跌与股东信心动摇的局面，不利于实现企业价值最大化。因此，很少有企业采用这种政策。

（四）低正常股利加额外股利政策

这种股利政策是上述两种股利政策的折中政策。其特征是企业每年向股东支付固定的数额较低的股利，当企业盈利有较大幅度增加时，再根据实际情况向股东加付一部分额外股利。但额外股利并不固定化，不意味着公司永久地提高了规定的股利率。这种股利政策灵活性较大，尤其是对那些利润水平在各年之间波动较大的企业，提供了一种较为理想的股利分配政策。其灵活性在一定程度上对固定股利政策、固定股利支付率政策的缺点提供了弥补。当企业盈利较少或投资所需现金较多时，可维持较低的设定的正常股利，而当企业盈利有较大幅度增加时，则加付额外股利，把经济繁荣的部分利益分配给股东，使他们增强对公司的信心，有利于稳定股票的价格。这种股利政策既能保持股利的稳定性，又能实现股利与盈余之间较好的配合，因而为许多企业所采用。

以上各种股利政策各有所长，企业在分配股利时应借鉴其基本决策思想，制定适合自己具体实际情况的股利政策。

二、股利政策的影响因素

在实践中，股利政策的制定往往是受多重因素共同影响的结果，下面我们针对一些比较重要的影响因素进行介绍。

（一）法律因素

为了保护债权人、投资者和国家的利益，有关法律对企业的股利分配有如下限制。

1．资本保全限制

资本保全限制规定，公司不能用资本发放股利。如我国《企业会计制度》规定，各种资本公积准备不能转增股本，已实现的资本公积只能转增股本，不能分派现金股利；盈余公积主要用于弥补亏损和转增股本，在符合规定的条件下才用于向投资者分配利润或现金股利。其目的在于保证企业有完整的产权基础，来保护债权人的利益。

2．资本积累限制

企业积累限制规定，企业必须按税后利润的一定比例提取法定盈余公积金。企业当年出现亏损时，一般不可以给投资者分配利润。如我国《企业财务通则》第五十一条规定："企业弥补以前年度亏损和提取盈余公积后，当年没有可供分配的利润时，不得向投资者分配利润，但法律、行政法规另有规定的除外。"《公司法》第一百六十九条规定："公司的公积金用于弥补公司的亏损、扩大公司生产经营或者转为增加公司资本。但是，资本公积不得用于弥补公司的亏损。法定公积金转为资本时，所留存的该项公积金不得少于转增前公司注册资本的25%。"这一规定的目的之一在于保证企业盈利时有所积累，未来如果发生亏损，就用积累去弥补，将企业的公积金用于弥补企业的亏损，还可以用盈余公积弥补亏损后，经股东特别会议，在有关法律规定的限度内用盈余公积金分配股利；另一目的是为企业实现资本扩张做准备，用公积金扩大生产经营，或者将公积金转为增加企业资本。

（二）公司因素

公司资金的灵活周转，是公司生产经营得以正常进行的必要条件。因此，公司长期发展和短期经营活动对现金的需求，便成为对股利政策最重要的限制因素。

1．资产的流动性

资产的流动性是指企业资产转化为现金的难易程度。因为支付股利代表着现金流出，所以，企业的现金越充足，说明其变现能力越强，股利支付能力也就越强。若是企业因扩充或偿债已消耗大量现金，资产的流动性较差，则支付现金股利的能力就比较弱。由此可见，企业现金股利的支付能力，在很大程度上受到其资产流动性的限制。

2．投资机会

股利政策在很大程度上受到企业投资机会的左右。当企业有良好的投资机会时，且预期的投资收益大于机会成本时，企业往往会将大部分盈利用于投资，而少发放股利。尤其是对于那些处于发展中的企业，资本的需求量大且紧迫，则会较少支付现金股利，而将大部分盈利留存下来用于再投资。如果企业展示缺乏良好的投资机会，则倾向于向股东多支付股利，以防止保留大量现金造成资本浪费，留用盈利的比重则相对较低。

3．筹资能力

筹资能力是指企业举借银行存款、发行债券和发行股票的能力，企业的筹资能力也是限制企业股利政策的一个重要因素。一般而言，规模大、获利丰厚的大企业能比较容易地筹集到所需资本，因此，其倾向于多支付现金股利；而创办时间短、规模小的企业，由于经营风险大、外部的筹资渠道少，往往会限制股利的支付，而较多地留存利润，因为这或许是其唯一的筹资方式。

4．盈利的稳定性

企业的现金股利来源于税后利润。盈利相对稳定的企业，有可能支付较高股利，而盈利不稳定的企业，一般采用低股利政策。这是因为，对于盈利不稳定的企业，低股利政策可以减少由盈利下降而造成的股利无法支付、公司形象受损、股价急剧下降的风险，还可以将更多的盈利用于再投资，以提高企业的权益资本比重，减少财务风险。

（三）股东因素

股东在避税、稳定收入和股权稀释等方面的意愿，也会对企业的股利政策产生影响。

1．避税考虑

根据差别税收理论，当股利与资本利得存在税收差异，且资本利得税率低于股利收入税率时，投资者往往偏好资本利得，愿意企业多留存盈利而少支付股利。在我国，由于现金股利收入的税率是 20%，而股票交易尚未征收资本利得税，因此，高股利收入的股东，往往反对发放较多的股利，希望采用低股利支付政策，通过更多的资本利得收入达到避税的目的。

2．稳定收入

若一个企业拥有很大比例的高收入阶层股东，而这些股东多半不会依赖契约发放的现金股利维持生活，他们对于定期支付现金股利的要求不会显得十分迫切。相反，如果一个企业绝大部分股东属于低收入阶层以及养老基金等机构投资者，他们需要企业发放的现金股利来维持生活或用于发放养老金等，因此，这部分股东特别关注现金股利，尤其是稳定的现金股利发放。

3．股权稀释

当企业支付了大量的现金股利后，通常要发行新的普通股筹集所需资本，如果现有的股东没有足够的现金认购新股，则他们的控股权就有可能被稀释。为了防止自己的控制权被稀释，控股股东宁愿企业采取低股利政策，甚至不分配股利。另外，如果企业发行新的普通股，那么流通在外的普通股股数必将增加，结果将会导致普通股的每股盈利和每股市价下降，从而影响现有股东的利益。

（四）其他因素

1. 债务合同约束

企业的债务合同特别是长期债务合同，往往有限制公司现金股利支付的条款，这使得企业只能采用低股利政策。

2. 机构投资者的投资限制

机构投资者包括养老基金、信托基金、保险公司和其他一些机构。机构投资者对投资股票种类的选择，往往与股利特别是稳定股利的支付有关，如果某种股票连续几年不支付股利或所支付的股利金额起伏较大，则该股票一般不能成为机构投资者的投资对象。因此，若是某一企业想更多地吸引机构投资者，则应采用较高且稳定的股利政策。

3. 通货膨胀的影响

在通货膨胀的情况下，企业固定资产的购买力水平会下降，会导致没有足够的资金来源重置固定资产。这时较多的留存利润就会弥补固定资产购买力水平下降的资金来源，因此，在通货膨胀时期，企业支付的股利就会偏低。

第三节　股利支付

股利支付顺序与股利方式是股利政策的重要内容之一，下面对股利支付方式与股利政策进行了具体的介绍。

一、股利的支付顺序

企业向股东（投资者）分派股利（分配利润），应当按照一定的顺序进行。按照我国《公司法》的有关规定，股利的分派应按照下列顺序进行。

（一）计算可供分配的利润

将本年净利润（或亏损）与年初未分配利润（或亏损）合并，计算出可供分配的利润。如果可供分配的利润为负数（即亏损），则不能进行后续分配；如果可供分配的利润为正数，则进行后续分配。

（二）计提法定公积金

按抵减年初累计亏损后的本年净利润计提法定公积金。提取公积金的基数不一定是累计盈利，也不一定是本年的税后利润。只有在不存在年初累计亏损的情况下，才能按本年税后利润计算应提取数。这样规定的目的在于防止用资本发放股利，防止在没有累计盈余的情况下提取公积金。

（三）提取任意公积金

任意公积金必须在提取了规定的法定公积金和法定公益金之后，经董事会或股东大会决议，按照决议通过的比例提取。

（四）向股东（投资者）支付股利（分配利润）

公司应按各股东的投资比例分配利润。股份有限公司原则上应从累计盈利中分派股利，无盈利则不得支付股利，即遵循"无利不分"的原则。公司在用盈余公积金抵补亏损之后，为维护其股票的信誉，经股东大会特别决议，也可以用盈余公积金支付股利。在这种情况下，支付股利后留存的法定盈余公积金不得低于注册资本的 25%。

企业股东大会或董事会违反上述利润分配顺序，在抵补亏损和提取法定公积金之前向股东分配利润的，必须将违反规定发放的利润退还公司。

二、股利的支付程序

企业是否发放股利由董事会决定，一旦董事会宣布发放股利，股利就成为企业的一项不可撤销的负债。企业应按以下程序支付股利。

（一）股利宣告日

股利宣告日是董事会宣告发放股利的日期。例如，M 公司董事会于 2015 年 12 月 15 日开会并通过决议，宣布于 2016 年 2 月 16 日向 2016 年 1 月 30 日登记在册的所有股东每股发放 0.5 元的股利。2015 年 12 月 15 日即为股利宣告日。

（二）股权登记日

股权登记日是确定股东是否有资格领取股利的截止日期。只有在股权登记日之前登记注册的股东才有权利分得股利。在上面的例子中，如果 M 公司的某位股东将所持股票卖给另一位投资者，并且在股权登记日 2016 年 1 月 30 日下午 5 点之前办妥了所有权转移手续，那么这位新股东就可以获得股利。但如果股票所有权转移手续是在 2016 年 1 月 31 日当天或以后才办好，那么卖出股票的股东将获得股利。

（三）除息日

除息日是指领取股利的权利与股票相分离的日期。由于股票买卖过户需要经过一段时间，在 2016 年 1 月 30 日购入 A 公司股票的股东很难在当天办完所有权转移手续。按照国际惯例，如果股票的所有权转移发生在股权登记日往前算起的第四个工作日之后，那么卖方仍为股票持有人，有权获得股利；而只有股票所有权的转移手续在股权登记日往前算起的第四个工作日之前办好，买方才能成为股票持有人并有权获得股利。在本例中，除息日应为 2016 年 1 月 30 日往前算的第四个工作日，即 1 月 26 日。如果某投资者想要获得 A 公司的股利，他必须在 2016 年 1 月 25 日或 1 月 25 日以前购买 M 公司的股票。

（四）股利支付日

股利支付日即企业向股东发放股利的日期。前例中的 M 公司只有在 2016 年 2 月 16 日才会将股利发放给名字已列入"股权登记日股东名册"的股东。

三、股利的支付方式

股利支付主要通过现金股利与股票股利的形式发放。在国外还有财产股利，以实物替代现金发放股利的方式，以及债券股利即公司将持有的部分债券作为股利转给股东的方式等。

（一）现金股利

现金股利是公司以现金的方式支付的股利。在现金股利的决策上，除了需要考虑上述一般因素的影响外，还必须密切结合公司现金流量状况。采用现金股利方式手段简化，几乎没有直接的财务费用。分配后，公司原有的控制权结构不会发生变动，更不会被稀释。现金股利有两个主要缺点，第一，会导致现金流出量增加，增大了公司的财务风险；第二，股东需要交纳个人所得税，减少了股东的既得利益。现金股利是最常见的股利支付方式，适合于一些现金比较充足的公司。现金股利侧重于反映近期利益，对于看中近期利益的投资者很有吸引力。

【例 11-2】假设 M 公司有 50 000 000 股普通股流通在外，每股面值为 1 元，目前每股市价是 6

元，公司的市场价值总额是 300 000 000 元。表 11-1 反映了该公司年末的市场价值资产负债表。

表 11-1　市场价值资产负债表（现金股利支付前）

单位：元

资产		负债及股东权益	
现金	50 000 000	负债	100 000 000
其他资产	250 000 000	股东权益	200 000 000
合计	300 000 000	合计	300 000 000

假设 M 公司今年有 1 000 万元的剩余现金，没有找到合适的投资机会，管理当局决定用这笔钱支付每股 0.2 元的现金股利，支付股利后的公司市场价值资产负债表如表 11-2 所示。

表 11-2　市场价值资产负债表（现金股利支付后）

单位：元

资产		负债及股东权益	
现金	40 000 000	负债	100 000 000
其他资产	250 000 000	股东权益	190 000 000
合计	290 000 000	合计	290 000 000

由表 11-2 可知，如果 M 公司决定每股发放 0.2 元的现金股利，则需支付现金 1 000 万元，由此使公司资产的市场价值和股东权益均下降到 9 000 万元，每股市价下降到 9 元。

（二）股票股利

股票股利是股份公司以本公司普通股股票作为股利支付给股东，是仅次于现金股利的另外一种股利支付方式，这种方式常常适合于高速发展而导致资金短缺的公司。股票股利的支付只会增加股东持有的股票数量，并不必然增加股东的财富，公司的财产价值和股权结构也不会发生改变，但公司流通的股票总数会相应增加，因此，支付股票股利会降低股票的价格。

较之现金股利，股票股利的主要优点有：第一，不会增加现金流出量；第二，与现金股利有几乎相同的信息价值；第三，当公司的现金不足时，发放股票股利有助于维持股利的稳定与公司的市场形象、市场价值；第四，有助于管理者与股东的沟通，使股东清楚公司之所以以股票股利代替现金股利，旨在谋求公司未来的更大发展，从而可以在一定程度上维持甚至提高公司股票的市场价格；第五，增加了发行股票的数量，有利于股票流通性的提高；第六，避免了股东的个人所得税以及以现金股利进行再投资的经纪费用和其他成本。

股票股利的不足之处：第一，可能导致现有股权控制结构的稀释，而遭到一些对公司拥有重大影响力股东的反对；第二，会由于每股收益的摊薄而影响股票价格的下降；部分股东可能会认为公司之所以以股票股利替代现金股利，是因为缺乏现金支付能力，而这种感觉肯定会对其投资的信心产生不利影响，导致公司股票市价被人为低估。

【例 11-3】假设 M 公司发行在外的股票数为 200 000 股，每股面值 2 元，市场价格为每股 10 元。现在公司决定发行 10% 的股票股利，股东每持有 10 股便可收到 1 股增发的股票股利，即市场上将增加 20 000 股的普通股。M 公司发行股票股利前后的股权结构如表 11-3 所示。

表 11-3　M 公司股权结构

	绕行股票股利前	发行股票股利后
发行股数	2 000 000	2 200 000
股本总数	4 000 000	4 400 000
资本公积	3 000 000	4 600 000

	绕行股票股利前	发行股票股利后
留存收益	6 000 000	4 000 000
资本总计	13 000 000	13 000 000
每股账面价值	6.5	5.91

从上表可以看出，随着公司发放股票股利，留存收益账户中的 400 000 元转入普通股本账户，1 600 000 转入资本公积账户，然而公司的净值并没有发生变化。但是由于公司流通在外的普通股股数增加了 10%，公司的每股盈余相应的按比例减少。假设 M 公司的税后利润为 2 200 000 元，那么发放股票股利之前的盈余为 1.1（2 200 000/2 000 000）元，但发放 10%的股票股利后每股盈余变为 1（22 000 000/22 000 000）元，因此股票市价也相应降低。假设某股东原来持有 1 000 股该公司股票，每股市场价格为 10 元，那么该股东的股票总市值为 10 000 元；发放股票股利后，该股东将持有 1 100 股该公司股票，但是股票市场价格将下跌到 9.091（10×1/1.1）元。由此可见，股票股利并不能增加股东财富。

尽管，股票股利并不能增加股东财富和公司价值，但股票股利的支付对股份公司和股东仍具有特殊的意义。对股份公司而言，其意义在于：

（1）对于一些处于高速成长期的公司，支付股票股利可以留存大量的现金以满足公司发展的需要；

（2）股票价格过高可能打消投资者的积极性，而支付股票股利则可以降低每股价格，吸引更多的投资者；

（3）支付股票股利可以向社会传递公司正在快速发展的信息，提高投资者信心，增加公司价值。

对于股东而言，其意义在于：

（1）股票股利的发行会导致股票价格的下跌，但是下跌的幅度并不与支付的股票股利成比例，这样可以使股东得到股票价值上升的好处；

（2）在出售股票所需要缴纳的资本利得税比现金股利需要缴纳的所得税低的情况下，发放股票股利可以使股东获得税收上的好处；

（3）对于一些处于成长期的公司，支付股利可以使股东享受公司增长带来的收益。

四、股票分割与股票回购

有时候，公司的股利发放也可能采用其他的形式。股票分割与股票回购的问题，也是我们研究公司股利政策中必须考虑的。

（一）股票分割

股票分割是指上市公司将面额较高的股票交换成多股面额较低的股票的行为。股票分割不属于某种股利方式，但其所产生的效果与发放股票股利非常相似。公司进行股票分割对其财务结构不产生任何影响，也不改变公司的价值，只会使发行在外的股数增加，使得每股面值降低，每股盈余下降，而资产负债表中的股东权益总额、权益各项目的金额及其相互之间的比例不会改变。

【例 11-4】假设 M 公司有 500 000 股普通股流通在外，每股面值为 1 元，目前每股市价是 6 元。现在公司决定按 1 股换成 2 股的比例进行股票分割，股东每拥有 10 股就可以交换成 20 股。股票分割后，流通在外的普通股将有 1 000 000 股，股票的每股面值由 1 元降到每股 0.5 元。

公司进行股票分割前后的所有者权益结构见表 11-4。

表 11-4　M 公司股票分割前后的所有者权益结构　　　　　　　　　单位：元

所有者权益项目	股票分割前	股票分割后
普通股	500 000（1 000 000 股，面值 1 元）	5 000 000（10 000 000 股，面值 0.5 元）
资本公积	200 000	200 000
留存收益	800 000	800 000
所有者权益合计	1 500 000	1 500 000

假设某股东持有该公司 50 000 股股票，持股比例为 10%（50 000÷500 000），每股市价 6 元，所持股票的总价值为 300 000 元。按 1 股换成 2 股的比例进行股票分割后，他将持有 100 000 股股票，持股比例仍为 10%（10 000÷100 000），每股股价应降为 3 元（6÷2），这样该股东持有的股票总价值仍为 300 000 元（3×100 000）。由此可见，股票分割对股东来说同样没有价值变动，只是增加了持有股票的股数。

股票股利和股票分割，除了会计处理不同外，两者基本相同，它们都没有增加股东的现金流量，也没有改变股东的权益总额，只是使流通在外的普通股数增加，使股票市场价格下降。所以，一般要根据证券管理部门的具体规定对两者加以区分。例如，有的国家证券交易机构规定，发放 25%以上的股票股利即属于股票分割。

对于企业而言，实行股票分割同样具有降低股价的作用和信号效应。股票分割往往是成长企业的行为，所以宣布股票分割后容易给人一种"公司正处在发展之中"的印象，这种有利信息会对企业有所帮助。另外，股票分割还会有助于企业兼并政策的实施。当一个企业兼并或合并另一个公司时，首先将自己的股票加以分割，可提高被兼并方股东的吸引力。对于股东而言，股票分割后各股东持有的股数增加，但持股比例不变，持有股票的总价值不变。不过，只要股票分割后每股现金股利的下降幅度小于股票分割幅度，股东仍能多获现金股利。

尽管股票分割与发放股票股利都能达到降低股票价格的目的，但一般讲，只有在企业股价暴涨且预期难以下降时，才采用股票分割的办法降低股价；而在公司股价上涨幅度不大时，往往通过发放股票股利将股价维持在理想的范围之内。

（二）股票回购

现金充裕的部分企业选择股票回购策略作为向股东返还部分价值的手段，即从证券市场赎回股票。乍一看来，股票回购是一种奇怪的手段，因为这似乎蕴涵着一些重要的负面信息，企业没有合适的投资机会。企业进行股票回购的原因具体如下：

股票回购是向股东返还剩余现金的一种很方便的方式，尤其是在短期存款利率较低时更是如此。当股东要求的报酬率是 15%时，为什么还要投资于收益率仅为 5%的流动资产呢？对股份的需求不断增长应当使股价上涨。当企业的股价处于暂时的困境，例如，企业刚刚公布了其财务状况不好时，就可能是有用的。股份数量减少会使 EPS 增加（即使失去了利息收入情况仍是如此）。通常，EPS 较高会使股价上升。

股票回购是一种调整资本结构的方法。如果企业通过负债融资，则负债率会增加。如果用现金进行股票回购，则资产减少，但权益的账面价值也减少，因而负债率增加。通过股票回购，管理当局可以向市场传递现行股价便宜的信号。这正是股票回购会使股价上升的原因所在。同时，股票回购使收购价格更为昂贵，从而阻止了不受欢迎的收购招标活动。另外，发行在外的股份数减少，使收购公司更为困难。

知识拓展

现代股利政策新理论

在著名的"股利无关论"被提出之后，西方的股利理论经历了两个发展阶段，第一个阶段是西方股利理论的产生与形成阶段，在这个阶段中出现了古典股利理论，主要有股利无关论、"一鸟在手"理论、"税差理论"等；第二个阶段是不断完善阶段，在这个阶段中出现了现代股利理论，主要包括追随者效应学派、信号假说、代理成本说和行为学派等流派。

追随者效应学派可以说是广义的税差学派，这一学派是对古典学派中税差学派的进一步发展。该学派认为，公司任何股利政策都不可能满足所有股东对股利的要求，公司股利政策的变化吸引了喜爱这一新股利政策的投资者前来购买股票，而其他不喜欢新股利政策的投资者则会卖出股票，这就形成了股票的供与求，而股票市场就是在这样的供求关系中达到一个动态的平衡。信号假说是在信息经济学的基础上发展起来的，该假说放松了 MM 理论中投资者与管理当局拥有相同信息的假定，认为管理当局与企业外部投资者之间由于代理关系存在着信息不对称。信号假说认为，股利是拥有内部信息的管理当局向外界传递其掌握的信息的一种手段。代理成本说放松了 MM 理论中管理当局与股东之间利益完全一致这一假设。代理成本说认为，股利的支付能够有效地降低代理成本。

总体来说，古典股利理论之争主要集中在股利政策与股票价格是否相关上，而现代股利理论之争主要集中在股利为什么会引起股票价格变化上。现代股利政策理论放松了 MM 理论的假设条件，引入了多种学科的研究成果，改变了古典股利理论的思维方式和分析方法，从而使对股利政策问题的研究有了很大的飞跃。但是，无论是古典股利理论，还是现代股利理论，都无法对股利政策会不会引起股价变动以及为什么会引起股价变动做出完美的解释，这个问题仍有待于研究。

课后思考与练习

一、单项选择题

1. 主张将企业的盈余首先用于投资项目，在满足了这些投资项目的资金需要以后才发放股利的股利政策是（　　）。

    A. 剩余股利政策   B. 固定或持续增长的股利政策

    C. 固定股利支付率政策   D. 低正常股利加额外股利政策

2. 企业每年向股东支付固定的、数额较低的股利，当企业盈利有较大幅度增加时，再根据实际情况向股东加付一部分额外股利的股利政策是（　　）。

    A. 剩余股利政策   B. 固定或持续增长的股利政策

    C. 固定股利支付率政策   D. 低正常股利加额外股利政策

3. 股利的分派应按照（　　）顺序进行。

①向股东（投资者）支付股利（分配利润）；②计算可供分配的利润；③提取任意公积金；④计提法定公积金。

    A. ①②③④   B. ②④③①   C. ④①②③   D. ②③①④

4. 在实践中，股利政策的制定往往是受多重因素共同影响的结果，具体包括如下（　　）方面的因素。

①法律因素；②公司因素；③股东因素；④其他因素

    A. ①②   B. ②④   C. ①②③   D. ①②③④

5. 股票回购是一种调整资本结构的方法。如果企业通过负债融资，则负债率会（　　）。如果用现金进行股票回购,则资产(　　　),但权益的账面价值也(　　　),因而负债率增加。

  A. ①增加;②减少;③减少   B. ①增加;②增加;③减少

  C. ①增加;②增加;③增加   D. ①减少;②减少;③减少

二、多项选择题

1. 在现实生活中,公司的股利分配受许多因素制约,公司不可能摆脱这些因素的影响。影响股利分配的因素有(　　　)。

  A. 法律因素 B. 财务限制 C. 经济限制 D. 债务合同约束

2. 就公司的财务需要来讲,也存在一些限制股利分配的因素,这些因素包括(　　　)。

  A. 资产的流动性 B. 举债能力 C. 盈利的稳定性 D. 债务需要

3. 股东在(　　　)等方面的意愿,也会对企业的股利政策产生影响。

  A. 避税考虑 B. 稳定收入 C. 股权稀释 D. 经济限制

4. 虽然股票股利并不能增加股东财富和公司价值,但股票股利的支付对股份公司和股东仍具有特殊的意义。对股份公司而言,其意义在于(　　　)。

  A. 对于一些处于高速成长期的公司,支付股票股利可以留存大量的现金以满足公司发展的需要

  B. 股票价格过高可能打消投资者的积极性,而支付股票股利则可以降低每股价格,吸引更多的投资者

  C. 支付股票股利可以向社会传递公司正在快速发展的信息,提高投资者信心,增加公司价值

  D. 股票股利的发行会导致股票价格的下跌

5. 虽然股票股利并不能增加股东财富和公司价值,但股票股利的支付对股份公司和股东仍具有特殊的意义。对于股东而言,其意义在于(　　　)。

  A. 股票股利的发行会导致股票价格的下跌,但是下跌的幅度并不与支付的股票股利成比例,这样可以使股东得到股票价值上升的好处

  B. 在出售股票所需要缴纳的资本利得税比现金股利需要缴纳的所得税低的情况下,发放股票股利可以使股东获得税收上的好处

  C. 对于一些处于成长期的公司,支付股利可以使股东享受公司增长带来的收益

  D. 股票价格过高可能打消投资者的积极性,而支付股票股利则可以降低每股价格,吸引更多的投资者

三、简答题

1. 剩余股利政策的主要缺点是什么?在实务中是如何操作的?

2. 股利支付程序有哪些?

3. 股票分割和股票股利有何异同?

案例分析

苹果发行80亿美元企业债 用于股票回购和派息

  2015年5月7日,苹果发行了价值80亿美元债券,超出部分投资人此前预期的65亿美元的发行量。苹果公司表示,公司将把募集到的资金用于回购股票和派息。苹果董事会在2015年4月宣布,将把季度派息上调11%,至每股0.52美元,并把股票回购项目从原定的900亿美元追加至1400亿美元。苹果承诺将在2017年3月之前,总计向股东返还2000亿美元现金。苹果大规模发行

债券，正值高评级企业借助低利率市场环境，以及投资人寻找比美国国债收益更高的企业债券进行投资，而纷纷发行债券之时。

不过与前几次发行债券相比，苹果发现此次发行债券的成本要更高一些。举例来说，此次发行的 30 年期债券年收益率为 4.397%，较同年期美国国债利率高出了 1.40 个百分点。2015 年 2 月，苹果发行的 30 年期债券年收益率为 3.498%，仅比同年期美国国债利率高出 1.25 个百分点。一些投资人表示，更高的收益率让苹果本次发行的债券成为了抢手货。投资公司 Principal Global Investors 的高级信贷分析师利昂·博格（Leon Burger）表示，他的公司就参与了苹果本轮债券的申购。博格说，"就目前的情况来看，苹果的信誉评级仍非常高"。苹果刚发布了业绩强劲增长的上一财季财报。财报显示，受益于 iPhone 销量的激增以及大中华区业务的迅速增长，在截至 2015 年 3 月 28 日的第二财季，苹果净利润为 135.7 亿美元，高于上年同期的 102.2 亿美元；每股收益达到 2.33 亿美元，高于上年同期的 1.66 美元。苹果第二财季营收为 580.1 亿美元，较上年同期的 456.5 亿美元增长 27%。投资人此前一直预期苹果在 5 月份将会发行债券，原因是这家公司在过去两年的 5 月都发行了债券。不过这也是苹果今年第二次发行债券。2015 年 2 月，苹果已发行了价值 65 亿美元的债券。苹果在 2013 年 4 月发行了 170 亿美元债券，创出美国债券发行记录。不过该记录很快便被 Verizon 通讯打破，这家公司在当年 9 月发行了 490 亿美元的债券。

（资料来源：http://www.techweb.com.cn/internet/2015-05-07/2149625.shtml 整理编辑）

运用你所学到的有关股利政策知识，分析评价苹果公司股利回购与派息的相关问题：

1. 在分析股利政策时应考虑哪些因素？
2. 为什么苹果公司回购本公司股票？

第十二章 企业集团财务管理

本章目标

通过本章学习，掌握企业集团的概念、了解企业集团产生的原因、发展的过程以及企业集团的特征与组织模式，了解企业集团财务管理的特点、目标与环境，并了解企业集团财务管理的体制，了解企业集团的资金运筹管理，了解企业集团财务战略的概念与内容、制定与执行等。

引导案例

中国石化 13 家试点企业财务共享业务全部迁移上线①

截至 2014 年 11 月底，随着天然气分公司、国际石油勘探公司业务迁移上线，中国石化 13 家试点企业集团财务共享业务按计划全部完成上线。

实施财务共享服务是集团公司将过去"分级管理，分开核算"转变为"分级管理，集中核算"的新模式。2014 年 1 月，中石化集团公司成立中国石化财务共享服务中心东营分中心，确定了包括股份公司总部、胜利油田分公司等 5 家单位以及股份公司所属 8 家科研院在内的 13 家单位，作为第一批财务共享试点单位，其业务全部在东营分中心迁移上线。

迁移上线过程中，中国石化财务共享服务中心东营分中心认真总结已上线企业的业务迁移工作，改进和完善业务处理流程、界面划分、服务水平协议等各方面内容，提前熟悉试点企业基本情况，重点了解企业的核算模式和业务特点，做好业务对接、流程对接和系统测试。

为促进业务迁移工作标准、有序、高效开展，中国石化财务共享服务中心东营分中心设计了上线准备资料模板，明确了上线迁移需要准备的各项资料，制定了双方适用的《企业与财务共享中心业务操作规范》，编制并不断完善了《财务共享服务业务员工操作手册》，实现了各运营部业务核算流程图上墙。

统计显示，自 2014 年 7 月份上线以来，中国石化财务共享服务中心东营分中心共接受共享服务申请 12.06 万笔，扫描并质检单据 62.56 万张，发票认证 4.92 万张，完成账务处理 38.66 万笔。按照计划，2015 年集团公司将选择部分有代表性的炼化、销售板块企业作为扩大试点单位，从而形成涵盖上、中、下游的中国石化财务共享服务框架。

中国石化财务共享服务中心东营分中心有关负责人表示，下一步分中心将以打造"世界一流财务共享服务中心"为目标，认真落实集团公司总部关于共享建设的各项要求，不断提高财务共享服务工作水平，实现服务增值和价值创新。

通过本章的学习，将有助于企业集团的财务管理。

---

① 资料来源：http://hsj.ce.cn/main/slyt/201412/05/t20141205_2149077.shtml 资料整理编辑

第一节　企业集团财务管理概述

随着经济体制改革的不断深入，中国企业集团的管理逐步走向规范化。然而，在企业集团的发展过程中，仍然有不少有待深入研究和解决的问题，企业集团财务管理就是其中之一。集团及其组织结构的特殊性决定了企业集团财务管理的特殊之处。

一、企业集团概述

（一）企业集团的概念和产生动因

1. 企业集团的概念

19 世纪末 20 世纪初，随着生产社会化程度的提高和生产经营规模的扩大，企业逐渐由单一主体走向大型化和股份化，企业之间的外部分工协作关系也由于"管理上的协调比市场机制的协调能带来更大的生产力、较低的成本和较高的利润"而变为企业内部的分工协作关系。企业集团这一新的企业组织形式应运而生。德国的"康采恩"、美国的"利益集团"、英法的"财团"等是企业集团发展的早期形式。

从现代企业集团的组织结构、管理模式和发展趋势来看，可以将企业集团定义为，一个由核心企业控制的多层次企业联合体，这个联合体成立的目的，是要在核心企业的统一领导下，相互协调经营行为，共同分享收益，分担风险，以增强每个成员企业的市场竞争力。从这个角度来看，企业集团不仅仅是简单的多个企业联合体，而是现代企业在日趋激烈的市场竞争中如何合作提高竞争力的高级形式。

2. 企业集团的产生动因

企业集团的产生动因可以从交易成本降低理论、协同效应理论、过度投资理论等多个方面来解释。

（1）交易成本降低理论

交易成本是由科斯在 1937 年首先定义，所谓交易成本，是指企业为了在市场中完成交易而发生的支出，它包括谈判成本、信息收集成本、执行成本等。在市场经济中，企业之所以存在是因为按企业方法组织提供商品比按市场方式提供商品的交易成本更低。按照交易成本理论，若是利用市场方式协调企业之间关系的交易成本大于利用一体化组织的协调费用或者管理费用，那么为了降低总成本，就可能出现企业集团在内部利用统一协调的方式提供产品，进而获得更多的利润。

（2）协同效应理论

协同效应是公司兼并与收购追求的目标。协同效应是指并购后竞争力增强，导致净现金流量超过两家公司预期现金流之和，或者合并后公司业绩比两个公司独立存在时的预期业绩高。协同效应产生的原因来自于企业集团的管理协同、经营协同和财务协同。管理协同是指若是 A 企业的经营管理比 B 企业更有效率，在 A 企业并购了 B 企业之后，B 企业的经营管理水平被提高到 A 企业水平，从而使合并后企业效率增加。经营协同是指企业并购后经济效益随着资产经营规模的扩大而得到提高，从而降低交易费用，分散经营风险，增加市场垄断。财务协同主要是利用企业多余的现金寻求投资机会和降低资本成本，实现企业集团的资金的规模效益。

（3）过度投资理论

过度投资是指接受对公司价值而言并非最优的投资机会，尤其是净现值小于零的项目，从而降低资金配置效率的一种低效率投资决策行为。企业管理层并不是从股东财富最大化的角度，而是从个人在职消费最大化的角度进行的恶性投资行为。对于公司管理层来说，扩大企业规模可以扩大其控制的资源，从而达到增加个人在职消费的范围。而收购其他企业就成为过度投资的一种重要形式。对于我国许多大型企业管理者来说，收购其他企业组成更大的集团，不仅可以扩大自己控制的资源范围，而且可以提高自己的政治影响，这也是我国许多地方热衷于组建大型集团的一个主要原因。

（二）企业集团的发展过程

1．企业集团发展的第一阶段

20 世纪 30 年代，以福特公司为代表，开始了纵向一体化为特征的企业集团。在第一次世界大战后，世界经济受到较大程度的摧毁和破坏，物资短缺是市场的主要特征。而大量的生产满足市场需要的商品就意味着可以获得高额利润，在这样的情况下，规模效益的实现就成为许多大企业的经营目标。同时，现代化生产设备的生产和技术进步也为规模化生产提供了保证。这一时期的代表企业是美国钢铁公司、福特汽车公司等。

2．企业集团发展的第二阶段

20 世纪 70 年代，石油危机造成了全球性的能源危机，经济的周期性使得一些纵向一体化的大企业集团深刻感受到在整个行业经济滑坡，纵向一体化的企业集团受到全面的打击，风险很大，分散风险成为企业集团发展的特征。大型企业集团通过收购、投资与互不相关的行业，实现多元化经营。然而，由于过分分散，许多集团不能在经营中形成核心产品和企业的凝聚力，致使整体盈利能力下降。这一时期具有代表性的企业有美国通用电气公司，它是成功的实现多元化战略的企业集团的代表。

3．企业集团发展的第三阶段

20 世纪 80 年代，一些涉足众多领域、规模庞大但是产业关联度较低的集团发现，仅仅"集团"并不能创造价值，必须通过共享资源和业务协同实现价值创造，才能有效地凸显集团的优势，横向一体化成为这个时期集团企业的主流组建指导方针。伴随全球经济一体化的浪潮，全球性的行业整合已成为经济一体化的显著特征，而跨国大公司通过在全球范围内投资，扩大自己在某一行业的规模和市场垄断地位，成为集团企业发展的主流。国际汽车产业的全球整合就是在这一阶段的最具代表性的例证。

4．企业集团发展的第四阶段

20 世纪 90 年代到 21 世纪，信息技术的飞速发展，使得交易超越了时空的限制。经过第二次世界大战后几十年的持续积累，世界经济得到了空前的发展，科学技术对生产力的促进作用得到了彰显。市场早已由"短缺经济"发展成为"过剩经济"。个性化、多样化成为人们新的追求，标准化的大众产品逐渐失去市场，产品升级换代也越来越快，因此，靠单纯增加产控能力已经不能在市场上保持领先，核心竞争力的培养成为企业竞争优势的保证。众多大型企业集团开始关注可持续的核心竞争力能力的建设，通过剥离与核心业务不相关的产业，强化核心产品和能力成为这一时期企业集团组建和发展的总方向。这个阶段的代表企业是国际商业机器公司 IBM，在明确了以 IT 服务为核心的战略定位后，出售了与此无关的非核心业务，并收购了普华永道，完善了其咨询服务业务能力。

（三）企业集团的基本特征

企业集团的具体特征与其所在国家、产业特性、所有制结构、内部组织结构等密切相关，但从最基本的层面来看，企业集团有以下特征。

1．企业集团由多个企业法人组成

企业集团作为一个企业联合体，自身不是法人实体，而是许多单一法人组成的联合体。组成企业集团的成员可以是多种多样的，包括工商企业、科研单位、金融组织等，一般集团成员都是具有

法人地位（企业法人或事业法人）、在法律上独立核算的单位，但作为整体的企业集团却不具有法人地位。企业集团由具有共同利益的各个法人企业以各种关系为纽带联合形成，因此，集团内部存在着特性与共性、个体与整体的权衡和矛盾。本书在论及企业集团时，更多考虑的是作为一个整体的发展状况。

2．企业集团的组织结构具有多样性与开放性

企业集团的开放性和多样性是由如下几个方面决定的：

（1）集团内部的联结纽带是各种经济利益，包括资本、契约、产品、技术等，联结关系的多样化决定了集团内部组织的复杂性和多层次性。

（2）企业集团的组建有合并、兼并、收购、分立、相互持股乃至直接新建等方式，多种组建形式最终必然形成多样化的组织结构。

（3）由于企业集团如上所述并不是独立的法人，集团内部不存在行政隶属关系，下属事业部或子公司是在集团共同的发展目标和规划下独立经营，对于企业集团的管理，也就不可能采用固定的方式和强制的关系，这更加促成了集团组织结构的多样化。

（4）根据企业集团的具体经营情况、承接项目的要求和安排生产的情况，企业集团内部协作的形式也是多样化的，由此可能形成多种形式的纵横交错的组织结构并不断调整变动。

（5）组成企业集团的各种经济利益在不断的变化之中，旧的经济利益会调整或消亡，新的经济利益会产生，经济利益的大小和重要性也不相同，因此，企业集团的组织结构与单体企业相比更加多变，其边缘部分也存在模糊性。

3．企业集团的规模巨大

企业集团的规模既是指整个集团的规模，也是指集团中核心企业的规模。企业集团产生的原因就在于通过联合产生多方面的规模经济和聚合力，具有更好的稳定性与风险分散性，以更好地参与激烈的市场竞争。因此，无论在西方发达国家还是在国内，企业集团的平均规模都大大超出了可比的单体企业的平均规模。但是，在不同国家和不同行业中，规模的大小具有很大的相对性。

4．企业具体的生产经营具有连锁性和多元性

企业集团内部的生产经营联合既有纵向联合，又有横向联合。集团关系既可能是多家生产同类产品的企业的联合关系；也可能是由原料供应、生产加工、销售等企业组成的高度连锁相关的关系；还可能是多家企业共同处于一家控股公司控制之下，业务间几乎没有联系；当然，也有不少企业集团是共同兼营。集团形成以后，在外界环境压力下可能有实力向相关领域不断扩展，也可能有动力向其他不相关行业进军。

（四）企业集团组织结构的一般模式

企业组织结构是指将企业的总体目标分解成不同的任务，并将任务交由一个相对固定的团队来执行，同时规定团队间的关系。企业的组织结构可以分为直线制、职能制、直线职能制、事业部制、矩阵制、母子公司制等几种基本类型。企业集团作为大型企业发展而成的企业联合体，基本上是母子公司制和事业部制或直线职能制的混合组织结构。

1．大型企业集团组织结构的基本类型

（1）母子公司制度是指将企业的某些业务独立出来组成一个具有法人地位的子公司。母子公司制严格来讲并不是一种企业内部的组织模式，但也与公司内部组织结构密切相关，如事业部可以很容易分拆成一个独立的子公司，子公司也可以合并到母公司中去。

母子公司制的优点是子公司的决策权与决策责任相对应，独立承担民事责任和经营风险，市场反应快。缺点是管理控制同公司治理之间具有一定程度的冲突，母公司对子公司的管理控制一般需要通过公司治理来实现，而公司治理与管理控制有着完全不同的机制和程序，公司治理对母子公司之间的交易和管理服务关系也有许多限制。同时，子公司可能会与母公司开展业务竞争而难以协调。如果子公司或者母、子公司都是上市公司，情况会更复杂一些。

（2）事业部制首创于20世纪20年代的美国通用汽车公司，20世纪60至70年代后为许多大型企业采用。在事业部模式下，企业按照产品、部门、地区等的不同，建立多个事业部，各事业部在企业的统一领导下，拥有相应的自主经营权力，并实行独立经营、单独核算、自负盈亏。在经营管理上，事业部制实行"集中决策、分散经营"的原则，总公司主要负责研究和制定公司的各种政策、总体目标和长期计划，并对各个事业部的经营、人事、财务等实行监督。各个事业部在总公司的政策、目标、计划的指导和控制下，发挥自己的积极性和主动性，自主地根据市场情况搞好本部门的生产经营活动。

事业部使公司的最高层摆脱了日常事务，能够集中精力研究公司的战略性问题，并能处理好短期利益与长期发展的关系，避免不同部门之间的重复开发。各事业部之间的竞争也有利于改进整体效率。但在此模式下，事业部利益的独立性容易产生本位主义，事业部之间的协调难度加大；在公司上层和事业部内部都建立职能机构，难免造成机构重叠，加大管理费用。所以，此组织机构模式适用于业务或者地域、顾客分布广但边界相对清晰的企业。

（3）直线职能制是在"直线制"和"职能制"的基础上建立起来的企业组织结构。在此模式下，企业集团内设置了两套系统。一套是按命令统一原则组织的指挥系统；另一套是按专业化原则组织的管理职能系统。直线部门和人员在自己的职责范围内有决定权，对其所属下级进行指挥和命令，并负全部责任，而职能部门和人员仅是直线主管的参谋，只能对下级机构提供建议和业务指导，没有指挥和命令的权力。所以，此模式实行的是职能的高度集中化。

直线职能制吸收了直线制和职能制的优点，既发挥了直线制权力集中、命令统一、权责明确的长处，又发挥了职能人员的专业特长。但它也有自己的不完善之处：在此组织模式下，下级部门的积极性和主动性的发挥受到限制；部门间的信息沟通也较少，不利于集思广益的作出决策；当职能部门和直线部门之间目标不一致时，还容易产生矛盾，上级主管的协调工作量也会随之增大；整个组织系统的适应性也较差，不能够对新信息作出迅速及时的反映。所以，在规模较大、决策时需要考虑较多因素的企业中，不适合使用此种模式。

2. 企业集团的混合组织结构

在实际中，企业的组织结构多少具有混合色彩。国外的大型企业从20世纪60年代以来较多地接受了事业部制度而逐渐摈弃了直线职能制。同时，由于业务结构和经营地域的不断扩张，单纯的事业部制也不能适应要求，所以在某些业务和某些地域以子公司的形式存在也是很普遍的。由大型企业发展成为的企业联合体，即企业集团，基本上就是母子公司制和事业部制甚至直线职能制的混合结构。

企业集团的混合组织结构主要有两种类型。

（1）集团公司设立事业部，所有业务都归事业部经营，事业部的全部或某些业务则可以根据需要以子公司的形式存在。这样，集团公司的最高管理层并不需要直接管理子公司，而只需要管理、协调和考核事业部。

（2）一部分业务以集团公司事业部或者直线职能管理单元的形式存在，而另一部分业务以具有法人地位的子公司的形式存在。集团公司一般是全资拥有子公司或者对子公司进行绝对或相对控股。也就是说，集团公司以事业部或者直线职能单元的形式直接经营一部分业务，同时以子公司的形式经营一些业务。

随着企业集团经营规模的扩大、业务范围的增加，企业集团的组织结构日益呈现出金字塔特征。无论是第一种还是第二种混合结构，如果企业和企业集团的业务非常庞大、多元化程度非常高，那么在集团公司的CEO下面就会出现许多的事业部和子公司，这时CEO的管理幅度过大，无法进行有效管理，集团公司就可能将业务具有一定类似性、关联性的几个事业部或者子公司归入一个超事业部之下（在日本被称为事业本部）。这时，集团公司就多了一个管理层次，即超事业部CEO。除了超事业部以外，随着大型企业集团业务的日益庞杂，其他一些管理层级也出现了，企业越来越像一个金字塔结构，从企业的基层到最高层要经过许多层级。

二、企业集团财务管理的特点、目标与环境

（一）企业集团财务管理的特点

与一般企业相比，企业集团的规模往往较大，还有不少企业集团打破行业、地区、所有制和国家的界限，从事跨行业、跨地区、跨所有制和跨国的生产经营，这给企业集团的管理带来了许多新的问题，也使集团财务管理呈现出与一般大型企业不同的显著特征。这些特征主要表现如下。

1．财务主体多元化

在以产权关系为基本联结纽带的企业集团中，集团公司于子公司之间是控制与被控制关系，各公司自身又是独立的法人主体，具有独立的经营管理机构并独自承担财务上的法律责任。这客观上决定了企业集团的理财主体不可能只有一个，而是有若干个，它以集团公司为核心，同时具有多元化、多层级的特点。

2．财务客体复杂化

财务管理是组织财务活动、处理财务关系的一项综合性管理工作。资金的筹集、耗费、收回、分配等资金运动，以及在此过程中形成的各种财务关系，都是财务管理的对象。与一般企业相比，企业集团能够借助资源整合所形成的强大财务资源实力，更加灵活地运用多种投融资与收益分配的手段或方式。集团内部多个理财主体的存在，也使得企业集团在处理财务关系时实际的利益相关主体更多、更复杂。

3．财务决策多层次化

在具有多层次组织结构的企业集团中，各成员企业所属的管理层次是不同的。其中，集团公司处于最上层，是整个集团管理的核心；全资子公司和控股子公司、参股公司、契约公司分属集团的紧密层、半紧密层和松散层。不同的管理层级也赋予了相应企业不同的财务权限，进而直接导致了集团内部财务决策的多层次化。以集团公司为例，其拥有集团最高的财务决策权，是整个集团战略的规划者、集团业务整合和产业升级的推动者。各子公司则在集团公司授权范围内拥有和行使财务决策权。

4．投资领域多元化

企业集团凭借其财力雄厚的条件，普遍采用多元化投资经营战略，注重产品的系列化和产业的多元化。通过进入市场经济的多种领域，企业集团可以在提高集团低于不良市场风险能力的同时，充分利用集团的各类资源，挖掘新的利润增长点，从而加速整个集团的资本扩张与资产增值速度，增强集团核心竞争力。当然，多元化经营也会给企业集团带来投资风险增大、资金与人才力量分散、主业不突出等问题，企业集团应予以关注。

（二）企业集团财务管理目标的协调

对于单个企业来说，财务管理的目标目前比较一致的观点是股东财富最大化。从集团企业来看，股东财富最大化也同样适用。但是，什么是股东财富，股东财富如何分割等问题在集团企业中却有更特殊的意义。

1．母公司股东财富和少数股东财富

在企业集团中，母公司股东和子公司少数股东都是集团企业的股东，但他们在企业集团的控制权配置不同，因而母公司股东财富和少数股东财富有时候存在不一致性，这在许多企业集团中

普遍存在。由于这种不一致性，公司股东有时候可能会利用控股权扩大自身财富，却损失少数股东权益。

对于母公司股东和少数股东之间的利益冲突，各国法规都力求通过公司治理结构予以解决。比如我国近年证券监督与管理委员会在上市公司中设立的母公司与上市子公司三分开（财产、财务、人事）制度、独立董事制度等，力求保护中小股东利益，促进上市公司协调发展。

2．集团管理总部与子公司经营者

在企业集团中，虽然集团管理总部的管理者与子公司经营者同属于企业管理人员，但他们之间的地位和对企业集团价值创造的影响不同。子公司经营者直接经营子公司，对集团的价值创造有直接影响；总部管理者虽然管理层次高，但并不直接经营企业，而是将其对企业的经营管理权委托给子公司经营者，因此，在两者之间存在有委托代理关系。由于集团管理总部管理者与子公司经营者在委托代理关系中效应不一致，子公司经营者就可能采取改进自己利益而损害子公司利益的行为，从而影响总部管理者利益，因此，总部管理者需要承担代理成本。为了降低代理成本，公司总部需要采取激励和监督相结合的办法，约束子公司经营者按集团利益最大化目标从事经营工作。

3．企业集团与利益相关者

利益相关者是指与企业集团经营有关的外部各主体，主要包括债权人、供应商、客户、政府相关部门等，此外企业员工也是重要的利益相关者。企业要想在激烈的市场竞争中取得长期的竞争优势，需要利益相关者的密切配合与协调，因此，企业在与各个利益相关者发生经济关系时，要按照法规和社会道德习惯的要求，维护利益相关者利益。从这个角度说，追求集团价值最大化应建立在维护利益相关者利益的基础之上。

（三）企业集团财务管理的环境

企业集团财务管理的环境，是指对企业集团财务管理产生影响的各种内外部因素的总和。与单个企业财务管理的环境相比，企业集团财务管理环境具有以下特点。

1．政治环境的复杂性

一方面，从规模的角度，企业集团一般都是大规模企业，它所创造的税收对地方政府有很大的影响；另一方面，由于企业集团的经营规模大，它对某一地区的消费、投资和就业情况都有举足轻重的作用。因此，地方政府都会重视当地企业集团的发展，甚至在一定情况下会为企业集团发展提供比较好的环境。

2．金融市场环境的优越性

集团企业由于其资本雄厚，因此，在金融市场上比中小企业更容易筹集资本。但是对于企业集团来说，这种优越性也需要审慎使用。许多集团企业在组建之初，由于其资本雄厚，许多金融机构都支持其融资，而集团企业管理者为了短期内快速发展，大规模向金融机构借款融资，扩张其业规范和范围，然而由于其投资不能在短期内产生效益，因此，巨额负债所产生的利息得不到及时的资金偿还，最终使整个集团破产。

3．税收管理的综合性

在单个企业中，税收主要是企业依照国家税法规定，按照依法节税原则，组织税收的计算和缴纳的行为。而在企业集团中，由于下属多个子公司，每个子公司的应税所得、销售收入与其他子公司的经营活动和成果密切相关，因此，企业集团为求得整体税负最低，必然要从采购、生产和销售整体以及费用管理方面对各个子公司进行调控，从而降低企业整体税负。因此，企业集团的纳税筹划就成为企业集团中一个非常重要且复杂的财务管理问题。

4．管理的多层次性

在单个企业中，财务管理工作主要由公司经理和财务部门负责实施，而在企业集团中，实施财务管理的部门包括集团董事会、集团管理总部、总部财务部门、各子公司经理和各子公司财务部门。因此，如何将财务管理的各方面权限在以上各层次间进行合理划分，既保证各部门努力工作，又相互协调配合，成为企业集团财务管理的重要问题。

5．对信息化的高度依赖性

在企业集团中，不同的子公司、不同的行业处于同一个集团内部，因此，集团总部的财务管理者需要做出大量的财务决策，这就需要企业集团内部有一个高效率的信息管理系统，及时提供准确信息，并辅助管理人员做出正确决策。因此，如何建立一个适应本企业业务特征和管理模式的信息系统，是企业集团财务管理需要考虑的一个重要方面。

三、企业集团财务管理体制

财务管理体制是企业处理财务活动中的组织框架和管理机制，主要包括组织框架的安排，财务管理权限的划分和财务管理机构的设立等内容。企业集团财务管理体制的核心是决策权和控制权的划分问题以及企业集团财务机构设置问题。

（一）企业集团财权划分体制

从管理的角度分析，企业集团管理与单体企业管理的不同之处主要在于以产权为基础的管理，主要反映在重大项目的投资决策权、重大的筹资决策权、资产收益分配权和主要领导干部的任免权等问题上。由此可见，这些权利都是与财务领域密不可分的。在经济学当中，一切权利都是围绕配置与利用资源的目标而产生的。具体到财务领域，财务目标决定了财务资源的配置和利用，资源配置的好坏直接影响到企业当前和长远的经济利益。

企业集团财务体制从总体上要解决的问题是集权与分权的问题。

1．集权管理

集权管理就是把经营权限（包括财务权）特别是决策权集中在集团最高领导层，下属其企业只有日常业务决策权限和具体的执行权。集团领导层控制严格，下属企业基本上按集团的决定从事生产经营活动。集权管理的优点在于：（1）有利于在重大事项上迅速果断地作出决策；（2）企业的信息在纵向能够得到较充分的沟通；（3）管理者具有权威性，易于指挥。集权管理的缺点在于：（1）压抑了下级的积极主动性；（2）企业信息在横向不利于沟通；（3）管理权限集中在最高层，管理者距离生产和经营的最前沿较远，不熟悉情况，容易作出武断的决策。

2．分权管理

分权管理就是把经营管理权限和决策权分配给下属单位，集团最高层只集中少数关系全局利益和发展的重大问题决策权。因而，在分权体制下集团领导层对下属的控制较为松散，下级单位有较充分的权利。分权管理的优点在于：（1）分权单位在授权范围内可以直接做出决策，节约纵向信息传递的时间；（2）分权单位直接面对生产经营，决策针对性强；（3）有利于信息的横向沟通，并激励了下级的积极性。

分权管理的缺点在于：（1）虽然一般事项的决策较快，但是重大事项的决策速度被减缓了；（2）上下级沟通慢，信息分散化和不对称的现象较常见；（3）分权单位容易各自为政，缺乏整体考虑，忽视整体利益。

集权与分权是对企业分配的两种对立的措施，这二者对权利分配的方向恰恰相反。集权是为了形成规模和整体效益，避免资源重复配置和浪费；分权是为了靠近市场、降低沟通成本、提高反应速度、提高专业化水平。企业集团的本质决定了集团既要是一个协调、互动、高效的组织，又要是一个遵循法律上的独立性、直接面对市场和竞争、具有宽容氛围的利于创新的组织。所以，企业集团的集权和分权不是绝对的，典型的集权和分权都是不存在的，不同的类型、不同的时期、不同的领域和不同的人力资源条件，要求企业集团对集权和分权各有侧重。

（二）企业集团的财务机构

1．一般财务机构

企业集团的财务机构是直接从事财务工作的职能部门，是企业集团组织形式在财务上的体现。财务机构是财务控制的载体，是充分发挥集团财务职能的重要基础。因此，集团财务机构的科学设置、职能岗位的合理划分是集团财务的内容之一。一般而言，企业集团内部财务机构主要包括两方面内容。

（1）集团母公司的财务机构设置。集团母公司是企业集团的核心部分，在财务上，统领整个企业集团的筹资、投资、资本营运与收益分配。较为完善的集团母公司的财务机构一般应设置融资部、投资部、资金营运部与审计部等。

融资部与投资部负责的是整个集团的资金筹集和投向。融资部在集团融资时合理安排融资主体（包括母公司与子公司）、融资方式、融资渠道等；投资部负责集团的投资战略，如产业投资方向、具体投资项目和投资业绩评价等；资金营运部负责集团实体业务的日常资金流动安排、统筹下属公司的收入、成本、费用和利益分配等；审计部负责监督集团总部和集团其他成员对集团财会制度的遵循情况和会计资料的真实有效性。当然，在这些部门之上还要设置一个财务副总经理，全权负责集团的财务事宜。

（2）子公司的财务机构设置。在企业集团的财务控制体系中，子公司是被控制的一方，应该服从整个企业集团的财务战略安排。但是，企业集团的子公司在法律上是独立经营、自负盈亏的法人实体。因此，子公司的财务机构设置既要有独立性，又要符合与上一级财务部门有效控制的要求。由于集权与分权形式的不同，子公司的财务机构设置可能有很大差别。一般来说，如果子公司与母公司设有同样的财务部门，那么这个部门应归属母公司的相应部门进行对口管理。在本公司内行使财务职能的同时，其决策权限由上级部门授予，并要向上级汇总报告本公司的预算以及提交财务报告。

总之，企业集团财务机构的设置比组织机构的设置灵活性更强，关键是要把握好财权集中与分散、管理有效与机构精简的关系。

2．财务中心

如前所述，企业集团是不同于一般企业的企业外部组织形式，财务控制的重要性和难度的同时增强，客观上要求在集团整体和成员企业之间有一个可以统筹全局、协调分部的财务机构。企业集团的财务中心是集团内部设置的，由集团母公司负责运作，以管理和协调集团内部各成员企业资金业务的职能部门。财务中心是企业具体财务控制的重要部门，由于业务的特殊性质，财务中心在集团内部必须相对独立，这样才能保证其权威性。

财务中心的设置与企业集团控制的集权与分权安排密切相关，根据各企业集团对财务权限的分配与实施财务管理条件的不同，财务中心可以分为财务结算中心和财务控制中心两类。

（1）财务结算中心

企业集团的财务结算中心是企业集团内部设立的，主要负责集团内部各成员之间和对外的现金收付和往来结算的专门机构，通常设置于财务部门内部。其主要职能是：

① 集中管理集团各成员的现金收入，各成员企业收到现金时，必须转账存入结算中心在银行开立的账户，不得随意挪用，并核定日常留用现金余额。

② 统一拨付集团成员因业务需要所需的货币资金，监控货币资金的使用方向。

③ 统一对外筹资，降低集团整体筹资成本，确保资金需求。

④ 办理集团各成员企业之间的往来结算。

⑤ 有时还负责办理统一纳税业务。

财务结算中心的建立有助于解决企业集团资金沉淀问题，对于加快集团整体的资金周转，降低资金占用量，提高资金运行效率，发挥集团资金联合的优势，起到了关键作用。

（2）财务控制中心

企业集团的财务控制中心是比其他财务结算中心更高级的财务组织形式，它是一种借助集成化、网络化管理软件的支持，与企业其他资源的整合相契合的财务管理机构。财务控制中心的产生是现代企业集团财务中心发展的需要。

随着企业集团事业部制、矩阵制的形成和发展，集团组织结构扁平化成为一种趋势。由此，集团财务的集权和分权都有不同程度的发展。集权要求集团母公司更多、更快捷、更真实地掌握集团成员的财务信息，并及时给予财务决策和管理上的支持，尤其在组织结构的层次减少使得每一层次的成员相对增加的情况下更是如此；分权要求集团组织结构适应市场日益灵活多变的需求，给予集团成员更多的财务权利，以使财务决策更有针对性和适用性。

信息技术的发展为企业集团在分权基础上的"财务信息的集权化"提供了条件。集团组织机构层次和成员的多样化一度是财务管理最大的障碍，而如今大量企业管理型软件的出现使集团距离真正的网络会计和网络财务越来越近。

3．财务公司

财务公司是经过银监会批准，办理集团内部成员企业资金融通业务的非银行金融机构。它在功能上已经超越财务中心，成为企业集团特有的财务组织形式。

随着企业集团的规模越来越庞大以及集团经营的业务呈现多元化发展，企业集团经营所需的资金量也急剧膨胀，整个集团或其某一成员企业与供应商和客户之间、集团内部各企业之间资金的纵向流动和横向流动都日益频繁。同时，从集团整体来看，一方面，随着集团业务的不断发展会产生大量的暂时闲置资金存入银行；另一方面，由于生产、销售投入资金需求的增加，对银行临时性和长期性资金融通的依赖性都越来越大。为了挖掘集团内部资金潜力，调剂内部资金余缺，加快集团资金的周转，提高整个集团的资金运作效率，在集团内部成立统一的资金运作机构和资讯类机构是十分必要的。同时，为了更好地开拓新产品市场和新顾客群体，有效利用集团外部潜在资金来源，由企业集团自己成立信贷类的非银行金融机构也被众多大型企业提上了日程。

财务公司的出现预示着企业集团的一种新型的筹资、投资和资金营运方式的产生，它可以使企业集团的财务行为和财务运作效果发生明显的变化，财务公司的主要作用有：

（1）财务公司对内可以起到集中集团自身财力，发展重点项目或工程的作用。过去在集团各成员企业自有资金少，主要依靠银行贷款的情况下，企业集团内部资金力量分散，对重点开发项目难以发挥综合优势。通过财务公司则可以运用金融手段把集团内部的财力集中起来，增强集团内部资金统一管理和调剂的功能，重点发展关键项目。

（2）财务公司对外可以通过金融手段为企业集团的投资项目筹集到资金。财务公司通过疏通集团与商业银行的关系，构建社会融资的桥梁，可以争取到商业银行对企业集团的投资贷款，并通过代理发行股票与债券直接融资。

（3）财务公司通过买方信贷、卖方信贷和消费信贷等多种形式促进销售，合理利用浮游现金，加快资金周转率，成为企业集团不断扩张和发展的动力。

第二节　企业集团的资金运筹管理

资金是企业的血液。企业在生产经营过程中，购买商品、接受劳务、支付工资、缴纳税费等经营活动需要资金；偿还债务、分配股利、利润和偿付利息等筹资活动需要资金；投资、购建固定资产、无形资产和其他长期资产等投资活动需要资金。按照资金运动的内容，可以把企业集团的资本运筹活动划分为筹资管理、投资管理和分配管理三部分。

一、企业集团资金运筹管理的内容

（一）筹资管理

企业的生存和发展都离不开及时而充足的融资支持，对企业集团而言就更是如此。科学有效的融资管理对集团的发展极为重要。集团公司需要发挥集团整合优势，不断拓展融资渠道，并有效控制财务风险，为下属子公司生产经营活动提供强有力的融资支持，为集团公司发展战略服务。

（二）投资管理

企业集团的投资管理是以预测、决策、计划、实施、控制、评估等手段配置资源，以最终实现预期投资目标。企业集团投资管理的内容，即投资管理的对象，包括投资项目的界定、投资决策、投资机会的编制、投资项目的实施、过程控制以及投资业绩评价指标的确定。

（三）分配管理

分配管理是对公司利润以一定的比例、金额以及分配形式进行的管理。企业集团的收益分配，不仅涉及集团内单个企业的利益，还涉及企业集团整体的资本结构、股权结构、利益分配格局，因此，企业集团的分配管理意义重大，合理的分配有利于协调利益，对建立高效积极的激励机制至关重要，对实现企业集团整体的生存、获利和发展，及最终实现价值最大化影响深远。

二、企业集团的筹资管理

（一）企业集团筹资管理的重点

筹资是企业集团生存和发展的前提。一般企业筹资管理包括筹资总量的确定、资本结构的安排、筹资方式和渠道的选择等。从企业集团的整体来看，筹资管理的重点主要有以下几个方面。

1．关注集团整体与集团成员资本结构之间的关系

资本结构是企业各项资本运用之间的构成关系。良好的资本结构为企业的筹资提供导向，并有利于降低筹资成本与筹资风险，而且是企业顺利发展的基础。

在以资本为主要联结纽带的现代企业集团中，集团整体的资本结构与集团成员的资本结构形成互动的关系。首先，层层控股关系使得企业集团可以利用资本的杠杆作用。集团母公司以少量自有权益资本可以对更多的资本形成控制，在现代企业股权日益分散化，使得少量资本比率更可实施相对控股的情况下更是如此。这也使得集团整体的综合负债率可能大大高于单体企业。其次，这种杠杆作用使得在集团金字塔形的组织结构中，处于塔尖的母公司的收益率比处于塔底的子公司的收益率有更大的弹性，即一旦子公司的收益率有所变动，就会在母公司层面产生若干倍的放大效应，这无疑是考虑集团资本结构时必须注意的。

2．实行筹资权的集中化管理

筹资权的集中化是指大额筹资的决策权集中在公司总部。企业集团筹资权集中化的优点主要有：（1）可以减少债权人的部分风险，增大筹资的数额，增加筹资渠道，筹资方案也容易被接受；（2）符合规模经济，可以节约成本；（3）有利于集团掌握各子公司的筹资情况，便于预算的编制。

筹资权的集中化并不等于筹资的集中化，更不等于所有筹资都通过企业集团或集团母公司来进行。在使用权益筹资时，基于集团整体利益可以将母公司或某一子公司包装上市；在使用债务筹资时，某一个具体筹资项目由独立的子公司来进行，可以锁定该项筹资的财务风险，母公司只是以该

子公司中拥有的股权投资为限承担损失。这也是企业集团分散财务风险的重要形式，反映出集团战略制定上的灵活性。

3. 利用与集团模式改造相结合的方式筹集资金

企业集团筹资目的常常是既为投资又为改制。例如，子公司上市，一方面获得了大量资金，另一方面转化为子公司从而改变了与核心企业的关系，而子公司的上市往往使企业集团在获得大量资金的同时仍能保持对其资本的控制；又例如，在企业集团的半紧密层或松散层需要筹资的时候，核心层借机增大持股比例，改变集团的组织结构状况。

4. 发挥企业具体筹资的各种优势

企业集团的筹资既可以是整个集团的筹资活动，又可以是集团成员的筹资活动。因此，企业集团筹资的方式和渠道也更加丰富，如集团成员互相筹资、集团成员相互抵押或担保、相互租赁，以及利用债务重组的方式进行债务转移等，甚至集团母公司出让子公司部分股权而不改变其控股地位，以上种种都成为企业集团独有的筹资管理中需要考虑的问题。

（二）企业集团融资应注意的问题

根据企业集团发展战略，为确保投资政策的实现，根据自身实际情况，建立科学融资规划。集团可以通过预算，对集团及子公司等的融资规模、融资方式以及时间进度事先统筹规划，使集团融资策略与未来投资的资金需求协调匹配，进行科学的融资规划，制订合理的融资方案，确定融资渠道，明确融资主体。有效的融资管理既要强化内部管理，控制财务风险，也要不断创新融资方式，确保在满足融资需求的前提下降低成本和风险。

1. 积极进行资本运营，盘活企业集团存量资产

一般而言，资本运营模式可以分为扩张型和收缩型。资本扩张是指在现有的资本结构下，通过内部积累、追加投资、吸纳外部资源，即兼并和收购等方式，使企业实现资本规模的扩大。在进行资本运营过程中，应当发挥其专业化优势和规模优势，采用纵向资本扩张模式。收缩型资本运营模式是指企业把自己拥有的一部分资产、子公司、内部某一部门或分支机构转移到公司之外。它是对公司总规模或主营业务范围进行的重组，其根本目的是追求企业价值最大化以及提高企业的盈利能力。另外，企业集团可以利用其规模优势，加强资本运营的力度，通过大规模并购或出售集团内部分企业资产将其盘活等方式，获得更多的资金来源。

2. 加强负债融资管理

负债经营是现代企业的主要经营手段之一，运用得当会给企业带来更大收益，成为发展企业规模，提高企业经济效益的有力杠杆。但是，负债筹资如果运用不当，则会使企业陷入困境，甚至会将企业推到破产的境地。这一点在企业集团中更为突出。因此，企业对负债经营的风险应有充分的认识，必须采取防范负债经营风险的措施。

（1）加强负债经营风险意识。企业在从事经营活动时，内外部环境的变化，导致实际结果与预期效果相偏离的情况是难以避免的。如果在风险来临时，企业毫无准备，一筹莫展，必然会遭致大败。因此，必须树立负债经营风险意识，即正确承认风险，科学估测风险，预防风险发生，有效应付风险。

（2）建立有效的风险防范机制。企业必须立足市场，建立一套完善的风险预防机制和财务信息网络，及时对财务风险进行预测和防范，制定适合企业实际情况的风险规避方案，通过合理的筹资结构来分散风险。例如，通过控制经营风险来减少筹资风险，充分利用财务杠杆原理来控制投资风险，使企业按市场需要组织生产经营，及时调整产品结构，不断提高企业的盈利水平，避免由于决策失误造成财务危机，把风险减少到最低限度。

（3）确定适度的负债数额，保持合理的负债比率。负债经营能获得财务杠杆利益，同时企业还

要承担由负债代理的筹资风险损失。为了在获取财务杠杆利益的同时避免筹资风险，企业一定要做到适度负债经营。在实际工作中，如何选择最优化的资金结构，是一项复杂和困难的工作。

3. 加强日常融资管理，控制融资风险

（1）每月定期制订资金收支计划。关注收集宏观经济政策和信息，提前做好预测，收集审核各分、子公司的资金收支计划，及时准确地编制好集团资金计划。报集团领导审批后，按照计划安排资金，既减少闲置资金，提高资金的使用效率，又保证集团投资项目正常运作，发挥了集团资金的整合优势。

（2）积极开展银企谈判。采取各种措施，不断扩大集团的综合授信。例如，某集团利用其投资公司不纳入集团合并报表的优势，充分发挥投资公司融资平台的作用，尽量扩大投资公司的授信，在宏观调控的情况下，既保证了集团生产、经营、投资的资金需求，也避免了对集团合并报表结构的影响。

（3）定时做好集团融资匹配分析。根据宏观调控和集团资金紧张的实际情况，及时做好贷款资金的使用情况和集团融资能力的分析，为集团领导决策提供依据。

（4）充分利用表外融资业务。为集团及下属单位承接工程项目，开具投标保函、预付款保函和履约保函，为集团工程项目实施提供资金保障。

（5）定期进行贷款担保和银行保函的清理工作。按照集团担保管理办法的要求，在办理子公司担保过程中，严格按照审批程序办理；并要求子公司定期对各类银行保函进行汇总、分析、清理，严格控制集团对外担保的风险。

4. 积极探索新的融资渠道

随着市场经济的深入发展，资本市场的逐步完善，除了银行借款、传统的股票、企业债券等融资方式，企业集团可以在国家政策允许的范围内积极拓展其他融资方式，以降低集团融资成本。银行间交易商协会发行短期融资券和中期票据等业务就是当前较好的融资渠道。例如，某集团正在实施的基础投资项目和房地产开发项目需投入大量资金，集团近年和以后几年将有长期大额借款，也使集团的贷款成本不断上升，希望能通过多元化融资以降低融资成本，通过不同融资渠道成本分析，短期融资券和中期票据业务就是当前适合企业集团融资要求的一种具有较低成本的融资手段。

三、企业集团的投资管理

投资决策不仅决定筹资的规模和时间，还决定资产的购置以及经营活动的方式。投资决策决定着企业的前景，与企业集团的生存、获利、发展休戚相关。

一般企业投资管理的重心在于投资项目的财务评价，在财务评价过程中依据相关指标的计算，做出是否投资的决策。对于企业集团来讲，投资管理的研究对象主要集中于投资决策，通过预测、决策、计划、实施、控制、评价等职能手段，有效配置集团各种资源，以实现预期投资目标。

（一）企业集团投资管理的重点

企业集团投资管理的重点有以下几个方面。

1. 以战略性投资带动企业集团发展

企业集团的投资可分为集团内的生产性投资和集团发展的战略性投资两种，前者是单体企业或中小企业型投资考虑的重点，后者在企业集团中的重要性则大大增强。企业集团投资方向的选择关系到开辟新的经营领域或扩大现有的生产能力。与单体企业相比，在开辟新经营领域时，由于企业集团资金、技术的实力雄厚，因而可以考虑的投资范围更为广阔。在战略性投资当中，企业集团核心企业对内投资，即向其他企业成员投资，是增强企业集团凝聚力的有力手段；核心企业对外投资，即进行企业兼并和收购，是企业集团发展扩张的重要手段。企业集团，尤其是大型企业集团，

主要通过联合与兼并形成，很少有自我发展积累形成，所以投资在集团中的战略地位更体现在对集团成长的作用上。

2．从母公司角度分别评价投资项目

在大型企业尤其是跨国企业集团中，投资决策首先面临的一个问题是评价主体的问题，是以子公司或者投资项目本身为主体进行评价，还是以母公司为主体进行评价。评价的主体不一样，评价结果就可能不一样。这是因为：（1）母子公司间的许可证费、专利权费用等，对母公司来说是收益，但对投资项目的子公司来说是费用；（2）进行投资的子公司与集团母公司考虑的范围不一样，母公司要从企业集团全局对投资项目进行评价；（3）母子公司所在地的税率可能不一样；（4）如果是跨国投资，则要考虑到外汇价值也在不断变化，各国的通货膨胀率不完全一样，投资项目所在国的政府往往都会对税后利润汇回母公司进行限制，以及各国税率也会存在差异等。

3．结合具体情况选择投资评价标准

由于企业集团是多元法人结构，并且具有多层次的组织结构，具有法人资格的集团成员在集团中的地位和作用各不相同，集团内部利益的矛盾比单体企业内部利益的矛盾要复杂得多。这些矛盾反映到集团的投资上，使得无论是成员企业自身采用的投资评价标准还是集团母公司用于评价子公司投资业绩的标准，都不可能完全统一。在某些领域，为了保证企业集团的总体利益，集团总部要确定统一的投资评价标准；在另一些领域，集团总部可根据事业部和分公司所处的行业性质等来决定不同的投资评价标准。

4．从集团全局的角度为投资项目进行功能定位

与单体企业相比，企业集团为投资的配套条件和实施的可能性拓宽了空间。同一个项目，在企业集团这个群体中可能会有不同的功能定位。在不同的功能要求下，同一项目建设的内容和要求是不一样的。如投资建造一个工厂，其产品是对外销售还是对集团内部销售，对投资方式、选址、设备选择等方面的影响都会有很大差异。子公司投资时确定的功能定位，可能与母公司的规划不一致，这是集团成员在投资时比单体企业更要深入考虑的问题，当发生矛盾时，必须从集团全局的角度为投资项目进行功能定位。

（二）企业集团投资管理的原则

1．规模经济原则

企业集团实现规模经济有两种途径，一种是集团内部扩展，凭借企业集团多年来形成的技术、资金和管理方面的优势，依靠企业集团多年的资本积累以及采用各种方式筹集的资金，利用集团投资手段，扩大企业生产经营规模，以达到规模经济；另一种是集团外部扩张，主要是采用联合、兼并、收购等手段，扩大生产和经营规模，实现规模经济。

企业集团无论是对内投资扩展，还是对外投资扩张，都要注意遵循规模经济的客观原则，客服盲目追求"大""快"的现象，根据集团的自身情况，找寻集团内直接投资的"适度点"，与集团外部扩张相结合，真正实现规模经营，产生良好的规模效应，增强企业集团实力，形成创新优势，提高企业集团的核心竞争力。

2．突出主业和多元有限原则

作为企业集团规避风险的一种形式，企业集团发展多元化经营是有条件的。在企业集团选择多元化经营战略的同时，要做到主业突出与多元有限相结合。主业突出是指集团要集中力量突出主业，发展独具的专业优势，形成相应的自主知识产权和核心竞争力，并在此基础上通过经营多元化，适量投入资金，但不能超过主业，影响主业的发展。而多元有限指企业集团选择主业以外产业进行多元化经营时，要控制在有限的多元项目中。企业集团进行多元化经营，选择的多元项目应以投资报酬率为判断标准的同时，要判别是否对主业有利，既要采取多元经营战略以利于集团实现规

模经济，也要集中力量投资集团主业以利于形成集团的核心竞争力。

3. 产品结构优化原则

企业集团经营范围可能涵盖许多不同的行业，形成了集团内部的产业结构。产业结构的优化是一个动态发展过程。根据消费需求和资源条件，在一定的经济发展基础上，进行产业结构中有相关变量的调整，使资源在各产业间合理配置，有效利用，使不理想的产业结构向合理的方向发展。

企业集团投资对产业结构优化有着直接的至关重要的影响。这是因为企业集团投资整体各部分之间的相互关系及数量比例构成了投资结构，它代表着资源配置的格局。而投资结构与产业结构之间存在着相互影响、相互制约的关系，这种关系表现为现有的产业结构是过去的投资结构形成的，是已实现的投资结构。因此，投资结构决定着产业结构的形成和发展；而产业结构的发展演变，要求有相适应的投资结构支持。集团要不失时机地进行结构调整，产业结构优化，才能使企业集团立于不败之地。

4. 分散风险原则

企业集团投资的风险分散原则就是要通过科学分析投资中的风险类型、风险发生的概率以及风险损失，比较风险收益和风险成本，最大限度地预防和处理风险。风险分散的目的就是最大限度地保证投资的安全性，提高投资效益，以增强企业集团的核心竞争力，取得竞争优势。企业集团在投资管理中要遵循风险分散原则，要做到以下几点。

（1）采取合理的具体投资项目评价方法，提高评价结果的正确性，对不能符合评价原则的项目坚决放弃，从根本上回避投资风险。

（2）借助于风险预测方法，主动采取措施消除投资风险发生的条件和环境，减少投资风险发生的概率和减轻风险损失的程度，这是对已通过投资评价的项目所进行的风险防范。

（3）对不可回避的投资风险，为减少可能发生的关联性投资损失，从时间、空间和环境上与集团其他事项分立，建立风险隔离带，尽可能减少投资损失。通过分析组合，达到风险相关抵消的效果。

四、企业集团的分配管理

经济利益既是企业集团发展的动力源泉，又是企业集团的归宿。分配是企业集团财务管理中有一个重要的问题，科学的分配制度能够合理调节各方面利益关系，保证企业集团的顺利发展。

（一）企业集团分配管理的重点

由于企业集团组织结构的复杂性，对企业集团财务分配的研究不仅是单体企业范围内的企业对所有者、债权人乃至经营者与职工的具体分配，而是一种"反向"的分配，即母公司（或集团核心企业）站着企业集团成员企业外部，对各事业部和子公司的利益协调。在单体企业中，财务分配的方向是从企业法人到企业所有者。在企业集团中，子公司的所有者是母公司，而且是实际控制或施以重大影响的一方。因此，在单体企业推行现代企业制度，经营者与所有者分离的情况下，要求母公司更好地控制子公司，只有这样才能发挥企业集团的功能，符合企业集团形成的初衷。在企业集团中，全资子公司和控股子公司对所有者分配管理的实际意义大大降低了。因为，此项分配几乎完全是由母公司决定的。于是，企业集团的分配管理重心也就发生了上述变化，即分配管理从经营成果的分配问题转化为集团中利益协调与激励机制问题。

从另一个角度来看，企业集团的形成引起了分配管理的相应变化，部分地否定了按生产资料分配经济收益的形式，出现了新的利润分配格局。这主要是由于集团内部不同的所有制成员企业之间实行了资金、人力资源、技术和经营管理的联合，便产生了按资本、生产技术、经营管理等要素投入的状况参与利润分配的新格局，分配变化反过来也会成为企业集团内部所有制结构和组织形式变化的催化剂。总之，企业集团的收益分配是对集团股东和成员企业的资本投资、专业协作的评价与报答，是企业集团资金和其他联结纽带的必然延伸。

（二）企业集团内部的利益分配方法

企业集团分配管理的重心从经营成果的分配问题转化为集团中利益协调与激励机制问题。从经营成果分配的角度来看，以母子公司体制为基础的股份制企业集团内部，以及企业集团中以股份联合的核心层、紧密层和半紧密层之间，应该按照相应的股份比例对经营成果进行股息形式的分配和红利形式的分成，即母公司按照在子公司股本中的比例享有子公司分配的现金股利和股票股利。这是现代企业集团利润分配的主要发展方向。根据企业集团的规模与成员企业的性质和地位，集团内部分配还可以有多种分配方法。

1．完全内部价格法

这一方法完全以内部价格进行集团内部的交易，盈亏自负，不进行各企业间的利润分割。通常适用于集团核心层或紧密层与其他层次间的利益分配，或是在某些特别需要按市场方式交易以激励成员企业降低成本、提高生产效率的领域。一般情况下，这种内部价格直接以市场价格为基础制定。

2．一次分配法

企业集团以平均劳动耗费的标准成本为基础，加上分解的目标利润，确定各成员企业配套零部件的内部协作价格。由于这种内部协作价格中包括了分解的目标利润，因而其利润是在成员企业出售零部件时一次实现的。

3．二次分配法

首先，企业集团内部各成员企业共同协商确定主要产品的目标成本，并以此为基础分解确定零部件和半成品的目标成本，作为集团内部各成员企业之间的内部转移价格。各成员企业的实际成本与内部结算价格形成的盈亏差额由各成员企业自己承担，由此激励成员企业想方设法提高生产效率，降低生产成本。

其次，以最终产品的销售收入减去产品目标成本的余额或者盈利作为分配基金，然后按一定的标准在各成员企业之间进行二次分配。集团成员通过二次分配来获得集团整体盈利中自身相应的部分。二次分配法可以在不同的紧密层与非紧密层企业上灵活使用，将内部价格与事后的利润分配较好地结合起来，是企业集团进行企业间利益分配的一种较好的选择。

第三节　企业集团的财务战略管理

企业集团财务战略主要包括对筹资、投资、利润分配等方面的设计。

一、企业集团财务战略管理的内容

企业集团财务战略管理的内容可以划分为筹资战略管理、投资战略管理和分配战略管理。但在集团背景下，财务战略有着不同的层次划分，本书将重点讨论集团总部、事业部（子公司）和职能部门各自的财务战略内容。

1．集团总部的财务战略

集团总部的财务战略一般包括如下内容。

（1）建立和管理全局性的多种组合决策。企业集团管理有多种职能，首要职能是确定整个企业集团的战略发展重点和各个经营方向的组合，以实现既保证集团核心竞争力的发展，又使得各个相关产业协调前进。为实现集团经营组合决策，财务战略需要对增加、调整和减少的产业方向和规模确定实现的途径。

（2）建立投资项目的评价体系，将公司资源投入最有吸引力的投资机会中。企业集团有多个经营产业，下属多个子公司，集团总部不可能对集团每一个投资项目都进行直接决策。为保证集团投资的有效性，集团总部需要制定投资项目的评价体系，间接控制集团投资战略的落实。

（3）对事业部战略提出评论，修正或进行统筹。企业集团的各个事业部门具有相对独立的经济利益，他们会根据本部门情况确定自身的发展战略。由于事业部的地位不同，他们提出的发展战略由可能与整个集团的要求不符合，因此，集团需要对事业部门的战略提出评价意见和修正要求。

（4）确定整个集团未来的资金筹集总量和资本结构。在集团企业中，下属企业一般不具备独立的对外筹集资金的权利，如何从外部筹集资金保证集团发展需要就成为集团财务战略的一个重要问题。

企业集团确定筹资战略时，需要考虑的因素主要是总量和资本结构。筹资总量的确定需要考虑公司整体发展战略和下属单位未来的投资安排情况，而资本结构的确定需要考虑公司下属子公司股权结构安排、筹资方式和最佳资本结构的要求。

2．事业部财务战略

事业部（子公司）财务战略是事业部负责人为本部门的战略目标落实而制定的财务战略。受事业部在管理权限和工作内容上的限制，事业部财务战略具有如下特征：

（1）服从于集团总部财务战略，为本部门战略目标的实现提供支持。事业部负责人在制定财务战略时，首先要根据集团总部确定的筹资规划，估算集团对本部门可能投入的资金。在此基础上，根据本部门发展战略步骤，确定本部门的具体投资规划。

（2）事业部的财务战略以投资战略为主。从事业部角度说，资本筹集是集团总部的主要任务，而利润分配则是股东和董事会的职责，事业部经理主要负责投资项目的规划和落实，因此，投资成为事业部的主要财务战略。

（3）事业部财务战略更具体。由于事业部是企业战略的执行部门，因此事业部的财务战略比总部的财务战略应更详细具体。一般来说，集团总部的财务战略可能是总额控制，包括投资总额、资本筹集总额等，而事业部的财务战略需要具体落实到项目执行时间和具体数额。

3．职能部门的财务战略

在企业集团中，具有财务战略的职能部门一般是总部的职能部门。职能部门在企业集团的战略管理中起支持作用，除集团财务部门外，大部分职能部门的财务战略主要在于确定本部门的未来一段时期主要工作以及相应的费用预算。

二、企业集团财务战略的制定与执行

从集团总部的角度说，各下属子公司就是各个不同的责任中心，因此，企业集团财务战略的制定与执行包括确定各责任中心的性质，根据集团发展战略确定各责任中心的财务战略，对各责任中心财务战略实施控制。

1．利润中心子公司财务战略的制定过程

（1）根据企业集团发展战略确定各子公司投资规划

企业集团首先应根据整体发展战略，分析应由各个子公司落实的战略步骤。在此基础上，确定各子公司在未来一定时期需要做的投资项目。这一步骤非常关键，因为它直接影响子公司未来的投资规模。

（2）根据各子公司投资规划确定企业集团筹资战略

在各子公司投资规划确定下来后，测算落实这些投资规划需要在未来筹集的资金规模，并根据资金规模、企业筹集渠道和资本市场发展状况，确定集团未来一定时期内的融资战略，该融资战略包括：未来一定时期内的融资项目时间安排、融资方式和融资金额等。制定企业筹资战略时，需要考虑采取各种筹资方式的资本成本、筹资后企业集团的负债比率等因素，以选择恰当的筹资方式，降低企业集团的财务风险。

（3）根据企业具体筹资战略确定对各子公司的投资

根据上一步骤确定的筹资战略确定的未来一定年度总筹资额和各年度筹资额，确定对各个子公司的资金投放金额。在存在资金紧张的情况下，企业集团一般会优先考虑核心企业重要项目的资金供应，以保证主要战略目标的实现。

（4）根据企业集团对各子公司投资确定各子公司的投资战略

确定了子公司各年度的投资额后，确定未来一段时期内各年度的投资项目和投资额，在此基础上形成本部门的投资战略。

2．投资中心的子公司财务战略的制定过程

对于设置为投资中心的子公司，集团总部并不直接干涉其投资方向，而是先由子公司在董事会和股东会首先确定投资战略和规模，然后汇报集团总部。集团总部根据各子公司确定的投资战略和规模，估算未来一定时期内整个集团的资金需求量，在此基础上确定集团筹资战略，以及对各个子公司投资的计划。

在各责任中心财务战略确定以后，集团总部需要对各责任中心财务战略的实施进行控制。这种控制一般属于间接控制，包括战略执行和战略实施评价两个阶段。

知识拓展

购股权以及购股权证

购股权是指 PE 在未来确定的时间内按照一定的价格购买一定数量的目标企业股份的权利。购股权实际是一种期权，赋予 PE 有权在未来确定时间点或时间段内，按照预先设定的价格购买一定数量的股票。

设定购股权的主要目的就是锁定未来收益。一方面，在目标企业经营情况较好或大幅增值的情况下，PE 可以事先约定以较低的价格再行买入目标企业的股份，从而获得更大的收益；另一方面，PE 为规避风险，也可能将投资分批投入，此时，购股权条款是最能保护 PE 利益的。

购股权证是一种由公司发行的长期选择权，允许持有人按某一特定价格买入既定数量的股票。一般随公司长期债券一起发行，以吸引投资者购买利率低于正常水平的长期债券。

购股权证可分为报酬性和非报酬性两类。

非报酬性购股权证可认为是公司通过向本单位职工出售股票方式增加资本的一种办法，它的授予一般不要求职工承担任何额外义务。非报酬性购股权证须同时满足下列四个条件：

（1）发放对象是所有符合规定雇佣条件的全日制职工；

（2）符合购股权证发放条件的每一位职工能够购买数量相等的股份或按其工资比例取得购股权证；

（3）购股权证的行使期限合理；

（4）规定的认购价与市价间的差额不得大于允许向公众提供的折价（最高不超过15%）。

当上述 4 个条件不能同时满足时，该购股权证被认为是报酬性的，即认为公司向其职工提供了超过他们工资的劳动报酬。

报酬性购股权证通常有传统方案和复杂方案之分。传统方案是那些"有条件的"和"有限制的"方案，在购股权证授予日即知可购买股票的数量和购买价格。在过去35年里，该方案曾被西方企业普遍采用。复杂方案指为促进管理人员改善公司的经营管理，把股份或股票认购价格与公司管理人员的业绩或公司的收益业绩结合在一起的高度完善的股票购买方案，包括可变动购股权方案、股票增值权方案及组合购股权方案等。

其中，可变动购股权方案在授权日既不知可购股票数量，又不知认购价格，两者受公司未来业绩水平或股价制约。股票增值权方案授予职工按规定的股票数量享受公司股票价格超过预先确定股价的增值部分的权利。而组合购股权方案则规定职工拥有一种以上购买股票的方式，职工可以多种方式选择，但不可以同时享受。例如将可变动购股权和股票增值权方案结合在一起，职工可在两者中选一。几乎所有的复杂方案都是为了促使管理人员改善公司的经营管理而给予管理人员的报酬。近年来，这些方案被许多公司广为采用。

课后思考与练习

一、单项选择题

1. 企业集团的财务管理体制是母公司为界定集团内各方面财务管理的责权利关系，规范财务行为所确立的基本制度和规范，具体体现为企业集团财务决策的（　　），体现为日常财务管理的职责由谁行使。

    A. 法律因素   B. 财务限制   C. 经济限制   D. 权限划分

2. 考评结束后，可以根据子公司经理人实际业绩水平的高低，选择和使用恰当的确定经理人报酬的业绩基础，使用如各种福利、在职消费、名誉、晋升等（　　）方式以及奖金、递延奖金、股票期权、虚拟股票、购股权等货币性奖励方式激励经理人。

    A. 资产的流动性   B. 非货币性奖励   C. 盈利的稳定性   D. 债务需要

3. 企业集团无论是对内投资扩展，还是对外投资扩张，都要注意遵循（　　）的客观原则，客服盲目追求"大""快"的现象。

    A. 法律因素   B. 规模经济   C. 经济限制   D. 权限划分

4. 集团总部的财务战略，是集团最高管理层从集团整体角度制定的未来较长时期集团的投资、投资和利润分配战略。集团总部财务战略是集团企业战略的重要支持，体现了集团公司（　　）的利益和目的。

    A. 所有者   B. 非货币性质   C. 盈利稳定性   D. 债务人

5. 企业集团对子公司财务战略的制定与执行控制程序包括：确定各责任中心的性质；根据集团（　　）确定各责任中心的财务战略；对各责任中心财务战略实施的控制。

    A. 发展战略   B. 扩张战略   C. 盈利战略   D. 债务战略

二、多项选择题

1. 企业集团在决定构建何种类型的财务管理体制时，应充分考虑（　　）的影响。

    A. 集团的发展阶段   B. 发展战略   C. 管理文化   D. 其他因素

2. 为充分协调企业集团内各成员单位的利益关系，合理配置各种经济资源，最大限度发挥集团的整体优势，企业集团应根据自身特点，设置能够体现（　　）相适应的多级分层对口控制系统。

    A. 集权与分权适度   B. 责权利均衡

    C. 企业集团与集团规模   D. 单一统一体系

3. 与一般企业相比，企业集团的规模往往较大，还有不少企业集团打破行业、地区、所有制和国家的界限，从事跨行业、跨地区、跨所有制和跨国的生产经营，这给企业集团的管理带来了许多新的问题，也使集团财务管理呈现出与一般大型企业不同的显著特征。这些特征主要表现在（　　）。

  A. 财务主体多元化   B. 财务客体复杂化

  C. 财务决策多层次化   D. 投资领域多元化

4. 事业部（子公司）财务战略是事业部负责人为本部门的战略目标落实而制定的财务战略。事业部财务战略具有如下（　　）特征。

  A. 受事业部在管理权限和工作内容上的限制

  B. 服从于集团总部财务战略，为本部门战略目标的实现提供支持

  C. 事业部的财务战略以投资战略为主

  D. 事业部财务战略更具体、详细

5. 对设置为利润中心的子公司财务战略的制定过程（　　）。

  A. 根据企业集团发展战略确定各子公司投资规划

  B. 根据各子公司投资规划确定企业集团筹资战略

  C. 根据企业具体筹资战略确定对各子公司的投资

  D. 根据企业集团对各子公司投资确定各子公司的投资战略

三、简答题

1. 简要介绍企业集团的概念、产生动因与特征？

2. 企业集团资金运筹管理的内容？

3. 集团内部业绩评价的一般方法？

案例分析

以财务共享为中心，用友 NC6 重塑集团管理信心

  用友软件股份有限公司执行总裁在致辞中表示，2014 年是我国集团企业建立财务共享服务中心迅速发展的一年，以移动互联网、大数据、电子商务的发展带动了一大批大型企业管理模式的转型，同时财务共享及管理会计新模式也取得了重大突破。初步形成了电子商务、财务共享、管理会计的企业管理格局。但我国大数据、电子商务产业仍存在着产业发展较为缓慢、标准有待统一、有效商业模式尚未形成等问题。因此，还应加强财务共享及管理会计新模式的安全保障，建立信任体系。并深刻认识当前产业互联网时代下，利用互联网思维做好、做强中国大型企业管理与电子商务平台业务、大数据背景下的财务共享及管理会计新模式。

  用友集团管控方案部总经理介绍了集团企业的成长历程以及集团管理需求，让我们了解了当前集团企业成长过程所面临的问题。这正如我们所看到，随着集团企业的成长，给集团管理提出新课题。管理日益变得复杂，以及规模化发展必然带来管理的粗放经营弊端，针对于当前集团化企业的管理所面临的问题，现今的集团企业管理又该如何去管理呢？付建华认为，首先，应该以财务管理为中心开展集团管理，而财务管理中又应以财务共享为切入点。这是因为最早的集团管理聚焦在财务，当企业成长到一定规模，管理多分支机构是从财务开始的，而且财务人员相对综合素质较高更加容易推广。所以，集团共享服务首先从财务开始做起。其次，财务共享可以把集团管理有效的协同，降低企业成本发挥价值最大化。最后，从大环境来看，相关行业领域如政府行业也比较关注财务共享服务。

  集团企业管理在开展财务共享服务时更多聚焦在三个方面：

  第一，会计核算共享服务。集团企业中有大批会计核算业务都是重复性且标准化程度非常高，

可以以会计核心为切入点去做共享服务。

第二，资金支付共享服务。集团企业子公司有大量的付款、收款，每个子公司都需要出纳人员处理，重复性比较高，集团企业可建资金共享服务为所有子公司去付款，随着技术的进步将会有越来越多的企业做资金支付共享服务。

第三，网上报销、费用报销共享服务。任何集团企业都会费用发生，部分费用共性非常强，比如差旅费、手机费业务，过去需要通过会计人员报销，现在进行集中报销，可节省大量时间和成本。

近几年，随着集团企业的发展，其财务管理在发展过程也面临非常大的挑战，传统的财务管理产品已经很难满足集团财务管理需求。过去集团财务管理只是仅仅把财务信息集中，而现在集团财务管理有了新实践，集团财务管理内容范围越来越广泛，包括财务信息、会计人员标准化、企业资源、资金、资产、企业预算、成本费用控制、税务等多方面都需要去管理。

用友 NC6 的定位就是面向大中型集团企业管理。用友 NC6 能够帮助集团企业进行会计核算管理、资金管理、预算管理、成本管理、费用管理、资产管理、税务管理、风险管理等多个方面的管理。"从产品特性上来讲，用友 NC6 从最初只支持总账报表到今天已经成为覆盖集团管理全生命周期的领域最强、最好的产品。"

在集团财务共享方面，用友 NC6 能够完美的支持会计核算共享、资金支付共享、费用报销共享等三个主流的财务共享领域。在会计核算共享服务方面，用友 NC6 充分体现了共享服务的价值。比如，能够提供支持一个会计为多个子公司集中制单、记账功能，可以很好的满足企业管理的需求。某银行采用用友 NC6 会计核算共享服务，大大提高了管理效率。用友 NC6 通过资金结算共享服务来平衡全集团资金需求，通过资金结算规范处理全集团日常资金业务，通过资金结算反映监督全集团资金业务运作；把分公司的日常业务处理和集团总部资金业务处理有效结合，实现全集团资金管理业务流程的一体化。

在费用管理网上报销共享服务方面，用友 NC6 能够建立从跨组织费用预算、费用计划，到费用申请、借款报销的完整流程，详细区分费用报销人员的任职组织、报销的业务组织、资金支付组织、费用归属组织和费用记账组织，帮助企业简化日常费用和差旅费用的报销流程，提高费用报销效率，降低内部成本。用友 NC6 费用报销平台，使业务人员随时掌握预算状况，合理安排业务活动，提高有限资金的利用效率。

某家电企业在采用基于用友 NC 构建的费用报销共享服务，通过总部的共享服务中心，实现了全球成员公司的员工报销，大大提高了工作的效率。

在实际应用中，集团企业开展财务共享时通常会面临一个原始单据的问题，即不同的子公司报销单据必须在子公司进行报销，如果能够把原始单据问题解决，实现财务共享就没有界线。"在这方面，用友 NC6 加强了产业的合作，在 2013 年上半年已经与硬件服务商以及扫描影像系统服务商进行了良好的产品集成，解决了原始单据问题，帮助集团企业更好的实现财务共享。"

据了解，集团管理正在发生变化，集团管理的范围不再局限于财务一方面，还会涉及集团对于分支机构多方面的管理如人、财、物、核心业务等。用友 NC6 已经涵盖了集团管理所有的功能需求，可以支持 ERP、BI 等，以及电子商务、集团协同平台、人力资源管理、采购管理，营销管理等多个方面，为集团企业管理提供全面的产品解决方案和平台，相信未来会有越来越多的企业借助用友 NC6 实现集团企业的高效化管理。

用友软件股份有限公司助理总裁在"服务共享，全球一家"的主题演讲中对中国企业所面临的市场环境做了透彻分析，她认为国内竞争格局日趋复杂，面临的管理挑战更加艰巨。因此，对企业的财务管理工作提出了更高的要求。从最初的财务信息集中，到资金集中管理。再到今天的财务共享服务，信息技术逐渐发挥着重要作用，甚至引领着企业的财务管理变革。

财务共享服务模式的建立，意味着对原有财务管理模式的升级。中国集团企业建立财务共享服务中心的成熟期已经到来。2013 年 12 月 9 日，财政部《企业会计信息化工作规范》的通知中，第三十四条明确指出分公司、子公司数量多、分布广的大型企业、企业集团应当探索利用信息技术促进会计工作的集中，逐步建立财务共享服务中心，这就为财务共享服务的发展提供了政策保障。德勤财务管理咨询总监对财务共享环境也做了深入的分析，"作为全球知名财务管理咨询公司，德勤中国一直致力于帮助中国企业推进财务管理的优化升级。在国家政策的引导下，我国财务共享模式的产业环境、政策环境已经趋于成熟，财务共享作为新型融合性业务，将为企业发展创新带来新的业务增长点，具有广泛的市场前景。"

随着大型企业集团管理能力的不断加强，如何发挥企业集团的协同效应日益成为管理层考虑的问题。在这个背景下，财务共享服务中心备受到大中型集团企业的关注，并开始应用于大中型集团企业实践。众所周知，构建财务共享服务中心的好处是能够让集团企业节省成本，提升效率。目前，国内一些大型企业集团都逐步建立了财务服务共享中心。

运用你所学到的有关企业集团财务管理的知识来分析财务服务共享中心的管理模式，分析相关问题：

1. 用友是如何建立企业集团财务管理开放共享中心的？
2. 建立企业集团财务服务共享中心时应考虑哪些因素？有什么实质性意义？

第十三章 公司并购与重组

本章目标

通过本章学习，了解公司并购的内涵、动机、主要类型以及公司并购的战略分析；掌握公司并购估价的主要方法；理解公司并购的成本与风险分析；熟悉公司并购的支付方式及财务评价；掌握公司重组的相关概念和主要形式。

引导案例

58同城纳安居客入怀

国内最大分类信息网站58同城宣布，以2.67亿美元收购房地产电商网站龙头安居客。58同城CEO姚劲波表示，将借安居客品牌进入新房市场。显然，在房地产行业已然涌动变革大潮的背景下，作为产业链之一的房产中介，不论是线上还是线下，行业整合、洗牌都将是未来常态。

从这起房产中介并购案可以看到，打造强大的房产O2O平台是整合最终目的。联手后推动整个行业全新模式的构建和服务水平的提升。

从58同城和安居客了解到，交易将采用现金加股票，涉及金额达2.67亿美元。

此次并购后，58同城将成立房产事业群，整合58同城与安居客的房产业务，将构建面向新房、二手房、租房等全领域业务。安居客仍将保留其网站、APP等品牌资产，品牌独立性将得以保留。58同城CEO姚劲波表示，合并后公司将继续坚持平台定位，专注只做自己擅长的事情，与经纪人、经纪公司、房地产开发商成为长期的战略合作伙伴，不会既搭平台，又自己做运动员。

其实，从2009年到2014年，安居客曾多次提出上市申请，但均告"搁浅"。真正让安居客创始人原CEO梁伟平上市梦断的是，2014年由于安居客单方面宣布端口点击费涨价，遭到链家、中原、我爱我家等10多家大型房产中介的共同抵制，安居客网上房源一夜之间变为"空城"。

对于接盘，58同城表示，安居客的品牌和平台还有很大价值。姚劲波坦言，58房地产业务和安居客的业务规模相近，双方在具体业务领域各有优势，这次合作将发挥双方的优势互补，目标是成为跨品类、大平台的第一名公司，达成一加一大于二的效果。"目前已经可以确定在租房、二手房发布等领域可以做到找房平台第一。"

通过本章的学习，将有助于我们了解公司并购与重组的相关知识。

第一节 公司并购

公司并购在西方已有一百多年的历史，为企业的生存和市场的繁荣做出了巨大的贡献。近年来，随着中国经济持续高速的发展，市场经济已具规模，公司间的并购也迅速增长。有数据显示，

2015 年一季度，公布的涉及中国企业的并购交易总额已达 811 亿美元，较去年第一季增长 21.6%，季度并购交易额达到历史高点，中国境内并购交易额创下新高。

一、公司并购概述

（一）公司并购的概念

公司并购（merger and acquisition，M&A）是一种复杂的经济行为，有狭义和广义之分。狭义的公司并购是"兼并（merger）"和"收购（acquisition）"的合称。广义的公司并购除了兼并和收购之外，还包括联合（consolidation）、接管（takeover）等。事实上，公司并购不仅内涵十分广泛，其实践形式也在不断创新和发展，这是目前中外学者对其定义无法准确的一个主要原因。

从严格意义上讲，公司兼并和收购是有一定区别的。

（1）在公司兼并活动中，被兼并公司放弃法人资格并转让产权，而兼并公司接管了被兼并公司的产权、义务和责任；在公司收购活动中，被收购公司作为法人实体仍然存在，其产权可以部分转让。收购公司只是通过控股掌握了该公司的部分所有权和经营权。

（2）在公司兼并后，兼并公司成为被兼并公司新的所有者和债权债务承担者，资产、债权、债务一同随之转换；而对于公司收购，收购公司只是成为被收购公司的新股东，以其收购出资的资本为限承担被收购公司的风险。

（3）兼并范围广于收购，任何公司都可进入兼并交易活动中；而收购则仅限于股票市场中，被收购的对象一般是上市公司。

兼并和收购基本动因相似，都是为增强公司实力的外部扩张策略或途径；交易对象都是公司的产权；目的都是为了扩充经济实力，实现资产的规模经济和经营的协同效应。因此，通常将公司兼并和收购统称为公司并购，泛指一家公司为了获得其他公司的控制权而进行的产权交易活动。本书所介绍的公司并购是指狭义的公司并购。

（二）公司并购的动机

1．公司并购的根本动机

公司一切经营活动的根本动机在于利润最大化，并购是公司的一种直接投资行为，公司并购的根本动机同样在于利润最大化。

2．公司并购的直接动机

（1）追求规模经济。并购能给公司带来规模经济效应。这主要体现在三个方面：一是公司生产的规模经济效应。公司通过并购可以对公司的现有的资产进行补充和调整，达到最佳生产规模，降低公司的生产成本，保持最优成本水平；并购也使公司有条件在保持整体产品结构的前提下，合理进行内部分工，集中在一个工厂中进行单一品种生产，达到专业化水平；并购还能解决专业化生产带来的一系列问题，使各生产过程之间有机地配合，以产生规模经济效益。二是公司经营的规模效应。公司通过并购可以进一步细分市场，满足不同消费者的需求；可以集中足够的经费用于研究、设计、开发和生产工艺改进等方面；公司规模的扩大使得公司的融资相对容易等。三是管理工作的规模效应。并购可以使优秀管理人员的智力资本在合并公司中共享，重新整合合并公司的现有资源等。

（2）提高市场占有率。并购可使公司扩大市场份额，具有提高市场占用率的效应。公司的纵向并购可以通过对大量关键原材料和销售渠道的控制，有力地打击竞争对手，限制其活动范围，增加公司所在领域的进入障碍和提高公司的差异化优势；公司通过横向并购活动，可以直接提高市场占有率，通过减少竞争对手来提高市场的占有率。

（3）实现多元化发展的战略目标。公司经营是处在动态变化的环境之中的，面临着各种风险。尽管系统性风险是无法回避的，但对于非系统性风险却可以采取多元化经营的战略加以分散。出于多元化经营战略目标所进行的并购可以实现公司的多元化发展，分散产品市场风险、行业风险以及区域市场风险，提高公司的风险抵御能力，提升公司价值。

（4）谋取特殊资源。公司的纵向合并中，在价值链关系上的向前并购有时往往是为获取特殊的原材料而进行的；横向并购中，很多并购情况是出于为获取目标公司的优质资产，获取长期竞争优势而进行的。这些优质资产包括具有开发能力的科研人员、自主开发的知识产权、经验丰富并且合作无间的优秀管理团队等等。

（5）通过投机性活动，赚取高额利润。并购中的投机活动主要包括收购亏损公司，以低于公司价值的市场价格收购目标公司等。对暂时亏损的公司并购，再出售重整后目标公司的优质资产，获取高额的回报。

（三）公司并购的类型

按不同的分类标准，可以把公司并购分类为以下几种主要类型。

1. 按照并购双方所在行业及并购公司的战略意图划分

按照并购双方所在行业及并购公司的战略意图划分，分为横向并购、纵向并购和混合并购。

（1）横向并购是指生产经营同种类型产品，或生产工艺相近的公司之间进行的并购，主要是为了提高规模效益和市场占有率而发生的，其优点是可以迅速扩大生产规模，便于提高通用设备的利用率，在更大范围内实现专业分工协作，加强技术管理和进行技术改造，也便于统一销售产品和采购原材料。

（2）纵向并购是指生产过程或经营环节前后相互衔接、密切联系的公司之间，或者具有纵向协作关系的专业化公司之间进行的并购，主要是为了实现生产经营的纵向一体化。纵向并购的优点除了扩大生产规模、节约共同费用外，主要是可以使生产过程各环节密切配合，加速生产流程，缩短生产周期，减少损失、运输、仓储，节约能源和资源。

（3）混合并购是指横向并购和纵向并购相结合的企业并购，混合并购的主要目的在于减少长期经营一个行业所带来的风险。混合并购可分为产品扩张型并购、市场扩张型并购和纯粹的混合并购。产品扩张型并购是指相关产品市场上公司间的并购；市场扩张型并购是指一个公司为扩大其竞争地盘而对它尚未渗透的地区生产同类产品的公司的并购；纯粹的混合并购是指那些生产和经营彼此间毫无联系的产品或服务的若干公司之间的并购。

2. 按照并购是否取得目标公司的同意与合作划分

按照并购是否取得目标公司的同意与合作划分，分为善意并购和恶意并购。

（1）善意并购是指是指并购公司事先与目标公司协商，征得目标公司的同意并通过谈判达成收购条件的一致意见而完成收购活动的并购方式。这种方式下，并购公司和目标公司协商并购的具体安排，如收购方式、收购价格、人事安排、资产处置等，达成一致后实施并购。善意并购因事先与目标企业协商，能得到目标企业的信任和合作，能够降低并购的成本和减少风险因素，成功率较高。但需要注意的是，协商时间过长可能降低并购的价值。

（2）恶意并购是指并购公司事先未与目标公司协商，在目标公司管理层尚不知晓的情况下，或者虽事先与目标公司协商但遭到目标公司的反对的情况下，对目标公司强行收购的并购行为。恶意收购由于事先不与目标企业沟通或者违背目标企业的意愿，往往得不到目标企业的合作，目标企业甚至还会实施一系列的反收购措施，因而并购的风险大，成功率低。但恶意收购可以缩短并购时间。

3. 按照并购资金来源划分

按照并购资金来源划分，分为杠杆并购和非杠杆并购。

（1）杠杆并购是指并购公司以目标公司的资产作为抵押，向银行或者其他金融机构借入收购资金，并购成功后再发行债券来偿还贷款，用目标公司未来的利润偿还债券本息。收购方往往只支付少量的自有资金，一般只占总价款的 10%～15%，大部分资金来自于用目标公司未来现金流量作为保证的各种债务融资。杠杆并购使得并购方收购一些规模较大的公司成为可能。

（2）非杠杆并购是并购方主要以自有资金来完成并购，它与杠杆并购相对应。需要明确的是，非杠杆并购并非不用举债而完全用自有资金承担并购价款。在实践中，几乎所有的并购都会利用借款作为并购价款的组成部分，区别只是在于借款的比例多少而已。

4．按照并购交易是否通过证券交易所划分

按照并购交易是否通过证券交易所，分为要约收购和协议收购。

（1）要约收购是指收购方通过向目标公司的管理层和股东发出购买其公司股份的书面意向书，并按照收购方所公布的要约收购公告中所规定的收购价格、条件、期限及其他规定事宜，收购目标公司股份。这里的目标公司指的是上市公司。要约收购是直接在资本市场上进行的商业行为，受到的规则限制较为严格。

（2）协议收购是指并购方不通过证券交易所，直接与目标公司接触，通过谈判，协商达成双方都接受的协议的并购。协议收购因为是通过双方协商和相互妥协，因此已取得被收购方的理解，有利于降低并购行为的风险，但谈判耗时长，契约成本和时间成本较高。

5．按照并购的支付方式划分

按照并购的支付方式，分为控股式并购、购买式并购、承担债务式并购、吸收股份式并购、抵押式并购、举债式并购和资产置换式并购等。

（1）控股式并购。控股式并购是指并购公司通过购买被并购公司的股权，达到控股，从而对被并购方拥有控制权和经营管理权实现并购。

（2）购买式并购。购买式并购是指买公司资产的并购方式，可采取一次性购买和分期购买方式进行，以取得被并购公司的资产的全部经营权与所有权。

（3）承担债务式并购。承担债务式并购是指在资产与债务等价的情况下，公司以承担被并购方债务为条件接受其资产的方式，实现零成本收购。

（4）吸收股份式并购。吸收股份式并购是指被并购方公司的所有者以其净资产、商誉、经营状况及发展前景为依据综合考虑其持股比例，作为股份投入，从而成为集团公司的一个股东的并购方式。

（5）抵押式并购。抵押式并购以抵押形式转移产权，进而以赎买手段进行产权的再转移，主要是在资不抵债的公司与其最大债权人公司之间进行。

（6）举债式并购。举债式并购采取举债方式筹集资金，利用公司经营与管理等方面的优势，并购一些地区性的中小公司，实现规模经济以取得规模效益。

（7）资产置换式并购。资产置换式并购是指公司将优质资产置换到被并购公司中，同时把被并购公司原有的不良资产（连带负债）剥离，依据资产置换双方的资产评估值进行等额置换，以达到对被并购公司的控制权与经营管理权。

6．按照并购的动因划分

按照并购的动因，分为规模型并购、功能型并购、组合型并购、产业型并购。

（1）规模型并购。即通过扩大规模，来减少生产成本和固定费用的并购。

（2）功能型并购。其目的在于通过并购提高市场占有率，扩大市场份额，从而能够垄断市场。此种并购往往体现了市场激烈的竞争。

（3）组合型并购。即通过并购实现多元化经营以获取组合效益，并减少风险。

（4）产业型并购。产业型并购的目的在于通过并购协调生产工序和销售服务公司，减少中间流转成本，以实现生产经营一体化，扩大整体利润。

二、公司并购估价方法

并购估价关系到并购各方的切身利益，是公司并购过程中最关键的环节。对于不同主体，需求、偏好及能力等方面不同，对企业价值的评估结果会有差异。估价是否恰当决定了是否能够满足各方的需求，也决定了并购活动能否顺利展开。

并购估价是对公司价值的合理估计。企业价值可以分为账面价值、市场价值、内在价值和清算价值。账面价值是在资产负债表中的资产总和（减去折旧和相关备抵科目）减去负债总和，是一个以历史成本为基础进行计量的会计概念，即净资产的价值。市场价值又叫公允价值，它是自愿买方和自愿卖方在各自理性行事且未受任何强迫的情况下竞价后产生的双方都能接受的价格。根据定义，市场价值往往依托于一个公开市场。内在价值是指企业未来所产生的现金流量的折现值。从定义可以看出，内在价值把时点置于未来，企业价值的高低不取决于企业的投入资金，而是看企业未来能产生多少经济效益，因此内在价值更贴近于投资的角度。而清算价值是指企业由于破产和其他原因，被要求在一定期限内将特定资产快速变现的价格，在企业不能持续经营时采用，因此本章不做探讨。根据以上分类，我们把价值评估的方法分为成本法、市场法和收益法三种。

（一）成本法

成本法是指用目标企业资产的现时重置成本扣减各项损耗价值来确定企业价值的方法。这里的企业价值指的就是企业的净值，即为公司的账面价值。买方应委托会计师事务所审查卖方提供的资产负债表的真实性，以了解真实的财务状况，但若欲估算目标公司的真正价值，仍须对各项资产与负债做出必要的调整。因为账面价值是根据历史成本计量的，虽然有折旧和备抵项目的调整，但还是没有考虑到其他因素对账面资产的影响。在资产评估实务中，往往通过以下公式进行计算。

$$目标企业价值=重置成本-实体性贬值-功能性贬值-经济性贬值$$

或：

$$目标企业价值=重置成本×成新率$$

成本法的优点是充分考虑了资产的损耗，有利于企业资产的保值，在不易计算资产未来收益或难以取得市场参照物条件下可以广泛使用。但需要明确的是，当资产的获取成本与其价值的关系难以确定时，成本法的应用就会受到限制。

（二）市场法

市场法又称市场比较法或现行市价法，是指在市场上选择一个或几个与被评估的目标企业相似的参照企业，针对企业的各项价值影响因素，将被评估企业与参照企业进行差异因素的量化比较，经过调整后得到目标企业价值。一般是先找出产品、市场、目前获利能力、未来业绩成长等方面与目标公司类似的公司，将这些公司的净利等各种经营绩效与股价的比率作参考，计算目标公司大概的市场价值。

由于企业分为上市公司和非上市公司，市场比较法也分两种情况。

1．上市公司价值评估

在有效的资本市场上，上市公司的股票价格反映了市场对该公司未来业绩及相关风险的预期，故公司的市场价值实际是投资者对公司内在价值的一致认可。因此，如果目标公司是上市公司，并购公司就无需再对其另行估价，而只要随行就市即可。

2．非上市公司价值评估

对于非上市公司的价值评估，一般找到类似资产作为参照物，或类似资产的成交价格为基础，再对差异因素做必要调整，从而确定被评估资产的现行市价，这种方法又称类比法。由于处于同一行业的某些公司拥有共同或类似的财务特征，所以，某些上市公司的财务数据可用于推断同行业非上市公司的价值。其基本步骤如下。

（1）确定一组参照公司，即与目标公司相类似的公开招股公司。

（2）确定估价参数。可供选择的参数一般有盈利额、账面价值、毛收入等。

（3）将各参照公司的股票市价与所选参数对比，得出其各自的估价比率，根据所选参数的不同，估价比率可能是：

① 股票市价与盈利额比率，简称 *P/E* 值；

② 股票市价与账面价值比率，简称 *P/B* 值；

③ 股票市价与收入比率，简称 *P/S* 值。

（4）将各参照公司的估价比率加以平均，并根据被估公司的具体情形做适当调整，得出目标公司的估价比率。

（5）按下列公式确定目标公司的市场价值（用 *V* 表示）：

① *V*=目标公司的 *P/E* 值×目标公司的盈利额；

② *V*=目标公司的 *P/B* 值×目标公司的账面价值；

③ *V*=目标公司的 *P/S* 值×目标公司的销售额。

（6）按下列公式确定目标公司的并购价值：

并购价值=目标公司的市场价值+适当的市场溢价-适当的流动性折价

由于流动性折价和市场溢价的事先量化充满了主观性和随意性，所以，可以假设流动性折价和市场溢价恰好相互抵消。这样，目标公司的并购价值就是其市场价值了。

市场法是价值评估最简单和最有效的方法，因为其数据基础来自市场，所以能够反映众多买卖者的估值信息，体现出目标企业的公允价值，易于被各方理解和接受。但是由于市场法的前提是需要有公开活跃的市场作为前提，如果市场不够公开活跃，则得出的估值可能离公允价值偏离较大。如果市场对目标企业估值不合理，出现低估或高估的情况，即市场有时没有提供目前价值的合理估值，也会导致估值出现偏差。

3．收益法

收益法是以被评估资产未来预期的收益并折算成现值来评估被并购企业价值方法。收益法最能体现投资的角度，因为企业的价值存在于未来的获利能力，而折现率反映了投资企业所承受的风险回报程度。运用收益法需要明确相关现金流量的确定、折现率的选择和预测期的确定。

（1）现金流量的确定

① 股权现金流量（free cash flow to equity，FCFE）是指归属于股东的剩余现金流量，是公司在履行了所有的财务责任（包括债务的偿本付息、支付优先股利等），并满足其本身再投资需要之后的剩余现金流量，体现了股权投资者对公司某部分现金流量的要求权。其估算公式如下。

$$FCFE_t = EAT_t + D_t - \Delta W_t - \Delta F_t - d_t - P_t + B_t$$

式中，*FCFE* 为股权现金流量，*EAT* 为税后利润，*D* 为折旧额，ΔW 为增量营运资本，ΔF 为增量资本性支出，*d* 为优先股股息，*P* 为本金偿还额，*B* 为发行新债。

在股权现金流量的计算公式中，"资本性支出"是指当年所发生的全部资本支出，如厂房的新建、扩建、改建、设备的更新、购置以及新产品的试制等方面的支出。本期资本性支出和折旧的差额就是"增量资本性支出"。

在预测目标公司的未来现金流量之前，应首先对公司将要经历的发展阶段做出合理的假定。对一个处于高速成长的公司来说，当期的资本支出可能远远超过同期的折旧额；而对一个处于稳定发展期的公司而言，"增量资本支出"较小，甚至为零。公式中的"增量营运资本投资"也与公司所处的发展阶段密切相关。在高速成长期，存货和应收账款等项目的资金占用水平较高，因而"增量营运资本投资"较大；在稳定发展期则相对较小。

② 公司自由现金流量（free cash flow for the firm，FCFF）是指公司在支付了经营费用和所得税

之后，向公司权利要求者（普通股股东、公司债权人和优先股股东）支付现金之前的全部现金流量。它表现为公司资产总额扣除流动负债以后的余额。

$$总资本现金流量=股权自由现金流量+债权现金流量+优先股权现金流量$$

$$FCFF_t = EBIT_t(1-T_t) + D_t - \Delta W_t - \Delta F_t$$

式中，$FCFF$ 表示公司自由现金流量；$EBIT$ 表示息税前营业利润；其他符号的含义与股权现金流量中的相同。根据上式进行现金流量预测时，毋需考虑公司的资本来源，换言之，公司自由现金流量不受公司资本结构的影响，而只取决于其整体资产提供未来现金流量的能力。

需要注意的是，应用公司自由现金流量是对整个公司而不是股权进行估价，但是股权价值可以通过公司价值减去发行在外债务的市场价值而得到。

（2）折现率的选择

一般情况下通常选用公司的资本成本作为折现率。从公司投资者的角度看，资本成本是投资者要求达到的最低投资报酬率（minimum attractive rate of return，MARR）。MARR 与公司的风险成正比。

选择折现率应主要遵循以下原则：

① 在性质上，现金流量应该按与之相适应的折现率来贴现：股权现金流量应按股权成本来贴现；总资本现金流量应按加权平均资本成本来贴现；名义现金流量应按名义折现率来贴现；真实现金流量应按真实折现率来贴现；税后现金流量应按税后折现率来贴现；税前现金流量应按税前折现率来贴现等。现金流量与折现率的性质不配比会导致严重的低估或高估。

② 在时间上也要求按适当的折现率来贴现现金流量。对于要贴现的未来现金流量，也应选用合并后的未来资本成本。

选择折现率的具体选择方法应该在考虑并购方式和被贴现现金流量的类型的基础上进行，具体如下。

① 选择"倒推法"预测现金流量时，目标公司的贡献现金流量实际是联合公司预测总现金流量的一部分，折现率也应该选用联合公司的预期资本成本，这才符合配比原则。

按照配比原则，若被贴现现金流量是按股权基础计算的贡献现金流量，则应选用联合公司的预期股权成本为折现率。由此得出的估价结果是指目标公司的并购价值，即并购公司为购买目标公司的全部股权而应支付的代价。若被贴现现金流量是按总资本基础计算的贡献现金流量，则应选用联合公司的预期加权平均资本成本为折现率。由此而得出的估价结果是指目标公司的买者价值，即对并购公司来说，目标公司的整体价值是多少。从买者价值中扣除长期债务的价值，便是目标公司的并购价值。

② 选择"正向相加法"预测现金流量时，一般对目标公司未来各年的独立现金流量和增量现金流量统一按重组之后的目标公司的资本成本予以贴现。

根据配比原则，若被贴现的现金流量是按股权基础计算的贡献现金流量，则应选用目标公司重组之后的股权成本折现率。若被贴现的现金流量是按总资本基础计算的贡献现金流量，则应选择目标公司重组之后的加权平均资本成本为折现率。

（3）预测期的确定

公司的现金流量模式，往往会影响预测期的选择，所以，在进行预测期的选择时必须仔细考虑公司目前的资本支出计划及其对未来现金流量的影响。实践中通常是逐期确定预测现金流量，一般确定 5 至 10 个预测期。

收益法通常被认为更适合企业并购中的资产评估，因为并购方之所以对目标企业进行并购，大多数情况下是为了获得预期收益，而且这种预期收益带有不确定性，需要进行风险补偿。但是，收益法也有自身的不足，在进行未来预测时其主观性太强，不同的人可能有不同的预测结果。由于目前商业环境的复杂性和多变性，预测未来相当长时间内的各种收益和费用非常困难，因此在运用时需要多加注意。

三、公司并购的风险分析

公司并购与其他的商业行为一样，在为公司带来商业利益可能的同时也充满着巨大的风险。目前，我国企业的并购热潮愈演愈烈，并购被视为企业迅速做大做强的重要手段。但我国资本市场起步较晚，并购的历程短暂，大多数企业对并购的认识还不全面，对并购风险的认识更为不足。而且由于并购双方严重的信息不对称，企业并购风险重重。

我国当前并购活动中的风险主要有财务风险、整合风险、资产风险、营运风险和合同与诉讼风险等。

（一）财务风险

财务风险是指目标公司财务报表的真实性及并购后公司在资金融通、经营状况等方面的风险。并购过程中的财务风险包括定价风险、融资风险和支付风险。

1. 定价风险

目标公司的价值取决于其资产、负债、市场预期、未来自由现金流量等多种因素，而定价风险就是目标公司定价的实际值和预期值的偏离，从而导致的企业财务困境和财务风险。为了获取最大价值，目标企业有粉饰财务报表和夸大收益信息的可能动力，这就会直接导致估价过高，降低并购的回报率。评估过程中评估方法的准确性问题和外部因素的干扰，也使得并购后不能达到预期而陷入财务困境。

2. 融资风险

融资风险是指并购方能否及时足额地筹集到资金以使并购活动顺利进行的风险。并购活动会产生巨大的资金需求，企业必须要有很强的资金筹集能力。融资风险的主要表现形式是债务风险。如果并购方在并购中所付出的代价过高，举债过于沉重，甚至高于并购后所带来的收益溢价，那么可能会出现并购成功而付不出本息导致破产倒闭的情形。

3. 支付风险

支付风险主要有资金流动性风险、股权稀释风险。一是采用现金支付方式产生资金流动性风险，因为现金支付是一项巨大的即时现金负担，公司所承受的压力会特别大，对企业的流动性产生非常大的负面影响。二是采用股权支付方式产生股权稀释风险。股权支付会削弱并购方的控制能力，会摊薄每股收益和每股净资产，对股价产生负面影响，使原有股东受损。三是采用杠杆支付方式产生债务风险。采用杠杆支付虽然可以增强企业的收购能力，但随之而来的是债务风险及财务杠杆数倍放大，影响企业的偿债能力。

（二）整合风险

整合风险是指在并购完成后，并购公司在接管、规划、整合过程中，所遇到的因管理、财务、组织结构等因素出现的不确定性，以及由此导致损失或失败的可能性。企业并购仅仅是扩张的开始，如何整合好并购后的企业才是实现成果扩张的关键。合并后的整合是一项复杂的活动，涉及企业的方方面面，是并购方和被并购方的协同。正确认识并购后整合风险，并采取合适的整合模式，对成功实施并购活动至关重要。

（三）资产风险

资产风险是指目标公司的资产低于其实际价值或并购后这些资产未能发挥其目标作用而形成的风险。并购的实质是产权交易，是所有权转移。所有权的问题看似简单，实际上隐藏着巨大的风险。公司资产账实是否相符、存货可变现程度有多大，资产评估是否准确可靠，无形资产的权属是否存在争议，交割前的资产处置等，都会使买方得到的资产大大少于合同约定的价值。

（四）营运风险

营运风险是指由于营运方面的问题对并购造成的不利影响。并购完成后，由于并购方和被并购方在营运方面的不一致，无法产生经营管理方面的协同效应而无法实现并购的预期效果。营运风险的表现有两种，一是并购行为产生的结果与初衷相违，这种营运风险严重时甚至能够导致企业破产；二是并购后因规模过于庞大而产生规模不经济的问题，这种问题往往出现在一些庞大的企业并购行为中。

（五）合同与诉讼风险

合同与诉讼风险是指并购方无法了解被并购方与他人订立合同等情况引起的风险。比如被并方以信誉或资产为他人设定了担保而没有资料反映，只有到了被并购方要履行担保责任时才会被发现；或被并购方没有全面披露正在进行或潜在的诉讼的具体情况，由于诉讼结果无法预料，这样可能会改变被并购方的资产状况，这些将直接影响着并购方的并购价值。

四、公司并购后的评价

公司并购实施之前和实施之后，都要进行并购的财务评价。并购实施之前的评价是为了对投资方案的可行性进行分析；并购实施之后的评价，是为了对已实施的方案的实际结果予以总结，与原制定的资本运营战略目标进行比较。

对公司并购进行财务评价时，除了考虑使用基本的财务评价指标之外，还要考虑特殊的财务评价方式和评价指标。另外，对于并购行为的财务评价更侧重于事后评价。

（一）对目标公司的评价

对目标公司的评价，主要可以从以下三方面入手。

1．评价资本经营效益

评价并购后的资本经营效益，可以采用的主要评价指标有投资回报率与剩余收益。

投资回报率（ROI）是指公司并购后取得的年净收入的增加额与并购的总投资之比。该指标考虑了投资规模，体现了并购公司对目标公司投资的代价，是一个相对数指标，可用于对不同的并购实体、或不同的时期（并购前后）的比较；还可以用于扩充业务的投资决策。该指标是由并购所导致投资方产生的增量的会计收益率。

剩余收益指标是指目标公司的营业利润超过其预期最低收益的部分，这个预期收益是根据对目标公司的投资占用额乘以并购公司管理层确定的预期最低投资报酬率确定的。如果目标公司的营业利润超过并购公司预期的最低报酬率，就可能为集团带来剩余收益，同样也有利于目标公司；反之，该并购投资将不利于集团，也将减少目标公司的剩余收益。

2．评价经济增加值

并购目标公司应至少使并购公司获得其并购投资的机会成本，那么，从经营利润中扣除权益资本的机会成本后，才是股东从经营活动中得到的增值收益，即经济增加值。

经济增加值=投入资本额×（投入资本收益率-投入资本加权平均成本）

或者用调整后报告期营业净利润与公司平均资本成本的差。该指标综合了公司投入资本规模、资本成本和资本收益等多种因素，与各种静态指标相比，该指标更直接和真实地反映了并购公司的资本经营增值的状况。作为一项并购投资，只有当投资者从目标公司的收益中，获得大于其投资的机会成本后，才表明股东从并购活动中取得了增值收益。在有效的金融环境中，资本成本反映了公司的经营风险及财务风险，由于各种公司所承担的风险大小不同，相应的资本所承担的代价即资金成本也不同。在同样投入资本规模及资本收益水平下，资本成本低的公司所获得的资本净收益更高，资本经营水平更好。对投入资本收益的考核应考虑资本的成本。

3. 评价市场增加值

评价并购后的市场增加值，是从资产的市场价值的角度衡量并购投资所创造的利润。如果一项并购取得了收益，那么目标公司的期末利润必须大于以期初资产的市场价值计算的资本成本，而并不仅仅是超过以公司期初资产的经济价值计算的资本成本。因而该指标是对经济增加值的修正，反映出市场对目标公司整个未来收益预测的修正，是从一个较长的时间跨度中评价并购的增长效益。

市场增加值与经济增加值都是在资本收益中扣除资本成本，但经济增加值中的资本收益率及资本收益是以经营利润为计算依据的，而市场增加值是以资产的市场价值为基础对公司经营业绩的衡量。

市场增加值=期末公司调整后的营业净利润-期末公司资产的市场总价值计算的加权资本成本

该指标认为公司用于创造利润的资本价值总额既不是公司资产的账面价值，也不是公司资产的经济价值，而是其市场价值。经济增加值指标比较适合评价具体某个年份的资本经营效益，而市场增加值是以未来预期现金流量为计算依据的，反映出市场对公司整个未来经营收益的预期，是一种价值评估指标，更适合于评价公司的中长期资本增加能力。

因此，从并购公司的角度评估对目标公司投资的效益，可以将两个指标结合起来，既考虑并购后的会计即时效益又考虑长远的价值增值效益。当并购后的市场增加值与经济增加值均为正时，表明并购公司当前投入资本的收益率大于资本成本，能收到立竿见影的效果，同时，投资者对并购后公司的未来充满信心，预期公司能再创造出超常收益，通常这类公司是市场地位稳定，并且业绩增长大有潜力的公司；当并购后经济增加值为负，市场增加值为正时，表明并购后当前的投入资本收益率低于资本成本，甚至处于亏损，但投资者对公司未来经营前景看好，预期公司能创造出超过实际投入资本规模的资本收益水平，这类公司通常处于快速成长的阶段，正在进行旨在增强今后竞争能力的资本性投资，公司当前的投资、融资及经营活动可望增加公司的资本价值；当并购后的经济增加值为正，市场增加值为负时，表明公司并购后当前投入资本的收益率大于资本成本，资本经营处于良好状态，但投资者对公司未来的前景缺乏信心，公司并购后的投资和融资及经营活动损害了公司资本价值；当并购后经济增加值和市场增加值均为负时，表明并购后公司当前投入资本的收益率低于资本成本，资本经营处于亏损，同时，投资者对未来也缺乏信心，预期公司不能创造出超过实际投入资本规模的资本收益，这种并购则表明失败，面临资产重新分拆、重组的状态。

（二）对并购后集团效应的评价

并购的成功与否在很大程度上取决于并购后公司集团是否达到预期的整体协同效应。与同行业平均水平相比以及与集团历史业绩相比，是否达到财务协同效应和经营协同效应。并购后集团效益的评价指标主要是资本成本降低率和超常收益。

1. 资本成本降低率

资本成本降低率体现的是一种财务协同效益。当一个需求增长低于整个经济增长的行业中的公司，并购另一个在需求高速增长行业中经营的公司时，通过并购和使用并购公司低成本的内部现金达到降低合并后公司的投资成本，从而抓住目标公司所在行业中可以获得的投资机会。这里隐含的假定是两家公司的现金流量不完全是正相关，如果目标公司的现金流量较少，那么利用并购公司的现金流量的机会就会增加；另一个前提是并购公司所在行业的需求增长速度，低于整个经济平均的行业增长速度，其内部现金流量可能会超过其所在行业中目前存在的投资机会的需要，有条件向目标公司提供成本较低的内部资金。通过并购可以使目标公司所在行业投资的资金成本下降，举债能力增强，破产的可能性降低。并购后的目标公司所在的行业投资所需要的资金成本之所以较低，一个潜在的更为重要的原因是内部资金和外部资金的差别，内部资金不涉及证券发行过程中的交易成本，并且通过内部融资从某种程度上可以减少信息上的不对称。

2. 超常收益

公司经营活动的最终目的在于价值增值，并购的所有动因都在于获取超常利润。按照现代财务理论，并购决策的目的是增加股东财富，即并购后股东股票的价值增加。但在实际中并非如此简单。首先，需要一个判定增值的基准，但是在实践中缺乏明确的、公认的衡量标准。另外，从收购当时和收购若干年后两个时期股东财产的变化过程来衡量，主要通过计量股东财产的变化，是采取计算所谓的超常收益，这种方法是用在收购公告宣布的那段时间的正常收益，与不受事件影响的那段时间的正常收益进行比较，这个事件在这里是指收购公告，也可以是分拆、认股权证发行或股利支付等。超常收益的计算是由事件期间内所计算的实际收益，与未发生这种事件时期的预期基准收益相减后的差额。前者资料比较好取得，计算未发生事件时期的基准收益一般是按照估算期，使用股价与股利数据估算出来的，估算期假定没有受到事件的影响，如果超常收益为正，表明收购事件给股东创造了附加值，如果收购是中性的，超常收益为零，超常收益为负值则表明收购对股东不利。

评价体系既应包括对财务协同效应的评价，也应包括获取竞争优势、实现公司经营战略、产生经营协同效益方面的评价。公司的总目标总是要通过各种分部目标或非财务目标来实现，因而，考核时应将财务评价与非财务评价指标相结合。

五、公司并购后的整合

并购是一项极为复杂的系统工程，涉及多方利益，不能仅仅依赖某一个部门，需要来自不同专业背景的多个部门的共同参与。并购是一把"双刃剑"，具有很高的风险。如果整合得好，就会为公司带来巨大的好处；如果整合得不好，不仅不会对公司集团产生正的协同效应，甚至有可能因整合所带来的债务影响，使公司集团面临破产的风险。在实务中，许多企业在实施并购活动时非常注重并购前的分析和谈判，而对并购后的整合缺少规划。波士顿咨询集团的一项研究发现，只有低于20%的公司在收购目标企业前，考虑过两家企业的整合步骤。因此，制定恰当的整合策略，确定自身的整合重点，实施有效的整合方案至关重要。

（一）整合策略

企业并购后整合策略的选择取决于并购双方之间在战略上的依赖程度和在组织上的相互独立程度。战略上的依赖程度反映了并购活动是否会对并购方的战略产生影响，决定着并购方是否需要对自身战略进行重新定位。而组织上的相互独立程度体现了被并购方的独立性，即并购方是否应该对被并购方进行干预和整合及其程度大小。一般来说，企业的整合策略有四种，分别为控制型融合整合策略、保护型融合整合策略、共存型融合整合策略、完全融合整合策略。

1. 控制型融合整合策略

在控制型融合整合策略下，并购双方战略上依赖程度低，组织上独立程度低。并购活动并非并购双方要寻求一种战略上的协同。在这种策略下，并购方应注重对目标企业和并购企业资产组合的管理，最大限度地利用这些资产，充分发挥其能力和优势。

2. 保护型融合整合策略

在保护型融合整合策略下，并购双方战略上依赖程度低，组织上独立程度高。这需要并购方必须要以公正和有限干预的方式来培养目标企业的能力，并允许目标企业全面开发和利用自己的潜在资源和优势。

3. 共存型融合整合策略

在共存型融合整合策略下，并购双方战略上依赖程度高，组织上独立程度也高。并购双方在并购完成后在战略上相互依赖，但在组织形式和日常的生产经营上依然保持着各自独立。以共存为基础的并购更多的是从战略的角度来考虑，并购企业与目标企业没有分享经营资源，但存在着管理技巧的转移。为加强并购的协同效应，并购双方应注意加强交流，相互渗透，实现共同发展。

4. 完全融合整合策略

在完全融合整合策略下，并购双方战略上依赖程度高，组织上独立程度低。完全整合可以说是两家企业长期形成的营销、组织和文化的全部融合。在这种策略下，企业资源需要共享以消除重复经营活动，业务活动与管理技巧也需要进行重组与配置。

（二）整合内容

并购整合并不是一蹴而就的事情。从战略到业务活动，从人力资源到企业文化，它涉及企业的方方面面，是企业资源要素的系统性安排。并购后的整合需要将原来不同的运作体系有机地结合在一起，是并购过程中极其关键的阶段，整合成功意味着并购战略的有效实施，整合不力将导致整个并购功败垂成，甚至并购方由此一蹶不振。因此把握好整合内容，有效实施整合策略至关重要。

1. 战略整合

战略整合包括战略决策组织的一体化及各子系统战略目标、手段、步骤的一体化。它是指并购企业在综合分析目标企业情况后，将目标企业纳入其发展战略内，使目标企业的总资产服从并购企业的总体战略目标及相关安排与调整，使并购企业的各业务单位之间形成一个相互关联、互相配合的战略体系，从而取得战略上协同效应的动态过程。

企业在并购过程中对战略的重新定位和调整，必须依据企业目前的运行状况，并分析企业内外环境的变化以及企业竞争力。实施战略整合需要分析收购后战略延伸的可行性，提出产业整合模式。对企业来说，可以通过 SWOT 分析来确定企业自身的竞争优势、竞争劣势、机会和威胁，从而将公司的战略与公司内部资源、外部环境有机地结合起来，认清自身在本行业的地位、发展机遇和资源优势，确定相应的发展战略。

整合要坚持集中优势资源、突出核心能力和竞争优势。整合不仅仅是对个别或几个职能战略进行简单的拼凑与捏合，更是对企业的职能体系进行系统化的融合与整体优化，是一个非常复杂的系统性工作。因此，必须由管理者根据并购后新企业的使命与目标、总体战略、经营战略运用科学的方法与技巧，采取有效的措施才能实现真正融合。

2. 业务经营整合

业务经营整合是指通过剥离不良资产，优化和调整资产结构、营运流程、组织结构等，创新业务流程，拓展企业的业务、客户及市场渠道，提高企业的经营效率和效益。提高资产效率是企业并购后整合的重要目的，也是企业并购中业务经营整合的重点。在通过战略整合，形成企业的核心竞争力的同时，应该有相应的对策处理低效率的资产，借以产生经营优势和规模效应。

在进行业务经营整合时需要遵循几个原则。一是规模效益原则。在产业结构上考虑能取得较大销售收入的产业，以做大做强为主要调整目标，实现规模效益。二是盈利能力原则。对现有业务进行梳理，根据最近的财务数据，利用波士顿矩阵模型的市场竞争力和获利能力两个指标，整理出明星业务、现金牛业务、问号业务和瘦狗业务。根据业务重组的目的，针对不同类别的业务选择不同的处理方案。通常为了追求业务整合后能够获得较好的经济效益而对明星业务、现金牛业务加以重组，对问号业务和瘦狗业务则保留或放弃。三是注重可操作性原则。参与重组的企业规模大小不一、盈利能力不同，股权结构复杂程度不同，因此，为保证方案的可操作性，重组一般是按先易后难，注重可操作性的原则设计。四是可持续发展原则。对参与重组的业务，要注重其可持续发展能力，对已进入后成熟期或衰退期的业务要慎重整合。

业务经营整合涉及一些业务活动的互补和重复，对于互补的部分，如相同的生产线、研究开发活动、分销渠道、促销活动等，应主动合并与整合，发挥协调和联动作用；而对于重复的部分，如多余的生产、服务活动，应对其进行精简和再造，并协调各种活动的衔接。在业务整合时间的把握上，应结合自身条件和规模，有步骤的进行，切不可一挥而就。

3. 人力资源整合

现代企业竞争在很大程度上是人才的竞争，这是因为人是企业诸多生产要素中最活跃、最富有创造力的因素，人力资本是决定企业效率至关重要的因素。

管理大师彼得·德鲁克曾对企业并购的人事风险指出，主并公司在并购后大约一年内，必须有能力为它所并购的公司配备最高管理人员，如果认为可以买管理，那是一个基本谬误。主并公司必须为可能失去目标公司的高层人员做出准备。有效利用和整合并购后双方的人力资源至关重要，为做好人力资源的整合需要做到以下几点。

（1）做好员工的沟通工作。发生并购后，并购双方都会有各自的顾虑，并购方员工可能会担心拖累自己的经营业绩，从而导致薪酬和奖励受到影响；被并购方员工可能会担心自身的人事变动和薪资水平。因此加强沟通便成为一种解决员工思想问题、提升士气、产生协同效应的必要手段。并且，做好沟通工作还有利于并购方了解目标企业原来管理经营中的不足与问题，为提升经营业绩找到手段。在跨国并购中，还有利于消除并购双方国家间的文化差异和障碍。

（2）指派合适的整合主管人员。并购企业对被并购企业实现有效控制最直接、最可靠的办法，就是从本企业选派既具有专业经营管理能力，同时又忠诚可靠的人担任被并购企业的整合主管。整合主管人员应该为并购双方起到桥梁作用，并且识别出目标企业在人力资源管理上存在的一些不足，从而采取相应的解决方案。

（3）建立良好的考核和激励机制。企业并购后往往会出现被并购方人才流失的现象，出现这种现象的原因有很多，但其中非常关键的一点就是被并购方人员担心新环境下管理考核制度的摩擦。为了解决这种情况，需要建立良好的考核和激励机制，尤其是那些拥有管理和技术特长的人员，其并购后的报酬应不能低于原来的水平，使员工有安全感，并克服绩效评价和工资制度中不合理的现象，激发职工的工作积极性和创造力。

第二节 公司重组

重组可增强企业竞争力，是一种重要的资本运作活动，其关键是如何判断选择企业优势，实现重组协同的高效率，使资源配置达到最大化。

一、公司重组概述

（一）公司重组的概念

公司重组泛指公司之间、股东与公司之间、股东之间为实现公司资源的合理流动与优化配置而实施的各种商事行为，是对公司的资金、劳动力、技术、管理等要素进行重新配置，构建新的生产经营模式，使公司在变化中保持竞争优势。公司重组是针对公司产权关系和其他债务、资产、管理结构所展开的公司的改组、整顿与整合，以此从整体上和战略上改善公司经营管理状况，强化公司在市场上的竞争能力，推进企业创新。从定义上看，前述的并购章节也属于公司重组的一部分。

（二）公司重组的方式

企业重组的方式是多种多样的。目前，我国企业重组实践中存在两个问题，一是片面理解企业重组为企业兼并或企业扩张，而忽视其售卖、剥离等企业资本收缩经营方式；二是混淆合并与兼并、剥离与分立等方式。进行企业重组价值来源分析，首先界定企业重组方式内涵是必要的。

1. 兼并

兼并是指企业以发行股份、债券或支付现金形式交换另一企业全部有表决权的股票或净资产，取得其资产并承担其所有负债，在法律人格上吞并吸收另一企业的法律行为。兼并实质上是一个企业通过购买等有偿方式取得其他企业的产权，使其失去法人资格或虽保留法人资格但变更投资主体的一种行为。

2. 收购

收购是指一个企业以购买全部或部分股票（或称为股份收购）的方式购买了另一企业的全部或部分所有权，或者以购买全部或部分资产（或称资产收购）的方式购买另一企业的全部或部分所有权，以获得对该公司的控制权，但该公司的法人地位并不消失。收购有三种途径，一是控股式，即收购公司通过购买目标公司一定的股份而成为该公司的最大股东，从而控制该公司。二是购买式，即收购公司通过购买目标公司的全部股份而使之成为其附属的全资子公司，从而使收购后收购公司对目标公司有支配权的方式。三是吸收式，即指收购公司通过将目标公司的净资产或股份作为股本投入收购公司而使目标公司成为收购公司的一个股东的方式。

3. 合并

合并是指两个或更多企业组合在一起，原有企业都不以法律实体形式存在，而建立一个新的公司。公司合并可分为吸收合并和新设合并两种形式。一个公司吸收其他公司为吸收合并，被吸收的公司解散，这称之为吸收合并，即本文所说的兼并；两个以上公司合并设立一个新的公司为新设合并，合并各方解散，这称之为新设合并。

4. 剥离

剥离是指在企业股份制改制过程中，将原企业中不属于拟建股份制企业的资产、负债从原有的企业账目中分离出去的行为。剥离并非是企业经营失败的标志，它是企业发展战略的合理选择。企业通过剥离不适于企业长期战略、没有成长潜力或影响企业整体业务发展的部门、产品生产线或单项资产，可使资源集中于经营重点，从而更具有竞争力。同时剥离还可以使企业资产获得更有效的配置、提高企业资产的质量和资本的市场价值。

5. 破产

破产指公司因不能清偿到期债务，无力继续经营，由法院宣告停止营业，进行债权债务清理的状态。具体地说，指企业长期处于亏损状态，不能扭亏为盈，并逐渐发展为无力偿付到期债务。企业改制中的破产，实际上是企业改组的法律程序，也是社会资产重组的形式。

（三）公司重组动因相关理论基础

一般来说，企业重组的目的是保持竞争地位以及响应经济中的变革因素。为了说明公司重组的原因和结果，本文接下来会介绍一些与公司资产剥离和公司重组相关的理论问题。

1. 股利无关论

在 1958 年和 1961 年发表的有关于资本结构和股利的研究论文中，弗兰科·莫迪利亚尼和莫顿·米勒发展了现代公司财务的基础理论。他们分析的核心内容认为，在零交易成本或零信息成本的世界中，企业的价值与债务或权益的选择以及股利政策无关。这说明，无论一个企业是由两个部门组成，还是这两个部门被独立的企业所代替，他们的联合价值都是相同的。这一理论给我们两点启示，首先，公司的管理者武断地将一个公司分成两部分并不能提高企业价值；其次，这一理论将信息成本和交易成本因素作为创造财富的可能来源引入到重组分析中。

2. 激励/监督成本理论

1972 年阿尔钦和德姆赛茨提出了激励/监督成本理论，指出如果一个企业资产的联合生产效率超过了将这些资产单独使用时可能的产出，那么这个企业的本质就是团队生产。在这样的背景中，对投入量的监督室重要的，并且这一工作是由企业中拥有剩余索取权的股东来执行，一个重要的监督功能是评价企业管理层的业绩。该理论暗示如果资产剥离提高了对管理层的激励或者使股东能够更好地监督管理层的业绩，那么将一个公司分为不同的部分就能提高经营效率，并因此提高资产的联合价值。

3. 信息不对称理论

1984 年梅尔斯和马吉洛夫从信息传递的角度考虑重组动因，他们指出，在现代公司中，管理者通常比外部投资者知道更多有关公司投资机会的信息。在信息不对称的情况下，管理层做出有关融资和重组的行为可能向投资者传递了关于企业价值的信息。

4. 交易成本理论

对重组的解释要追溯到科斯的交易成本理论，科斯在 1937 年建立了契约选择模型，该模型把在企业内部或通过市场订立契约的选择作为交易成本的函数。该模型的一个含义就是，当诸如科技这样的变革力量改变了运用市场和在企业内部经营相比的相关成本时，重组就会发生。

二、公司重组模式

从不同的角度，可以把重组分为不同的模式。按重组的具体内容来分，可以分为资产重组、业务重组、债务重组等；按重组的具体形式可以分为分拆重组、整合重组等；按重组的目的不同，可以分为扩张性重组、收缩式重组、内部重整式重组等。虽然公司重组的模式可以分多种，但实质都是对经济要素的重新配置和整合。

（一）资产重组

资产重组是指对一定重组企业范围内的资产进行分拆、整合或优化组合的活动。资产重组是企业重组的核心，企业所拥用的资产并非越多越好，而是能够拥有最大化的协同效应。往往有的公司资产规模过于庞大，造成无效率和拉低资产收益率，对公司造成不良影响。因此，资产重组的原则应该是资产划分与业务划分相匹配、资产与负债相匹配、净资产规模与股本结构相匹配、净资产规模与业绩相匹配。一般来说，资产重组可以分为收购兼并、剥离、分拆、分立和资产置换。

1. 收购兼并

在我国，收购兼并主要是指上市公司收购其他企业股权或资产、兼并其他企业，或采取定向扩股合并其他企业。

2. 剥离

剥离也称作资产出售，是指公司将现有的部分子公司、部门、产品生产线、其他固定资产等出售给其他公司，并取得现金或有价证券作为回报的行为。通过剥离可以使公司资源集中于经营重点，从而更具有竞争力，提高资产质量和市场价值。按照剥离是否符合公司意愿，剥离可以分为自愿剥离和非自愿剥离。

自愿剥离是指当公司管理人员发现通过剥离能够对提高公司的竞争力和资产的市场价值产生有利影响时而进行的剥离。非自愿剥离是指政府主管部门或司法机构以违反反托拉斯法为由，迫使公司剥离其一部分资产或业务。

3. 分拆

分拆是指一个母公司通过将其在子公司中所拥有的股份，按比例地分配给现有母公司的股东，从而在法律上和组织上将子公司的经营从母公司的经营中分离出去，从而形成两家独立的、股权结构相同的公司。如果一家公司通过将子公司公开发行股份的方式将子公司分拆，使子公司成为一个新的上市公司，这种方式又被成为分拆上市。一般来说，分拆上市通常会受到市场的认可，获得更高的市盈率。因为通过分拆，可以降低集团企业多元化经营程度和规模效应递减的负面影响，专注于某一领域，再加上自主权的扩大，分拆后的公司会更有动力去扩展业务，集中精力去发展自己的优势业务。

4. 分立

分立是指一个公司依照公司法有关规定，通过股东会决议分成两个以上的公司。分立可以分为存续分立和解散分立。存续分立是指一个公司分离成两个以上公司，本公司继续存在并设立一个以上新的公司，而解散分立则是指一个公司分散为两个以上公司，本公司解散并设立两个以上新的公司。但从定义上来看，分拆和分立十分相近，但分拆上市与公司分立还是有着明显的区别。首先，在公司分立中，子公司的股份是被当作一种股票福利被按比例分配到母公司的股东手中，而分拆上市中在二级市场上发行子公司的股权所得归母公司所有。其次，在公司分立中，一般母公司对被拆出公司不再有控制权。而在分拆上市中因为母公司此举只把子公司小部分股权等拿出来上市因而仍然对其有控制经营权。最后，公司分立没有使子公司获得新的资金，而分拆上市使公司可以获得新的资金流入。

5. 资产置换

资产置换是指以本公司的资产交换另外一家公司的资产，包括整体资产置换和部分资产置换等形式。企业整体资产置换是指一家公司以其经营活动的全部或其独立核算的分支机构与另一家企业的经营活动的全部或其独立核算的分支机构进行整体交换，资产置换的双方都不解散。资产置换后往往公司的产业结构将得以调整，资产状况将得以改善。

（二）业务重组

业务重组是指对被改组公司的业务进行划分。公司的业务重组是资产重组和其他重组的前提，对企业的继续发展有着重要意义。公司在进行并购和剥离时，首先考虑的往往是业务上的协同和拖累关系，对于有协同效应的业务，企业就会有并购的动机；而两种业务相拖累的情况，企业通常会选择剥离或分立。企业应该制定明确的主业发展方向，强化业务标准，要将与主营业务无关的且对公司利润影响不大，甚至起到负面作用的业务剥离出来。在对主营业务的考虑上，除了需要考虑盈利性原则外，还要坚持完整产业链和可持续发展的原则。这也是为什么有的业务虽然亏损，但企业也依然不离的原因。

（三）债务重组

债务重组又称债务重整，是指债权人在债务人发生财务困难情况下，债权人按照与债务人达成的协议或者法院的裁定做出让步的事项。债务重组通常有四种方式。

（1）以非现金资产清偿全部或部分债务。

（2）修改负债条件清偿全部或部分债务。包括延长还款期限、降低利率、免去应付未付的利息、减少本金等。

（3）债务人通过发行权益性证券清偿全部或部分债务。这在法律上有一定的限制。例如，按照我国《公司法》规定，公司发行新股必须具备一定的条件，只有在满足《公司法》规定的条件后才能发行新股。

（4）通过以上三种形式组合的方式清偿全部或部分债务。

（四）股权重组

股权重组是指股份制企业的股东（投资者）或股东持有的股份发生变更。它是企业重组的一种重要类型，是现实经济生活中最为经常发生的重组事项。股权重组是对公司内部权利与义务的重新调整，通过股权重组使公司产权清晰、权责明确，规范利益分配机制。股权重组可以分为股权转让、增资扩股、股份回购等。

三、重组模式创新

随着重组理论的发展和重组实务的兴盛，从整体上的战略改善到经营业绩的管理，重组的作用日益凸显，在公司重组的发展中，公司重组也出现了新的模式。重组模式的创新，不仅从实务上推进了企业的创新，使企业加速度发展，更丰富了重组理论的内涵，扩大了其外延。

（一）管理层收购

管理层收购（management buyouts，MBO），是指目标公司的经理层或管理层利用杠杆融资或股权交易收购本公司的行为。管理层收购发源于英国，它是在传统并购理论的基础上发展起来的。1980 年，英国经济学家迈克·莱特（Mike Wright）在研究公司的分立和剥离时发现了一种奇特的现象。在被分立或剥离的企业中，有相当一部分被出售给了原先管理该企业的经理层或管理层。此后管理层收购被大量研究，实证分析也证明了管理层收购在降低代理成本、解决内部人控制和搭便车问题、完善公司治理结构等方面起到了积极的作用，因而在欧美发达国家迅速流行。按照收购的主体划分，管理层收购又分为目标公司管理层独立收购、目标公司管理层与员工联合收购和目标公司管理层与战略投资者联合收购。最后一种方式是一种战略投资的引入，战略投资者在恰当的时候出让股权获得资本收益。

1．管理层收购的特点

（1）管理层收购的主要投资者是目标公司的经理和管理人员，他们往往对本公司非常了解，并有很强的经营管理能力。通过管理层收购，他们的身份由单一的经营者角色变为所有者与经营者合一的双重身份。

（2）管理层收购主要通过借贷融资来完成的，因此，管理层收购的财务由优先债、次级债与股权三者构成。杠杆效应使管理层利用少量资本实现收购的同时也带来了很大的债务负担，这就倒逼管理层努力提高发展能力，及时化解债务风险。

（3）管理层收购的目标公司通常是具有"潜在的管理效率空间"的企业，管理层收购节约了大量的代理成本，目标公司经营效率得到大幅改善，使投资者获得超额回报。

2．管理层收购的动因

管理层是一个企业的中流砥柱，是一个充满活力的阶层，在企业中影响和决定着从战略决策到经营活动的各个方面。由于在企业中的特殊地位，管理层对公司的运作有着较为整体的了解，使得其有强烈的动因去进行管理层收购。具体来说，管理层收购的动因有如下几个方面。

（1）解决代理成本。企业所有者以管理层为代理人，如果监督力度不够或两者的目标函数不一致时，在一定程度上会导致管理层置股东利益与不顾，而追求自身利益。而且，多种经营的公司集团有其存在代理成本过高的问题，集团有众多子公司和分支机构，在管理层和所有者利益发生冲突时，管理层收购就成了一种可能的解决方案。

（2）管理层的主观意图。在现代公司治理结构下，上市公司的所有者和管理者相分离，职业管理人员也就是现在意义下的职业经理人，职业经理人进行管理层收购的主要动因有两点。一是他们擅长所在领域或行业的业务，对其服务的公司的经营状况和市场前景也都了如指掌，为了完成自己在职业生涯的梦想对其所在的公司进行管理层收购，从而从公司的管理者变成拥有者；二是管理层的经营战略和公司所有者有着不同的方向，为了实现其战略目标而进行管理层收购。

（3）抵御恶意收购。随着兼并收购的兴盛，恶意收购也日益增多。在此情况下，管理层为了保住职位，往往会采取不同的应对措施。而管理层收购可以提供很有效又不那么具有破坏性的保护型防御。管理层以管理层收购的形式购回所在公司，为防御恶意收购而采用。

（4）企业业务调整的需要。经营多元化的发展为企业发展注入了新的活力，而随着竞争的加剧和世界经济发展放缓的影响，许多企业开始意识到保持企业核心竞争力的重要性，有些企业开始剥离、分立、撤销某些子公司。而在企业剥离、分立的过程中，企业的管理层对这些被剥离、分立的业务较为熟悉，有些管理层开始主动的进行管理层收购。

管理层收购作为一种制度创新，对于企业的有效整合、降低代理成本、提高经营管理效率以及社会资源的优化配置都有重大意义。这样的巨大优势使得管理层收购越来越成为企业并购整合的重要形式。需要注意的是，管理层收购在我国有一些体制环境障碍，如在现有的法律法规框架下缺乏管理层收购得以推行的制度依据，缺乏真正的企业中介机构，职业经理人市场还不成熟等等。但不可否认的是，外部约束的规范不断健全，管理层收购将在我国企业改革中发挥重要作用。

（二）杠杆收购

杠杆收购（leveraged buyout，LBO），是指收购主体以目标公司的资产和未来现金流量为抵押和担保来举债融资收购目标公司的并购模式。作为一种在经济主流领域以外发展起来的新的重组形式，杠杆收购通常并不为相应的债务融资提供担保，而完全以目标公司资产和未来现金流作为融资担保。作为一项金融创新，杠杆收购运用了大量的金融工具和财务杠杆，已发展成为一种重要的重组方式。

1．杠杆收购的类型

杠杆收购根据收购主体的不同可以划分为不同类型。

（1）投资导向性杠杆收购

投资导向型杠杆收购即传统常见的杠杆收购，其收购主体以外部投资者为主。收购集团投入资金先成立一家（有时为两家）在其完全控制下的"影子公司"，然后采取大量举债融资的方式收购目标公司的全部股权，再由目标公司转为非上市公司。这里的外部投资者主要是指一些专门从事杠杆收购的私人股权投资公司，也叫杠杆收购伙伴公司。杠杆收购伙伴公司是以合伙人的形式组成的有限合作公司，规模并不大。其收益一方面来源于收购后的权益增值部分，另一方面是收取交易额1.5%的手续费与公司利润20%的管理费。

（2）管理层收购

管理层收购以公司内部管理层为收购主体，举债融资收购公众公司或其所在公司从属部门，从而成为公司所有者并获得部分控制权的一种收购模式。管理层收购作为杠杆收购的一种特殊形式，有着自身特殊的优势，其具体内容见上节。

（3）管理层主导的员工持股型收购

管理层主导的员工持股型收购是指由公司管理层为主导，公司员工参与的杠杆收购。是一种管理层收购与员工持股计划相结合的一种杠杆收购模式。在公司内部不仅管理层的地位举足轻重，有些员工的技术和经验同样不可或缺。在这种情况下，在管理层和公司员工的协商下，就形成了由管理层主导，内部员工参与的一种杠杆收购方式。这类似于一种股权激励，能够增强员工的主人翁意识，增强企业的发展动力。

（4）管理层买入

管理层买入是指在内部管理者无力购买或无意购买的情况下，以外部管理者为收购主体的杠杆收购。该方法是在20世纪80年代后期，管理层为了获得公司产权的原因而发展起来的。这些原因一是现任的管理层缺乏相应的收购方法，二是私人企业主没有适当的接班人，且不情愿或不能卖出，或想使自己的公司保持独立运行而不被合并到大公司中。原投资者需要管理者的创业技能，以保持公司的、持续发展，但要给外部管理者提供一个合适的投资机会。然而，新管理者需要评估出潜在的买入后的真正形势。在80年代后期的同一领域内，管理层买入远远没有管理层收购的效果好。

2. 杠杆收购的优势与风险

杠杆收购由于其特殊性和灵活性，以及以小博大的特征，具有很多其他重组方式没有的优势。（1）杠杆收购具有杠杆优势。顾名思义，杠杆收购解决了企业收购兼并过程中利用自有资金作为收购资金的限制问题。（2）杠杆收购具有高收益性。在各种投资工具中，股权投资相对于债权投资具有更高的期望收益，通过债权融资，再投资于股权，就有可能获取二者之间的期望收益空间。（3）杠杆收益具有高效率性。杠杆收购提高了公司管理层的持股比例，增加了他们提高公司管理效率的动力，有利于提高公司经营效率。（4）由于高杠杆和高负债率，目标公司有大量的外在债务，杠杆收购完成后，债权人便会加强对目标公司的监管，有利于保障目标公司的安全性。

由于杠杆收购资本结构中的债务资本比例高企，利息负担沉重，所以偿债压力极为严重，对经营效率和资金流的回笼要求极高。具体而言，杠杆收购有如下风险。第一，偿债风险。企业存在不能按期偿还本金及利息的风险。第二，再筹资风险。杠杆收购后，由于负债率的提高，企业的财务空间受到限制，存在不能及时再筹集到所需运营资金，或需要放弃优质的投资项目的可能，给公司带来损失。

总之，杠杆收购是一项复杂的金融过程，在运用时要充分考虑其优势和缺点，使杠杆收购真正成为提高企业经营效率和充分激活企业活力的一种资本运作方式。

知识拓展

企业反收购

兵来将挡，水来土掩。反收购实际上就是反对恶意收购，恶意收购是反收购的前提。反收购的主体通常是目标企业管理层，或者说，反收购是目标企业管理层维护自身利益的举措。面对着恶意收购，目标企业亦可以通过实行反收购措施来维护自身的利益。

毒丸计划是美国著名的并购律师马丁·利普顿1982年发明的，最初的形式很简单，就是目标公司向普通股股东发行优先股，一旦公司被收购，股东持有的优先股就可以转换为一定数额的股票。这样就大大地稀释了收购方的股权，继而使收购变得代价高昂，从而达到抵制收购的目的。

反收购条款又可称为驱鲨剂。所谓驱鲨剂，是指在收购要约前修改公司设立章程或做防御准备以使收购要约更为困难的条款。而"豪猪条款"则是指在公司设立章程或内部细则中设计防御条款，使那些没有经过目标公司董事会同意的收购企图不可能实现或不具可行性。

金降落伞是指目标公司通过与其高级管理人员签订合同条款，规定目标公司有义务给予高级管理人员优厚的报酬和额外的利益，若是公司的控制权发生突然变更，则给予高级管理人员以全额的补偿金。目标公司希望以此方式增加收购的负担与成本，阻却外来收购。

白衣骑士是目标公司更加愿意接受的买家。目标公司在面临收购的威胁时寻求友好公司的帮助，友好公司即白衣骑士。白衣骑士往往会承诺不解散公司或不辞退管理层和其他雇员，目标公司则会向白衣骑士提供一个更优惠的股价。

提前偿还条款是指目标公司在章程中设立条款，在公司面临收购时，迅速偿还各种债务，包括提前偿还未到期的债务，以此给收购者在收购成功后造成巨额的财务危机。这种即期现金流的偿付压力会加大并购公司的财务风险。

课后思考与练习

一、单项选择题

1. 如果并购方以目标公司的资产作为抵押，向银行或者其他金融机构借入收购所需的资金从而完成并购活动，按并购方资金来源分类，则该并购属于（　　　）。

    A. 杠杆收购　　　　B. 要约收购　　　　C. 非杠杆收购　　　　D. 善意收购

2. 公司的纵向并购可以通过对大量关键原材料和销售渠道控制，有力地打击竞争对手，限制其活动范围，增加公司所在领域的进入障碍和提高公司的差异化优势，这是公司并购的哪种动机（　　　）。

    A. 追求规模经济　　B. 提高市场占有率　　C. 谋取特殊资源　　D. 赚取高额利润

3. 在公司并购估价方法中，需要考虑实体性贬值、功能性贬值及经济性贬值的估价方法是（　　　）。

    A. 成本法　　　　　B. 比较法　　　　　C. 市场法　　　　　D. 收益法

4. 在并购完成后，并购公司在接管、规划、整合过程中，所遇到的因管理、财务、组织结构等因素出现的不确定性，以及由此而导致损失或失败的可能性，这是并购风险的（　　　）。

    A. 财务风险　　　　B. 资产风险　　　　C. 整合风险　　　　D. 资产风险

5. 企业所有者以管理层为代理人，如果监督力度不够或两者的目标函数不一致时，在一定程度上会导致管理层置股东利益不顾，而追求自身利益。在这种情况下的管理层收购是为了（　　　）。

    A. 解决代理成本　　B. 管理层的主观意图　　C. 抵御敌意收购　　D. 业务调整的需要

二、多项选择题

1. 在并购过程中，按照并购双方所在行业及并购公司的战略意图划分，可以将并购分为（　　　）。

    A. 横向并购　　　　B. 纵向并购　　　　C. 混合并购　　　　D. 善意并购

2. 在并购过程中，公司面临的财务风险有（　　　）。

    A. 定价风险　　　　　　　　　　B. 融资风险

    C. 支付风险　　　　　　　　　　D. 资本结构偏离风险

3. 甲公司是一家钢铁厂，由于市场竞争加剧，为有效应对市场竞争，经与乙钢铁厂协商，将双方的股权（包括资产与负债）合并在一起，成立一家新的钢铁厂。在这种情况下，上述方式被称为（　　　）。

    A. 杠杆并购　　　　B. 善意并购　　　　C. 横向并购　　　　D. 纵向并购

4. 并购实施后，在对目标公司的评价时，主要考虑（　　　）。

    A. 资本经营效益　　B. 经济增加值　　　C. 市场增加值　　　D. 资本成本

5. 在对并购活动进行风险分析时，以下需要考虑的是（　　　）。

    A. 财务风险　　　　B. 整合风险　　　　C. 消费者风险　　　D. 资产风险

三、简答题

1. 公司兼并和收购的区别。

2. 公司并购估值收益法中股权现金流量和公司现金流量的区别。

3. 公司并购后的整合有哪些？作具体分析。

案例分析

吉利控股集团完成对沃尔沃轿车公司的收购

2010年8月2日，浙江吉利控股集团有限公司宣布，已经完成对福特汽车公司旗下沃尔沃轿车公司的全部股权收购。这场备受关注的至今为止中国汽车行业最大的一次海外并购最终画上了一个圆满的句号。

交易完成之后，雅克布先生将会加入由吉利控股集团董事长李书福先生担任董事长的沃尔沃轿车公司董事会。此外，董事会还将纳入几位新成员，包括将担任副董事长的汉斯奥洛夫·奥尔森先生。此前，汉斯奥洛夫·奥尔森先生曾任沃尔沃轿车公司的总裁兼首席执行官以及福特汽车公司的首席营销官。

吉利控股集团在 2010 年 3 月 28 日签署股权收购协议时宣布，同意以 18 亿美元的价格收购沃尔沃轿车公司，其中 2 亿美元以票据方式支付，其余以现金方式支付。

吉利控股集团为完成收购沃尔沃轿车公司开出了 2 亿票据并支付了 13 亿美元现金，收购资金来自吉利控股集团、中资机构以及国际资本市场。此最终交易价格是根据收购协议针对养老金义务和运营资本等因素做出调整的结果。其余未付的 3 亿美金会根据下半年的养老金等相关数据最终做出调整，但是总价不超过 18 亿美金。

在新的所有权下，沃尔沃轿车将会保留其瑞典总部以及在瑞典和比利时的生产基地，在董事会授权下，管理层将拥有执行商业计划的自主权。

作为交易的组成部分，沃尔沃轿车与福特将继续保持密切的零部件相互供应关系，确保彼此之间继续提供对方需要的零部件。

李书福先生表示："对吉利来说，这是具有重要历史意义的一天，我们对能够成功收购沃尔沃轿车公司感到非常自豪。这一瑞典世界级知名豪华汽车品牌将坚守其安全、质量、环保和现代北欧设计这些核心价值，继续巩固和加强沃尔沃在欧美市场的传统地位，积极开拓包括中国在内的新兴国家市场。"

（资料来源：http://auto.sina.com.cn/news/2010-08-02/1751633367.shtml）

思考：

查找吉利公司、沃尔沃公司及福特公司的相关资料，分析吉利并购沃尔沃的动因，并分析吉利收购沃尔沃后面临的风险和对策。

第十四章　国际财务管理

本章目标　通过本章学习，了解掌握国际财务管理的概念、特点及内容，理解外汇风险的相关知识及其管理方法并能够具体运用。了解国际财务管理中投资、融资的特点和方式，熟悉境外现金管理的内容。

引导案例

光明乳业完成最大海外并购①

2015 年 4 月 1 日，光明食品集团向记者表示，光明食品集团已完成对以色列最大食品企业特鲁瓦（Tnuva）的收购，这是中国乳品行业海外最大规模的并购。

光明食品集团收购了 Tnuva 的大部分股份，包括 Apax 持有的 Tnuva56.7% 的股份和 MivtachShamir 持有的 Tnuva21% 的股份，对应 Tnuva 的市场价值达到 86 亿谢克尔（折合约 25 亿美元，约 153 亿人民币）。虽然光明集团没有透露收购资金，不过以此推算，光明收购资金至少百亿元以上。

Tnuva 食品公司已有超过 85 年的历史，最初以农业合作社形式创办，不仅是以色列最大的乳制品企业，在肉类、冷冻食品等领域也有优势。光明食品集团驻以色列代表 Yossi Shahar 说，光明食品集团是作为一个长期战略投资者的角色进入以色列的，Tnuva 食品公司可以与光明食品集团相关企业在技术研发、市场营销、渠道通路等方面形成协同；也可以汲取以色列高效现代农业的经验，促进光明食品集团全产业链的精细化发展。

一系列的并购提高了光明集团的负债，光明集团对此表示，并购的资金由公司通过海外发债等各种渠道融资取得，通过被并购企业海外上市释放财务风险，未来还要推动 Tnuva 的资产证券化。目前，光明已经上市的 5 家公司资产仅占集团总资产的 20% 左右，未来 3 到 5 年，光明的资产证券化率将达到 50%。光明集团的海外并购还将继续推进，光明集团目前 13% 的国际化经营指数在未来 3 到 5 年将提升到 25%。

作为老牌国资企业，光明食品集团近年来频频"出海"寻求并购机会。2010 年收购新西兰新莱特乳业 51% 股权，并于去年在新西兰成功上市。2011 年 9 月，光明收购澳洲品牌企业玛纳森食品公司 75% 股权。2012 年，光明收购法国波尔多葡萄酒出口商 Diva 公司 70% 股权。同年，又联合一家基金，宣布以 70 亿元人民币完成对英国最大早餐谷物"维多麦"公司 60% 股份的并购。

通过本章的学习，将有助于我们了解国际财务管理的相关知识。

第一节　国际财务管理概述

国际财务管理的目的是协调国际企业的资金流，充分利用国际经营机遇，积极应对国际经营风

① 资料来源：http://news.ifeng.com/a/20150402/43465626_0.shtml

险，实现企业价值最大化。经济全球化的发展加强了各国之间的经济联系，贸易规模不断扩大，经贸关系越来越紧密。世界被经济联系在一起，作为中间纽带的跨国企业无疑发挥了最重要的作用，而置于国际化背景下的国际财务管理将面对新的内容和风险。

一、国际财务管理的内容

在风云变幻的国际市场中，跨国企业面临着特殊的政治风险和外汇风险，这些特殊性决定了国际财务管理研究的独特内容。

（一）外汇风险管理

外汇风险，也称汇率风险或外汇暴露，指一个经济实体（可以是一国政府、银行、企业或团体）或个人，在参与国际经贸活动的一定时期内，以外币计价的资产（债权）或负债（债务）因外币汇率的变化而引起价值增减的可能性。随着经济的全球化发展，众多跨国企业在进行国际贸易、投资、借贷等活动时，不可避免地会在国际范围内收付大量外汇，随之带来了大量的不确定性。企业应该对外汇风险进行有效的管理，避免外汇变动带来的损失。

（二）国际投资管理

随着国际贸易的发展，商品在全球范围内的流动带动了生产要素的流动，带来了国际投资的发展。国际投资分为直接投资和间接投资。与国内投资不同，国际投资面临更复杂的商业环境和影响因素，因此在进行国际投资时，企业需要制定切实的投资方案，通过可行性研究论证，选择有利的投资方式，坚持系统科学的管理，有效地驾驭投资风险。

（三）国际融资管理

跨国公司建立了全球性的错综复杂的经营网，从而产生了全球性的资金需求。与国内融资决策相比，国际融资决策不仅需要进行成本估算、成本分析和偿债能力分析，还须考虑国际融资环境及其融资特点、法律规定、有关币种的汇率等。国际融资决策比国内融资决策要复杂得多，其筹资方式更加灵活多变，主要有国际股票融资、国际债券融资、项目融资、国际租赁和补偿贸易融资等。面对国际金融市场多样的资金来源，公司应在各种因素之间进行权衡，做出正确的决策，选出最佳的融资方案。

（四）境外现金管理

境外现金管理的目标是在保证企业经营活动现金充足的情况下，尽可能减少资金持有量，增加再投资，以获取最大收益。国与国之间的现金转移，会触及不同国家的法律规定，使得现金管理更加繁杂。

二、影响国际财务管理的因素

影响国际财务管理的重大因素有以下几种。

（一）经济因素

金融市场、金融机构的完善程度及东道国的通货膨胀水平影响到在该国投资和融资的难易程度，因此，要关注东道国实行的金融政策，深入了解其汇率政策、货币政策、税收政策等，把握好市场状况。东道国的产业政策、对外贸易政策等，也会对企业的财务管理带来重大影响。

（二）政治因素

政治因素可以从东道国的政治体制及其政权的稳定性、对外资的政策及其稳定性、国际关系等方面考虑。如果东道国政局不稳定，势必会影响到企业的经营，给其收益带来巨大的不确定性。比如发生政变，许多跨国企业的经营场所被查封，给企业带来巨大损失。所以，企业应当仔细分析有关国家的政治环境，充分评估该国政治环境带来的风险。

（三）法律因素

不同的国家和地区有不同的法律规范和要求，有时两个国家有相反的法律规范。因此，国际财务管理需要对不同国家和地区的法律因素进行深入分析。考虑东道国涉及外商投资的法律是否完备、法治是否稳定、执法力度是否坚决，这是对东道国的内部考察。考察东道国与重要国际组织的关系，其签署的国际性的条约和协议及执行情况，这是对东道国的外部评价。

（四）文化因素

社会文化也对企业有不可忽视的影响。影响因素包括文化水平、文明程度、文化传统以及宗教信仰等。

三、国际财务管理的特点

国际财务管理面临着新的环境因素、新的风险来源和新的经济机会。

（一）新的环境因素

在国际公司理财中，要遵循国际惯例，执行有关国家的法律、政策、制度，使用外国货币，要了解有关国家的利率、税率、汇率、通货膨胀率等。因此，国际公司理财的范围更为广泛，环境更为复杂。

（二）新的风险来源

公司进行跨国生产经营活动，除了面临经营风险和财务风险以外，还存在政治风险、外汇风险等。

政治风险是指由于政治方面的原因给公司造成损失的风险。主要有外国政府政策变动风险、战争暴动风险。

外汇风险是指由于汇率发生变动而对公司财务收支和成果产生影响的风险。例如，企业在出口时，由于发出货物和收到货款存在时间差，这段时间内汇率就有可能发生变化，从而有给企业带来损失的可能。因此，进行公司理财工作必须充分考虑外汇风险。

（三）新的经济机会

各个国家的政治、经济情况存在着许多差别，比如货币有软有硬、税种有多有少、税率和利率有高有低，劳动力和商品价格也存在一定的差距，外汇和外贸管制的宽严程度也不相同。因而，企业有更多的选择机会和更多的获利机会。比如，公司可以向利润率最高和税率最低的国家投资；到劳动力和原材料价格低廉的国家建厂，就地生产和销售以获取更多的利润；在原材料价格最低的国家进口原材料，生产产品到价格最高的国家销售等，此外还可从整个公司集团内部各单位的统筹调配中获得新的经济机会。

国际公司理财上述三个特点是相互联系的，新的环境因素产生新的经济机会和新的风险来源。机遇和风险是并存的。跨国经营公司只有适应新的环境，善于抓住新的机遇，注意防范新的风险，才能达到提高经济效益的目的。

第二节　外汇风险及其管理

跨国公司的许多决策都会受到汇率预期的影响，要了解外汇风险，进行汇率预测，根据预测结果有效管理外汇风险，从而实现企业价值最大化。

一、外汇风险概述

（一）外汇风险的含义

外汇风险（foreign exchange risk），也称汇率风险（exchange rate risk）或外汇暴露，指一个经济实体（可以是一国政府、银行、企业或团体）或个人，在参与国际贸易活动的一定时期内，以外币计价的资产（债权）或负债（债务）因外币汇率的变化而引起价值增减的可能性。

外汇风险一般是由外币、时间和汇率变动三个因素共同构成的。以产品出口为例，如果产品外销的应收货款以本币计价结算，成交到收款的时间不论多长，由于不涉及外币，故不存在外汇风险；如果产品外销的货款虽以外币计价结算，但成交日立即收到货款（不存在时间因素），汇率无变动，也不存在外汇风险；如果产品外销的应收货款以外币计价结算，成交到收款经过一段时间，但在这一段时间内汇率无变动，也不存在外汇风险；所以，只有产品外销的应收货款以外币计价结算，成交到收款经过一段时间，而且在这一期间汇率发生了变动，这三个因素同时存在时，才形成外汇风险。

外汇风险管理就是通过对汇率变化方向、变动幅度的预测，对承受风险的外币资产或负债项目进行调整或保值，使公司可能发生外汇损失的风险降低。

（二）外汇风险的分类

外汇风险按照其形成原因可以分为：交易风险（transaction exposure）、经济风险（economic exposure）和折算风险（translation exposure）。交易风险指在约定以外币计价成交的交易过程中，由于结算时的汇率与交易发生时即签订合同时的汇率不同而引起的风险。经济风险指外汇汇率意外的变动对公司价值或股票价格的影响。折算风险是指企业把外币余额折算为本国货币时，由于汇率变动导致会计报表中的有关项目发生变动的风险。外汇风险管理就是对不同风险采取相应措施进行管理。交易风险、折算风险和经济风险在概念上的区分如图 14-1 所示。

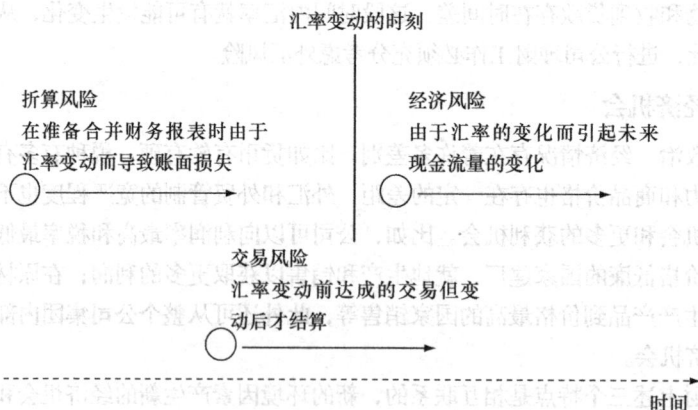

图 14-1　三种外汇风险的概念比较

外汇风险按主体不同分为企业外汇风险、银行外汇风险、国家外汇储备风险。企业外汇风险通常包括了前述的交易风险、经济风险和折算风险。银行外汇风险包括外汇买卖风险和外汇信用风险。在人民币坚挺升值时，外汇多头损失、空头赢利；在人民币疲软贬值时，外汇多头赢利、空头损失。国家外汇储备风险包括国家外汇库存风险和国家外汇储备投资风险。

（三）外汇风险的管理策略

外汇风险的管理措施有资产负债表避险策略、合约性避险策略和经营性避险策略。

1．资产负债表避险策略

资产负债表避险策略是通过调整公司暴露资产和暴露负债的大小来降低风险。由于折算风险的根源在于用同一种外币计量的净资产和净负债不匹配，一般可以采用资产负债表抵补保值，即调整处于不平衡状态的外币资产与负债，使暴露资产与暴露负债达到均衡。当预期子公司所在国货币相对于母公司所在国货币升值时，应尽可能增加资产和减少负债；反之，应尽可能减少资产和增加负债，应该尽可能减少暴露在外汇风险中的净资产。该策略当子公司国货币预期贬值时，对于交易风险和经济风险的规避的方法是保持维持公司当前经营活动所需的最低水平的当地货币现金余额，将超过资本扩张所需的利润转移到母公司，加速当地货币应收账款的收款，延迟当地货币应付账款的付款，将过量资金投资于当地货币存货或其他受货币贬值影响较小的资产，投资于较坚挺的外币资产。当子公司所在国货币预期升值时应采取相反的措施。

2．合约性避险策略

合约性避险策略是公司利用金融工具进行保值避险活动。包括以外汇期货交易避险、以远期外汇交易避险、以外汇期权交易避险、以外汇调期交易避险和货币市场避险。其中，外汇期货交易避险和远期外汇交易避险都是通过锁定购买者在未来某一时点支付的货币价格，使得公司未来的现金流量流入变得更确定，从而达到规避外汇风险的目的。不同的是，外汇期货交易是标准化合约，交割日和每张合同金额都是确定的，而远期合约可以根据公司个体的特殊需要具体订立。使用外汇期货交易避险和远期外汇交易避险能否有好的效果关键在于现时远期汇率（锁定价格）与未来即期汇率的偏差大小，实际上只要这一偏差小于现时即期汇率与未来即期汇率的偏差，那么避险就是有效的。事实上，由于外汇市场上存在众多套利投机者，几乎接近完全竞争市场的远期汇率，反映了整个市场对未来即期汇率的预期，应该可以在相当大的程度上规避外汇波动风险。以外汇期权交易避险，通过购买外汇期权获得在未来选择是否执行合约规定的权利，从而在锁定最大亏损的情况下，一旦汇率朝有利方向波动的幅度大于期权汇率时，公司还可以盈利。

3．经营性避险策略

外汇风险对于跨国公司长期经营的影响，要比对资产负债表和短期交易的影响显著得多。比起前面两种避险策略较多用于短期规避风险，经营性避险策略主要是针对经济风险。经济风险的管理本质是追求风险的最小化而非利润的最大，应该立足于公司的长远发展，在全球范围内积极推行多元化战略。

二、交易风险的管理

交易风险指一个经济实体在以外币计价的跨国交易中，由于签约日和履约日之间汇率变动导致的应收资产或应付债务价值变动的风险。例如，发生的以外币计价达成合同的外币事项，如应收应付账款、外币借贷款项、远期外汇合约以及已经签订的贸易合同或订单等。

（一）交易风险的表现形式

1．商品进出口交易的外汇风险

商品进出口交易的外汇风险是指公司在商品、劳务进出口交易过程中，用外币计价结算，由于成交日到结算日汇率变动，使公司以本币计算的收入和支出数额产生的不确定性。一方面是出口交易中的外汇风险，如出口以美元计价结算，当人民币贬值时，收回的美元货款折合为人民币的数额会增加；当人民币升值时，则收回的美元货款折合为人民币的数额会减少。另一方面是进口交易的外汇风险，其原理与出口相同，只是方向相反。如进口以美元计价结算，当美元升值时，付出的人民币会增加，当美元贬值时，则付出的人民币会减少。

2. 外汇借款的汇率风险

外汇借款的汇率风险是指公司借入某种外汇，由于借入日到偿还日汇率变动，使公司还本付息折合本币数额产生的不确定性。例如，我国某公司从银行借款 100 万美元，期限一年，一年利息率 10%，借款时汇率为 1 美元兑 6.205 7 元人民币，还款时汇率可能有三种情况，①汇率未变，此时汇兑损益为零；②美元升值，如果是 1 美元兑 6.305 7 元人民币，汇兑损益为亏损 10 万元人民币；③美元贬值，如果是 1 美元兑 6.105 7 元人民币，汇兑损益为盈利 10 万元人民币。

3. 远期外汇交易的汇率风险

远期外汇交易的汇率风险是指在远期外汇交易中，由于合约规定的远期汇率与合约到期日的即期汇率不一致，而使按远期汇率付出的货币数额多于或少于按即期汇率付出的货币数额而发生的风险。例如，某公司于 6 月 21 日与银行签订用人民币买美元的远期外汇交易合约，期限半年。远期汇率为 1 美元兑 6.205 7 元人民币，金额为 620.57 万元人民币买 100 万美元。12 月 21 日合约到期时，即期汇率为 1 美元兑 6.105 7 元人民币，如果该公司不签订远期外汇交易合约，按即期汇率用 610.57 万元人民币可买入 100 万美元，进行远期外汇交易反而多付了 10 万元人民币。但如果 12 月 21 日的即期汇率为 1 美元兑 6.305 7 元人民币，按此汇率买入 100 万美元需付 630.57 万元人民币，进行远期外汇交易只需付 620.57 万元人民币，节省了 10 万元人民币。

企业管理交易风险面临三项任务，第一，测定交易风险的程度；第二，决定是否对该风险套期保值；第三，如果决定部分或全部地对风险进行套期保值，则需要选择合适的套期保值的方法。

（二）管理交易风险的方法

企业对以外币标价的部分或者全部应收和应付项目进行套期保值，以避免外币币值变动带来的影响，通常情况下可以选择期货合同套期保值、远期合约套期保值、货币市场套期保值、货币期权套期保值。

考虑到应收和应付项目的本质同一性，这里以管理规避应付项目的交易风险为例，对上述方法进行介绍。

1. 采用远期合约对应付项目套期保值

远期合约套期保值允许跨国公司锁定其购买某种货币的特定汇率，从而帮助公司规避该货币各种应付项目的外汇风险。远期合约由公司与特定的金融机构签署，如商业银行。远期合约明确规定的项目有公司需要支付的货币、公司将要收到的货币、公司收到的货币金额、跨国公司进行货币兑换的汇率（远期汇率）、货币兑换的日期。

【例 14-1】汤姆远洋公司是一家跨国企业，该公司财务总监佳林预计一年后需要支付 600 000 美元给其关联方。财务总监打算通过远期合约在一年后购买美元，合约规定，一年期远期汇率为 6.198 5 元/美元。如果总监购买了一年期远期合约，一年后支付的人民币金额计算如下。

$$人民币支付金额 = 应付美元额 \times 远期汇率$$
$$= 600\,000 \times 6.198\,5$$
$$= 3\,719\,100（元）$$

2. 利用货币市场对应付项目套期保值

货币市场套期保值是指用货币市场头寸抵补未来应付款或应收款头寸。如果企业拥有闲置现金，可以进行货币市场套期保值。

【例 14-2】景南贸易公司一年后需要支付 500 000 英镑，公司财务总监罗斯考虑公司所持现金状况，将人民币兑换为英镑，并办理一年期的储蓄。假设一年期存款利率为 3.25%，则公司需要存入英镑的金额计算如下。

$$应套期保值的储蓄额=\frac{500\,000}{1+3.25\%}=484\,261.5\text{（英镑）}$$

假设美元的即期汇率为 6.800 元/英镑，则需要的人民币金额计算如下。

人民币储蓄金额=484 261.5×6.800=3 292 978.2（元）

应该实施远期合约套期保值，还是货币市场套期保值以抵补未来应付款呢？两种方法的结果都可以提前确定，因此企业应该选择更可行的方案。如果利率平价理论成立，且交易成本不存在，那么货币市场套期保值产生的结果同远期套期保值一样。这是因为远期汇率的远期升水体现两种货币间的利率差异，用远期买入对未来应付款套期保值等同于以本国利率举债而以外国利率投资，用远期出售对未来应收款套期保值等同于以外国利率举债而以本国利率投资。即使远期升水能够用国家间的利率差异来加以反映，交易成本的存在也可能导致远期套期保值的结果不同于货币市场套期保值。

3．用货币期权对应付项目套期保值

在应付项目货币贬值或应收项目货币升值时，远期套期保值和货币市场套期保值这两种方法不能实现套期保值。在这种情况下，不套期保值的策略将可能比远期套期保值或货币市场套期保值更有利。理想的套期保值方法会使公司摆脱不利的利率波动，并且使公司从有利的汇率波动中受益。货币期权有这种功能，但公司要考虑货币期权套期保值的收益是否超过所付出的代价（期权费）。在实施货币期权套期保值中，要注意如下三方面内容。

（1）以货币买入期权对应付项目套期保值

货币买入期权提供在一定时间内，按执行汇率购买一定数量某种货币的权利。不像远期合约，货币买入期权持有者不负以执行汇率购买货币的义务。如果期权存续期内外币即期汇率低于执行汇率，则公司可以让期权失效，以目前的即期汇率购买外币。但是，如果外币即期汇率升值，买入期权允许公司以执行汇率购买外币。也就是说，拥有买入期权的公司已锁定了购买货币的最高价格（执行汇率）。该公司也有让期权失效和以当前即期汇率取得货币用于付款的灵活性。

（2）基于或有曲线的买入期权套期保值成本

采用买入期权进行套期保值的成本，在购买期时并不能够确定。只有当应付项目到期，且那时的即期汇率已知时才能确定。因此，可通过分析应付项目到期时可能的外币汇率，来确定是否买入期权进行套期保值的成本。该成本既包括购买货币支付的成本，也包括买入期权的期权费用。如果应付项目到期时的货币即期汇率低于执行汇率，则可以选择让该期权失效，而以当前即期汇率购买外币。如果外币即期汇率等于或高于执行汇率，可以执行期权，购买外币。

可以通过绘制或有曲线来确定不同汇率情况下，通过买入期权进行套期保值的成本。如果即期汇率波动幅度较大，这种方法将会更有效。

【例 14-3】美国星橙公司 2015 年 3 月根据已经签订的合同及现金预算确定，3 个月后（6 月份）有美元净收入 40 万美元。在公司收到该笔美元后将立即在证券市场上出售，转换成英镑。目前美元的即期汇率是￡0.548 4/$，三个月远期汇率为远期￡0.549 4/$。尽管公司会计主管帕妮预测美元的升值幅度可能超过预期，但还是担心美元汇率因意外而出现有悖于预期的走势。因此决定买进美元看跌期权，协定价格￡0.549 4/$，合约金额为 40 万美元，期限 3 个月。期权费 0.219 0 万英镑。

帕妮经过测算，得出如下结论，平衡点汇率价格￡0.543 9/$。如果 3 个月后，美元汇率上升，超过协定价值￡0.549 4/$，将放弃行使期权；如果美元汇率介于￡0.543 9/$-￡0.549 4/$之间，也将行使期权，遭受的损失不超过期权费￡2 190；如果美元汇率低于￡0.543 9/$，公司通过行使期权可以获得收益。

可以知道，平衡点汇率价格=$400 000×￡0.549 4/$-￡2 190=$400 000×Y

由此确定 Y=（$400 000×£0.549 4/$-£2 190)/400 000=0.543 9。

那么 3 个月后，如果美元汇率上升，超过协定价值£0.549 4/$（假定为£0.5500/$），英镑贬值，帕妮应该放弃行使期权。如果行使期权，星程公司可获得英镑收入=$400 000×£0.549 4/$-£2 190=£217 570；放弃行使期权，可获英镑收入=$400 000×£0.550 0/$-£2 190=£217 810。

（3）基于货币预测的买入期权套期保值成本

或有曲线虽然能够确定应付项目到期时，不同汇率情况下的套期保值成本，却没有考虑币值预测。因此，它并不能帮助决策是否采用货币期权进行期权保值。可以自己进行货币币值预测，能够更准确地估计货币期权的成本。

【例 14-4】腾腾公司希望对其一年期的 100 000 美元应付项目进行套期保值。公司可以购买 100 000 美元的买入期权。假设买入期权的执行汇率为 6.850 0 元/美元，期权费为 0.01 元/美元，一年后到期。假设公司对一年后即期汇率的预测如表 14-1 所示。

表 14-1　一年后美元即期汇率预测

一年后即期汇率（元/美元）	6.8200	6.8600	6.8900
概率	20%	70%	10%

每一种汇率情形下的套期保值成本如表 14-2 所示。

表 14-2　应用货币买入期权对美元应付款套期保值

（1） 情形	（2） 到期日即期汇率	（3） 期权费	（4） 执行汇率	（5）=（4）+（3） 期权总成本 （包括期权费）	（6） 支付人民币金额 （元）
1	6.8200	0.01	6.8200	6.8300	683 000
2	6.8600	0.01	6.8500	6.8600	686 000
3	6.8900	0.01	6.8500	6.8600	686 000

从表 14-2 可见，当到期即期汇率低于 6.85 元时，公司会选择放弃期权。当到期即期汇率高于 6.85 元时，公司会选择执行期权。不同情形下，公司的执行汇率见第（4）列，公司利用期权付出的人民币总成本见第（6）列。

公司可以选择不同种类的买入期权，对于给定的货币种类和到期日，这些买入期权具有不同的执行价格和期权费用。需要在较低的执行价格和较高的期权费用之间做出权衡。或者选择较低期权费用，但要支付较高的执行价格。

4．交易风险管理方法的比较

各种套期保值方法的总结见表 14-3。使用远期合约或货币市场套期保值时，可估计用于未来应付款的资金（以母国货币计价），或在兑换外币应收款后将会收到的资金，其结果是可靠的。这样便可比较成本或收入，确认哪种套期保值方法合适。然而，与货币期权套期保值相关的现金流量难以确定，因为购买应付款的成本和应收款产生的收入不能预先知道。因此，公司需要对基于可能的汇率套期保值所产生的现金流进行预测。公司必须支付期权费用，但是其不具有强制履行的义务，期权同样提供了一定的灵活性。

表 14-3　交易风险套期保值方法汇总

套期保值方法	对应付款套期保值	对应收款套期保值
远期合约套期保值	商议远期合约以买入用于抵补应付款的外币数量	商议远期合约以卖出因应收款而收到的外币

套期保值方法	对应付款套期保值	对应收款套期保值
货币市场套期保值	借入当地货币，兑换成标价应付款的货币，用这些资金投资，直到支付应付款时	借入标价应收款的货币兑换成当地货币投资，然后以应收款的现金流入偿还贷款
货币期权套期保值	买入代表该货币及与应付款相关数量的货币买入期权	买入代表该货币及应收款相关数量的货币卖出期权

三、经济风险的管理

（一）经济风险的含义

经济风险是指由于汇率变动对公司产销数量、价格、成本等产生影响，从而引起公司未来一定时期利润和现金净流量的不确定性。经济风险的影响是长期的，而交易风险和折算风险都是一次性的。一般来说，经济风险的大小取决于市场竞争结构以及这些市场如何受汇率变动的影响，而这种影响又取决于一系列经济因素，如产品的价格弹性、汇率变动对市场的直接影响（通过价格）及间接影响（通过收入）等。

一个公司即使没有任何跨国经营活动也会面临经济风险，因为绝大多数国家的商品与金融市场是相互联系并相互影响的。例如，如果本国货币升值，将会对一个只在国内生产销售的公司产生不利影响，因为来自国外的竞争加强了，进口原材料的竞争对手也处于有利的地位。

经济风险涉及面广，不仅包括财务内容，还涉及市场营销、供应和生产等各个方面，因此，其风险由整个公司管理层承担，而交易风险和折算风险由财务人员承担。

经济风险所测量的是汇率变动对公司经济效益的影响，因此，经济风险的测量是公司从整体上进行预测、规划和进行分析的过程。它一般运用概率分析，其预测的准确程度将直接影响该公司在融资、销售与生产方面的战略决策。

（二）经济风险的管理

经济风险的管理目标，是预测汇率变动对未来现金流量的影响，并采取必要的措施，避免风险，减少损失。对从事跨国经营的公司来说，经济风险管理的重要方法就是实现多元化，即经营多元化和财务多元化。

1．经营多元化

经营多元化是指不仅在不同业务领域经营，而且也在不同地区、不同国家经营。经营的多元化要求公司管理人员对不同国家或地区的差别和变化予以关注和了解，以迅速采取措施对其经营策略加以调整，从而增强其竞争力。

如果国际公司经营行业的范围及跨越的地区、国家相当广泛，由于资产组合效应，汇率变化的风险可以在不同国家和地区之间部分或全部抵消，即汇率改变对公司现金流量的影响可能会因多元化经营而减少。

2．财务多元化

财务多元化主要是指融资多元化和投资多元化。即公司可以从多个国家的金融市场筹集资金，用多种货币计算，如果有的外币贬值，另外的外币升值，就可以使外汇风险相互抵消。同时，公司可以向多个国家投资，创造多种外汇收入，就可以适当避免单一投资带来的风险。

另外，公司还可以将外币应收款与外币应付款进行配合。例如，使美元应收款与美元应付款的数额基本上相等，如果美元贬值，使应收款的实值减少，而应付款的实值也相应减少，使风险抵消。

财务多元化不仅可以避免外汇风险，还可以降低资金成本，减少政治风险。

四、折算风险的管理

为了编制合并报表，集团企业需把每个子公司的财务数据折算为本国货币，这时就会产生折算风险。即使折算时不影响现金流量，许多公司仍关心折算风险，因为它会影响公司的合并利润从而影响公司的股价。因此，许多公司会考虑对其折算风险进行套期保值。

（一）用远期合约对折算风险套期保值

企业可运用远期合约对折算风险进行套期保值。具体说来，可以卖出子公司所在国的货币远期合约，构造现金流出，与未来将要收到的利润收入相抵。下面举例说明远期合约对折算风险套期保值。

【例 14-5】珠海公司是中国公司在美国的子公司，存在风险资产\$3 200 万元，存在风险负债\$2 400 万元。当美元汇率由 6.109 5 元上升到 6.209 5 时，公司的风险净资产是多少？由美元升值引起的折算利得或损失是多少？

$$风险净资产=3 200-2 400=\$800（万元）$$
$$折算利得=\$800×（6.209 5-6.109 5）=\$80（万元）$$

（二）对折算风险套期保值的局限性

对折算风险套期保值有四个局限性。

（1）收益预测值不准确

子公司对年末收益的预测值是存在误差的，但如果实际收益高于预测值，而且子公司计价外币在当年大幅贬值，折算损失可能会超过远期合约策略产生的收益。

（2）某些货币无远期合约

现实中并不是所有的货币都有远期合约，在较小国家不能得到该国货币的远期合约。

（3）会计信息的扭曲

远期汇率利得或损失反映了远期汇率和将来即期汇率的差异，而折算利得或损失体现这一期间的平均汇率。另外，折算损失不能抵税，而用于对折算风险套期保值的远期合约的利得需要纳税。

（4）交易风险增加

套期保值使企业可能增加交易风险。例如，子公司货币升值的话，就会产生折算利得，如果企业在年初实施套期保值策略，产生的交易损失将一定程度地对折算利得抵消。

第三节　国际投资管理

信息技术的不断发展，不仅打破了各国企业投资的地域限制，而且为企业多元化投资带来无限可能与便利。全球经济一体化、区域化、集团化的趋势日趋明显，国际投资早已成为企业国际化进程中最活跃的因素。与国内投资相比，复杂多变的国际经济形势与各国差异化的国家经济政策不断向企业国际投资决策提出新的要求，能够充分利用各国经济条件选择合适的投资方式，并能够有效规避风险获得更高的收益是国际投资决策的主要内容。

一、国际投资的概念和特点

（一）国际投资的概念

国际投资是指投资者为获得比国内投资更高的收益而投放资本于国外的行为。各个国家为了实现经济发展目标而利用外资、增加就业、推进新技术革命并进行产业结构调整，促进了资源的优化配置，推动了本国经济的发展。

（二）国际投资的特点

1．投资动机的多元性

不同公司的投资动机各不相同，为了获得高额利润，维护和扩大国际市场，充分利用现有设备、技术和人力；带动机器设备、成品、半成品和劳务的出口，扩大对外贸易；开发和利用国外自然资源，增加外汇收入，取得和利用国外的先进技术和科学管理经验，降低投资风险等。但国际投资的直接动机就是为了增加收益和减少风险，即为了获得高于国内经营的利润率，减少实现预期收益的风险。

2．资金流动的多样性

由于国际资本具有双向流动性，既包括本国对外国投资，又包括外国对本国投资，这导致投资资金来源的多样性和资金投放的多种选择。资金来源既可以是公司的净资产，也可以是各国政府、单位和个人的资金，以及向当地金融市场和国际金融市场筹集的资金。投资选择面也很宽泛，可以直接在国外投资办企业，可以购买各种外国债券、股票、国际基金等分散资金风险。在投资的行业上也可以打破国家和地区的限制，可以投资一些国外需求很大同时在本国有较大的资源或劳动力优势的行业。

3．投资主体代表的民族性

进行国际投资的主体为数众多，有国家、政府、公司和各种经济组织及个人等，对于东道国来说来自不同的民族和国家。他们要受东道国政府的管辖，要向东道国政府纳税，可能会受到贸易保护主义和民族异己主义分子的歧视。

4．投资计价货币的多样性

在国际投资中，要采用可以自由兑换的货币或可以向第三国办理支付业务的货币及其支付手段，如美元、欧元、德国马克等。

5．投资风险的多重性

国际投资的风险性包括国际投资中的政治风险、外汇风险和经营风险，如前已述。

6．投资环境的复杂性

国际投资涉及的地域广泛，在不同国家和地区，其政治、经济、金融体制、自然环境的千差万别。即使在地域接近的国家和地区内，不同国家的经济发展程度不一致，其经济制度和市场化程度也不同。而这些因素综合起来就加大了投资环境的复杂性。不同国家的税收、利润分配制度、商业法律和惯例等方面无不存在着很大的差异，在财务投资决策时必须要注意到这些差异并对这些差异进行调整。在国外建立公司要登记注册，接受投资国政府管辖，向被投资国政府依法纳税，遵守和执行接受投资国的方针政策、法律和有关规定。国际投资要受到各方面条件的制约，在复杂的经济条件下协调各方面的利益。

二、国际投资的种类和方式

国际投资分为直接投资和间接投资。

（一）国际直接投资

国际直接投资，是指投资者在国外所投资的公司中拥有足够所有权或控制权的投资。

1．直接投资的方式

国际直接投资方式主要有两种：一是在国外建立新企业，即跨国创建；二是通过跨国并购获得国外企业的控制权，即跨国并购。下面对这几种方式进行分析和比较。

（1）跨国创建

跨国创建新企业是指投资者在境外创建和经营新的企业，又称"绿地投资"。新建企业可以采取合资经营、独资经营或合作经营等多种组织形式。选择不同的组织形式将会对跨国企业未来发展产生不同影响。

合资经营创立的企业一般是股份有限公司，各出资方根据协商的股份对公司的债务负有有限责任。合资经营是国际直接投资中最常见的形式。

合资经营的优点在于：第一，由于合资经营的一方是东道国的投资者，可以减少因东道国政策变化而面临的跨国公司资产被征用风险。因为东道国在实行这种极端政策时，不得不考虑本国投资者或政府在合资企业中的利益；第二，由于共同出资经营，共担风险，这将会分散投资者可能发生的损失；第三，合资经营往往可以享受到东道国对外国投资者的特别优惠政策，有时由于合资公司中东道国的利益所在，甚至能够享受到东道国对本国企业的优惠政策；第四，能够使外国投资者迅速融入当地社会、文化等氛围中，加快对东道国的了解。然而，合资经营寻找合作伙伴、审批手续等都需要较长的时间和复杂的手续，有时会因此错过有利的商机。另外，很多国家都对合资企业的外资比例严格限制，外国投资者不能完全控制所投资的外国公司，往往会造成在管理过程、收益分配过程中的摩擦，不能从跨国公司母公司的角度出发及时转移利润实行合理的国际间的避税策略。

在国外设置分公司和子公司是独资经营的主要形式。设立分公司的优点是手续简便，只需要缴纳少量的登记费就可取得营业执照。分公司所在国对分公司财产没有法律上的处理权。母公司能够全面控制分公司的经营活动。分公司对母公司在亏损抵税和免缴利润汇出税等纳税上具有一定的优惠。但是，设立分公司，母公司要对分公司的债务负无限连带责任，可能会对母公司产生不利影响；分公司影响面较小，开展业务活动较为困难。设立子公司的优点是，母公司只对其负有限责任；子公司被视为东道国当地企业，受到的经营限制较少，可享受到东道国当地政府的税收减免等优惠待遇；可以独立地在东道国银行贷款，不必像分公司那样必须有由母公司担保；子公司在其东道国营业终止时，可通过出售其股份、与其他公司合并或变卖资产等方式收回投资。设立子公司的缺点有手续较复杂、费用较高、审批手续较为严格、产品进入东道国市场的竞争较为激烈等。

独资经营的优点在于：第一，公司的控制权和经营管理权不会像合资或合作经营那样产生各方利益纷争，确保投资方的利益；第二，可以利用各国税率不同，通过国际转移价格的方式进行合理避税。但是，很多国家都对外国独资企业的行业或范围进行了严格的限制。国防、电力、医疗、通讯等关系国计民生的行业一般不允许外国投资者进行独资经营。另外，外国投资者在其经营过程中往往不能很快融入东道国的社会文化氛围中，造成对所投资国的人文环境缺乏客观了解而影响决策。

合作经营的组织形式不一定是统一的经济实体，所以合作经营企业未必都有法人地位。合作经营与合资经营的最大区别是合作经营企业的投资和服务等不计算股份和股权，企业各方的权利和义务不是根据股权确定的，而是通过合同约定的；合资经营企业各方的权利和义务则主要是按合资各方的出资比例来确定。

合作经营企业的优点在于：第一，合作经营的方式较为灵活，企业形式、管理方式、利润分配以及合作双方各自的权利、义务都可以在合同中约定；第二，创建合作经营企业审批手续比较简易，所需要的时间较短。但是，这种灵活的合作形式也有其不利的一面。例如，不如合资企业规范，在合作过程中容易对合同上的有关条款发生争议，给合作经营企业的正常发展带来不利影响。

合作开发多采用招标方式，东道国企业与中标的外国投资者签订开发合同明确各方的权利、责任，组成联合开发公司，是一种国际经济技术合作的经营方式。这种投资方式多用于海上石油开发、矿产资源的开采以及新开发区的开发。

国际直接投资之所以能够迅速发展，跨国并购的投资方式起了决定性的作用。自 20 世纪 80 年代中期以来，跨国并购逐渐取代了跨国创建成为推动对外直接投资增长的主要动力，是近年来跨国公司对外直接投资的重要方式。

（2）跨国并购

跨国并购包括跨国收购和跨国合并两种方式。跨国收购是购买另一国企业的整个资产或足以行使经营控制权的股份，以获得该企业的控制权。跨国合并则是原来属于两个不同国家企业的资产和经营被结合成一个新的法人实体。在全球的跨国并购中，收购占了大部分，合并占跨国并购的比例不足 3%。

并购方式的优点在于：

① 有利于投资者利用被并购企业在当地市场已建立的良好商誉、广泛的客户关系及完善的产品销售渠道，快速进入市场。

② 有利于投资者利用被并购企业现成的管理、技术及人才，可以极大地减轻投资者在管理方面的压力。

③ 有利于实现产品多元化。当并购企业跨越原有产品的范围而实行多种经营时，并购方式不仅可以迅速增加产品的种类，还可使企业获得有关新产品的产销技术和经验。

④ 有利于投资者规避政治风险，当企业有可能被本国政府收归国有时，投资者通常利用并购的方式，迅速进行资本转移，躲避政治风险。

但是，并购方式也存在一定的缺点：

① 容易受到东道国政府及社会的限制，如果东道国政府担心外商并购当地企业不利于民族工业的发展，通常会对并购方式加以限制。

② 对被并购企业的价值评估存在一定的困难，因为不同国家有不同的会计准则，一些被并购企业的财务报表中的错误和粉饰，增加了购并价值评估的难度，同时，由于国外的信息收集较难、可靠性差，以及无形资产的评估难以像实物资产那样用数字准确地表达，也将增大对收购该企业预期利润估计的难度。

③ 风险较大。由于被并购企业和并购企业在经营管理的体制、理念、方法上存在一定的差异，而且并购企业欲在被并购企业内推行新的信息系统和控制系统是一个缓慢而艰难的过程，这也是导致并购方式失败的主要原因。此外，采用并购需要对被并购企业一次性投入巨额的资本，且需要现金，对于那些不具有资本优势的企业来说，是一种沉重的资本负担。

一般认为，跨国并购是跨国公司企业价值最大化动机下的产物，并购可以产生不同的经济效应。

首先，规模经济效应。并购使跨国公司的规模和生产能力得以扩大，达到规模效应，产生财务、管理和经营的协同效应，达到低成本、高收益的目的，进而提高生产效率和研发能力。在经济全球化的形势下，跨国并购形成规模优势，使跨国公司获得信息和创新机会。

其次，协同效应。跨国并购把处在不同区域技术上具有紧密联系的企业纳入同一企业，整合到一起，在资源利用上取得协同效应，从而降低成本，达到企业价值最大化的目标。

再次，国际市场效应。并购降低了进入国外市场的壁垒，充分利用被并购企业的各项资源优势，如资产、销售渠道、人力资源、技术资源等，实现低成本、低风险的国际扩张。此外，并购可以减少跨国企业国外市场的竞争对手，提高市场占有率，增强对市场的控制能力，当这种能力达到一定程度时，可以获得垄断利润。

最后，避税效应。各国税收制度有差异，并购可以给企业带来财务上的效益，比如通过改变资本结构享有东道国的税收优惠。

为选择最佳的投资方式，除了解各种方式本身的特性外，还必须对企业的内部和外部因素进行分析和评价。例如，考虑产品在企业发展战略中的地位、产品生命周期、技术水平、商标和广告开支、对外直接投资的固定成本等内部因素，及东道国的政治环境、经济环境、社会文化环境和法律环境等外部因素。

2. 直接投资的动因

企业进行国际直接投资通常出于以下动机。

（1）打破国际贸易壁垒

各国政府出于政治考虑，往往通过设置关税壁垒、进出口配额等方式来限制商品、服务以及自然资源的自由流动。有时，为了保护本国弱势产业，大力扶持和发展民族产业，或者其他目的，政府甚至禁止某种商品在国家间的流动。贸易壁垒对产品在国家间的自由流动设置了障碍，会增加企业出口产品的成本和费用，进而提高进口企业产品在国际市场上的价格，削弱产品的竞争力。在这种情况下，企业利用国际直接投资，以资本、技术、中间产品等形式在国外投资生产，有利于突破贸易壁垒，寻求新的商业机会，维护和扩大国际市场，使企业能够在日益剧烈的市场竞争中求得生存和发展。例如，美国对日本进口的汽车征收高关税后，日本的本田、丰田、尼桑等汽车公司纷纷在美国建厂，以绕过美国进口配额的限制。

（2）充分开发和利用国外的资源

由于各国的自然资源、地理环境的禀赋不同，在国外直接投资开办工厂，可以直接利用各国具有竞争优势的资源以追求最大利润。有数据显示，我国人均石油和天然气分别不到世界人均拥有量的 1/8 和 1/20，并且关系到国计民生的大部分矿种难以满足需要，资源短缺已成为我国经济发展的制约因素。通过对外直接投资，开发和利用国外的自然资源，可以较好地缓解国内某些资源的不足。同时，在各要素市场中，劳动力市场是最不完善的要素市场，一国的劳动力价格可能被严重的低估，而劳动力的转移受到较大的限制。因此，企业可以选择要素价格水平较低的国家和地区进行直接投资，以国外廉价的资源获得较高的投资收益率。比如丰田、通用、福特、索尼、松下等，在劳动力价格低廉的国家如墨西哥、印度尼西亚、马来西亚、中国、泰国等投资建厂。

（3）纵向一体化跨国公司为了保持其产品的原材料供应充足，往往在原材料供应国进行直接投资，垄断了这一原材料的供应，对其他厂家设置进入壁垒，进而攫取利润。跨国公司对自然资源加工领域，如提炼、矿物开采、森林开采等进行直接投资就是出于这种考虑。同时把这些自然资源的后续加工产业也设在当地，可以节约运输成本。例如，荷兰的皇家壳牌集团给其提炼精油的部门提供原材料，从拥有石油资源的沙特阿拉伯购进原油。原油垄断国的公司拥有很高的议价能力，壳牌公司不得不用较高的价格购买原油。原油的价格变动很大，公司对其上下游产业进行纵向合并，可以很好地解决这个问题。

（4）延长产品生命周期

"产品生命周期"理论是市场营销学中的概念，是指产品像任何事物一样，有一个诞生、成长、成熟、衰退的过程。生命周期理论认为，每种新技术产品都要经历创始阶段、产品成熟阶段、产品标准化阶段、产品衰退阶段。在产品生命周期成熟阶段，尤其是标准化阶段，竞争的关键是降低成本，而企业在本国所具有的优势已开始下降，因此，企业进行直接投资，在国外建厂生产，可以提高市场占有率，抢占海外市场份额，提升企业竞争力，延长产品的生命周期。在不同阶段，企业应采取不用的投资战略，在产品成熟尤其是标准化以后，应以直接投资的方式将生产转移到工资低、成本小的地区。

（5）利用投资组合分散风险

投资组合原理表明，如果把相关系数较小的投资项目组合起来，可以有效地降低非系统风险对收益的影响。由于国际间资本流动的限制，投资者往往不能在国际间形成有效的投资组合。跨国公司却可以通过分散的国际间的投资，为其股东提供分散化的服务，降低公司经营风险。例如，日本丰田汽车公司在 2000 年～2001 年间，因其在欧洲的子公司销售业绩良好，从而减轻了亚洲金融危机带给它的冲击。有些企业由于所在国政局不稳或经济衰退，在本国投资风险较大，因而向投资环境良好的国家进行投资，就有利于分散和减少投资风险。

（二）国际间接投资

间接投资是指投资者不直接掌握被投资公司的动产或不动产的所有权，或在投资对象中没有足够控制权的投资。国际间接投资通常也称为国际证券投资，是指投资者在国际金融市场上购买其他国家政府、金融机构和公司发行的债券以及公司股票的行为。它一般不涉及对投资所形成的资产的经营和管理，只是按规定获得利息，以资本增值为目的。证券投资具有选择面宽、资产分散的特点，因而许多投资者往往采用证券投资组合来降低和分散投资风险。证券投资是除现金之外最具有流动性和变现性的资产，因此，投资者通过证券投资来保持资产的流动性，也是其主要目的之一。

1. 间接投资的种类

根据不同的标准，可以对国际证券投资进行如下分类。

（1）证券投资按目的与期限，划分为短期证券投资和长期证券投资。

① 短期证券是指能够随时变现并且持有时间短于一年（含一年）的有价证券。如短期国库券、商业票据、银行承兑汇票及从证券市场上购入的各种上市股票和债券等。当公司拥有暂时闲置的资本时，为保证资本的流动性，可以在资本市场购入随时可以变现的短期证券，在不影响资本使用的情况下获得投资收益。

② 长期证券是指到期日长于一年的有价证券。如从证券市场上购入的上市股票和债券，以及不上市股票和不能上市但期限在一年以上的债券等。长期债券包括以各个国家货币标值的外币债券、欧洲债券等。国际股票投资品种包括各国股票市场上发行交易的股票，以及股票的替代形式，如美国存托凭证、全球存托凭证、国际证券存托凭证、欧洲证券存托凭证等。企业可通过积累整笔资金或对其他企业进行控股而购入各种长期证券。

一般而言，短期证券投资的风险小，变现能力强，但报酬率相对较低；长期证券投资的报酬率一般较高，但时间长，风险大。

（2）证券投资按其收益状况，划分为固定收益证券投资和变动收益证券投资。

① 固定收益证券是指在所投资证券的票面上规定有固定的收益率，即持券人可以在特定的时间内取得固定的收益并预先知道取得收益的数量和时间。如债券票面上一般有固定利息率、优先股票面上一般有固定股利率、商业票据一般有贴现率。

② 变动收益证券是指所投资证券的票面不标有收益率，其收益情况随企业经营情况而变动，如投资于浮动利率债券及普通股股票等。一般来说，固定收益证券投资的风险小，收益率低；变动收益证券投资的风险大，收益率高。

公司证券的发行人将对固定收益证券的持有人承诺每年支付一笔固定数额的利息，而对于变动收益证券的持有人则承诺以当时的市场利率为基础支付利息。

（3）证券投资按对象与性质，划分为债权性证券投资、权益性证券投资和混合性证券投资。

① 债权性证券投资是指企业投资于各种公司债券、政府债券和金融债券。该证券持有人是发行单位的债权人，对发行单位没有管理权。这种投资活动一般能够预计到未来的投资收益，总体风险相对较小。

② 权益性证券投资是指公司购入其他公司普通股票。该证券的持有人是证券发行单位的所有者，一般对发行单位都有一定的管理和控制权。这种投资活动一般不能准确预期未来投资收益的大小，总体风险相对较高。

③ 混合性证券投资是指企业购入既有债券特点又有股票特点的双重性质的证券，如可转换证券和附认股权证的债券等。它们与股票相联系，投资者在购买后的一定期限内可以将其转换成股票，当企业破产时，债权证券的求偿权在先，混合性次之，所有权证券排在最后，所以，所有权证券一般要承担较大的风险。

2．间接投资的意义

企业进行国际证券投资的意义主要有以下几个方面。

（1）能够有效利用外汇资金。投资者为了有效利用资金，将正常经营中暂时多余或闲置的外汇资金购入非本身业务需要、但易于变现的证券，并短期内根据证券市场动态，伺机出售变现，以谋取较银行存款利息更高的收益。

（2）能够积累巨额外汇资金。投资者为了应付未来某些特定用途所需要的巨额外汇资金，如建立外汇偿债基金，可按期拨出一定的外汇资金，购买风险较小的证券，以积累未来某项支出所需要的外汇资金。

（3）能够控制外国股份公司。投资者为了竞争的需要，谋求对外国某一股份公司进行控制，而购入不准备在短期内出售的该公司的普通股，当所购入的股份数量达到足以控制公司经营的程度时，该公司就成为其附属公司或子公司，以所有者身份参与股份公司的经营决策和管理，扩大经营，增加收益。

（4）能够降低风险。由于国际证券投资是在具有不同经济环境的国家进行的，因此可供投资的证券相关性较低，关注国际市场发行的股票比只关注国内市场发行的股票可获得更多的机会，国际多元化投资可以带来更好的收益、更小的风险。

（三）直接投资和间接投资的区别

1．投资目的不同

直接投资不但取得企业经营的利润，且在一定程度上控制企业的经营管理权；间接投资则只是以取得利息或者股息，并不企图参与企业的经营活动。

国外企业的股票也是国际金融市场上的投资对象，投资者购买国外企业的股票，从理论上来讲，也就拥有了国外企业的部分财产所有权以及相应的管理权，那么，如何区分直接投资和间接投资呢？区分的标志是对国外企业的有效控制权。根据国际货币基金组织的解释，这种有效控制权是指投资者拥有企业一定数量的股份，因而能行使表决权并在企业的经营决策和管理中享有发言权。

由此可见，这两种投资的区别从某些方面来看只是数量上的区别，当间接投资所拥有的股份超过一定比例时，就转化成了直接投资。目前，国际上并没有形成对国际直接投资范畴所需拥有的最低股权比例的统一标准，国际货币基金组织出版的《国际收支手册》认为，在所投资的企业中拥有25%或更多的股票投资，可以作为控制所有权的合理标准。许多国家也在其外国投资法或相关的法律法规中，规定了构成外国直接投资所需拥有的最低股权比例，以区别于其他形式的外国投资，一般认为拥有10%以上的外国投资为国际直接投资。

2．复杂程度不同

间接投资一般体现为国际货币资本的流动或转移，其过程比较简单，而直接投资的过程要复杂很多。从其本质上讲，是生产资本在国际间的流动或转移，不仅有货币形式的资本转移，还有物质有形形态的资本转移和无形资产的输出。直接投资在股权确认、谈判过程以及实际操作过程等各方面都要复杂于间接投资。

3．投资回收期不同

直接投资参与另一国企业的生产经营中，投资周期一般在 15 年左右，其投资主要是由企业的利润直接偿还的；间接投资则不受企业利润的影响，回收期短，可随时在资本市场上进行交易。

4．投资风险不同

直接投资的资金流动性小，一旦进入项目后就不易退出，风险较大；间接投资的流动性很强，可以适当降低投资风险。

第四节　国际融资

国际融资是指通过国际金融市场来筹集企业发展所需的流动资金、中长期资金。其目的是进入资金成本更优惠的市场，扩大企业发展资金的可获取性，降低资金成本。在融资问题上，如何趋利避害是跨国公司财务管理的重要课题。国际融资管理，则是指企业通过科学地谋划和合理地组合，以最有利的条件筹措资金，寻求并建立最佳资本结构。对于跨国公司来说，它们需要在做出最终决策之前考虑哪种融资方式更具有价值。为了实现价值最大化，要比较各种国际融资方式的优劣，从中选择合适的国际融资方式。

一、国际融资特点

与国内融资相比，国际融资的特点主要表现在以下几个方面。

（一）融资风险大

跨国公司在融资过程中受不同国家地区的汇率、利率和税率等因素的影响，还受到各国经济发展方式、政治环境、法律环境、文化背景等多重因素的影响。因此，其融资有相当大的不确定性。不确定性越大，其风险越大。

（二）资金成本可降空间大

在不同的国家或地区进行融资可以分散风险，还可充分利用不同国家的金融市场谋求更低成本的融资渠道。跨国公司可以利用国际贸易融资、国际租赁融资和国际项目融资等专业性融资方式，降低资金成本。由于其经营规模和多样化的特征，跨国公司很容易利用趋于国际一体化的国际资本市场，利用内部转移定价机制将资金从一个公司转移到另一个公司，规避金融市场分割对企业的不利影响，获得较低的资金成本。

（三）融资规模效应明显

跨国公司可以在国外市场筹集债务资金、在各国资本市场上发行股票或让子公司在东道国进行融资。市场流动性的增强导致资金边际成本在一个更大的资金预算范围内保持不变，从而使跨国公司能以原先同样低的边际资金成本筹集到更多的资金，而使更多的投资项目满足资本预算要求，实现显著的融资规模效应。

（四）融资管制和信息透明度要求高

在国际金融市场上进行融资，一般都有严格的融资管制和信息透明度要求。成熟的投资者也要求跨国公司在国际融资时进行充分的信息披露。若信息披露违规，将会受到较严厉的惩罚。

二、国际股权融资

国际股权融资是企业在国际资本市场上发行股票或接受东道国私人股权投资进行融资的一种重要方式。各国资本市场对外开放程度越来越高，这种方式也越来越重要。通过国际资本市场融资，跨国公司可以获取稳定的资金以满足长期健康发展的需要。

（一）境外上市

境外上市是指国内股份有限公司向境外投资者发行股票，并在境外证券交易所公开上市。境外上市的优势有适用法律更易被各方接受、审批程序更为简单、可流通股票的范围广、 股权运作方便以及税务豁免等。如 2014 年，阿里巴巴在美国上市，融资创出天价，刷新了美国市场的 IPO 交易记录。企业直接在境外上市不仅拓展了融资渠道，同时扩大了宣传，提高了公司的知名度。需要注意的是，境外上市公司受监管更为严格，发行成本和维护成本也较高。

（二）利用国际股票分销网络

国际企业可以与投资银行等金融机构联系，由投资银行等金融机构承购新发的股票，然后通过广泛的通信网络和销售集团，将股票向世界各国投资者销售，利用分销网络较大规模地发售股票，利用全球各地的资金。

（三）证券存托凭证融资

证券存托凭证融资又称"存股证"，它是由一国存托银行向该国投资者发行的一种代表其他国家公司证券的可转让凭证，是为方便证券跨国界交易和结算而创制的。存托凭证所代替的基础证券通常为其他国家公司的普通股股票，目前已扩展于优先股和债券，最常见的存托凭证主要为美国存托凭证（ADR）及欧洲存托凭证（EDR）。我国目前已在境外上市的上海石化、上海二纺机、马鞍山钢铁等公司均采取 ADR 境外上市融资。

（四）通过国际私募进行股权融资

私募是相对于公募而言，私募是指向小规模数量合格投资者出售股票，通过对非上市企业进行的权益性投资，在交易实施过程中附带考虑了将来的退出机制，即通过上市、并购或管理层回购等方式，出售持股获利。私募资金比较偏向于已形成一定规模和产生稳定现金流的成形企业，投资期限一般为中长期。国际上较为著名的私募基金有黑石基金、CVC 等。

三、国际负债融资

国际负债融资是指跨国公司通过银行贷款、发行债券等形式进行资金筹集。与国际股权融资不同的是，国际负债融资并不涉及所有权的问题，借款公司主要是通过自己的信誉和偿债能力向国际市场筹集资金。通常，国际负债融资可以通过向国际商业银行借贷和在国际市场发行公司债券取得。

（一）国际商业银行贷款

国际商业银行贷款是指借款人为某一项目，在国际金融市场上向外国银行借入资金。外国银行既包括资金雄厚的大银行，也包括中小银行及银行的金融机构。根据不同的分类标准，国际商业银行贷款有不同的种类。

1. 根据贷款的期限划分

根据贷款的期限，国际银行贷款分为短期贷款、中期贷款和长期贷款。短期贷款通常指借贷期限在 1 年以下的资金。借贷期限最短为 1 天，称为日贷。还有 7 天、1 个月、2 个月、3 个月、6 个月、1 年等几种。

中期贷款是指 1 年以上、5 年以下的贷款。由于这种贷款期限长、金额大，有时贷款银行要求借款人所属国家的政府提供担保。中期贷款利率比短期贷款利率高。一般要在市场利率的基础上再加一定的附加利率。

长期贷款是指 5 年以上的贷款，这种贷款通常由数家银行组成银团共同贷给某一客户。银团贷款的当事人，一方面是借款人（如银行、政府、公司、企业等）；另一方面是参加银团的各家银行（包括牵头行、经理行、代理行等）。

2. 根据借款人的类型划分

根据借款人的类型，国际银行贷款分为同业拆放和商业贷款。同业拆放是银行之间相互提供的信贷业务，通常是短期贷款。商业贷款是银行向工商企业和政府等非银行客户提供的贷款，以中长期贷款为主。

3. 根据利率的类型划分

根据利率的类型，国际银行贷款分为固定利率贷款和浮动利率贷款。固定利率是指借贷双方在贷款协议中明确规定并在整个贷款期限内都保持不变的利率。浮动利率是指在贷款协议中规定定期调整的利率。

4. 根据贷款的提取方式划分

根据贷款的提取方式，国际银行贷款分为定期信贷和转期信贷。定期信贷是在确定的期限内，借款人按照约定逐步提取贷款资金，经过一段宽限期后逐步偿还本金，或到期一次性偿还本金。其利率可以是固定利率或浮动利率。转期信贷是借贷双方约定在未来的一段时期（如 3 年或 10 年）内，连续向借款人提供一系列短期贷款（如 6 个月），新旧贷款首尾相接，旧的贷款到期偿还后银行自动提供新的贷款，利率以当时的市场利率为准。借款人有权不提取新的贷款，但对未提取部分要支付一定承诺费。转期信贷的出现使一系列首尾相接的短期贷款实际上形成了可变期限的中长期贷款。

（二）国际债券融资

债券是借款人发行的对长期债务承担还本付息义务的金融工具。国际债券是指一国的企业（或政府）在其他国家发行的债券，按照不同的分类标准可分几个种类：外国债券和欧洲债券、公募债券和私募债券、一般债券、可兑换债券和附认股权债券。下面就外国债券和欧洲债券做具体介绍。

1. 外国债券

外国债券是指在发行者所在国家以外的国家发行的，以发行地所在国的货币为面值的债券。例如，中国政府在日本东京发行的日元债券、日本公司在纽约发行的美元债券就属于外国债券。由于各国对居民和非居民发行债券的法律要求不同，有不同的税收规定、发行时间和数量、信息披露、注册要求等。

2. 欧洲债券

欧洲债券是指在别国发行的不以该国货币为面值的债券。例如，墨西哥政府在东京、伦敦、法兰克福等地同时发行的美元债券就属于欧洲债券。欧洲货币单位和特别提款权不是任何国家的法定货币，因此，以其为面值的国际债券都是欧洲债券。

四、国际融资新渠道

除了利用以上主要融资渠道外，还可以利用利率互换、货币互换及国际融资租赁筹集资金。

（一）利率互换

利率互换是指交易双方以一定的名义本金为基础，将该本金产生的以一种利率计算的利息收入（支出）与对方的以另一种利率计算的利息收入（支出）相交换。交换的只是不同特征的利息，没有实质本金的互换。利率互换可以有多种形式，最常见的利率互换是在固定利率与浮动利率之间进行转换。

（二）货币互换

货币互换（又称货币掉期）是指两笔金额相同、期限相同、计算利率方法相同，但货币不同的债务资金之间的调换，同时也进行不同利息额的货币调换。货币互换双方互换的是货币，它们之间各自的债权债务关系并没有改变。初次互换的汇率以协定的即期汇率计算。

交易方采用货币互换的两个主要原因，一是可在利息成本降低的情况下利用互换来的货币进行债务融资，这是由于交易双方在其各自的国内资本市场上具有比较优势，二是通过货币互换可得到规避长期外币风险的好处。

（三）国际融资租赁

国际融资租赁是指国际出租人按照承租人的要求购买物并租赁给承租人，由承租人按约定支付租金，在租期结束时，承租人得以支付租赁物象征性余值并取得租赁物所有权的交易。近代融资租赁活动始于第二次世界大战后的美国。20 世纪 60 年代后，国际租赁业务蓬勃发展，欧洲各国、日本等国相继出现国际租赁公司，国际融资租赁成为跨国企业融资渠道。

第五节　境外现金管理

现金是国际企业正常运转的"润滑剂"，流动性强，盈利能力差。如果企业缺乏足够的现金，就面临周转不灵的威胁。如果企业持有过量的现金，在降低财务风险的同时也会降低企业的收益。所以，国际企业在现金管理方面的目标就是在国际环境中保证生产经营活动所需现金的前提下，尽量减少现金的持有量，充分利用资金获取更多收益。

一、境外现金管理的内容

现金管理一词从广义上理解。一是对流动资金的优化与配置，二是对剩余资金的再投资。在国际环境中，经常涉及国与国之间的资金转移支付，而不同的国家法律规定不同，使得现金管理变得繁琐复杂。境外资金的流动去向和内容可以用图 14-2 所示。

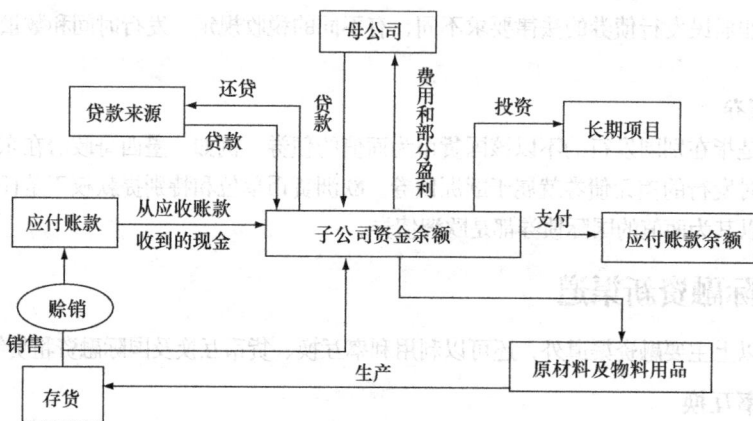

图 14-2　境外资金流动图

境外现金管理方法分集中形式和分散形式两种。境外公司集中资金流量管理，是指公司设立全球性或区域性的现金管理中心，从总体利益的角度对母子公司的资金进行统一调度。分散现金管理是指各自子公司管理自身的资金。随着国际经济环境的复杂多变，要求现金管理系统实现集中分配与调度，最大限度的发挥财务杠杆作用，同时降低财务风险。

境外现金管理主要包括以下两方面内容。

（一）迅速有效地控制公司的资金的持有形式、币种及时间

资金主要包括银行存款、备用金、存款证及有价证券等项目。企业的资金分布广泛、数额巨大，管理更为复杂。企业要求其子公司持有的资金金额以满足应付交易为上限，其余汇至现金管理

中心，由中心负责安排持有资金币种。

（二）优化利用资金资源的存量

在资金的分配和调度上，企业不但要考虑资金成本和利息，还要考虑汇率风险和通货膨胀。企业可以编制母、子公司的资金计划和预算，对其分支机构的资金头寸进行分析和管理，建立全球业务活动的资金转移系统，实现资金的统一调配，将风险降到最低。

二、集中现金管理

集中现金管理是指企业建立全球性的现金管理中心，从公司利益出发对母公司及子公司的资金余额进行统一调配。资金的调配根据全公司的需求进行，为实现公司的全球战略目标服务。集中现金管理的体制下，子公司只需要留存日常交易所需的最低资金额度，其余部分一律由调配中心进行管理和运用。国际经济环境下现金管理中心的所在国需要有稳定的政治环境，可以实现资金的自由流动，且币值坚挺，完善的资本市场，宽松的税收政策，快捷高效的通讯网络。

（一）集中现金管理体制的优势

集中现金管理体制被广泛应用，其具体优势如下。

（1）集中现金管理，使现金持有量尽可能降低，减少闲置资金，提升资金的盈利能力。持有资金要满足交易动机、预防动机和投机动机，在集中现金管理体制下，各子公司持有日常交易所需的资金，仅满足交易需要。现金管理中心管理预防动机和投机动机所需资金。集中调配的优点在于，现金管理中心在满足预防动机和投机动机需要的资金远远小于各子公司持有资金的总和，节约的资金可以通过短期投资，为企业赚取利润。

（2）集中现金管理，可以帮助境外公司现金管理全局化、一体化，尽可能地利用定价转移机制，为公司带来盈利。在"公司利益高于一切"的宗旨前提下，集中现金管理体制可以规范子公司的现金管理制度，在母子公司间形成有机系统，实现统一调度。目前，国际经济环境复杂多变、变动频繁，境外公司更有必要提高现金管理集中化程度。

（3）集中现金管理，可以实现公司现金管理专业化，提高现金管理效率。公司聘请财务专家负责现金管理中心的资金调配，财务专家可以搜集各国货币市场的利率情况，提供专业及时的信息和先进的管理经验，根据国际经济环境，做出最适合企业的投资及融资决策。

【例 14-6】某跨国公司分别在中国、德国、法国有子公司，假设公司的资金余额持有量是子公司资金平均需要量加三个标准差，标准差 σ 指实际资金需要与预期的离散程度，三家子公司资金需要服从正态分布，彼此相互独立，那么在分散形式和集中现金管理下公司的资金余额会有所差异，如表 14-4 所示。

表 14-4 现金管理表

子公司	分散管理			集中管理		
	平均需求 a	标准差 σ	$a+3\sigma$	平均需求 a	标准差 σ	$a+3\sigma$
中国子公司	$8 000	1 000	$11 000	$8 000		
德国子公司	$11 000	2 000	$17 000	$11 000		
法国子公司	$10 000	2 000	$16 000	$10 000		
合计	$29 000	5 000	$44 000	$29 000	3 000	32 000

标准差 $\sigma = \sqrt{1\,000^2 + 2\,000^2 + 2\,000^2} = 3\,000$

由表 14-4 可知，公司在分散形式管理下资金占用量达到 44 000 美元，而在集中现金管理下只需 32 000 美元，节约 12 000 美元。

（二）集中现金管理模式

集中现金管理不代表管理中心控制企业一切的资金业务，子公司留有一定的自主权。企业可以依据自身特点采用最合适的集中现金管理模式，是现金管理更为有效。集中现金管理模式主要有如下几种。

1. 统一收支

统一收支模式是指企业的所有资金活动都由财务部门负责管理，子公司不享有支配权，公司要求资金收支的批准权集中在经营者手中。这样的集中现金管理模式可以帮助企业收支平衡，提高资金的利用效率，减少闲置资金。但是，这种模式不利于子公司实现开源节流，影响其经营的积极性，严重将导致企业活动效率低下。

2. 发放备用金

发放备用金模式要求企业在固定的期限给其各个子公司派发资金，供其各项交易活动。子公司可以在发生资金活动时，汇报至集团财务部门予以报销。显而易见，在发放备用金模式下，子公司掌握了一定的资金支配权和经营权，可以在规定的范围内进行独立决策。但是，该模式要求子公司不单独设立财务部门，其报销过程较为繁琐，会消耗一定的人力物力。

3. 建立结算中心

结算中心是指由企业内部设立的，专门用于办理子公司资金往来业务的部门。作为一个独立运行的部门，结算中心集中管理子公司的资金流入，并将其汇总至结算中心的账户下。建立结算中心模式可以实现全面监管集团及子公司的资金流动方向。共同对外融资，提高了资金利用效率，节约了资金成本；对于子公司来说，可以让子公司无需对外借款，形成收支两条线。值得注意的是，该模式是对资金的流动、投资等决策过程的集中化，子公司仍可以拥有较大的经营权和决策权。

4. 成立财务公司

财务公司模式于 1716 年产生于法国，自此之后英美等国相继效仿，它指的是通过发行商业票据、债券和股票，或者通过银行借款获得资金，运用这些资金为客户和工商企业提供贷款和其他金融服务的非银行金融机构。

财务公司是企业集团和专业银行之间的联系纽带，财务公司通过金融等手段把子公司的财力集中起来，提高集团凝聚力，发挥综合优势。财务公司充分发挥金融枢纽作用，强化集团的整体融资功能，充分利用剩余资金，重点发挥集团的关键投资项目。

作为企业营运资本与金融资本的完美结合，众多大型企业已经开展财务公司。表现较为出色的海尔财务公司，截至 2014 年，资产规模从最初的 20 亿元达到超过 600 亿元。财务公司的提出顺应了金融与经济体制改革的宏观趋势，也符合企业资金运营的要求。

（三）优化现金流量的具体方法

1. 加快现金流入

管理现金的关键是加快现金流入，减少现金持有量。企业可以通过电汇、锁箱系统、电子资金转账系统实现现金的加速流入。

2. 净额支付

净额支付是优化现金流量的一种方法，其原理非常简单，子公司间的资金往来只需要转移净额即可。在净额支付系统下，境外企业子公司间的频繁交易不需要即期登记并结算支付，只需要在规定的日期内支付交易净额。如某境外企业的美国子公司将其价值 200 万美元的产品销售给英国子公司，英国子公司又销售价值 300 万美元的半成品给美国子公司，资金往来总额为 400 万美元，但实际支付只需要美国子公司向英国子公司支付 100 万美元。

通常情况下，资金转移成本约占转移数额的 0.25%~1.5%，这其中包括银行手续费、汇款费用等交易成本，以及资金在途的机会成本。现在假设资金转移成本是 1%，那么前文中，该境外企业可以通过净额支付系统节约成本 3 万美元。根据主体的数量，我们将净额支付系统分为双边净额支付和多边净额支付。双边净额支付系统是两个单位间的交易活动，可能是母子公司间，也可能是两个子公司之间。多边净额支付系统是双边净额支付系统的进一步扩展，通常包含母公司和多个子公司间的复杂结算交换。在多边净额支付系统下，境外企业往往选择在汇率较低的国家建立支付中心，用于负责交易情况的记录和汇总。对于多数境外企业来说，运行多边净额支付制度有利于大大降低资金的管理成本和货币兑换成本。

【例 14-7】JCD 公司在多个国家设有子公司，各子公司间的资金收付情况如表 14-5 所示。

表 14-5 子公司资金收付情况汇总表　　　　单位：万美元

		收款公司					
		美国	英国	日本	韩国	法国	合计
支付公司	美国	—	40	80	20	60	200
	英国	60	—	50	60	30	200
	日本	50	30	—	10	40	130
	韩国	70	20	50	—	10	150
	法国	10	20	60	20	—	110
	合计	190	110	240	110	140	790

表 14-5 列出了各子公司的资金收付情况，第一行数据表示美国公司欠款英国公司 40 万美元，欠款日本公司 80 万美元等等，以此类推。在实行多边净额支付系统过，子公司间的资金收付情况如表 14-6 所示：

表 14-6 多边净额支付表　　　　单位：万美元

		收款公司					
		美国	英国	日本	韩国	法国	合计
支付公司	美国	—	0	30	0	50	80
	英国	20	—	20	40	10	90
	日本	0	0	—	0	0	0
	韩国	50	0	40	—	0	90
	法国	0	0	20	10	—	30
	合计	70	0	110	50	60	290

多边净额支付系统的实施关键在于建立结算中心，又称为净额支付中心，它通常采用集中管理制度，记录和汇总子公司内部账户发生的全部交易信息，一般设置在汇率较低，并在外汇管制最为宽松的地区。

综上所述，多边净额支付系统的优势主要有以下几个方面。

①减少了境外企业外币兑换的需求，进而降低货币兑换发生的交易成本；②减少资金转移的数额及次数，在减少消耗人力物力的同时，也降低了资金转移发生的费用；③在净额支付的过程中，净额支付中心会严格控制子公司间的信息输出，间接改善子公司本身的财务处理及汇报系统；④实现集团业务的专业化、规范化。

3．现金规划与预算

现金规划与预算的有效支撑是完善的报告制度，通过现金预算，境外企业可以集中实现资金管理，及时、准确地了解子公司的现金流入及流出情况，有效配置集团的全部现金资源。一般来说，境外企业通过编制现金预算表进行现金的规划与预算，随着市场竞争日趋激烈，企业风险意识逐渐加强，企业的信息整理跨度已经从最初的每月更新到每日。

4．降低现金流动产生的课税

除了要考虑转移现金发生的成本，也要考虑现金流动产生的税收。如果子公司所在国政府对汇出利润征收高额税金，那么可以考虑转移定价政策，改变融资策略或建立再开发票中心来降低整体税负。

企业也可以提前或推迟内部应收账款以优化其现金流量，本质上是改变商业贷款期限来减少持有资金的机会成本。

知识拓展

外汇衍生品在中国

外汇衍生品作为一种现代化的金融工具，为企业规避汇率风险发挥着重要作用。目前，我国的外汇衍生品市场还处于发展阶段，各品种的交易量都不够大，未形成有一定代表性和权威性的地区定价中心。因此，外汇衍生品的功能还没有被充分发挥。

目前，我国的衍生品市场主要存在于以下几个问题。

1．交易品种不够完善。我国外汇衍生品种主要包括人民币与外汇间的衍生品即远期结售汇交易、外汇间衍生品交易、离岸人民币无本金交割远期汇率交易（NDF）、银行间远期交易和掉期交易。缺乏国际外汇市场上普遍存在的外汇期货及外汇期权等交易品种，不能为我国汇率市场化改革提供有效的市场保障。

2．交易量还不够大。能进入外汇衍生品市场进行交易的主要是国有商业银行、股份制商业银行、政策性银行及外资银行分行等银行类金融机构，很多非银行金融、大型机构投资者和大型企业都未能进入外汇衍生品市场。交易量不够大体现出来的问题就是交易市场不够活跃。

3．未形成有一定代表性和权威性的地区定价中心。在我国外汇衍生品交易中，银行代理客户在国际金融市场交易，对于银行自身的外汇资产，也通过国际金融市场管理，我国银行在世界主要国际金融中心只是扮演参与者的角色，我国未形成有一定代表性和权威性的地区定价中心，这与中国经济规模和影响力是不相符合的。

为充分发挥外汇市场在汇率发现、资源配置和风险管理中的作用，我们应采取一系列措施发展外汇衍生品市场，以加大市场深度，扩展市场广度，增加透明度，提高流动性。外汇衍生品不管对金融机构还是企业来说，都是非常有效的避险工具。在发展外汇衍生品的态度上，不能因为过于担心风险和历史上出现的教训而止步不前。我们需要的不是闭关锁国式的敬而远之，而应该是对其充分了解，完善监管制度，主动加深对汇率风险的认识并加强防范意识，增加对避险工具的运用，使其更好地服务于我国的外汇风险管理和企业对外汇市场的风险控制。

课后思考与练习

一、单项选择题

1．某人以每单位 0.05 美元的期权费用购入了一份英镑看跌期权，执行汇率是 1.80 美元/英镑，行使该期权时英镑即期汇率为 1.60 美元/英镑。假定一份英镑期权有 100 000 单位，则他在该期权上赚取的利润为（　　）美元。

  A. 10 000   B. 15 000   C. 20 000   D. 25 000

  2. 在约定以外币计价成交的交易过程中，由于结算时的汇率与交易发生时即签订合同时的汇率不同而引起收益或亏损，这种风险属于（　　）。

  A. 交易风险   B. 经济风险   C. 折算风险   D. 变动风险

  3. 通过跨国购并获得国外企业的控制权属于国际投资中的（　　）。

  A. 国际直接投资 B. 国际间接投资 C. 分散投资   D. 新设投资

  4. 统一收支对应的现金管理模式为（　　）。

  A. 分散现金管理 B. 动态现金管理 C. 零基管理   D. 集中现金管理

  5. 通过采用转移定价政策、改变融资策略或建立再开发票中心来降低整体税负的方法属于优化现金流的（　　）。

  A. 加快现金流入   B. 运行净额支付系统

  C. 编制预算   D. 降低现金流动产生的课税

二、多项选择题

  1. 影响国际财务管理的因素有（　　）。

  A. 经济因素   B. 政治因素   C. 法律因素   D. 文化因素

  2. 对从事跨国经营的公司来说，进行经济风险管理的重要方法就是（　　）。

  A. 经营多元化 B. 财务多元化 D. 文化多元化 D. 管理多元化

  3. 在进行国际股权融资时，可以采取的方式有（　　）。

  A. 境外上市   B. 利用国际股票分销网络

  C. 证券存托凭证融资   D. 通过国际私募进行股权融资

  4. 外汇风险的管理策略通常包括（　　）。

  A. 资产负债表避险策略   B. 合约性避险策略

  C. 经营性避险策略   D. 风险承受策略

  5. 外汇风险按照其形成原因可以分为（　　）。

  A. 交易风险   B. 经济风险   C. 折算风险   D. 运营风险

三、简答题

  1. 与财务管理相比，国际财务管理有何特点。

  2. 外汇风险的管理策略有哪些。

  3. 如何管理经济风险。

案例分析

阿里巴巴美国上市成功

  2014 年 9 月 19 日，阿里巴巴正式在纽交所挂牌交易，股票代码为 BABA。截至当天收盘，阿里巴巴股价暴涨 25.89 美元报 93.89 美元，较发行价 68 美元上涨 38.07%，市值达 2314.39 亿美元，超越 Facebook 成为仅次于谷歌的第二大互联网公司。阿里巴巴集团市值达到 2 383.32 亿美元，至此，阿里巴巴执行主席马云的身家超过 200 亿美元，超过王健林和马化腾，成为中国新首富。

  据国际货币基金组织公布的 2013 年世界各国 GDP 排行榜，阿里巴巴总市值 2 314.39 亿美元，这个数字在第 44 位伊拉克和第 43 位巴基斯坦之间，阿里之富可匹敌全球 100 多个国家。

事实上，阿里的交易规模就可比肩某些国家 GDP。2013 年阿里集团的电子商务交易总规模为 1.542 万亿人民币，占据了全国电商市场总规模的 84%，折算成美元是 2 480 亿美元，相当于芬兰一年的经济总量。

飙升的股价也让阿里巴巴的市值一举超越 Facebook、亚马逊、腾讯和 eBay，成为仅次于谷歌的全球第二大互联网公司。上周五美股收盘时，Facebook 每股 77.81 美元，市值为 2 023.06 亿美元，远低于阿里巴巴。据此计算，阿里巴巴市值已经超过腾讯和百度的市值总和。

据悉，除了偿还借款外，阿里巴巴会利用上市募集来的巨额资金加大物流和金融等发展和建设。力求成为"互联网时代的基础设施企业"。另外，阿里还会加速海外并购，从而完善自身的国际化产业链，2014 年开年至在纽交所挂牌为止，阿里巴巴已经完成了 8 项海外投资。除了扩张其在海外的电商版图之外，阿里还望借此弥补其在移动互联网领域的短板。

（资料来源：http://news.163.com/14/0923/12/A6R0COO300014AED.html）

思考：

1. 阿里巴巴在美上市属于哪种国际股权融资方式，除此之外，国际股权融资方式还有哪些。

2. 阿里巴巴在美上市后会对其发展有何影响，试简要分析。